# 环境能源与基础设施工程总承包(EPC)法律实务

周月萍　周兰萍／编著

法律出版社 LAW PRESS · CHINA

## 周月萍

中伦律师事务所合伙人，Chambers & Partners钱伯斯亚太指南2020年度建筑工程领域、项目与基础设施领域推荐律师，Chambers & Partners钱伯斯全球指南2019年度项目与基础设施领域受认可律师、钱伯斯亚太指南2018、2019年度建筑工程领域推荐律师、《国际金融法律评论》（IFLR1000）2020年度榜单高度评价律师、Benchmark Litigation2019亚太年度建设工程领域“争议解决之星”，上海国际仲裁中心、苏州/台州/长沙仲裁委仲裁员（主审工程和PPP争议解决），2011年建筑时报/ENR“中国建筑业年度人物”，中国国际工程咨询协会专家，中国并购公会并购交易师，复旦大学法律硕士校外导师。

**主要经历**

周律师从业二十余年以来，潜心于建设工程和基础设施、环境能源项目（EPC等）全过程法律风险控制、争议解决（诉讼/仲裁）、建设工程与基础设施项目融资与投资（BT/BOT/PPP）、项目并购等业务。

在环境能源及基础设施EPC与投资并购方面，周律师及其团队为三峡集团、中国中铁、东方航空、上海申铁投资、上海申通地铁集团、上海城建集团、上海建工集团、昆山杜克大学事务协调办公室、上海水利工程集团等大型央企、国企、上市公司、知名企业集团、政府部门提供工程、投资及并购项目法律服务，并多次应邀为上海市商务委、清华大学、天津大学、同济大学等高校及大型论坛做环境能源与基础设施及EPC工程相关法律专题演讲。

**个人及团队专著**

《PPP项目困境破解与再谈判》（与周兰萍律师合著）

《BT项目法律风险防范与实战方略》（与周兰萍律师合著）

《最高人民法院审理建设工程案件裁判规则解析》《建筑企业法律风险防范与化解》周月萍等

## 周兰萍

中伦律师事务所合伙人，中国国际工程咨询协会专家，国家发改委和财政部PPP双库专家，中国并购公会并购交易师，专注于环境能源与基础设施领域法律实务，Chambers & Partners钱伯斯亚太指南2020年度项目与基础设施领域推荐律师，国际权威法律评级机构The Legal 500“2017-2019年度亚太地区重点推荐的专业律师”，2015年建筑时报/ENR“中国建筑业年度人物”，2014-2015年度上海市三八红旗手。

**主要经历**

执业近二十年来，周兰萍律师先后为三峡集团、中国金茂、中国建筑、浦东新区政府、中国PPP基金、国家开发银行等社会资本、政府及金融机构提供环境能源项目咨询与项目并购、EPC项目全过程咨询以及公共设施项目投融资模式策划与交易结构设计等法律服务。通过多年的精耕细作，周兰萍律师及其带领的团队在环境能源（水环境治理、土壤修复、垃圾焚烧发电、新能源及EOD等），交通运输（机场、港口、轨道交通及TOD等），城市更新，旅游，养老等环境能源与基础设施的主要领域都积累了丰富的实战经验。

**个人专著**

《PPP项目运作实务》

《PPP项目困境破解与再谈判》

《BT项目法律风险防范与实战方略》

# 序　一

中伦律师事务所的周月萍律师发来序言邀请时，我刚完成我国29家参与援建的大型国际工程集团公司的走访及“一带一路”项目的实地调研工作，其中就有不少项目采用的是工程总承包(EPC)模式。

听闻两位周律师的新作正是与基础设施EPC相关的，虽然案头书中关于EPC模式的书籍不少，但是从律师角度去研究工程总承包模式的实务性书籍却不多。一方面，建设工程特别是环境能源与基础设施工程类的项目涉及的知识面广、专业性强，如果是纯法律专业的律师去研究往往只能浅尝辄止；另一方面，实务类书籍往往需要大量的实操案例和丰富的实践经验才能言之有物，否则内容就太过干涩了。

所以，这次非常开心能有一本基于EPC实务的法律读物，书中不仅仅就传统EPC项目的风险管理进行分析，还对EPC+X(如EPC+F、EPC+O、EPC+PPP等)创新模式、海外工程EPC模式进行了探讨，部分内容也与我在《国际PPP项目下EPC模式演变与合同安排优化》一文中提到的近年来出现的许多“变型”EPC模式不谋而合，相信这些创新模式也将是今后EPC模式发展的一种趋势。

而且这本书还特别采用案例分析的方式阐述了近年来备受关注的环境能源领域争议解决重难点问题，比如EPC固定总价合同在履行过程中可否变更价款问题、设计基础数据与实际情况不符的风险问题等。这些问题在EPC合同管理中经常会遇到，我们工程思维的人往往第一时间会从谈判的角度去解决，但万一走到诉讼或者仲裁这一步，法律人的争议解决思维更能帮助工程人在谈判时打好坚实的基础，避免之后的被动局面。

正如周月萍律师曾说的那样：各类工程案件，案情不尽相同，但归根结底，法律问题其实都有相似性，在一些典型案例中都能找到影子，所以研究这些典型案例可以说是企业事先防范风险和事后解决问题的捷径。这一观点我深表认同，在我参与的大大小小的各类项目中，引起争议的往往就是工程质量、工期、价款、运营管理、环境污染等方面的问题,找准了各方的痛点,解决问题往往能事半功倍。我相信,读者们能够在本书中得到一些启示和建议。

张水波*

2019年10月30日

---

* 天津大学管理与经济学部教授、国际工程管理学院院长、博士生导师。

# 序　二

2019年1月1日,《中华人民共和国土壤污染防治法》正式开始实施,我有幸通过各种途径向立法者提交了我对本法草案的修改意见和建议,并参加通过前评估会,就草案主要制度规范的可行性、出台时机、实施的社会效果、实施中可能出现的问题进行了评估。我切身感受到,该法在环境信息公开、风险管控和修复、法律责任承担等方面都有了显著的进步。虽然该法还需要在实施过程中不断改进,但可以肯定的是,该法的生效实施标志着我国环境污染防治工作进入新阶段,必将更加有力地推进生态文明和美丽中国法治建设,并将从源头上为食品安全提供一道重要屏障,因此,无论对于企业家还是对于法律、法学工作者来说,该法的颁布和实施均具有重大意义。

今年9月,我应邀参加了在昆山举办的土壤污染防治对土地投融资及争议解决影响交流会,并在会上与周月萍、周兰萍两位律师进行了深入交流。两位律师在建筑工程与基础设施领域深耕二十余年,坚持专业与敬业的同时还敬畏自然、关注环保、心系社会,她们热心环境公益事业的境界让我印象深刻。支撑她们坚持不懈的动力是珍惜家园、造福后代的信念,作为法律人,这种精神志趣和生活理念值得推崇。

抚今追昔,让我感到欣慰的是,时下越来越多的企业家在进行基础设施建设时将环境保护提升到了战略性的高度,这不仅源于法律的强制性规制,也源于公众对于绿水青山、蓝天白云的向往,还有对童年世外桃源般的乡村故居的追忆(那溪那山似的乡愁)。在此背景下,我认为这本《环境能源与基础设施工程总承包(EPC)法律实务》的推出正当其时,将环境保护与基础设施建设有机结合起来,于这两个领域而言,都将是崭新的发展方向。

在我看来,基础设施建设与生态环境保护息息相关,基础设施建设是推进生态环境保护和经济高质量发展的根本和基石,如果环境基础设施捉襟见肘,必将导致污染防治攻坚战的成效大打折扣。另外,如果我们在基础设施建设中忽视生态环境保护,将会导致污染物质和温室气体排放的“锁定”效应,进而长期影响生态环境保护和温室气体减排工作。在本书中,我对能源类 EPC 项目的争议解决和环境类 EPC 项目的争议解决这两节内容作了重点关注,该部分以案例分析的形式阐述了司法实践中真实发生的环境能源纠纷,并有针对性地提出了见解和建议,让我受益匪浅,相信也一定会让读过此书的每个人都能有所裨益。

**曹明德***

**2019 年 10 月 25 日**

---

* 中国政法大学教授、博士生导师。

# 自　序

工程总承包(Engineering Procurement Construction,EPC)是国内外通行的建设项目组织实施方式。因其能够实现设计、采购、施工等各阶段工作的深度融合,充分发挥工程总承包企业的技术和管理优势,而逐步成为众多建设单位进行工程建设的首选方式。

20世纪以来,国际工程中承包方式出现多元化的发展,专业化分工的盛行带来了设计和施工的专业化,许多工程采用分阶段、分专业、平行承发包方式。20世纪80年代初,“设计—采购—施工”(EPC)的总承包模式首次出现在美国,其主要集中应用于化工、水利、电力行业项目。同时期,工程总承包(EPC)模式开始走进我国工程建设领域的视野,主要限于石油、化工、加工制造、供水、交通运输、电力等技术复杂、投资大、设备采购量大、管理难度大的领域。

我国的工程总承包(EPC)发展经历了三个阶段:1984~2003年的起步阶段,2003~2014年的摸索阶段,2014年至今的加速发展阶段。

2003年2月13日,原中华人民共和国建设部颁布了《关于培育发展工程总承包和工程项目管理企业的指导意见》(建市〔2003〕30号),明确将工程总承包(EPC)模式作为一种主要的工程总承包模式并予以政策推广。

2014年7月,中华人民共和国住房和城乡建设部印发《关于推进建筑业发展和改革的若干意见》(建市〔2014〕92号),要求加大工程总承包推行力度。倡导工程建设项目采用工程总承包模式,鼓励有实力的工程设计和施工企业开展工程总承包业务。自此,工程总承包(EPC)模式在我国逐步走上了快车道。

在工程总承包(EPC)模式下,发包人(业主)不会过于严格地控制工程总承包单位,相反还给予工程总承包单位在工程项目建设中较大的工作自由,这为工程总承包(EPC)模式带来了很大的优势,同时也伴随着不小的风险:

与传统模式相比,一方面,工程总承包(EPC)模式可以更好地发挥设计的主导作用,从而促进项目一体化管理,将各个阶段合理交叉,缩短建设工期,实现内部协调,降低建造运行成本,同时保证建筑产品的质量,最终实现项目整体经济性提高的效果,达到项目综合效益提升的目的;另一方面,由于项目责任单一,合同关系简单,组织协调工作量小,发包人(业主)在工程实施过程中得以更便捷地进行合同管理,亦能够更直接地控制项目进程。

但是,该模式同时也具有招标发包工作难度大、业主择优选择承包方范围小、工程造价高等局限性。并且,工程总承包(EPC)模式与传统模式相比,承包商承担了大部分的风险,其合同更接近固定总价合同,不可调价。

经过多年的不断发展,我国工程总承包(EPC)行业发展突飞猛进,为我国一批优质企业顺应“一带一路”倡议走出国门奠定了基础,尤其是在浙江、上海、福建、广东等工程总承包(EPC)的试点地区,部分项目通过采用该模式取得了斐然的成绩。并且近年来,国家相续发布了《关于进一步加强城市规划建设管理工作的若干意见》《关于进一步推进工程总承包发展的若干意见》《国务院办公厅关于促进建筑业持续健康发展的意见》《建筑业发展“十三五”规划》《关于征求房屋建筑和市政基础设施项目工程总承包管理办法(征求意见稿)意见的函》等文件,对促使我国工程总承包项目逐步走向科学化、规范化起到了很好的推动作用。

但总体而言,我国的工程总承包(EPC)行业发展尚处于初始阶段,存在着法规政策不健全、发包人(业主)不成熟、对传统建设模式依赖性强、企业实力整体偏弱等问题。与此同时,在工程总承包(EPC)模式的基础上,涌现出“EPC + F”“EPC + PPP”“EPC + O/O & M”等创新模式,让本就发育尚不完善的市场增加了更多不确定性。

本书对工程总承包(EPC)的传统模式和创新模式进行了阐述,精选了二十余起国内外工程总承包(EPC)项目争议案件进行严谨剖析并提出了启示建议,亦对海外工程总承包(EPC)项目的风险管理提出了建设性观点,同时对实务中常见的典型问题进行了专门解答。结合笔者所在律师团队多年从事建设工程领域法律服务的实践经验,针对近年来引起广泛关注的工程事故调查危机与应对,结合具体案例进行了专章解读。本书共五章,对各章分别简要介绍如下:

第一章为工程总承包(EPC)项目的风险管理。工程总承包(EPC)模式已成为国内外通行的建设项目组织实施方式之一,在传统模式的基础上,又衍生出“EPC + F”“EPC + PPP”“EPC + O/O & M”等“EPC + X”创新模式,以适应不同领域的项目需求。多元化模式的出现让工程总承包(EPC)市场焕发出新的生机与活力,但也引发了诸多争议。本章针对工程总承包(EPC)创新模式常见的操作要点、可能存在的核心风险、操作中应当注意的实务问题等,从项目立项、资金安排、合同条款设置、招标条件安排等方面进行分析研究。

第二章为工程总承包(EPC)项目的争议解决。在国家推进工程总承包(EPC)的步伐明显加快,但由于无上位法可依等原因导致实践效果并不理想的背景下,工程总承包(EPC)模式在面临纠纷时的实际法律适用显得尤为重要,典型司法判例的参考价值更加凸显。本章精选能源和环境保护等领域的二十余起工程总承包(EPC)项目引发的争议解决案件,既包括国内项目的涉诉案件,也包括涉外工程的涉诉案件,对案件的裁判要旨、争议焦点、各方主张及法院观点等进行归纳总结,并从实务角度提出建设性的启示。

第三章为海外EPC项目合同风险管理。近年来,我国越来越多的工程承包企业在"一带一路"的倡议下开始选择走向海外市场,外工程总承包(EPC)业务量呈现出不断递增的趋势。但是,对工程总承包企业来说,海外工程远比国内工程更为复杂,机遇和风险并存,在海外工程项目的承揽和参与过程中,国内工程总承包企业也暴露了自身所存在的问题和短板。本章主要围绕海外工程总承包(EPC)项目风险管理,从合同风险管理与项目风险识别和防范两个维度,对工程总承包(EPC)合同文本和具体案例进行详细分析。

第四章为工程事故调查危机与应对。生产安全事故调查作为事故处理的前置程序,调查报告所确定的事实、原因和归责,将成为后续行政处罚、复议和诉讼最重要的基础。就工程总承包(EPC)而言,安全管理更是工程总承包单位不可忽视的、重中之重的责任。本章中,笔者根据国内事故调查相关法律法规,结合自身参与多起事故调查的经验,对国内工程事故调查的现状进行阐述,对其中存在的问题进行剖析,指出"技术+法律"力量深度参与工程事故调查的必要性和重要性,并总结应对事故调查的相关建议。

第五章为工程总承包项目实务问答。工程总承包中的疑难问题涉及工程总承包项目的全过程以及方方面面,既包括实践层面上的发展历程、近况和未来趋势,也包括法律层面上的立法背景、现状和面临的问题。本章系统整理了实务中具有较高关注度的25个问题,包括:工程总承包项目的费用在合同中是否需要价税分离、工程总承包项目通常需要购买哪些保险、工程总承包模式下是否可以分阶段进行施工图审查和施工许可证申领等,并结合现有法律法规和实践经验进行分析,争取涵盖工程总承包项目的主要实施要点,对工程总承包(EPC)企业在实务中最为常见的问题进行答疑解惑。

附录1为一起历经14年的工程纠纷案件引发的启示。2014年,笔者所在团队代理了这样一起案件:被执行人股东为逃避债务,采用先合并、后申请公司破产的方式终止公司,导致公司违法越过清算环节,侵害了公司债权人合法债权,使该案从判决到执行完毕历时长达14年。团队作为申请执行人的代理人,通过周密的分析和有力的论证,终于为当事人争取到了全款本息清偿的好结果。该案中,保障债权、推进执行等措施对于包括工程总承包单位在内的建筑施工单位都具有较强的借鉴意义和警示作用。笔者将专门就该案件的背景、审判过程、争议焦点进行梳理,并提炼裁判要旨,总结启示建议。

本书的撰写工作均是在繁忙的业务之余进行,尽管力求完善但难免有不足之处,期待读者朋友们分享您的宝贵建议和意见,我们将积极听取并逐步加以修订。

# 目　录

## 第四章 工程事故调查危机与应对



## 第五章 工程总承包项目实务问答

# 第一章　工程总承包(EPC)项目的风险管理

工程总承包(EPC)风险管理的核心是充分发挥总承包商的集成管理优势,包括其强大的资金和融资实力、深化设计能力、成熟的采购网络、施工技术精良的专业分包商的资源整合手段和有效监控等。然而,不可否认的是,由于目前暂无专门的法律规制、市场发育尚不完善、有关理论研究和实践亦不充分等缘故导致EPC工程总承包模式在实践中仍存在诸多困境亟待破解,如招投标问题、工期问题、计价方式问题、实际施工人问题、联合体承包问题等。

工程总承包(EPC)模式已成为国内外通行的建设项目组织实施方式,在此基础上,实践中又衍生出“EPC + F”“EPC + PPP”“EPC + O/O & M”等“EPC + X”创新模式,以适应不同领域的项目需求。例如,“EPC + PPP”模式成为大型建筑施工企业开拓业务、抢占市场的重要手段;“EPC + O”模式目前主要应用于水环境治理领域。

多元化创新模式的出现让工程总承包(EPC)市场焕发出新的生机与活力,但也引发了诸多争议。例如,根据2019年7月1日施行的《政府投资条例》(国务院令第712号),采用延付型“EPC + F”等模式实施的政府投资项目,可能被认定为由施工单位垫资施工,面临违反《政府投资条例》相关规定的风险。

鉴于此,笔者在本章中将针对工程总承包(EPC)传统模式及创新模式在法律层面及实务中存在的核心风险进行分析研究。

# 第一节　传统工程总承包(EPC)项目风险管理

## 专题一　项目招标投标

**引　言**

建设单位做好招投标各环节的工作对整个工程项目的建设实施具有关键性的引导作用,它不仅关系到工程质量、工期、资金等合同条款的事前约定,还直接关系到能否选定一个合格且中意的工程总承包单位。

那么,依照现行的《招标投标法》及《招标投标法实施条例》相关规定,哪些工程总承包项目必须进行招投标?工程总承包项目可以发包的条件是什么?投标主体需要什么资质?工程总承包单位进行分包是否需要招投标?这些都是建设单位和建筑企业在开展工程总承包项目时必须面对和解决的问题,也是与承发包双方自身利益密切相关的问题。

### 一、什么类型的工程总承包(EPC)项目需要进行招投标

《招标投标法》第 3 条对必须进行招标的项目范围作了规定:"在中华人民共和国境内进行下列工程建设项目包括项目的勘察、设计、施工、监理以及与工程建设有关的重要设备、材料等的采购,必须进行招标:

(一)大型基础设施、公用事业等关系社会公共利益、公众安全的项目;

(二)全部或者部分使用国有资金投资或者国家融资的项目;

(三)使用国际组织或者外国政府贷款、援助资金的项目。

前款所列项目的具体范围和规模标准,由国务院发展计划部门会同国务院有关部门制订,报国务院批准。法律或者国务院对必须进行招标的其他项目的范围有规定的,依照其规定。"

2018 年 6 月 1 日,国家发展改革委员会施行《必须招标的工程项目规定》,其中第 2 条、第 3 条是对《招标投标法》第 3 条的进一步细化,具体如下:

第 2 条对"全部或者部分使用国有资金投资或者国家融资的项目"进行了明确:使用预算资金 200 万元人民币以上,并且该资金占投资额 10% 以上的项目;使

用国有企业事业单位资金,并且该资金占控股或者主导地位的项目。

第3条对"使用国际组织或者外国政府贷款、援助资金的项目"进行了细化,包括使用世界银行、亚洲开发银行等国际组织贷款、援助资金的项目以及使用外国政府及其机构贷款、援助资金的项目。

同时,《必须招标的工程项目规定》第4条明确:"不属于本规定第二条、第三条规定情形的大型基础设施、公用事业等关系社会公共利益、公众安全的项目,必须招标的具体范围由国务院发展改革部门会同国务院有关部门按照确有必要、严格限定的原则制订,报国务院批准。"

据此,国家发展改革委员会于2018年6月6日发布并实施《必须招标的基础设施和公用事业项目范围规定》(发改法规规〔2018〕843号),该规定第2条明确了不属于《必须招标的工程项目规定》第2条、第3条规定情形的大型基础设施、公用事业等关系社会公共利益、公众安全的项目,其必须招标的具体范围如下:

1. 煤炭、石油、天然气、电力、新能源等能源基础设施项目;

2. 铁路、公路、管道、水运,以及公共航空和A1级通用机场等交通运输基础设施项目;

3. 电信枢纽、通信信息网络等通信基础设施项目;

4. 防洪、灌溉、排涝、引(供)水等水利基础设施项目;

5. 城市轨道交通等城建项目。

同时,《必须招标的工程项目规定》第5条明确了必须招标的项目规模标准,具体来说,有以下四种规模标准:

1. 施工单项合同估算价在400万元人民币以上;

2. 重要设备、材料等货物的采购,单项合同估算价在200万元人民币以上;

3. 勘察、设计、监理等服务的采购,单项合同估算价在100万元人民币以上;

4. 同一项目中可以合并进行的勘察、设计、施工、监理以及与工程建设有关的重要设备、材料等的采购,合同估算价合计达到前款规定标准的。

综上,是否需要进行招标,不仅要看项目的具体范围,还要看项目的规模标准,即所涉项目的单项合同标的。必须招标项目如图1-1所示:

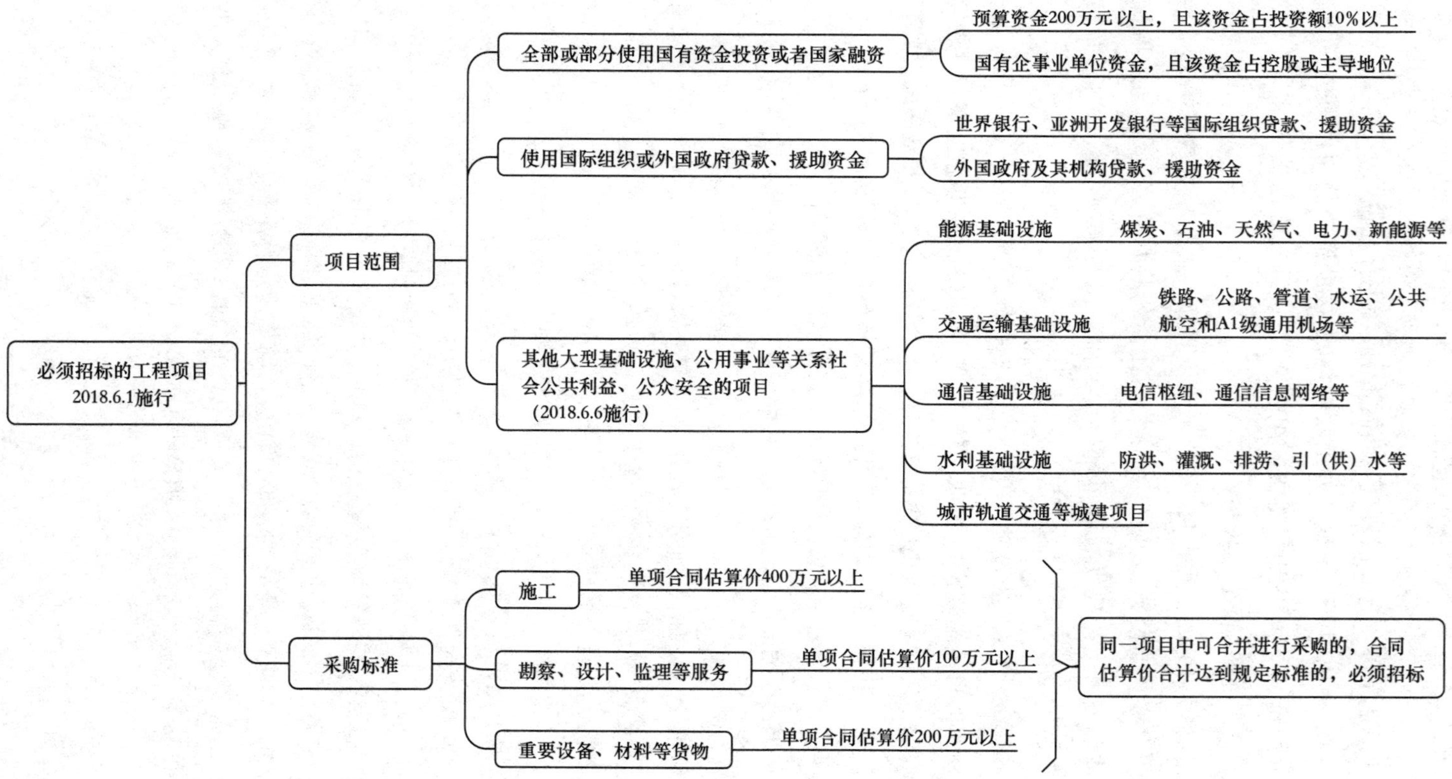


**图 1－1　必须招标的工程项目**

对于工程总承包项目,《住房城乡建设部关于进一步推进工程总承包发展的若干意见》(建市〔2016〕93 号)规定:"建设单位可以依法采用招标或者直接发包的方式选择工程总承包企业。"2019 年最新公布的《房屋建筑和市政基础设施项目工程总承包管理办法(征求意见稿)》第 8 条规定:"建设单位依法采用招标或者直接发包等方式选择工程总承包单位。工程总承包项目范围内的设计、采购或者施工中有任一项属于依法必须进行招标的项目范围且达到国家规模标准的,应当采用招标的方式选择工程总承包单位。"

由上述规定可知,建设单位选择工程总承包企业的方式有招标和直接发包两种。如果该工程总承包项目的范围和规模标准符合上述规定的必须招标项目范围,则建设单位依法应当采用招标方式选择工程总承包企业;如果该工程总承包项目不属于必须招标的项目范围,则建设单位可以采用直接发包的方式选择工程总承包企业。同时,只要工程总承包项目中具体的设计、采购或者施工中有任一项属于依法必须招标的,就应当采用招标的方式选择工程总承包单位。

## 二、工程总承包项目在什么阶段可以发包,具备何种条件可以发包

《住房城乡建设部关于进一步推进工程总承包发展的若干意见》(建市〔2016〕93 号)规定:"建设单位可以根据项目特点,在可行性研究、方案设计或者初步设计完成后,按照确定的建设规模、建设标准、投资限额、工程质量和进度要求等进行工程总承包项目发包。"

2017 年发布的《房屋建筑和市政基础设施项目工程总承包管理办法(征求意见稿)》第 8 条同样印证了上述观点:"建设单位应当在发包前做好工程项目前期工作,自行或者委托设计咨询单位对工程项目建设方案深入研究,在可行性研究、方案设计或者初步设计完成后,在项目范围、建设规模、建设标准、功能需求、投资限额、工程质量和进度要求确定后,进行工程总承包项目发包。"

但是,2019 年最新公布的《房屋建筑和市政基础设施项目工程总承包管理办法(征求意见稿)》第 7 条区分企业投资项目和政府投资项目,规定了不同的发包阶段和条件,即企业投资项目应当在核准或备案完成后进行发包;政府投资项目原则上应当在初步设计审批完成后进行发包,而按照国家有关规定简化报批文件和审批程序的政府投资项目,应当在完成投资决策审批后进行发包。

值得注意的是,实践中部分省市对发包阶段和发包条件作出特殊规定。如《浙江省住建厅关于深化建设工程实施方式改革积极推进工程总承包发展的指导意

见》规定:"建设单位可以依据经审批同意的方案设计(或初步设计),以工程估算(或工程概算)为经济控制指标,以限额设计为控制手段,以相关技术规范、标准和确定的建设规模、建设标准、功能需求及工程质量、工期进度要求为标的,开展工程总承包的招标工作。"又如,《湖南省房屋建筑和市政基础设施工程总承包招标投标活动管理暂行规定》(湘建监督〔2017〕76号)第6条规定:"房屋建筑和市政基础设施工程实行总承包方式招标的,应当先取得初步设计或方案设计批复文件。"可见,对比住建部对于工程总承包项目的发包阶段和发包条件要求,浙江、湖南的规定更为严格。

目前,国家层面及大部分地区均已明确建设单位可以在可行性研究、方案设计或者初步设计完成且确定项目边界条件后进行工程总承包项目的发包,考虑到建设单位在可行性研究完成后,对于项目范围、建设规模、建设标准、功能需求、投资限额、工程质量和进度要求等边界条件可能还无法完全清晰确定,在该节点进行工程总承包项目的发包易产生争议,因此,我们建议工程总承包的发包放在方案设计或初步设计完成后更为合适。当然,在具体项目中,更应先行关注项目所在地是否有关于工程总承包(EPC)发包阶段和条件的具体规定,并结合地方主管部门的具体操作规定,在此基础上对项目的边界条件进行细化及确定,减少后续项目实施争议风险。

## 三、工程总承包(EPC)项目的投标主体需要什么资质

住建部早在2003年11月21日《建设部办公厅关于工程总承包市场准入问题的复函》(建办市函〔2003〕573号)中明确,在《工程总承包资格证书》废止之后,对从事工程总承包业务的企业不专门设立工程总承包资质。具有工程勘察、设计或施工总承包资质的企业可以在其资质等级许可的工程项目范围内开展工程总承包业务。

2016年5月20日,《住房城乡建设部关于进一步推进工程总承包发展的若干意见》(建市〔2016〕93号)发布,该意见第7条明确:"工程总承包企业应当具有与工程规模相适应的工程设计资质或者施工资质,相应的财务、风险承担能力,同时具有相应的组织机构、项目管理体系、项目管理专业人员和工程业绩。"但此处并未提到勘察资质。

2019年最新公布的《房屋建筑和市政基础设施项目工程总承包管理办法(征求意见稿)》第10条再次明确,"工程总承包单位应当具有与工程规模相适应的工程设计资质或者施工资质,具有相应的项目管理体系和项目管理能力,财务、风险承

担能力，以及与发包工程相类似的设计、施工或者工程总承包业绩”。

目前，从工程总承包企业的资质要求新规来看，仅限于设计或施工资质，不包括勘察资质。实践中，还应当注意各地政府对工程总承包资质的不同规定。如《天津市建委关于天津市建设项目推行工程总承包试点工作有关事项的通知》(津建筑〔2017〕477号)中明确，“工程总承包企业应同时具有与工程相适应的工程设计资质和施工资质，或具有与工程相适应资质的设计企业与施工企业组成的联合体”；北京市住房和城乡建设委员会、北京市规划和国土资源管理委员会印发的《〈关于在本市装配式建筑工程中实行工程总承包招投标的若干规定(试行)〉的通知》(京建法〔2017〕29号)第5条规定：“工程总承包项目的承包人应当是具有与发包工程规模相适应的工程设计资质和施工总承包资质的企业或联合体……”即天津、北京要求工程总承包企业必须同时具备设计和施工资质，否则设计单位和施工单位必须组成联合体，以联合体作为承接主体。

而与之相反，《吉林省住房和城乡建设厅关于进一步明确工程总承包管理有关事项的通知》(吉建办〔2017〕50号)第3条却明确规定：“我省工程总承包项目应由符合条件的设计或施工总承包企业中的一家承揽，不得采用联合体方式承揽。”即吉林省明确禁止工程总承包项目以联合体方式承揽。

由此可见，全国范围内对于工程总承包企业应具备的资质条件已有共识，即需具备与拟承接项目相适应的设计或施工资质。但是，在投标主体是否必须同时具备设计和施工资质，以及是否接受联合体投标的问题上，各个地方政府的相关规定不尽相同。因此，建设单位和工程总承包企业在开展项目时，还是需要关注项目所在地的具体规定。

## 四、工程总承包单位进行设计、施工分包是否需要招投标

《住房城乡建设部关于进一步推进工程总承包发展的若干意见》(建市〔2016〕93号)第9条规定：“工程总承包企业可以在其资质证书许可的工程项目范围内自行实施设计和施工，也可以根据合同约定或者经建设单位同意，直接将工程项目的设计或者施工业务择优分包给具有相应资质的企业。仅具有设计资质的企业承接工程总承包项目时，应当将工程总承包项目中的施工业务依法分包给具有相应施工资质的企业。仅具有施工资质的企业承接工程总承包项目时，应当将工程总承包项目中的设计业务依法分包给具有相应设计资质的企业。”

《国务院办公厅关于促进建筑业持续健康发展的意见》(国办发〔2017〕19号)

第3条同样印证了上述观点:"……除以暂估价形式包括在工程总承包范围内且依法必须进行招标的项目外,工程总承包单位可以直接发包总承包合同中涵盖的其他专业业务。"

2019年最新公布的《房屋建筑和市政基础设施项目工程总承包管理办法(征求意见稿)》第22条规定:"工程总承包单位可以采用直接发包的方式进行分包。但以暂估价形式包括在总承包范围内的工程、货物、服务分包时,属于依法必须进行招标的项目范围且达到国家规定规模标准的,应当依法招标";第20条又规定:"工程总承包单位根据合同约定或者经建设单位同意,可以将工程总承包项目中的设计或者施工业务分包给具有相应资质的单位,但不得将工程总承包项目中设计和施工全部业务一并或者分别分包给其他单位。"

根据上述规定,工程总承包进行设计分包或者施工分包时,除暂估价工程外,对于分包的要求仅为"合同约定"或"经建设单位同意",并未要求采用招标的方式,但以暂估价形式包括在工程总承包范围内的工程、货物、服务,属于法定招标范围且达到招标规模的,必须通过招投标方式确定分包单位。

# 专题二 工 期

## 引 言

工期风险是工程项目建设过程中最常见的风险之一。在工程总承包(EPC)项目实践中,由于建设工程设计的复杂性,施工条件的多样性和可变性,项目工期的因素异常复杂,经常出现不能预见的干扰事件影响工程总承包项目进度的因素,导致很多工程总承包项目难以在工程总承包合同约定的工期内完工,最终引发双方的工期争议。

因此,在工程总承包(EPC)项目前期筹建或承建时,发承包双方均应对可能影响工期的因素有充分的预见和认识,并通过有效的风险管控措施对工期风险予以防范。笔者结合现行规定及司法实践经验,对于工程总承包(EPC)项目中经常涉及的设计工期和施工工期如何划分、边设计边施工如何处理、开工日期和竣工日期如何确定,以及如何应对工期索赔与反索赔等系列问题进行分析和探讨,以期为工程总承包(EPC)项目的参与各方带来启示。

## 一、工程总承包(EPC)项目的设计工期和施工工期如何划分

### (一)工程总承包项目总工期的认定

在研究工程总承包项目总工期前,我们先分别了解一下独立的设计合同和施工合同中对设计工期和施工工期的认定。

关于设计工期,按照2015版《建设工程设计合同示范文本》(房屋建筑工程)(GF-2015-0209)定义第1.1.4.3款的约定,设计周期又称设计工期,是指在合同协议书约定的设计人完成工程设计及相关服务所需的期限,包括按照合同约定所作出的期限变更。

关于施工工期,按照2017版《建设工程施工合同(示范文本)》(GF-2017-0201)通用条款第1.1.4.3款的约定,施工工期是指在合同协议书约定的承包人完成工程所需的期限,包括按照合同约定所作出的期限变更。

关于工程总承包项目的总工期,在住建部发布2011版《建设项目工程总承包合同示范文本(试行)》(GF-2011-0216)(以下简称"《2011版工程总承包示范文本》")中并未对此作出明确定义,但按照该示范文本通用条款定义的第1.1.33款约定,"项目进度计划"是指自合同生效之日起,按合同约定的工程全部实施阶段

(包括设计、采购、施工、竣工试验、工程接收、竣工后试验至试运行考核等阶段)或若干实施阶段的时间计划安排。可见,工程总承包的总工期涵盖了设计工期、施工工期、采购工期等总承包范围内的各个实施阶段的时间总和。换言之,工程总承包项目的总工期为发包人要求工程总承包单位完成整个工程所需的总时间,包括完成合同约定的设计、施工、采购、试运行或投产运行等各阶段工作所需要的总日历天数(包括法定节假日)。

此外,工程总承包项目的总工期应包含两层含义:第一层含义是双方在工程总承包合同中约定的总工期;第二层含义是双方在工程总承包合同履行过程中结合工程实际状况另行达成的对原合同总工期的变更,既可能是工期顺延(增加工期),也可能是工期提前(减少工期)。

### (二)工程总承包(EPC)项目的设计、施工工期的划分

《2011 版工程总承包示范文本》第一部分“合同协议书”的第 3 条,分别针对设计、施工开工日期(绝对日期或相对日期)以及工程竣工日期(绝对日期或相对日期)进行了约定。从有利于工程进度控制的角度来看,只有保证最为核心的设计工期和施工工期,才能更有效地保证工程总承包合同的总工期,从而有效推进工程总承包项目的建设。在设计、施工工期的划分上,我们通常建议企业在工程总承包合同中明确设计、施工的开工日期,同时进一步明确两者的实际开工日期起点。比如设计的实际开工日期在承包人收到发包人提供的项目基础资料、现场障碍资料以及收到预付款(如有)后起算;施工的实际开工日期则以发包人书面开工指令记载的日期为准。

此外,还需注意的是,根据 2019 年 5 月 10 日发布的《房屋建筑和市政基础设施项目工程总承包管理办法(征求意见稿)》第 26 条第 2 款规定:“工程总承包单位应当依据合同对工期全面负责,对项目总进度和各阶段的进度进行控制管理,确保工程按期竣工。”由此可见,与传统工程设计、施工相分离的模式不同,在工程总承包模式下,工程总承包单位可以进行总协调、总管控以及分阶段设计、施工的交叉融合,从而使得在工程总承包项目中,不同实施阶段的设计阶段工期、施工阶段工期可能存在重叠,总工期不一定就是勘察阶段工期、设计阶段工期和施工阶段工期的简单累加之和的情形,对此还需要结合项目实际情况作出相应的分析和判断。

## 二、发包人要求工程总承包(EPC)项目分阶段审图和领取施工许可证应如何处理

### (一)现行国家层面上的法规允许工程总承包(EPC)项目分阶段审图和领取施工许可证

目前,对于工程总承包项目的分阶段审图和领取施工许可证的问题,从国家层面的法规来看,工程总承包项目按照法律法规规定应当进行施工图设计文件审查的,可以根据项目实施情况,分阶段审查施工图设计文件;同时,根据2019年《房屋建筑和市政基础设施项目工程总承包管理办法(征求意见稿)》第33条及第34条规定:"工程总承包项目按照法律法规规定应当进行施工图设计文件审查的,可以根据项目实际情况,按规定分阶段审查施工图设计文件。""工程总承包项目申请领取施工许可证时,可以提交以下文件确认相对应的办理条件:……(二)按规定分阶段经审查合格的施工图设计文件,可作为申请领取施工许可证所需的施工图纸……"《住房城乡建设部关于进一步推进工程总承包发展的若干意见》(建市〔2016〕93号)第13条规定:"按照法规规定进行施工图设计文件审查的工程总承包项目,可以根据实际情况按照单体工程进行施工图设计文件审查……"由此可见,国家层面的法规上已明确,在工程总承包模式下可以分阶段进行施工图审查和施工许可证申领,只要按照单体工程进行施工图设计文件审查即可。

### (二)实践中,各地对于是否允许分阶段进行施工图审查和申领施工许可证,规定不一

1. 从地方层面的法规来看,各省关于工程总承包的政策文件对此问题尚未统一

目前,已明确允许分阶段进行施工图审查和申领施工许可证的省份包括广西、广东、上海、浙江等,但仍有部分省份仅对分阶段审查施工图或分阶段申请施工许可证作出规定。因此,建议工程总承包项目的参与方应结合项目所在地行政主管部门的政策文件要求,核实确认施工图设计文件审查和施工许可证申领是否均允许分阶段进行,再对边设计边施工进行统筹安排。

2. 工程总承包项目,可以根据实际情况按照单体工程进行施工图设计文件审查

根据《住房城乡建设部关于进一步推进工程总承包发展的若干意见》(建市〔2016〕93号)第13条的规定,分阶段进行施工图设计文件审查的工程总承包项目,可分阶段上报审查施工图设计文件的最小单位为单体工程。单体工程即单位工程。住建部《关于印发〈建筑工程施工转包违法分包等违法行为认定查处管理办法

(试行)〉释义》(建市施函〔2014〕163号)中明确规定,“按照《建设工程分类标准》(GB/T 50841-2013)规定,本办法单位工程是指具备独立施工条件并能形成独立使用功能的建筑物或构筑物”。通常在同一个工程项目中各自工程的大小关系为:总体项目工程>单项工程>单位工程>分部工程>分项工程。因此,工程总承包项目需要分阶段进行施工图设计文件审查的最小单位为“单体工程”,而不能按照分部工程或分项工程进行施工图设计文件审查。

## 三、工程总承包(EPC)项目中的实际开工日期及竣工日期如何确定

### (一)工程总承包(EPC)项目中实际开工日期的确定

实践中,由于工程总承包(EPC)项目的开工日期变化较大,故实际开工日期的确定往往是一个较为复杂的问题,笔者分别针对工程总承包项目施工阶段和设计阶段实际开工日期的确定阐述如下:

1. 施工阶段实际开工日期的确定

《2011版工程总承包示范文本》通用条款第1.1.34款规定:“施工开工日期,指合同协议书中约定的,承包人开始现场施工的绝对日期或相对日期。”除此之外,并未对工程总承包项目的开工日期作出规定。而根据《建筑工程施工许可管理办法》(2018年9月28日施行)第3条第1款规定:“本办法规定应当申请领取施工许可证的建筑工程未取得施工许可证的,一律不得开工。”因此,取得施工许可证是项目开工的前提,但EPC项目能否如期取得施工许可证有时取决于承包人的履约适当性。如果前期发包人已将办理施工许可手续的相关工作委托承包人,由于承包人原因延误办理施工许可证,发生争议后承包人却仍以取得施工许可证后监理人下发开工令的时间作为开工日期,则对发包人可能不公;但如果项目未取得施工许可证,监理人即下发开工令的,其本身又存在违规风险。由此可见,施工阶段的实际开工日期并不能仅凭承包人是否已实施施工内容进行确定,而应综合考虑是否具备实际开工条件等综合事件来认定。在实践中,与确定开工日期相关的事件可能有很多,包括承包人实际进场之日、发包人下达开工令之日、取得施工许可证之日、施工许可证上载明的开工之日(该日期通常与合同约定的开工日期一致),以及发包人提供的施工现场完全具备开工条件之日等。那么,究竟该如何确定施工开工日期呢?

参照《最高人民法院关于审理建设工程施工合同纠纷案件适用法律问题的解释(二)》[以下简称“《施工合同司法解释(二)》”]第5条规定:“当事人对建设工

程开工日期有争议的,人民法院应当分别按照以下情形予以认定:

(一)开工日期为发包人或者监理人发出的开工通知载明的开工日期;开工通知发出后,尚不具备开工条件的,以开工条件具备的时间为开工日期;因承包人原因导致开工时间推迟的,以开工通知载明的时间为开工日期。

(二)承包人经发包人同意已经实际进场施工的,以实际进场施工时间为开工日期。

(三)发包人或者监理人未发出开工通知,亦无相关证据证明实际开工日期的,应当综合考虑开工报告、合同、施工许可证、竣工验收报告或者竣工验收备案表等载明的时间,并结合是否具备开工条件的事实,认定开工日期。"

根据上述规定,我们可以细分为以下五种情形对施工阶段实际开工日期进行认定:

(1)发出开工通知,以开工通知载明的开工日期为准;

(2)发出开工通知,但不具备开工条件的,以开工条件具备时间为准;

(3)发出开工通知,因承包人原因导致无法实际开工,以开工通知载明的开工日期为准;

(4)承包人经发包人同意已实际进场施工的,以实际进场施工时间为准;

(5)未发出开工通知,也无相关证据证明的,综合认定实际开工日期。

2. 设计阶段实际开工日期的确定

《2011 版工程总承包示范文本》通用条款第 4.2.2 款规定:"承包人收到发包人按 5.2.1 款提供的项目基础资料、现场障碍资料,及 14.3.2 款的预付款收到后的第 5 日,作为设计开工日期。"其中,第 5.2.1 款约定:"发包人应按合同约定、法律或行业规定,向承包人提供设计需要的项目基础资料……除专用条款另有约定外,发包人应按合同约定和适用法律规定,在设计开始前,提供与设计、施工有关的地上、地下已有的建筑物、构筑物等现场障碍资料……"第 14.3.2 款约定:"合同约定了预付款保函时,在合同生效后,发包人收到承包人提交的预付款保函后 10 日内,根据 14.3.1 款约定的预付款金额,一次支付给承包人;未约定预付款保函时,发包人应在合同生效后 10 日内,根据 14.3.1 款约定的预付款金额,一次支付给承包人。"

由此可见,如果合同采用《2011 版工程总承包示范文本》,我们可以区分以下两种情形对设计阶段的实际开工日期进行认定:

(1)如合同约定预付款保函的,在同时满足以下两个条件时确认设计的实际开工日期:

条件1:在合同生效后,发包人收到承包人提交的预付款保函后10日内一次支付预付款给承包人,承包人收到预付款后的第5日或之后;

条件2:在设计开始前,承包人已收到发包人提供的项目基础资料、现场障碍资料。

(2)如合同未约定预付款保函的,在同时满足以下两个条件时确认设计的实际开工日期:

条件1:在合同生效后10日内,发包人一次性支付预付款给承包人,承包人收到预付款后的第5日或之后;

条件2:在设计开始前,承包人已收到发包人提供的项目基础资料、现场障碍资料。

### (二)工程总承包(EPC)项目中实际竣工日期的确定

《2011版工程总承包示范文本》通用条款第1.1.35款规定:"竣工日期,指合同协议书中约定的,由承包人完成工程施工(含竣工试验)的绝对日期或相对日期,包括按合同约定的任何延长日期。"

在工程总承包实践中,实际竣工日期的确定对承发包双方的权益影响重大,如双方当事人对实际竣工日期有争议的,参照《最高人民法院关于审理建设工程施工合同纠纷案件适用法律问题的解释》[以下简称"《施工合同司法解释(一)》"]第14条对实际竣工日期的认定,即"当事人对建设工程实际竣工日期有争议的,按照以下情形分别处理:(一)建设工程经竣工验收合格的,以竣工验收合格之日为竣工日期;(二)承包人已经提交竣工验收报告,发包人拖延验收的,以承包人提交验收报告之日为竣工日期;(三)建设工程未经竣工验收,发包人擅自使用的,以转移占有建设工程之日为竣工日期。"

结合当前法律、司法解释中的相关规定,对于工程总承包(EPC)项目中实际竣工日期可按以下方式确定:

其一,原则上先按照双方合同约定内容来确定实际竣工日期。如双方使用的是住建部发布的《2011版工程总承包示范文本》,且合同专用条款未对竣工日期定义变更的,则根据合同第1.1.35款规定,承包人完成工程施工(含竣工试验)的绝对日期或相对日期,包括按合同约定的任何延长日期,即视为竣工日期。

其二,如果双方当事人对实际竣工日期存在争议,且工程总承包合同对实际竣工日期未进行明确约定,则可以参考《施工合同司法解释(一)》第14条确立的三项

原则确定:

1. 建设工程经竣工验收合格的,以竣工验收合格之日作为竣工日期,而不是以工程总承包单位提交竣工验收报告之日作为竣工日期。

2. 工程总承包单位已经提交了竣工验收申请报告,而发包人迟迟不予验收的,以工程总承包单位提交验收报告之日为竣工日期,而不是以发包人验收合格之日为竣工日期。

3. 在建设工程未经竣工验收的情况下,发包人擅自使用的,以建设工程转移占有之日为竣工日期。发包人占有该工程后,该工程的照管义务、意外风险均转移至发包人,同时工程总承包单位仅就发包人占有部分的地基基础和主体结构在合理使用年限内承担质量保修责任。

## 四、工程总承包(EPC)项目中的工期索赔与反索赔

### (一)工期顺延的主要情形

工程总承包单位可以申请工期顺延的主要依据应当是双方签订的《工程总承包合同》中所明确的具体条款。以《2011版工程总承包示范文本》为例,其通用条款明确规定,在工程总承包合同履行过程中,因建设单位原因导致工期延误的,工程总承包单位可申请工期顺延,主要包括以下几种情形:

1. 建设单位提供的项目基础资料和现场障碍资料不真实、不准确、不齐全,导致约定的设计开工日期延误,或约定的采购开始日期延误,或造成施工开工日期延误的。

2. 建设单位未能按合同约定日期及金额支付工程预付款、进度款或竣工结算款的,导致约定的设计开工日期延误,或约定的采购开始日期延误,或造成施工开工日期延误的。

3. 因建设单位原因,未能按照合同约定的设计阶段审查会议的时间安排,造成某个设计阶段审查会议延误的,竣工日期相应顺延,因此给工程总承包单位带来的窝工损失,由建设单位承担。

4. 因建设单位原因导致采购延误,给工程总承包单位造成的停工、窝工损失,由发包人承担,若造成关键路径延误的,竣工日期相应顺延。

5. 因建设单位原因造成工程总承包单位不能按时开工的,开竣工日期相应顺延,给工程总承包单位造成经济损失的应支付相应费用。

6. 建设单位以变更指令通知工程总承包单位重新检查、检验、检测和试验,或增

加试验细节或改变试验地点。工程物资经质检合格的,所发生的费用由建设单位承担,造成工程关键路径延误的,竣工日期相应顺延。

7. 因建设单位代表和(或)监理人的指令失误,或其他非承包人原因发生的追加施工费用,由建设单位承担。造成工程关键路径延误,竣工日期相应顺延。

8. 因建设单位提供的竣工试验条件的延误,给工程总承包单位带来的窝工损失,由发包人负责。导致竣工试验进度延误的,竣工日期相应顺延。

9. 因建设单位的原因造成的事故,由建设单位承担相应责任、费用和赔偿。造成工程竣工试验进度计划延误时,竣工日期相应顺延。

10. 专用合同条款中约定的其他情形。

除上述因建设单位原因影响工期之外,工程总承包单位还会遇到其他非建设单位原因影响工期的情形,主要包括:

(1)因不可抗力造成施工开工日期延误的,竣工日期相应顺延。

(2)因新发现的施工障碍导致工程关键路径延误的,竣工日期相应顺延。

(3)合同约定的其他可延长竣工日期的情况。

如发生上述情形,工程总承包单位仍可按照合同约定顺延工期。

### (二)工期索赔程序

1. 工期索赔流程

以《2011 版工程总承包示范文本》为例,其通用条款第 16.2.2 款对工程总承包单位的工期索赔程序进行了明确约定,即"索赔依据法律和合同约定,并遵循如下程序进行:

(1)承包人应在索赔事件发生后 30 日内,向发包人发出索赔通知。未在索赔事件发生后的 30 日内发出索赔通知,发包人不再承担任何责任,法律另有规定除外;

(2)承包人应在发出索赔事件通知后的 30 日内,以书面形式向发包人提交说明索赔事件的正当理由、条款根据、有效的可证实的证据和索赔估算资料的报告;

(3)发包人应在收到承包人送交的有关索赔资料的报告后 30 日内与承包人协商解决,或给予答复,或要求承包人进一步补充索赔理由和证据;

(4)发包人在收到承包人按本款第(3)项提交的报告和补充资料后的 30 日内未与承包人协商、或未予答复、或未向承包人提出进一步补充要求,视为该项索赔已被发包人认可;

(5)当承包人提出的索赔事件持续影响时,承包人每周应向发包人发出索赔事件的延续影响情况,在该索赔事件延续影响停止后的30日内,承包人向发包人送交最终索赔报告和最终索赔估算。索赔程序与本款第(1)项至第(4)项的约定相同”。

根据上述规定,当在实际施工过程中出现可索赔事件时,工程总承包单位必须按照严格的步骤向建设单位提出索赔。每个步骤之间都是紧密联系、环环相扣的。任何一个步骤未做到位,都可能对索赔成功产生决定性影响。我们可将工期索赔的流程用一张图展现出来,如图1-2所示:

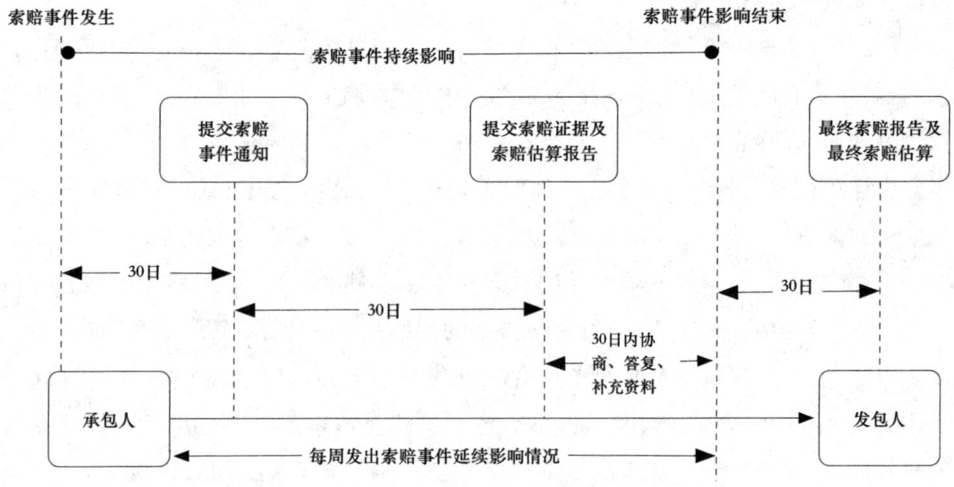


**图1-2 工期索赔流程**

由图1-2可知,一个完整的工期索赔流程必须包括以下五个步骤:

第一步:工程总承包单位在知道或者应当知道索赔事件发生之日起30日内向发包人发出索赔事件通知。

第二步:承包人在发出索赔事件通知后的30日内,以书面形式向发包人提交包括索赔事件的正当理由、条款根据、有效的可证实的证据和索赔估算资料等内容的报告。

第三步:发包人在收到承包人送交的有关索赔资料的报告后的30日内给予承包人答复,或协商解决,或要求承包人进一步补充索赔理由和证据,否则视为该项索赔已被发包人认可。

第四步:如果索赔事件具有持续影响,承包人每周应向发包人发出索赔事件的延续影响情况。

第五步:在该索赔事件延续影响停止后的30日内,承包人向发包人送交最终索赔报告和最终索赔估算。

2. 工期索赔实务操作要点,避免"逾期失权"的法律风险

第一,严格执行30日的时间节点(注:如专用合同条款变更了30日期限,则应优先执行专用合同条款约定,下同)。工程总承包单位要做到熟悉合同、熟悉项目情况、熟悉合同约定节点,一旦发现建设单位存在违约行为或者因不可抗力导致工期顺延、费用增加或利润有损失的,应及时发出索赔事件通知,否则工程总承包单位将丧失索赔的权利。

第二,按照索赔流程依次递交相应材料。工程总承包单位需注意,按照通用条款约定,导致逾期索赔失权的是逾期提交"索赔事件通知",而非"索赔估算报告"。索赔事件通知的内容较为简洁,只需要说明索赔的意向和索赔事件的理由,但索赔报告要详尽得多,需要说明索赔事件的正当理由、条款根据、有效的可证实的证据和索赔估算资料。对此,笔者建议工程总承包单位在索赔事件发生后,先行提交简单的索赔事件通知,简要阐明索赔的意向和索赔事件的理由,确保将索赔权稳妥放入囊中,待索赔事件终了后,再行递交详细的索赔报告。但是,工程总承包单位也需要重点注意,不排除极少数建设单位会在上述五个步骤基础上,对(2)、(3)、(5)环节均设定"逾期失权"条款,即工程总承包单位的有效索赔必须同时符合四个步骤的时效要求,任何一个步骤未满足都将视为已丧失要求延长工期的权利。

### (三)工程总承包单位的工期索赔范围及举证责任

在实际施工过程中,常常会出现各类因素影响施工的正常进行。如工程总承包项目不能按合同约定工期完工造成工期延误,此时需要区分工期延误的原因,并据此判断相应的损失应由谁承担。在此情形下,工程总承包单位可以按照合同约定的程序向建设单位提出工期索赔,同时需要关注索赔的范围及需承担的举证责任。

1. 工程总承包单位工期索赔可主张损失的范围

我国《合同法》第278条规定:"隐蔽工程在隐蔽以前,承包人应当通知发包人检查。发包人没有及时检查的,承包人可以顺延工程日期,并有权要求赔偿停工、窝工等损失。"第283条规定:"发包人未按照约定的时间和要求提供原材料、设备、场地、资金、技术资料的,承包人可以顺延工程日期,并有权要求赔偿停工、窝工等损失。"第284条规定:"因发包人的原因致使工程中途停建、缓建的,发包人应当采取

措施弥补或者减少损失,赔偿承包人因此造成的停工、窝工、倒运、机械设备调迁、材料和构件积压等损失和实际费用。”如因发包人原因导致工程停工的,工程总承包单位可主张的工期索赔费用包括工期延长导致的停窝工损失、材料差价损失、设备租赁期延长造成的损失、增加的管理费损失、赶工措施费等。

2. 工程总承包单位主张工期索赔的举证责任

工期索赔的范围以填补实际损失为原则,因此,工程总承包单位的工期索赔举证责任包括:(1)存在工期延误的事实;(2)工期延误因发包人原因造成(比如停工通知、工程联系单、工程例会会议纪要等);(3)因发包人工期延误造成了实际损失。但在司法实践中,工程总承包单位的举证困难往往是造成工期索赔诉讼请求得不到支持的重要原因。工程总承包单位的举证困难主要表现在以下两个方面:

其一,工期延误发生的期间认定困难。在工程总承包单位未对工期顺延提出索赔签证的情况下,由于工程并非全面停工,工期延误的期间难以认定,对应延误期间产生的损失难以得到主张。

其二,无法证明因工期延误造成的实际损失。以最高院(2014)民一终字第310号为例,最高院在二审民事判决书中认定:“1. 超华公司(发包人)对项目工期延误应承担主要责任;中建公司(承包人)在组织施工中也存在一定疏漏和不足,对工期延误应承担次要责任。发包人承担延误工期责任的90%,承包人承担10%的责任;2. 中建公司主张的其他工期延误损失认定问题。第一,根据一、二审查明的事实,结构封顶后虽确有工期延长事实存在,但承包人并未举证证明停、窝工损失已实际发生,也未提供损失的计算依据,本院不予支持。”根据“谁主张,谁举证”原则,必须由工程总承包单位举证因工期延误产生的实际损失。如本案所示,在司法实践中,对于工程总承包单位不能提供证据证明实际损失的,法院将不予支持该主张。

因此,建议工程总承包单位注意对索赔资料的收集和积累,做到索赔时以事实和数据为依据,严格按照合同规定的时间和程序及时行使索赔权利,以避免涉诉后被动应诉情形的发生。同时,当停工实际发生费用缺乏足够证据支撑时,工程承包人也可通过对停工损失进行司法鉴定的方式加以证明,但司法鉴定仍然以工程总承包单位在合同履行过程中及时采集和固定了相关书面证据为必要前提。

### (四)建设单位的工期反索赔范围及举证责任

1. 建设单位工期反索赔可主张的损失范围

在工程总承包项目中,建设单位的工期反索赔,一般是指工期延误属于工程总承包单位的责任时,建设单位对工程总承包单位进行索赔,即由工程总承包单位支付延期竣工违约金以及违约金无法弥补的部分损失。建设单位在确定延期竣工违约金时,一般要考虑以下因素:由于工期延长而引起的贷款利息增加;工程拖期带来的附加监理费、技术顾问咨询费(如有)等;由于本工程拖期竣工不能使用,租用其他建筑时的租赁费;甲供材料差价损失;逾期交付工程导致收益损失或逾期向第三方交付住宅、办公楼、园区等的违约损失等。

2. 建设单位工期反索赔的举证责任

相比工程总承包单位而言,在司法实践中,建设单位工期反索赔的主张更易得到法院支持,主要原因在于:

其一,建设单位对于工程总承包单位工期延误的举证相对而言比较容易。

在司法实践中,建设单位通常只需举证实际完成工程的期限大于工程总承包合同约定的总工期,法院即可认定工程总承包单位存在工期延误的事实。如工程总承包单位提出其已向建设单位提出工期顺延的抗辩,则应由工程总承包单位提供相应证据来证明。

其二,工程总承包合同往往会对工期延误违约责任进行明确约定,建设单位对工期延误违约损失的确定方式更为便捷。

为了便于建设单位工期反索赔的举证,建议建设单位在工程总承包合同中不仅要对因工程总承包单位责任造成工程竣工日期延误的误期赔偿责任进行明确约定,同时还应对因工程总承包单位责任造成工程勘察、设计进度、采购进度、施工等主要节点工期延误的损失赔偿责任进行明确,并约定前述两项工期延误赔偿可同时计取;但在能够及时自费赶回进度,工程的实际竣工日期没有延误的情况下,建设单位可以适当减免工程总承包单位节点工期延误违约金。

3. 建设单位对工期反索赔的"过期追认"

在工程实践中,不排除工程总承包单位在"合同约定的索赔期限"之后仍向建设单位发出工期顺延申请,或者在工程例会中提出相关要求。

参照《施工合同司法解释(二)》第6条第2款规定:"当事人约定承包人未在约定期限内提出工期顺延申请视为工期不顺延的,按照约定处理,但发包人在约定期限后同意工期顺延或者承包人提出合理抗辩的除外。”如工程总承包合同已约定“承包人未在约定期限内提出工期顺延申请视为工期不顺延的”，且工程总承包单位确实未在约定期限内提出工期顺延申请的，则工期不予顺延。但若建设单位在上述期限届满后同意承包人工期顺延申请的，即使工程总承包单位已“逾期失权”，也会因建设单位的“过期追认”而使该工期顺延成立。

# 专题三　价款结算

## 引　言

工程总承包(EPC)模式常见的合同计价方式为固定总价包干,该计价方式有利于项目投资人发挥对项目总投资超支风险的管控能力,以便有效控制项目建设成本。但工程总承包(EPC)项目中仍常常发生关于工程价款的争议,对计价标准、价款调整情形等的不同理解往往会造成建设单位和工程总承包单位之间的分歧,为项目结算带来阻碍。在本专题中,笔者将从如何设计工程总承包(EPC)合同的价款调整条款、如何处理结算争议、如何启动工程司法鉴定的情形等问题出发进行分析,以期合理分配双方当事人各自应承担的风险,实现二者的协作共赢。

## 一、工程总承包(EPC)合同的价款调整条款应如何设计

在《住房城乡建设部关于进一步推进工程总承包发展的若干意见》(建市〔2016〕93 号)中,住建部提出"工程总承包项目可以采用总价合同或者成本加酬金合同"。对此,各地出台的规定不尽相同。如《长沙市政府投资房屋建筑和市政基础设施工程总承包管理办法(试行)》(长住建发〔2018〕51 号)第 19 条明确规定:"工程总承包应采用总价合同,除合同约定可以调整的内容外,合同总价一般不予调整……"而《浙江省工程总承包计价规则(试行)》(建建发〔2017〕430 号)第 3 条则建议:"工程总承包合同宜采用总价包干的固定总价合同形式,除招标文件或工程总承包合同中约定的调价原则外,一般不予调整……"

那么,针对"合同约定可以调整的内容",应该如何约定?

作为建设单位,在合同约定中应尽量减少可以调整合同价款的范围,如明确约定合同价款中包括的风险范围包括以下内容并不作调整:

1. 经过承包人标价的工程量清单或承包人投标报价书中的工程量与有关合同图纸及合同附件的技术规范所达到的要求之间的任何差异;

2. 经过承包人标价的工程量清单或承包人投标报价书中的任何错、漏项;

3. 经过承包人标价的工程量清单或承包人投标报价书中的任何计算错误;

4. 任何物价(包括但不限于人工、材料、设备、机械等价格)或超过约定范围的上涨或下跌/回落;

5. 扰民和民扰费;

6. 工程造价管理部门公布的各种价格调整;

7. 节假日、雨雪天、冬季施工、夜间加班等原因引起的任何风险及费用;

8. 办理履约保函、预付款保函的费用;

9. 本合同约定的承包人负责协助发包人办理的各种报建、报监、许可及验收手续、现场安全文明环保、对外协调等直至协助发包人办理房屋所有权证为止的所有风险及费用(房产税除外);

10. 地下管线破坏及暗浜修复的风险及费用;

11. 与本项目相邻建筑相关的所有风险及费用(无论红线内还是红线外);

12. 作为有经验的承包人在投标阶段可以合理预见的其他风险事件。

即将除不可抗力、法律风险及因发包人原因停水、停电、停气、道路中断造成工程现场停工累计超过一定时间外的其他绝大部分风险均交由承包人承担,相应也将支付更高的风险费用。

从工程总承包单位的角度,则需要充分识别合同中对于合同价款调整及风险费范围的约定,在合同总价不变的情况下,尽量与建设单位协商,争取缩小自身的风险承担范围。

同时,福建、广东、浙江等多省市也出台规定,招标文件或合同文件中应当明确计价中的风险内容及其范围,不应使用无限风险、所有风险或者类似语句规定计价中的风险内容及其范围。如发包人强行要求承包人承担“所有风险”“无限风险”的,承包人也可结合项目所在地相关规定与承包人合理确定风险范围。

## 二、工程总承包(EPC)项目结算出现争议怎么办

### (一)参考《施工合同司法解释(一)》第19条所确立的“实事求是”认定原则

虽然《施工合同司法解释(一)》针对的是施工合同,但对于工程总承包合同同样具有指导意义,其第19条明确规定:“当事人对工程量有争议的,按照施工过程中形成的签证等书面文件确认。承包人能够证明发包人同意其施工,但未能提供签证文件证明工程量发生的,可以按照当事人提供的其他证据确认实际发生的工程量。”

按照上述规定,当承发包双方对工程量产生争议时,遵循以下处理原则:

第一,按照双方的签证文件处理。签证实际上类似于合同履行过程中双方另

行达成的补充协议,对双方均具有法律约束力;

第二,如果双方没有相关的签证文件,但是工程总承包单位能够证明建设单位同意其施工并且有其他证据确认实际发生的工程量的,则相应的工程量也应予以认可,即“实事求是”的认定原则。

### (二)《施工合同司法解释(一)》第19条的启示

第一,关于签证文件的形式。签证文件主要有补充协议、会议纪要、工程联系单、工程变更单、工程对账签证以及有关往来函件、记录等形式,只要上述文件中涉及对工程量予以确认的事实且是双方当事人的意思表示,应当作为核算工程量的依据。

第二,关于签证文件的效力。因为签证文件直接涉及承发包双方的经济利益,因而对签证文件的签字人有着特别要求。通常,承发包双方会在合同中明确约定有权确认签证文件的具体人员。但在实践中存在很多不规范的行为,如签证文件上的签字人员不是合同中约定的特定人,或者双方未在合同中约定具体的签字人等。此时就产生该签证文件是否有效,或者说个人的签字行为是否有权代表公司等争议。在司法实践中,各个法院对此认定并不统一。如《浙江省高级人民法院关于审理建设工程施工合同纠纷案件若干疑难问题的解答》第11条规定:“施工过程中谁有权利对涉及工程量和价款等相关材料进行签证、确认要严格把握工程施工过程中相关材料的签证和确认。除法定代表人和约定明确授权的人员外,其他人员对工程量和价款等所作的签证、确认,不具有法律效力。没有约定明确授权的,法定代表人、项目经理、现场负责人的签证、确认具有法律效力;其他人员的签证、确认,对发包人不具有法律效力,除非承包人举证证明该人员确有相应权限。”该观点对发承包双方均相对公平合理,值得借鉴。

第三,关于无法提供签证文件时对工程量的认定问题。当发承包双方对工程量发生争议,工程总承包单位无法举证证明其实际发生工程量变化的,一般情况下法院不会支持其提出的因工程量增加要求增加工程价款的诉请。虽然缺少工程量变更的签证等证明文件,如果工程总承包单位能够证明其增加的施工行为已得到发包人同意或者认可的,如提供双方往来记录、函件等材料,证明工程量变化系出自发包人的意思表示,对于这些证据材料也可以认定为工程量变化的事实依据。

第四,结合最高人民法院《施工合同司法解释(一)》第16条规定,如果双方对变更的工程量如何结算难以达成一致意见的,则可以参照签订建设工程施工合同时当地建设行政主管部门发布的计价方法或者计价标准结算工程价款。

## 三、工程鉴定是不是“万能药”

一旦工程总承包项目涉诉,争议焦点往往集中于价款、工期、质量等方面,而其中价款的争议往往是重中之重。对于一般的建设工程施工合同价款纠纷,在双方无法达成一致时,往往采用司法鉴定的形式确定工程造价。那么,工程司法鉴定在工程总承包项目中又会发挥什么作用?所有的工程总承包项目都能启动司法鉴定程序吗?

### (一)工程司法鉴定不是“你想用,想用就能用”

1. 约定固定总价结算的,就固定总价范围内的工程价款申请启动工程司法鉴定的,法院原则上不予准许

从上文中,我们已知住建部以及大多数省市均推崇工程总承包合同应采用固定总价形式,一旦在工程总承包合同中约定“固定总价”或者“固定价”结算的,且未出现合同约定的除外情形,则参照《施工合同司法解释(一)》第22条“当事人约定按照固定价结算工程价款,一方当事人请求对建设工程造价进行鉴定的,不予支持”之规定,该项目可能将无法启动司法鉴定程序。

所以,以固定总价结算工程价款且未发生合同约定的变更价款情形时,原则上不再进行工程造价鉴定,即在采用固定总价形式的工程总承包项目中,由于双方已就设计、采购、施工等范围对应的工程款作出明确约定且价格是固定的,故无须造价鉴定即可确定工程价款。因此,在司法实践中,针对该种合同类型,法院原则上不同意再启动鉴定程序。但是,如双方对固定总价范围外增加的合同价款存在争议且申请法院进行司法鉴定的,法院可以就此部分增加价款进行司法鉴定。

2. 诉讼前已达成结算协议的,不予准许启动工程司法鉴定

《施工合同司法解释(二)》第12条明确规定:“当事人在诉讼前已经对建设工程价款结算达成协议,诉讼中一方当事人申请对工程造价进行鉴定的,人民法院不予准许。”

参照该规定,即使工程总承包合同未约定固定总价结算或者虽然约定了固定总价但出现了合同约定可调整的情形,只要双方在诉讼前已经对工程价款结算达成协议的,后续即使涉诉也无法启动工程司法鉴定程序。

正如最高人民法院王毓莹、陈亚法官在《〈关于审理建设工程施工合同纠纷案

件适用法律问题的解释(二)〉逐条解读》[①]一文中所述,若当事人已经就工程价款结算达成了协议,表明当事人已自愿达成结算方面的合同,根据诚实信用原则,当事人不得反悔。结算协议对双方当事人均具有约束力,一方当事人在诉讼中又申请对工程造价进行鉴定的,相当于违背了双方已经达成的结算协议。此时,当事人提出的鉴定申请已无意义,人民法院应按照当事人达成的结算协议认定工程价款。

实务中,能够在起诉前对建设工程价款结算达成协议的仍为少数,更多时候往往是部分工程结算价款已确认无误,但仍有部分工程价款双方存在争议。在这种情况下,双方可先就无异议的部分签订工程价款结算协议,对于尚有异议的部分另行协商。如协商尚不能解决的,再通过诉讼或仲裁的方式,就有异议的部分申请工程造价鉴定,而已达成协议的工程价款结算部分就无须鉴定了。这样做的好处在于:

其一,就无争议部分达成结算协议后可以先行支付,于建设单位而言避免了逾期付款的违约责任,于工程总承包单位而言可以先行收回部分工程款,用于支付下游分包商及材料供应商的款项,缓解企业现金流压力;

其二,由于减少了工程造价鉴定的工作量,对双方当事人来说,相应的鉴定费用及鉴定所需的时间均会降低,即可避免诉讼成本的增加;从法院的角度来看,对节省司法资源、提高庭审效率是极为有益的。

3. 当事人双方在诉讼前共同委托第三方出具咨询意见,且双方明确表示受该咨询意见约束的,不予准许启动司法造价鉴定

《施工合同司法解释(二)》第13条明确:"当事人在诉讼前共同委托有关机构、人员对建设工程造价出具咨询意见,诉讼中一方当事人不认可该咨询意见申请鉴定的,人民法院应予准许,但双方当事人明确表示受该咨询意见约束的除外。"那么,如何理解"双方当事人明确表示受该咨询意见约束"?

最高人民法院在2016年5月26日作出的"吉林市洪城地产置业有限公司、深圳市博大建设集团有限公司与吉林市洪城地产置业有限公司、深圳市博大建设集团有限公司装饰装修合同纠纷申请再审"民事裁定书[(2016)最高法民申890号]中认为:"关于工程款决算依据和决算额问题。洪城置业公司、博大公司签订《委托工程造价公司进行结算审核补充协议》中明确约定双方共同委托有资质第三方对工程进行结算审定。在一审审理中洪城置业公司对达和信公司作出的《审核报告

---

① 该文载于微信公众号"法盏",发文日期2019年1月3日。

书》真实性并无异议,并认可是其委托。原审法院查明,2013 年 7 月 25 日,洪城置业公司和博大公司共同委托达和信公司对涉案吉林财富购物广场 3F－6F 室内装饰工程造价进行结算审计,达和信公司于 2013 年 10 月 25 日出具《审核报告书》,对包括 3F－4F 的装饰工程、电器安装工程、给排水安装工程、大小中厅、员工休息室装饰工程审定工程总造价为 40789344 元。2014 年 1 月 2 日博大公司制作并向洪城置业公司报送了同《审核报告书》结果一致的《工程结算书》,洪城置业公司负责工程结算审核相关人员在该《工程结算书》签名确认。洪城置业公司虽对《审核报告书》不予认可,但在原审中并未提出具体异议,同时该报告书由其提供审核材料、缴纳费用并委托作出,博大公司作为被审核对象未提出异议,并依照该报告书制作了结果一致的《工程结算书》,经洪城置业公司相关工程结算审核人员签字确认,洪城置业公司亦未提供有效证据证实该报告书存在欺诈、胁迫等情形,故原审法院不支持洪城置业公司有关工程造价的鉴定申请,并无不当。"

在以上案例中,双方当事人约定由第三方"对已完工工程进行清算""对工程进行结算审定"等,且双方以签字、盖章等方式表示受该咨询意见约束,因此最高人民法院均未准许其工程造价鉴定的申请,其余常见约定如"双方同意,本项目工程结算以工程咨询单位的咨询报告意见为准""双方约定以工程咨询单位的结论作为本项目结算金额"等,极有可能被法院认定为"双方当事人明确表示受该咨询意见约束"。在碰到合同中存在上述类似条款的情况时,双方应慎之又慎,假使确需如此操作,建议对第三方工程造价咨询企业的背景及相关负责人进行调查,避免在最后结算时陷入被动局面。

### (二)工程司法鉴定中的注意要点

1. 申请鉴定应慎重,申请鉴定后应及时支付鉴定费用并提供相应材料

《施工合同司法解释(二)》第 14 条第 1 款规定:"当事人对工程造价、质量、修复费用等专门性问题有争议,人民法院认为需要鉴定的,应当向负有举证责任的当事人释明。当事人经释明未申请鉴定,虽申请鉴定但未支付鉴定费用或者拒不提供相关材料的,应当承担举证不能的法律后果。"因此,在工程总承包项目中,如双方当事人因工程造价、质量、修复费用等事宜产生争议,法院认为需要申请司法鉴定的,一方当事人应综合评估案件整体情况,对是否启动鉴定程序进行慎重考虑。如不启动鉴定程序的,应全面评估相应的风险;如启动鉴定程序的,应在法院要求的期限内提出申请并提供相关资料,同时还应及时支付鉴定费用。如果当事人在

提出鉴定申请后,未支付鉴定费用或者未按要求提供材料的,需承担举证不能的后果。

2. 一审未申请鉴定,二审如何处理

《施工合同司法解释(二)》第14条规定:"一审诉讼中负有举证责任的当事人未申请鉴定,虽申请鉴定但未支付鉴定费用或者拒不提供相关材料,二审诉讼中申请鉴定,人民法院认为确有必要的,应当依照民事诉讼法第一百七十条[①]第一款第三项的规定处理。"

(1)一审法院已释明,负有举证责任的当事人一审不申请鉴定,二审申请鉴定的,原则上该当事人应当承担举证不能的法律后果。

笔者同意最高人民法院王毓莹、陈亚法官在《〈关于审理建设工程施工合同纠纷案件适用法律问题的解释(二)〉逐条解读》一文[②]中的观点:如一审法院已对鉴定的必要性以及不申请鉴定的法律后果进行详细释明,但负有举证责任的当事人在一审诉讼中仍未申请鉴定,或申请鉴定但未支付鉴定费用或者拒不提供相关材料,即使在二审诉讼中申请鉴定的,人民法院不应准许其申请,继续由该当事人承担举证不能的不利后果。

(2)一审法院未释明,负有举证责任的当事人一审不申请鉴定,二审申请鉴定的,人民法院认为确有必要的,应确定原判决认定基本事实不清的,裁定撤销原判决,发回原审人民法院重审,或者查清事实后改判。

一审法院未释明的情况可分为两种:一种情形是,一审法院认为不需要鉴定,所以未对负有举证责任的当事人进行释明;另一种情形是,一审法院认为需要鉴定,但并未对负有举证责任的当事人进行释明。无论是哪一种情形,如在二审中,一方当事人申请鉴定且二审法院认为确有必要的,则存在一审法院判决中存在对基本事实认定不清的瑕疵,二审法院可以根据《民事诉讼法》第170条第1款第3项的规定,裁定撤销原判决,发回原审人民法院重审;或者查清事实后改判。在司法实践

---

① 《民事诉讼法》第170条规定:"第二审人民法院对上诉案件,经过审理,按照下列情形,分别处理:(一)原判决、裁定认定事实清楚,适用法律正确的,以判决、裁定方式驳回上诉,维持原判决、裁定;(二)原判决、裁定认定事实错误或者适用法律错误的,以判决、裁定方式依法改判、撤销或者变更;(三)原判决认定基本事实不清的,裁定撤销原判决,发回原审人民法院重审,或者查清事实后改判;(四)原判决遗漏当事人或者违法缺席判决等严重违反法定程序的,裁定撤销原判决,发回原审人民法院重审。原审人民法院对发回重审的案件作出判决后,当事人提起上诉的,第二审人民法院不得再次发回重审。"

② 该文载于微信公众号"法盏",发文日期2019年1月3日。

中,对于需鉴定但未鉴定的事项,由于案件的相关基础事实往往较为复杂,大多数情况下,二审法院会采取发回原审法院重审的做法,而直接查清事实后直接改判的情况相对较少。

3. 一审已鉴定,二审中要求申请重新鉴定或补充鉴定,应如何处理

《施工合同司法解释(二)》并未对"当事人在一审诉讼中已进行鉴定,在二审诉讼中要求申请重新鉴定或补充鉴定的,应如何处理"的问题进行明确,但既然一审诉讼中已进行鉴定,如当事人对该鉴定结论有异议的,应在一审审理过程中提出并解决,而不应在二审诉讼中提出申请重新鉴定或补充鉴定。当然,如果一审中的鉴定存在"鉴定机构或者鉴定人员不具备相关的鉴定资格""鉴定程序严重违法""鉴定结论明显依据不足"等情形的,人民法院应根据《最高人民法院关于民事诉讼证据的若干规定》第 27 条准许当事人重新鉴定的申请。但对于该问题的明确意见,仍需最高人民法院出台进一步的指导文件,以统一司法裁判尺度。

4. 鉴定材料和鉴定意见均需质证

《施工合同司法解释(二)》第 15 条规定,"人民法院……并组织双方当事人对争议的鉴定材料进行质证";第 16 条规定,"人民法院应当组织当事人对鉴定意见进行质证"。《民事诉讼法》第 68 条规定:"证据应当在法庭上出示,并由当事人互相质证……"

综上可知,未经质证的证据不能作为人民法院裁判的依据;同样,对于需要出具鉴定意见所需的鉴定材料,同样需要双方质证后,方可交由鉴定机构作为出具鉴定意见的依据。

正如最高人民法院王毓莹、陈亚法官在《〈关于审理建设工程施工合同纠纷案件适用法律问题的解释(二)〉逐条解读》[①]一文中所述:"如果将未经质证的鉴定材料交由鉴定机构自行甄别,需要时由鉴定机构自行和当事人核实,造成鉴定机构在一定程度上取代了人民法院的职能。但是建设工程方面的司法鉴定,所涉及的鉴定材料繁多复杂,且专业性极强,考虑到这方面的特殊性,为了提高审判效率,本条作了部分变通,即允许人民法院仅对当事人有争议的鉴定材料组织质证,没有争议的鉴定材料无须组织质证。""鉴定机构利用专业知识根据鉴定材料出具的鉴定意见,属于新的证据,需要再组织质证。"

鉴于建设工程案件纠纷的复杂性及专业性,在司法鉴定过程中存在无法完全

---

① 该文载于微信公众号"法盏",发文日期 2019 年 1 月 3 日。

还原事实的可能,于鉴定人也存在一定的鉴定空间,选用何种方案、何种标准均有可能对最后的鉴定意见产生影响。在鉴定人的鉴定意见出具后,双方当事人往往就该鉴定意见存在分歧,所以对鉴定意见进行质证于法于理都是必需的。工程总承包项目的项目规模大、资金投入高,在工程价款、质量等问题上引发的争议通常涉及较大金额,故对于司法过程中的鉴定程序更应予以重点关注。

## 四、工程总承包(EPC)项目的优先受偿权范围

对于工程总承包项目优先受偿权的优先受偿范围,实践中存在两种观点:

一种观点认为,包含勘察、设计、施工工作的工程总承包合同本质上与分别签订勘察合同、设计合同及施工合同并无区别,工程总承包项目价款的优先受偿权范围仅限于施工部分的价款。

另一种观点认为,工程总承包合同中约定设计费甚至勘察费应属于工程款的范围,而且一般与施工款同时结算、同时支付,因而承包人可以就相关费用主张优先受偿权。

笔者倾向于认为,勘察费及设计费的优先受偿权不应受合同形式的影响,即单独签订勘察合同、设计合同的当事人不享有工程价款优先受偿权,则以工程总承包形式签订合同的勘察与设计部分费用同样不应享有工程价款优先受偿权。主要理由如下:

第一,《合同法》第286条规定:"发包人未按照约定支付价款的,承包人可以催告发包人在合理期限内支付价款。发包人逾期不支付的,除按照建设工程的性质不宜折价、拍卖的以外,承包人可以与发包人协议将该工程折价,也可以申请人民法院将该工程依法拍卖。建设工程的价款就该工程折价或者拍卖的价款优先受偿。"该条规定中的工程价款优先受偿权系法定优先权。而勘察费、设计费等费用,并未有明确法律规定该等费用的受偿优先于其他债权。此外,从《合同法》第286条"保护农民工权益"的立法本意出发,勘察费、设计费同样缺乏享有优先受偿权的基础。

第二,从地方法院出台的相关规定来看,《浙江省高级人民法院执行局执行中处理建设工程价款优先受偿权有关问题的解答》(浙高法执〔2012〕2号)第6条明确,"工程勘察人或设计人就工程勘察或设计费主张优先受偿权的,不予支持"。《安徽省高级人民法院关于审理建设工程施工合同纠纷案件适用法律问题的指导意见(一)》(安徽省高级人民法院审判委员会2009年5月4日第16次会议通过)

第16条规定与浙江省高级人民法院观点一致。

但是,《最高人民法院建设工程施工合同司法解释(二)理解与适用》一书中的观点认为,在设计采购施工总承包(EPC)模式、设计采购与施工管理总承包(EPCM)模式及设计+施工总承包(D+B)模式中,合同中约定设计费甚至勘察费应属于工程款的范围,而且一般与施工款同时结算、同时支付,因而承包人可以就相关费有主张优先权。

又如,黑龙江省高级人民法院于2016年3月11日出具的《中国电力工程顾问集团东北电力设计院有限公司与牡丹江佳日热电有限公司建设工程施工合同纠纷一案一审民事判决书》中支持了原告主张的工程价款享有优先受偿权,而该部分工程价款中就包含勘察、设计及采购设备等支出。对此观点,笔者持有一定的保留意见。因为在设计采购施工总承包(EPC)模式、设计采购与施工管理总承包(EPCM)模式及设计+施工总承包(D+B)模式中,均可将勘察费、设计费与施工价款进行分别约定、支付及结算。如推行上述观点,则对于独立承接勘察、设计工作的勘察设计单位而言可能造成不公,且不符合优先受偿权的立法本意。

综上所述,即使承发包双方签订了工程总承包合同,但原则上享有工程价款优先受偿权的部分仅限于施工部分的费用,不应包括勘察费和设计费。同时,根据《最高人民法院关于建设工程价款优先受偿权问题的批复》(法释〔2002〕16号)第3条及《施工合同司法解释(二)》第21条、第22条规定,优先受偿权的范围应仅限于承包人为建设工程应当支付的工作人员报酬、材料款等实际支出的费用,依照国务院有关行政主管部门关于建设工程价款范围的规定确定,不包括逾期支付建设工程价款的利息、违约金、损害赔偿金等因建设单位违约所造成的损失。

结合2013年3月21日发布的《住房和城乡建设部　财政部关于印发〈建筑安装工程费用项目组成〉的通知》(建标〔2013〕44号,以下简称"44号文")第1条第1款规定,建筑安装工程费用项目按照费用构成要素组成划分为人工费、材料费、施工机具使用费、企业管理费、利润、规费和税金。再结合《施工合同司法解释(二)》第21条规定,承包人工程价款的优先受偿权范围除了人材机外,还包括企业管理费、利润、规费和税金。建设工程价款的范围如表1-1所示(注:该表出自44号文附件1):

**表 1 –1　建筑安装工程费用项目组成表**

**（按费用构成要素划分）**

- 建筑安装工程费
  - 人工费
    - 1.计时工资或计件工资
    - 2.奖金
    - 3.津贴、补贴
    - 4.加班加点工资
    - 5.特殊情况下支付的工资
  - 材料费
    - 1.材料原价
    - 2.运杂费
    - 3.运输损耗费
    - 4.采购及保管费
  - 施工机具使用费
    - 1.施工机械使用费
      - ①折旧费
      - ②大修理费
      - ③经常修理费
      - ④安拆费及场外运费
      - ⑤人工费
      - ⑥燃料动力费
      - ⑦税费
    - 2.仪器仪表使用费
  - 企业管理费
    - 1.管理人员工资
    - 2.办公费
    - 3.差旅交通费
    - 4.固定资产使用费
    - 5.工具用具使用费
    - 6.劳动保险和职工福利费
    - 7.劳动保护费
    - 8.检验试验费
    - 9.工会经费
    - 10.职工教育经费
    - 11.财产保险费
    - 12.财务费
    - 13.税金
    - 14.其他
  - 利润
  - 规费
    - 1.社会保险费
      - ①养老保险费
      - ②失业保险费
      - ③医疗保险费
      - ④生育保险费
      - ⑤工伤保险费
    - 2.住房公积金
    - 3.工程排污费
  - 税金
    - 1.营业税
    - 2.城市维护建设税
    - 3.教育费附加
    - 4.地方教育附加

（人工费、材料费、施工机具使用费、企业管理费、利润）

- 1.分部分项工程费
- 2.措施项目费
- 3.其他项目费

# 专题四 联 合 体

## 引 言

近年来,在大型工程项目中,联合体的身影无处不在,但联合体在优势互补的同时也带来了很多现实问题和风险,例如:如何确定联合体的牵头人?联合体如何对外承担责任,内部职责又如何划分?联合体的资质等级如何确定?在本专题中,笔者就前述相关问题进行分析解读,以期为以联合体方式承接工程总承包(EPC)项目的企业防范风险提供可以借鉴的思路。

## 一、以设计为主导还是以施工为主导

工程总承包项目中的核心工作内容有二:一是设计,二是施工。可能设计在费用上远不及施工的体量,但是在设计阶段却更能体现业主要求,有利于项目整体的完善与提升。所以,在以联合体方式承接工程总承包项目中,经常会出现这样的争议,到底应该以设计为主导,还是以施工为主导?

在施工单位与设计单位正式确立合作关系并组建联合体之后,首先面临的一大难题就是如何正确选择联合体的牵头人。如果将联合体比作是行驶在工程汪洋中的一艘巨轮,那么牵头人就是这艘巨轮的掌舵者。一位合格的牵头人能够带领船员在海上驰骋,最终顺利到达目的地;而一位缺乏经验的牵头人可能会偏离航向,离目的地越走越远,甚至可能触及暗礁而中途放弃并带来难以估量的损失。可见,正确选择联合体牵头人对于联合体至关重要。

### (一)联合体牵头人的职责

关于联合体牵头人的法定责任,我国法律法规的相关规定较少,仅《工程建设项目施工招标投标办法》第 44 条规定:"联合体各方应当指定牵头人,授权其代表所有联合体成员负责投标和合同实施阶段的主办、协调工作,并应当向招标人提交由所有联合体成员法定代表人签署的授权书。"以及第 45 条规定:"联合体投标的,应当以联合体各方或者联合体中牵头人的名义提交投标保证金。以联合体中牵头人名义提交的投标保证金,对联合体各成员具有约束力。"

从上述条文可知,在一般工程建设项目施工招标投标过程中,牵头人主要承担的职责包括:(1)负责投标和合同实施阶段的主办和协调工作;(2)向招标人提交授权书;(3)以牵头人名义提交投标保证金。另外,需要注意的是,《招标投标法》第31条规定:“联合体中标的,联合体各方应当共同与招标人签订合同。”因此,在联合体中标后,除非合同各方作出特别约定,通常情况下,牵头人无权代表联合体成员签署项目相关合同。

### (二)如何选择联合体牵头人

基于上述联合体牵头人在项目采购阶段的相关职责,笔者建议,从以下几个因素考虑联合体牵头人的选择:

1. 项目经验

自2016年《住房城乡建设部关于进一步推进工程总承包发展的若干意见》(建市〔2016〕93号)发布以来,工程总承包模式在实践中的应用更为广泛,但与施工总承包模式相比,在工程实践中的占比仍然不高。部分施工或设计单位对于工程总承包项目还处于经验积累阶段,更倾向于选择与实力更强、项目经验更丰富的大型央企、国企和民营企业合作,共同开发区域市场。由这些具备丰富项目经验的企业作为牵头人,有助于准确识别工程总承包项目各阶段的相关风险并对项目风险采取相应的防范和规避举措。另外,由于各地的项目招标或采购流程具有地方性特征,也可以适当选择熟悉当地招投标以及项目前期审批流程、具有区域资源优势的地方性企业作为牵头人。

2. 资源整合能力

工程总承包模式越来越多地被应用于能源、交通运输、水利、环境保护、科技、保障性安居工程、医疗、卫生、养老、教育、文化等领域,其在实践中的具体操作模式也根据项目的具体情况确定。工程总承包模式的管理要求决定了项目的承包人特别是联合体中的牵头人还应具备特定项目类型的相关背景,以及为适应项目运作和管理所需要的资源整合能力。

3. 资金能力

在工程总承包模式延伸的EPC+F模式中,还要求工程总承包单位具有融资能力,部分项目还涉及项目公司的设立,承包人在项目中往往需要承担项目公司注册资本的缴纳、项目债务性资金的筹集、履约保证金的提交等责任,在招选过程中业主也非常看重工程总承包单位自身的投融资实力。

综上,在以联合体方式承接工程总承包项目中,到底是以设计为主导,还是以施工为主导的问题,并没有特定的要求或固定模式,实践中还需要基于特定项目的实际情况加以考虑,在投标联合体中选择最有利于组织协调整个联合体各方、最有利于代表联合体与业主开展合作、最有利于项目推进的一方作为牵头人。其他联合体成员方在项目招选及中标后的项目实施过程中,也应对牵头人的工作予以支持和监督,以实现项目效益和联合体整体利益最大化。

## 二、联合体对招标人应当承担的责任与联合体内部职责分工

### (一)联合体应当依法对招标人承担连带责任

《招标投标法》第31条第3款规定:“联合体各方应当签订共同投标协议,明确约定各方拟承担的工作和责任,并将共同投标协议连同投标文件一并提交招标人。联合体中标的,联合体各方应当共同与招标人签订合同,就中标项目向招标人承担连带责任。”据此可知:

1. 联合体各方应对招标人承担连带责任,即联合体的任何一方均不得以其内部联合体协议的约定来对抗招标人。就联合体内部而言,这种对外的连带责任也促使联合体成员按照联合体协议的约定完成各自的职责分工,起到相互监督协作、保证项目有序实施的效果。

2. 虽然联合体成员对外的连带责任无法规避,但是可以通过内部的约定以实现风险的控制。在项目招选开展前,联合体需以签订联合体协议的形式明确联合体内部的权利、义务和责任划分等问题。在成为中标人之后,联合体成员仍然可以通过签署更详尽的协议,对项目实施过程中可能产生的问题和处理方式进行约定。当联合体成员一方对招标人履行的义务超过了联合体协议约定的应负义务时,则该方可以依据联合体协议中的相关约定向其他方进行追偿,从而实现保护自身利益不受损害的目的。

### (二)联合体成员之间应当就各自职责分工加以明确约定

在招投标阶段,联合体往往更关心招标文件响应、能否中标等对外的事项,而对于联合体之间的责任划分等对内的事项缺乏关注。从既有项目上出现的诸多联合体争议纠纷来看,争议原因主要在于联合体内部协议在对外招投标过程中的签订过于仓促、流于形式,对于责任分配、风险分配等机制的约定过于模糊、宽泛。等到涉及利益分配的时候才发现内部的联合体协议对关键事项没有约定或约定不清楚,在联合体双方无法达成一致的情形下,纠纷就很容易发生。那么,联合体内部的

职责应如何划分？笔者建议主要对以下两个方面加以约定：

1. 工作内容及界面的划分

在工程总承包项目中，勘察、设计、施工及采购是最为核心的工作内容，如果上述四项主要工作分别由各联合体成员完成，在成员之间的分工及工作界面比较容易确定。但是如果一项任务由多家联合体成员共同完成，比如某工程总承包项目中的施工任务由两家联合体成员共同负责，则需要对施工内容进行明确的划分，但是按照空间位置划分，还是按照专业划分，在涉及双方交叉界面时应如何协调等这些要点都需要在联合体协议中加以明确。

2. 违约责任的设置

在联合体内部协议中，经常会出现"本项目投标阶段，联合体牵头人合法代表联合体各成员负责本项目投标文件编制活动，代表联合体提交和接收相关的资料、信息及指示，并处理与投标和中标有关的一切事务，联合体成员应无条件协助提供本项目投标所需的一切资料"的约定。但是在实际操作过程中却存在相应的执行漏洞，如果出现联合体成员不配合提供资料、联合体牵头人工作失误、联合体中标后成员又要求退出等情形，因联合体内部协议中往往没有具体、明确的违约条款，导致守约方无法有效地追究违约方的责任，而违约方也因为违约成本低使得签订联合体内部协议及参与招投标过程中存在较大主观随意性，也不利于联合体合力的形成。

笔者建议，一方面，可以在联合体内部协议中约定明确的违约责任，约束联合体各方严肃对待投标及履约事宜；另一方面，也可以要求联合体各方就项目投标事宜提交一定金额的履约保函，该履约保函专项用于担保联合体内部协议履行，待联合体中标并与招标人签订合同后返还，从而对联合体各方多加一份保障。

## 三、以联合体方式参与工程总承包(EPC)项目的实操要点

### (一)在工程总承包项目中，如何理解"同一专业的单位组成的联合体，按照资质等级较低的单位确定资质等级"

如果A与B组成联合体就某工程总承包项目进行投标，其中A具有建筑工程施工总承包一级资质，B同时具有建筑工程施工总承包二级及工程设计综合资质甲级资质，A与B的联合体内部协议中明确：A承担该项目施工及采购任务，B承担该项目设计任务。

假设招标人要求投标人的资质必须为建筑工程施工总承包一级资质，在招投

标过程中,可能会有投标人提出质疑,认为按照《招标投标法》第 31 条规定,“由同一专业的单位组成的联合体,按照资质等级较低的单位确定资质等级”,在施工专业层面,应按照施工资质较低的 B 确定资质等级,即该联合体就建筑工程施工总承包资质的等级应为二级,不符合招标要求。

但我们倾向于认为,既然 A 与 B 的联合体内部协议中已经明确了分工,B 仅承担该项目设计任务,并不承担施工任务,相当于 B 的建筑工程施工总承包二级资质并未用于该项目的投标。投标人所需的资质应与其承担的任务相对应,如果仅 A 承担施工任务,则仅需考察 A 的施工资质是否满足招标要求,但若 A 与 B 同时承担施工任务,则应同时考察两者的施工资质,此时按照资质等级较低的单位确定。在《中华人民共和国招标投标法实施条例释义》[①]一书亦持有同样观点:联合体协议约定同一专业分工由两个及以上单位共同承担的,按照就低不就高的原则确定联合体的资质,业绩的考核以各自的工作量所占比例加权折算;不同专业分工由不同单位分别承担的,按照各自的专业资质确定联合体的资质,业绩的考核按照其专业分别计算。

### (二)联合体的连带责任可否通过与招标人签署协议或者联合体内部协议的约定加以排除

《招标投标法》第 31 条第 3 款规定:“联合体各方应当签订共同投标协议,明确约定各方拟承担的工作和责任,并将共同投标协议连同投标文件一并提交招标人。联合体中标的,联合体各方应当共同与招标人签订合同,就中标项目向招标人承担连带责任。”

在实践中,连带责任可否通过与招标人签署协议或者联合体内部协议的约定加以排除? 我们倾向于认为,《招标投标法》所规定的联合体对招标人的连带责任属于法定的连带责任,即无法通过合同或协议安排加以排除。究其原因,是因为联合体仅是一个临时性的组织,不具备法人资格,也不存在独立的财产。这意味着,在对招标人承担责任时,联合体自身也不具备对外承担责任的能力,需要由联合体各成员直接予以承担,因此在责任的承担顺序上也不应存在先后顺位。

### (三)招标人是否可以要求投标人必须采用联合体形式招标

《招标投标法》第 31 条规定,招标人不得强制投标人组成联合体共同投标,不

---

① 国家发展和改革委员会法规司、国务院法制办公室财金司、监察部执法监察司编著:《中华人民共和国招标投标法实施条例释义》,中国计划出版社 2012 年版。

得限制投标人之间的竞争。

### (四)招标人能否要求投标人既具有设计资质,又具有施工资质

在工程总承包项目中,招标人可以要求投标人既具有设计资质又具有施工资质,但同时应当接受联合体投标。

一方面,根据《招标投标法》及其实施条例的规定,招标人不得以不合理的条件限制或者排斥潜在投标人,不得对潜在投标人实行歧视待遇。而同时要求设计及施工资质的工程总承包项目在招标过程中,往往会有潜在投标人提出异议,认为该要求属于不合理限制和排斥了潜在投标人。虽然目前尚未出台针对工程总承包招标投标的法律及行政法规,但从地方政府规章及地方规范性文件中可窥知一二:如《江苏省国有资金投资工程建设项目招标投标管理办法》及《广州市工程建设项目招标投标管理办法》均认为,资格条件要求两个以上资质但不允许联合体投标的属于资格合格条件中不合理限制或者排斥潜在投标人;又如,《吉林省住房和城乡建设厅关于加强招标投标工作的通知》(吉建招〔2016〕9 号)第 1 条第 2 款明确:"招标工程要求投标人同时具备多项资质条件的,招标人应当允许投标人采用联合体的方式投标。"

另一方面,《住房城乡建设部关于进一步推进工程总承包发展的若干意见》(建市〔2016〕93 号)中提出"大力推进工程总承包"的要求:大力推进工程总承包,有利于提升项目可行性研究和初步设计深度,实现设计、采购、施工等各阶段工作的深度融合,提高工程建设水平;有利于发挥工程总承包企业的技术和管理优势,促进企业做优做强,推动产业转型升级,服务于"一带一路"战略实施。在这一原则下,对于工程总承包资质的要求必将处于较为宽松的水平,具有与工程规模相适应的工程设计资质或者施工资质均可开展工程总承包业务。招标人基于工程管理等因素考虑,要求投标人同时具有施工及设计资质原本无可厚非,但考虑到目前建设工程市场中单一业务型的施工企业或设计企业仍占绝大多数,如果招标人要求投标人同时具有设计及施工资质但不允许联合体投标的,必将导致具备投标资格的潜在投资人实际被限制在少数大型及超大型综合性建筑企业,不利于招投标过程中的充分竞争,也不利于工程总承包模式的推广及发展。

# 专题五　实际施工人

## 引　言

在建设工程领域,由于非法转包、违法分包、挂靠等行为的大量存在,导致因实际施工人而引发的争议在建设工程司法实践中屡见不鲜,故实际施工人争议问题一直是工程建设领域的关注焦点。相较于传统的施工总承包模式,工程总承包(EPC)项目中对于实际施工人的界定以及其与各主体间的法律关系梳理更为复杂,值得重点关注。

本专题分别从工程总承包项目的实际施工人和业主如何保障自身权益的角度出发,提出了实际施工人可以非自身名义起诉和以自身名义起诉的两种救济方案,并就工程总承包项目业主在涉及实际施工人的诉讼中如何保障自身权益提出了风险防范建议,以期为工程总承包项目的相关参与方提供参考借鉴。

## 一、实际施工人指的到底是谁

### (一)实际施工人的认定

实际施工人并不是现行法律规定的一种民事主体类型,这一概念最早在2004年出台的《施工合同司法解释(一)》中正式提出,第1条、第4条、第25条、第26条中均有涉及。但"实际施工人"在这四条中所指向的具体类型并不相同。

直到2016年,最高人民法院才对实际施工人的司法认定条件进行了明确界定。根据《最高人民法院关于统一建设工程施工合同纠纷中"实际施工人"的司法认定条件的建议的答复》(2016年8月24日施行)的规定,"实际施工人"是指依照法律规定被认定为无效的施工合同中实际完成工程建设的主体,包括施工企业、施工企业分支机构、工头等法人、非法人团体、公民个人等,是《施工合同司法解释(一)》确定的概念,目的是区分有效施工合同的承包人、施工人、建筑施工企业等法定概念。由此可见,实际施工人的认定应至少满足以下两个条件:一是施工人签订的建设工程施工合同为无效合同;二是施工人实际完成了工程建设任务。

《施工合同司法解释(一)》第4条规定:"承包人非法转包、违法分包建设工程或者没有资质的实际施工人借用有资质的建筑施工企业名义与他人签订建设工程施工合同的行为无效……"因此,实际施工人所签订的建设工程施工合同中可能存在非法转包、违法分包、挂靠等情形,并且为完成工程建设已实际投入人力、物力、财力等要素。不过,在司法实践中,实际施工人的内涵和外延均发生了较大的变化。从目前各类规定来看,实际施工人是指实际履行承包义务的人,既有可能是全面替代承包人进行项目建设施工的乙方,也有可能是只进行了部分工程施工的施工人。

### (二)实际施工人所涉及的法律关系

结合司法实践,实际施工人一般可以分为三类:转包合同的承包人(即转承包人)、违法分包合同的承包人、借用有资质的建筑施工企业的名义与他人签订施工合同的没有资质的单位或个人(即挂靠合同中的承包人)。以工程总承包单位(具备施工总承包资质)[①]转包或违法分包为例,与之相对应的,实际施工人所涉及的法律关系也包含以下三个层面,如图1-3所示[②]:

**图1-3 特定情形下可突破合同相对性起诉**

1. 发包人与工程总承包单位之间的法律关系

在工程发包阶段,发包人与工程承包单位签订工程总承包(EPC)合同,将工程项目发包给工程总承包单位进行建设,二者之间形成了建设工程总承包合同关系。

2. 转包人、违法分包人与实际施工人之间的法律关系

如工程总承包单位承接工程后又将工程非法转包或违法分包给实际施工人进行施工的,则其作为非法转包人、违法分包人与实际施工人之间签订的合同无效。

3. 发包人与实际施工人之间的法律关系

虽然发包人与实际施工人并未建立直接合同关系,但在特定背景下,为了保障农民工的合法权益,特别是在欠付农民工工资情形下,根据《施工合同司法解释(二)》第24条的规定,实际施工人可突破合同相对性,向与其没有合同关系的发包人提起偿还工程欠款的诉讼,即给予了实际施工人对发包人的诉权。

---

① 本部分的工程总承包单位均特指具备施工总承包资质的工程总承包单位,不包括单一设计资质的工程总承包单位。

② 工程实践中还有一种比较常见的情形为工程总承包单位(具备施工总承包资质)先将部分工程分包给专业承包单位,然后专业承包单位再进行违法分包给实际施工人;本专题仅针对工程总承包单位直接违法分包或转包给实施施工人的情形进行论述。

同时,根据《施工合同司法解释(二)》第4条的规定,如果实际施工人属于借用资质的情形(即挂靠),发包人可以请求出借方与借用方(即实际施工人)对建设工程质量不合格等因出借资质造成的损失承担连带赔偿责任的,发包人可基于侵权责任向实际施工人主张承担连带赔偿责任。

### (三)工程总承包项目中实际施工人常见的表现形式

《最高人民法院建设工程施工合同司法解释(二)理解与适用》一书中写道:“为了区别《合同法》规定的合法的施工人,本条使用了‘实际施工人’的表述方式。本解释中的‘实际施工人’概念均指无效合同的承包人,如转承包人、违法分包合同的承包人、没有资质借用有资质的建筑施工企业的名义与他人签订建设工程施工合同的承包人。”在司法实践中,实际施工人承揽工程项目有很多表现形式,主要可分为以下三种类型:

1. 挂靠行为

最常见的挂靠行为,可参考《住房和城乡建设部关于印发建筑工程施工发包与承包违法行为认定查处管理办法的通知》(建市规〔2019〕1号,以下简称“《施工违法行为认定办法》”)第8条第3款规定“施工总承包单位或专业承包单位未派驻项目负责人、技术负责人、质量管理负责人、安全管理负责人等主要管理人员,或派驻的项目负责人、技术负责人、质量管理负责人、安全管理负责人中一人及以上与施工单位没有订立劳动合同且没有建立劳动工资和社会养老保险关系,或派驻的项目负责人未对该工程的施工活动进行组织管理,又不能进行合理解释并提供相应证明的”进行认定,此种情形下,工程总承包项目的实际施工人通常表现形式为:

第一类:直接挂靠形式。在工程总承包项目中,实际施工人直接挂靠有两种情况:一种是无资质的施工单位(包括有资质的设计单位)或个人挂靠在具有资质的施工企业名下,以挂靠施工企业的名义对外承揽工程、参与工程招投标,中标后,以挂靠施工企业的名义签订工程总承包合同;另一种是无资质的设计单位(包括有资质的施工单位)或个人挂靠在具有相应资质的设计企业名下,在工程总承包项目中,以挂靠设计企业的名义签订工程总承包合同。

第二类:名为联营、实为挂靠形式。无资质的施工单位、设计单位或个人与具有资质的承包人采用名为“联合体”,实为“挂靠”的形式对外承接工程,实际由无资质的施工单位或设计单位或个人完成工程建设或者设计,并给予挂靠的企业一定比例项目收益分成。

另外,值得关注的是,关于挂靠情形下的实际施工人(下述以挂靠施工单位为例)能否依据《施工合同司法解释(一)》第 26 条直接向发包人主张工程欠款的问题,在司法实践中一直有很大争议。最高人民法院此前的裁判结果也相互矛盾,如在(2017)最高法民申 3613 号一案再审民事裁定书中,最高人民法院认为,“《施工合同司法解释(一)》第 26 条适用于建设工程非法转包和违法分包情况,不适用于挂靠情形。该解释第 2 条赋予主张工程款的权利主体为承包人而非实际施工人,建邦地基公司主张挂靠情形下实际施工人可越过被挂靠单位直接向合同相对方主张工程款,依据不足”;而在(2018)最高法民终 128 号一案的二审民事判决书中,最高人民法院认为,“根据《施工合同司法解释(一)》第 26 条第 2 款规定,实际施工人以发包人为被告主张权利的,人民法院可以追加转包人或者违法分包人为本案当事人,发包人只在欠付工程价款范围内对实际施工人承担责任。城投公司应在其欠付工程款 45136714.26 元范围内向挂靠的实际施工人陈春菊支付款项”。

但,在 2019 年出版的《最高人民法院建设工程施工合同司法解释(二)理解与适用》一书中,最高人民法院明确了挂靠与转包或违法分包所涉及的法律关系不同,《施工合同司法解释(二)》第 24 条和《施工合同司法解释(一)》第 26 条规定,均只涉及转包和违法分包合同的实际施工人的权利保护,而不适用于借用资质即挂靠情形下的实际施工人。

2. 非法转包

《建筑法》第 28 条规定:“禁止承包单位将其承包的全部建筑工程转包给他人,禁止承包单位将其承包的全部建筑工程肢解以后以分包的名义分别转包给他人。”可见,非法转包通常有两种表现形式:一是承包人将全部工程转包;二是承包人将全部工程肢解后以分包名义进行转包。在工程总承包项目中,非法转包主要是指工程总承包单位或其专业承包单位在承接工程项目后,不履行施工合同约定的相关义务,直接将承包的全部建设工程转给实际施工人或者将其承包的全部建设工程肢解以后以分包的名义分别转给实际施工人进行建设。考虑到工程总承包项目的特殊性,一旦进行非法转包,还涉及将设计、施工、采购等全部内容一并转给实际施工人或者肢解以后以分包的名义分别转给实际施工人,对于工程总承包单位而言,操作上更为复杂。

3. 违法分包

违法分包可根据《施工违法行为认定办法》第 11 条规定进行认定:“本办法所称违法分包,是指承包单位承包工程后违反法律法规规定,把单位工程或分部分项工程分包给其他单位或个人施工的行为。”以及第 12 条规定:“存在下列情形之一的,属于违法分包:(一)承包单位将其承包的工程分包给个人的;(二)施工总承包单位或专业承包单位将工程分包给不具备相应资质单位的;(三)施工总承包单位将施工总承包合同范围内工程主体结构的施工分包给其他单位的,钢结构工程除外;(四)专业分包单位将其承包的专业工程中非劳务作业部分再分包的;(五)专业作业承包人将其承包的劳务再分包的;(六)专业作业承包人除计取劳务作业费用外,还计取主要建筑材料款和大中型施工机械设备、主要周转材料费用的。”因此,在工程总承包项目中,工程总承包单位(具备施工总承包资质)或其专业承包单位以符合上述情形之一的分包方式将工程施工分包给其他单位或个人实施的,则该施工单位或个人属于实际施工人。

设计任务的违法分包则应根据《建设工程勘察设计管理条例》第 19 条进行认定:“除建设工程主体部分的勘察、设计外,经发包方书面同意,承包方可以将建设工程其他部分的勘察、设计再分包给其他具有相应资质等级的建设工程勘察、设计单位。”因此,在工程总承包项目中,工程总承包单位(具备相应设计资质)将建设工程主体部分的设计任务分包给其他单位或个人实施的,则该单位或个人属于实际施工人。

另外,在工程总承包项目中还存在一种情况:即 2019 年 5 月 10 日发布的《房屋建筑和市政基础设施项目工程总承包管理办法(征求意见稿)》第 21 条第 1 款、第 2 款规定的“工程总承包单位仅具有相应设计资质的,应当将工程总承包项目中的施工业务分包给具有相应施工资质的单位;仅具有相应施工资质的,应当将工程总承包项目中的设计业务分包给具有相应设计资质的单位。工程总承包单位自行实施设计的,不得将工程主体部分的设计分包给其他单位;自行实施施工的,不得将工程主体结构的施工分包给其他单位”。其核心在于工程总承包单位必须在其资质等级范围内完成关键性工作,不得将工程总承包项目的设计及施工任务全部交由他人完成,也不得将主体部分的施工和设计分包给其他单位。

## 二、工程总承包项目中的实际施工人应如何保障自身权益

对于工程总承包项目中的实际施工人而言,如何通过诉讼保障自身权益?能否突破合同相对性向发包人主张工程欠款?笔者建议,工程总承包项目中的实际施工人可按照非自身名义和自身名义两种方式来提起诉讼:

### (一)以非自身名义提起的诉讼

从有利于诉讼的角度,对于工程总承包项目施工部分的实际施工人而言,由于其与工程总承包单位(具备施工总承包资质)或其专业承包单位所签订的合同无效,导致实际施工人向法院起诉索赔欠付工程款时限制较多。而在发包人拖欠工程款时,如工程总承包单位也能配合实际施工人进行诉讼的,则建议尽量在不披露实际施工人的情况下以工程总承包单位名义直接向发包人提起诉讼。如以发包人与工程总承包单位签订的工程总承包合同为履约依据,且该合同有效的情况下,实际施工人以工程总承包单位的名义提起诉讼,不仅可要求发包人支付拖欠工程款及逾期支付违约金,还可主张因违约对其造成损失,要求发包人赔偿预期可得利益、对第三方违约损失,关键是还可向发包人主张对于建设工程的优先受偿权(需注意的是,目前对于实际施工人是否享有优先受偿权,在司法实践中还存在一定争议)。另外,如工程总承包单位是具备相应设计资质的设计企业,则对于设计部分的实际施工人而言,在发包人拖欠工程款时,也建议尽量在不披露实际施工人的情况下以工程总承包单位即设计企业的名义直接向发包人提起诉讼,有利于争取自身合法利益的最大化。

上述救济途径在实际施工人挂靠承包的情形下使用较多,且需建立在工程总承包单位完全配合的前提之下,尤其是诉讼中的相关法律文书和代理人委托都必须经过工程总承包单位盖章,办理程序较为复杂。

### (二)以自身名义提起的诉讼

1. 转包或违法分包中的实际施工人能否突破合同相对性,以发包人为被告主张权利存在不确定性

《施工合同司法解释(一)》第 26 条规定,“实际施工人以转包人、违法分包人为被告起诉的,人民法院应当依法受理。实际施工人以发包人为被告主张权利的,人民法院可以追加转包人或者违法分包人为本案当事人。发包人只在欠付工程价款范围内对实际施工人承担责任”。在此基础上,《施工合同司法解释(二)》第 24 条规定:“实际施工人以发包人为被告主张权利的,人民法院应当追加转包人或者违法分包人为本案第三人,在查明发包人欠付转包人或者违法分包人建设工程价款的数额后,判决发包人在欠付建设工程价款范围内对实际施工人承担责任。”但上述司法解释能否直接同样适用于工程总承包合同尚未有明确定论。因此,转包或

违法分包情形下的实际施工人能否突破合同相对性，以工程总承包单位（转包人、违法分包人）、发包人为被告主张权利存在不确定性。退一步说，即使工程总承包项目适用上述司法解释的，实际施工人以发包人为被告起诉同样需要满足两个条件：一是证明自己的身份为案涉项目工程的实际施工人；二是证明发包人可能存在欠付工程款等情形。

比如，在（2013）川民终字第596号一案的二审民事判决书中，原审法院查明事实为，工程总承包单位沈矿公司及沈矿分公司和业主三星堆水泥公司签订的《三星堆水泥公司2500T/D水泥熟料水泥生产线总承包合同》为EPC工程总承包合同，即总价包干交钥匙工程，并约定沈矿公司总承包该项工程，但案涉工程实际由化建公司施工。后实际施工人化建公司向三星堆水泥公司、沈矿公司及沈矿分公司提起诉讼并主张欠付工程款。原审法院在查明三星堆水泥公司已实际占有并使用了化建公司承建的价值101224782元的工程，但并未支付相应的对价的情形下，依据《施工合同司法解释（一）》第26条第2款的规定，认定三星堆水泥公司作为业主及总发包人应对沈矿分公司欠付化建公司的工程款承担连带清偿责任，四川省高级人民法院在二审判决书中维持了原判。

此外，还需注意的是，对于欠付工程款的举证责任标准，参考最高人民法院王毓莹、陈亚法官在《〈关于审理建设工程施工合同纠纷案件适用法律问题的解释（二）〉逐条解读》[①]一文的观点，如果根据现有证据确实无法查清发包人欠付工程款的具体数额时，则由实际施工人承担举证不能的不利后果。

2. 在符合代位权构成要件的情况下，转包或违法分包中的实际施工人可尝试向发包人提起代位权诉讼，要求发包人直接向其清偿

《施工合同司法解释（二）》第25条规定："实际施工人根据合同法第七十三条规定，以转包人或者违法分包人怠于向发包人行使到期债权，对其造成损害为由，提起代位权诉讼的，人民法院应予支持。"因此，参照前述规定，若工程总承包单位（转包人或者违法分包人）怠于向发包人行使到期债权，则转包或违法分包情形下的实际施工人可尝试直接向发包人提起代位权之诉。

但需注意，实际施工人直接向发包人提起代位权诉讼，首先应符合《合同法》第73条及《最高人民法院关于适用〈中华人民共和国合同法〉若干问题的解释》所规定的代位权构成要件，在建设工程争议案件中包括以下四项：

---

① 该文载于微信公众号"法盏"，发文日期2019年1月3日。

要件1:实际施工人已完成的工程质量合格,并对转包人或者违法分包人享有合法的债权。

要件2:转包人/违法分包人怠于向发包人行使其到期债权,对实际施工人造成损害。到期债权既可以是实际施工人实际施工的工程所产生的工程款债权,也可以是转包人/违法分包人与发包人之间的其他债权。

要件3:实际施工人与转包人/违法分包人,以及转包人/违法分包人与发包人之间的债权均已到期。

要件4:在转包人/违法分包人为建筑施工企业的情况下,转包人/违法分包人对发包人的债权均不属于专属于其自身的债权,实际施工人依法可代位行使。

此外,根据民事诉讼法及其司法解释的相关规定,对于代位权的管辖法院,如实际施工人向发包人提起的代位权诉讼涉及工程款债权,则适用专属管辖,由不动产所在地人民法院管辖;如不涉及工程款债权,只是一般债权,则根据《合同法司法解释(一)》第14条规定,由发包人住所地法院管辖。

## 三、工程总承包项目业主在涉及实际施工人的诉讼中应如何保障自身权益

在工程总承包项目业主已经明知存在实际施工人的情况下,可采取以下应对措施保障自身权益,从而避免直接向实际施工人承担责任的风险。

### (一)针对挂靠情形下的实际施工人

#### 1.在日常往来工作联系单及签证中避免直接承认实际施工人挂靠之事实

参考江苏省扬州市中级人民法院在(2015)扬民终字第002139号民事判决书中的观点,发包人对于实际施工人挂靠承揽工程的事实应系明知,对合同义务实际由实际施工人履行亦应系明知。因承包人仅为名义上的合同相对方,关于其与实际施工人以及发包人之间的合同关系,可参照《合同法》第402条关于委托人的介入权的规定,认定实际施工人已突破了其与承包人的内部约定,对外与发包人之间直接成立建设工程施工合同关系。据此,发包人应承担向实际施工人支付工程款的义务。

由此可见,一旦发包人被认定为明知实际施工人挂靠的事实,则不再受信赖原则的保护,而应认定与实际施工人直接成立建设工程施工合同关系,发包人应向实际施工人支付工程款。为了规避上述风险,建议业主与工程总承包单位等主体在日常工作联系单及签证单中避免直接承认实际施工人挂靠之事实,以免在诉讼中

陷入被动局面。

2. 直接与作为合同相对方的工程总承包单位进行结算,而不与实际施工人结算或进行付款

最高人民法院在(2016)最高法民申1123号民事裁定书中认为,由于实际施工人与发包人之间不存在直接合同关系,也无证据证明承包人已授权实际施工人与发包人直接结算工程款。因此,发包人与实际施工人之间的结算行为对于承包人没有拘束力,发包人对于实际施工人的付款未经承包人认可的,不视为对承包人的付款。因此,为避免因结算工程款而产生争议,建议业主直接与工程总承包单位办理结算手续,而不与实际施工人办理结算或进行付款。

3. 注意保留实际施工人挂靠的相关证据,出现建设工程质量不合格等因出借资质造成损失时可要求实际施工人承担连带赔偿责任

《施工合同司法解释(二)》第4条规定:“缺乏资质的单位或者个人借用有资质的建筑施工企业名义签订建设工程施工合同,发包人请求出借方与借用方对建设工程质量不合格等因出借资质造成的损失承担连带赔偿责任的,人民法院应予支持。”因此,如业主掌握实际施工人身份的相关证据,也可将实际施工人列为共同被告,就工程质量缺陷等因出借资质造成的损失向其主张连带赔偿责任。

### (二)针对转包或违法分包情形下的实际施工人

参照《施工合同司法解释(二)》第24条的规定,发包人在欠付建设工程价款范围内对实际施工人承担责任,若发包方能够证明其已经全部支付了工程款,则其不再承担责任。因此,建议工程总承包项目业主在日常项目管理中应注意以下事项:

1. 加强合约风险管控,设立专人管理合同台账制度

工程总承包项目业主应加强自身的合约风险管控,设立专人管理合同台账制度,把控合同价款支付节点,避免因未付清工程款而被卷入更为复杂的实际施工人诉讼,引发不确定的法律风险。

2. 做好应付款管理,留存付款原始凭证

参照《施工合同司法解释(二)》第24条的规定,发包人应当对其与承包人之间的工程款债权数额及其已支付数额承担举证责任。因此,建议工程总承包项目业主在依据合同向工程总承包单位支付工程款时,尽量以对公账户进行支付,保证合同、发票、付款“三流合一”,并留存付款原始凭证,以备诉讼中作为证据之用。

# 专题六 尽职调查

## 引 言

建设工程项目投资大、周期长、涉及面广,项目的每个环节中均暗藏风险。因此,无论是承接新项目还是并购,都建议事先做好尽职调查,方能"知己知彼、百战不殆"。

建设工程项目的尽职调查,既包括对项目本身的尽职调查,也包括对项目各参与主体的尽职调查。具体到工程总承包(EPC)项目中,对项目本身的尽职调查,就是对项目的真实性、合法性等进行调查,这类调查往往出现在建筑领域并购项目中;对项目各方主体的尽职调查,既有建设单位对拟招选工程总承包单位的尽职调查,也有工程总承包单位对建设单位的尽职调查。

## 一、调查项目的真实性、合法性

如果项目不真实或不合法,建设单位和工程总承包单位均会面临诸多风险。即使工程已完工,也仍然是违章建筑,建设单位可能会面临无法出售出租、被拆除以及受到有关行政部门处罚等多项法律风险,工程总承包单位也会面临被有关行政部门处罚、无法按约收回工程款等法律风险。判断一个项目是否真实、合法,应主要从项目立项、规划、开工合法性等角度进行判断。

### (一)是否已取得合法的立项批复文件

建设单位应依法向有关行政主管部门申请项目立项,主管部门会根据投资主体、资金来源及项目性质等因素,对建设单位提出的立项申请出具审批、核准或备案的立项批复文件。立项批复文件是建设单位申请建设用地规划许可证的前提,其重要性无须多言。

### (二)是否已取得建设用地规划许可证及建设工程规划许可证

1. 取得建设用地规划许可证及建设工程规划许可证是项目合法实施的前提

《城乡规划法》第37条规定,以划拨方式取得国有土地使用权的,建设单位应向有关部门申请建设用地规划许可证,在取得建设用地规划许可证后,才可以向有关部门申请用地,经审批后由土地主管部门划拨土地。《城乡规划法》第40条规定,在城市、镇规划区内进行建筑物、构筑物、道路、管线和其他工程建设(包括住宅、工业、仓储、办公楼、学校、医院、市政交通基础设施等)的新建、改建、扩建、翻建的,建设单位或者个人应当向城市、县人民政府城乡规划主管部门或者省、自治区、直辖市人民政府确定的镇人民政府申请办理建设工程规划许可证。

《城乡规划法》第39条规定:"……对未取得建设用地规划许可证的建设单位批准用地的,由县级以上人民政府撤销有关批准文件;占用土地的,应当及时退回;给当事人造成损失的,应当依法给予赔偿。"第64条规定:"未取得建设工程规划许可证或者未按照建设工程规划许可证的规定进行建设的,由县级以上地方人民政府城乡规划主管部门责令停止建设;尚可采取改正措施消除对规划实施的影响的,限期改正,处建设工程造价百分之五以上百分之十以下的罚款;无法采取改正措施消除影响的,限期拆除,不能拆除的,没收实物或者违法收入,可以并处建设工程造价百分之十以下的罚款。"

据此,对于未取得建设用地规划许可证批准建设用地的,土地有被要求退回的风险。未取得建设工程规划许可证的,不得开展建设工作;未取得建设工程规划许可证即施工的,还将面临被责令停工整改的风险,项目完工后,项目也将无法办理竣工验收备案等相关手续。

2. 未取得建设用地规划许可证及建设工程规划许可证即先行签署工程总承包合同的,工程总承包合同还将面临无效风险

《施工合同司法解释(二)》第2条明确规定:"当事人以发包人未取得建设工程规划许可证等规划审批手续为由,请求确认建设工程施工合同无效的,人民法院应予支持,但发包人在起诉前取得建设工程规划许可证等规划审批手续的除外。发包人能够办理审批手续而未办理,并以未办理审批手续为由请求确认建设工程施工合同无效的,人民法院不予支持。"参照该条规定,未取得建设工程规划许可证等规划审批手续的,工程总承包合同将面临无效风险,合同效力补正的时间节点为"起诉前";且在建设单位能够办理审批手续而未办理的情形下,其不得以未办理审批手续为由主张合同无效。

### (三)是否已取得施工许可证

针对已完成招标或签约手续的在建工程,还需要重点关注是否已取得施工许可证。根据《建筑法》第7条和第8条的相关规定,建筑工程开工前,建设单位应当按照国家有关规定向工程所在地县级以上人民政府建设行政主管部门申请领取施

工许可证。申请领取施工许可证,应当具备下列条件:

1. 已经办理该建筑工程用地批准手续;

2. 在城市规划区的建筑工程,已经取得规划许可证;

3. 需要拆迁的,其拆迁进度符合施工要求;

4. 已经确定施工单位;

5. 有满足施工需要的施工图纸及技术资料;

6. 有保证工程质量和安全的具体措施;

7. 建设资金已经落实;

8. 法律、行政法规规定的其他条件。

从上述领取建设工程施工许可证的条件可知,取得建设用地规划许可证、建设工程规划许可证是办理施工许可证的前提。很多项目迟迟拿不到施工许可证,往往是在两个规划许可证上出了问题。

值得注意的是,施工许可证是管理性强制性规范,是否取得施工许可证并不影响合同效力。但是,只有取得施工许可证后工程总承包单位的开工才是合法开工,否则就是违法开工,工程会面临被叫停的风险,承发包双方同时也面临行政处罚的风险。

承接或并购"半拉子"工程时,还应针对具体的项目进行深入的调查。例如,该地块上是否存在查封、抵押等权利限制措施;项目建设的已完进度;项目上存在的债权债务情况;建设单位已签合同的履行情况,包括付款进度、是否已解除或终止等;是否存在其他影响进场或开工的困难或障碍等。

## 二、工程总承包单位对建设单位的尽职调查

对建设单位的尽职调查主要围绕三个方面展开:一是对其主体资格进行调查,即建设单位是否为依法成立的法人,是否具备独立的民事主体资格,是否可以独立承担民事责任;二是对其资信进行调查,即建设单位的诚信度如何、在业界的口碑怎样;三是对其经济实力进行调查,即结合拟承接项目及建设单位自身的经济状况,综合评估其支付工程价款的能力。

### (一)建设单位的主体资格

确认建设单位有无法人资格或者是否系依法成立的其他组织,是否属于独立的民事主体,需要至工商局调查建设单位的内档资料,包括以下内容:

1. 建设单位是不是按照法律规定成立的法人组织,企业性质为何,有无法人章

程和营业执照。这里要特别提醒工程总承包单位注意,实践当中有些建设单位名称为筹建处、指挥部、办公室、经营部等,对于此类建设单位,应当核实这些单位是否已经合法获批成立、成立或开办该单位的组织、有无独立的财产、是否能独立承担民事责任等。

2. 建设单位注册资本到位情况、主要财产状况等。

3. 建设单位股东对建设单位经营、资本、财产的控制、影响情况,以确认建设单位有无与建设工程相适应的资金或者资金来源。此处工程总承包单位还应当注意建设单位控股股东是否为国有或国有资金是否占主导地位。

### (二)房地产企业的开发资质

《房地产开发企业资质管理规定》(2015 年修正)第 3 条规定:"房地产开发企业应当按照本规定申请核定企业资质等级。未取得房地产开发资质等级证书(以下简称资质证书)的企业,不得从事房地产开发经营业务。"

据此,建设单位是房地产企业的,应按《房地产开发企业资质管理规定》取得房地产开发资质等级证书,并按照相应的资质等级承担相应建设规模的项目。虽然,房地产企业的资质并不影响工程总承包合同的效力,但工程总承包单位应注意调查建设单位的资质等级,以及该资质等级与其发包的项目规模是否匹配。根据该企业所持有的开发资质证书,也能从一定程度上评估其资金来源是否有保障,工程款支付能力如何等。

### (三)建设单位的土地、房屋等固定资产情况

1. 是否取得建设用地使用权及国有土地使用权证

国有土地使用权的取得有两种方式:一是出让,二是划拨。如项目用地是通过出让方式取得的,需查看建设单位与有关行政主管部门签订的《国有土地使用权出让合同》,并结合合同约定了解建设单位交付土地出让金的情况;如项目用地是通过划拨方式取得的,需查看划拨用地的批准文件,同时应重点注意划拨土地的用地范围是受到特殊限制的,只能用于国家机关用地和军事用地、城市基础设施用地和公益事业用地、国家重点扶持的能源、交通、水利等基础设施用地和法律、行政法规规定的其他用地,且这类用地国家可以根据需要随时收回土地使用权。

国有土地使用权证是建设单位依法享有项目用地的合法凭证,载明了土地使用权人名称、地块坐落、面积、用途,以及使用年限等事项。在调查该证时,工程总承

包单位应当注意调查实际土地使用权人与国有土地使用权证出让合同中的受让方是否一致,合同中约定的土地出让金是否已经按约缴清等。如建设单位虽然取得国有土地使用权证,但未按约缴纳土地出让金的,则仍然面临土地被收回的风险。另外,工程总承包单位还应关注取得土地使用权证的时间。根据国土资源部《闲置土地处置办法》第2条及其相关规定,土地使用权人依法取得土地使用权后,未经原批准用地的人民政府同意,超过规定的期限未动工开发建设的建设用地,可能会被认定为闲置土地的情形,面临被征收高额土地闲置费,甚至被无偿收回土地使用权的风险。

2. 建设单位名下的房产情况及其是否抵押、查封或预售

全面调查建设单位名下具体有多少房产,并对这些房产的价值作出初步评估。在此基础上,进一步调查这些房产是否存在已抵押给第三人的情形或依法被司法机关查封的情形。如存在抵押,则需了解其抵押权人、抵押金额及抵押期限等;如存在查封,则需了解查封事由、查封金额、查封期限等相关内容。此外,对于正在预售的房产或准备预售的房产,需了解相关的预售价格、预售进度等。结合上述内容,对建设单位的资金实力作出综合判断。

### (四)建设单位的诚信度、履约能力

1. 建设单位是否具有与项目开发或工程建设相对应的资金来源及完成项目开发或支付工程价款的能力。

2. 建设单位是否存在拖欠工程款、货款及其他债务等违约不诚信的情况。其中,对于建设单位的其他已完项目,关注其是否涉及相关诉讼纠纷;对于建设单位正在建设的其他项目,调查其支付工程款是否到位。调查目的是对建设单位的资信及投资实力作出综合全面的判断,避免陷入为建设单位干活却"干了也白干"的不利局面。

3. 建设单位是否存在违反国家法律、法规并受相关行政管理部门处罚的情形,相关处罚是否构成项目开发或工程建设的实质障碍或造成重大影响。

经过上述综合调查,如果发现建设单位存在注册资金未按规定缴纳到位、不具备相应资质或者实际条件与资质不符、无立项批复文件、无用地指标、规划不符合要求、拖欠土地出让金等违法违规情形的,工程总承包单位在承接项目时应注意规避相应风险。

除上述调查内容以外,参照2017版《建设工程施工合同(示范文本)》(GF-2017-0201)第2.5款关于发包人提供资金来源证明及支付担保的规定:"除专用

合同条款另有约定外,发包人应在收到承包人要求提供资金来源证明的书面通知后28天内,向承包人提供能够按照合同约定支付合同价款的相应资金来源证明。除专用合同条款另有约定外,发包人要求承包人提供履约担保的,发包人应当向承包人提供支付担保。支付担保可以采用银行保函或担保公司担保等形式,具体由合同当事人在专用合同条款中约定。”设置该条款的目的是要求建设单位证明其具备按约支付工程款的能力,避免因其资金不足或拖欠工程款给施工单位带来风险,工程总承包单位同样可以参考,具体操作如下:一是工程总承包单位可以要求建设单位提供资金来源证明,以证明建设单位已经落实了建设资金;二是在建设单位要求工程总承包单位提供履约担保的情形下,工程总承包单位也可要求建设单位提供支付担保。

## 三、建设单位对工程总承包单位的尽职调查

建设单位对工程总承包单位的尽职调查主要围绕五个方面展开:一是对其主体资格进行调查,即工程总承包单位是否为依法成立的法人,是否具备独立的民事主体资格;二是对其经营资质进行调查,即工程总承包单位持有的资质可承包的工程范围是否与本项目工程相匹配以及工程总承包单位拟派驻的项目主要管理人员资格是否符合项目要求;三是对其诉讼、仲裁、被执行及行政监管情况进行调查,即工程总承包单位是否存在未决诉讼、仲裁、或有负债、行政处罚等;四是对其合法经营情况进行调查,即工程总承包单位是否存在挂靠、转包的风险;五是对其诚信度、履约能力等相关事项的调查,即工程总承包单位的诚信度如何、在业界的口碑怎么样、是否存在不良信誉的情形,以及是否满足建设单位要求的施工管理能力和经济能力等。

### (一)工程总承包单位的主体资格

1. 工程总承包单位是不是按照法律规定成立的法人组织,企业性质为何,有无法人章程和营业执照信息。实践中有些工程总承包单位是以其分公司的名义参与工程项目,需要注意的是,根据《公司法》第14条的规定,“分公司不具有法人资格,其民事责任由公司承担”,故分公司并不具备独立对外承担责任的能力,建议在选择工程总承包单位时要求其以总公司名义参与项目,提高其履约能力。

2. 工程总承包单位的注册资本、经营范围、股东及出资信息、主要人员信息、分支机构信息、变更信息、主要财产状况。

3. 此外,建设单位还需通过工程总承包单位的内档资料等关注如下信息:(1)承包商是否发生过股权变更;(2)工程总承包单位是否存在股权查封冻结、被申请破产重整、被吊销营业执照等合法存续与股权存在异常的情况。

### (二)工程总承包单位的经营资质

1. 建设单位应特别注意核实工程总承包单位的资质,包括资质类别、资质证书号、资质名称、发证日期、证书有效期、发证机关等,并根据住房城乡建设部发布的《建筑业企业资质标准》(建市〔2014〕159 号,2015 年 1 月 1 日施行)相关规定,查看工程总承包单位持有资质对应的可承包工程范围是否与本项目相匹配。

《施工合同司法解释(一)》第 1 条规定:"建设工程施工合同具有下列情形之一的,应当根据合同法第五十二条第(五)项的规定,认定无效:(一)承包人未取得建筑施工企业资质或者超越资质等级的;……"因此,如承包人未取得建筑施工企业资质或者超越资质等级的,其与建设单位签订的工程总承包合同存在被认定为无效的风险。

2. 工程总承包单位拟派驻的项目主要管理人员的资格是否符合本项目要求。建设单位应注意核实项目主要管理人员(包括项目负责人、技术负责人、质量管理负责人、安全管理负责人等)的资格情况,包含注册类别、注册专业、证书编号、执行印章号、有效期、注册单位等信息。同时,建设单位可根据《注册建造师执业工程规模标准》(试行)(建市〔2007〕171 号,2007 年 7 月 4 日施行)等相关规定,结合本项目的实际情况,查看项目主要管理人员的执业资格是否符合本项目要求。

此外,还需重点关注工程总承包单位拟派驻的项目主要管理人员的注册证书是否在有效期内。如该等人员注册证书未在有效期内或者有效期即将到期的,应注意核实其注册证书的延续注册情况。

### (三)工程总承包单位诉讼、被执行或行政处罚情况

1. 工程总承包单位涉诉情况

建设单位应重点关注工程总承包单位涉诉情况,包括案件名称、案号、审理法院、工程总承包单位的诉讼地位以及判决结果等信息。通过对工程总承包单位涉诉情况的调查,不仅可直接反映出工程总承包单位是否存在未决诉讼及相关负债的情况,也可反映出工程总承包单位是否存在转包、违法分包、挂靠等违法违规情形以及工程总承包单位的法律风险的防范和控制能力。

此外,建设单位还需对工程总承包单位法定代表人、拟派驻的项目主要管理人员的涉诉情况一并进行调查。对于参与过的工程项目存在挂靠情况、项目管理纠纷或涉入经济纠纷较多的主要管理人员,建设单位可要求工程总承包单位进行更换。

2. 工程总承包单位被执行情况

建设单位应重点关注执行案件的立案时间、案号、执行法院、执行标的以及执行情况等信息。通过对工程总承包单位执行情况的调查,有利于了解工程总承包单位目前是否存在对外负债、是否已被纳入失信被执行人名单等情况。失信被执行人在建筑业资质、招标投标活动、房地产交易、评比达标表彰等方面均受到限制和/或禁入。

同时,建设单位还需对工程总承包单位法定代表人、拟派驻的项目主要管理人员的被执行情况一并进行调查,对于已列入失信人员名单的项目主要管理人员,建设单位可要求工程总承包单位进行更换。

3. 工程总承包单位行政处罚情况

建设单位应重点核实工程总承包单位是否存在"未按照劳动保障监察部门要求支付农民工工资""重大安全事故责任""未按照规定进行文明施工管理"等情况。

同时,建设单位还需对工程总承包单位拟派驻项目的主要管理人员行政处罚情况一并进行调查,对于受过主管部门行政处罚的项目主要管理人员,如项目负责人不在岗履职等不良行为记录,建设单位可要求工程总承包单位进行更换。

### (四)对工程总承包单位合法经营情况进行调查,主要核查项目主要管理人员资格及劳动关系情况

1. 劳动关系情况

建设单位可以要求工程总承包单位提供项目主要管理人员的劳动合同及其工资发放的相关证明材料,确认工程总承包单位是否与拟派驻的主要管理人员建立了劳动关系,并关注合同签订时间以及合同期限,对于劳动合同快到期的主要管理人员,需向工程总承包单位核实其劳动合同的续签情况。

2. 社保关系情况

建设单位可以要求工程总承包单位提供项目主要管理人员的社会保险参保证明,根据主要管理人员的现有社保缴费情况明细,确认项目主要管理人员的社保缴纳人是否为工程总承包单位,其每月社保缴费是否正常,是否存在漏缴及补缴的情形等情况。

3. 注册单位情况

如存在项目负责人的注册单位与工程总承包单位不一致的情形,则可能违反《注册建造师执业管理办法(试行)》(建市〔2008〕48 号)第 22 条规定:“注册建造师不得有下列行为:……(十)未变更注册单位,而在另一家企业从事执业活动;……”以及《注册建造师管理规定》(2016 年 10 月 20 日施行)第 26 条规定:“注册建造师不得有下列行为:……(六)同时在两个或者两个以上单位受聘或者执业;……”在此种情形下,建设单位可以要求工程总承包单位提供相应的情况说明并出具承诺书,保证该项目负责人在某一期限(根据项目报建时间确定)前注册到工程总承包单位名下,否则工程总承包单位应承担一定违约责任,同时建设单位有权解除工程总承包合同。

《建筑工程施工发包与承包违法行为认定查处管理办法》(建市规〔2019〕1 号)第 8 条规定:“存在下列情形之一的,应当认定为转包,但有证据证明属于挂靠或者其他违法行为的除外:……(三)施工总承包单位或专业承包单位未派驻项目负责人、技术负责人、质量管理负责人、安全管理负责人等主要管理人员,或派驻的项目负责人、技术负责人、质量管理负责人、安全管理负责人中一人及以上与施工单位没有订立劳动合同且没有建立劳动工资和社会养老保险关系,或派驻的项目负责人未对该工程的施工活动进行组织管理,又不能进行合理解释并提供相应证明的;……”《建筑法》第 67 条第 1 款规定:“承包单位将承包的工程转包的,或者违反本法规定进行分包的,责令改正,没收违法所得,并处罚款,可以责令停业整顿,降低资质等级;情节严重的,吊销资质证书。”《建设工程质量管理条例》第 62 条第 1 款规定:“违反本条例规定,承包单位将承包的工程转包或者违法分包的,责令改正,没收违法所得,对勘察、设计单位处合同约定的勘察费、设计费百分之二十五以上百分之五十以下的罚款;对施工单位处工程合同价款百分之零点五以上百分之一以下的罚款;可以责令停业整顿,降低资质等级;情节严重的,吊销资质证书。”由此可见,如工程总承包单位拟派驻的项目主要管理人员中一人及以上与施工单位没有订立劳动合同且没有建立劳动工资和社会养老保险关系的,则可能被认定为转包或挂靠,从而导致工程总承包单位面临停业整顿、降低资质等级、吊销资质证书等行政处罚的风险,而一旦出现上述情形,将严重影响项目的实际履行。

### (五)工程总承包单位的诚信度、履约能力等相关事项

1. 工程总承包单位是否具有满足建设单位要求的施工管理能力和经济能力。

建设单位可以要求工程总承包单位提供在建工程情况及近三年的签约情况,包括工程名称、建设单位、工程地址、中标经理、施工许可证号、施工面积、合同价及合同周期等信息,从而对工程总承包单位的施工管理能力及业绩情况等进行全面调查。

2. 通过多种渠道对工程总承包单位承担的其他工程的履约情况和诚信情况进行调查,确认其是否存在不良信誉情形,是否列入拖欠民工工资企业名单、承建项目工程是否获得工程质量相关奖项等情况。

3. 其他应调查、证实的相关的信息和事实。如通过走访工程总承包单位办公场所及其在建工程的施工现场,或者要求工程总承包单位提供一套内部施工管理的制度流程等,对工程总承包单位的人员、规模、内部管理是否规范等情况进行调查。

## 第二节 EPC + X 创新模式项目风险管理

### 专题七 EPC + F 模式的实施风险及应对策略

**引 言**

近年来,随着财政部等中央部委连续出台多项规范性文件,对 PPP 实践中的操作乱象以及政府违规举债等行为进行集中治理整顿,公共设施项目建设及运营所需资金的来源问题已日益凸显。在此背景下,我国对外承包工程中常见的 EPC + F(Finance + Engineering Procurement Construction,融资 + 设计、采购、施工)模式重新进入政府方和承包商视野,并被逐渐应用到国内公共设施项目投融资和管理方面,以解决政府对该等项目财政资金投资不足的问题,进而发挥出承包商投资带动施工的优势。尽管国内公共设施领域已不乏采用 EPC + F 模式推进的实践案例,但按照目前的相关政策规定,该模式仍然存在一定的合规风险,因此不能不区分项目具体情况而进行随意复制推广。

本专题中,针对 EPC + F 项目实施过程中面临的客观问题,我们围绕项目立项、资金安排、合同条款设置、招标条件安排等核心内容,归纳了 EPC + F 模式在实施过程中可能存在的风险点,并针对 EPC + F 项目在实务操作中应当注意的问题提出了应对建议,以期为相关实践提供参考及借鉴。

#### 一、EPC + F 常见的操作模式

EPC + F 模式既具备 EPC 模式的基本特征,又在此基础上衍生出了"融资"功能,通常是指公共设施项目的项目业主通过招标等方式选定承包商,由该承包商直接或间接筹措项目所需建设资金,以及承揽工程总承包相关工作,待项目建设完成后移交给项目业主,并由项目业主按合同约定标准向承包商支付费用的融资建设模式。以下是国内 EPC + F 模式的几个典型案例:

**案例一 江西省丰城市梅林镇 2018 年土地整治补充耕地项目(EPC + F)总承包工程**

以 2018 年 10 月 19 日发布的江西省丰城市梅林镇 2018 年土地整治补充耕地

项目(EPC+F)总承包工程招标公告为例,该项目的招标公告中明确招标人为丰城市梅林镇政府,建设资金由中标人进行融资,同时,投资单位中标后与丰城市人民政府另行签订投资协议,约定相关权利与义务。该项目投资回报机制为当新增水田面积经相关部门验收合格且占整个土地整治开发面积大于等于80%时,确定项目投资回报率为1.46倍(即新增加耕地指标入库后,再向投资方支付投资成本和投资回报)。①

**案例二　张家口市"未来之城"综合开发项目**

以2018年1月15日发布的张家口市"未来之城"综合开发项目投资人招标公告为例,该项目招标公告中明确张家口经开建设投资有限公司经张家口经济开发区管理委员会授权作为该项目的招标人,投资模式为中标单位与招标人签署《张家口市"未来之城"综合开发项目投资建设合同》,中标人作为该项目的项目公司,负责该项目的整体策划、规划、开发、建设和运营。② 该项目最终由张家口中交建设有限公司成功中标,负责项目对外融资,但实际上张家口中交建设有限公司(即项目公司)系由河北交通投资集团公司、张家口交通建设投资有限公司以及中交投资有限公司共同出资设立。根据中交投资有限公司提交的"启动区(首期)实施方案",该项目采用创新的"孵化型投建联动"模式,通过"两阶段招标"落实项目公司投资管控平台合法身份,实现"投资建设一体化"目标③,并拟通过合法程序选择有相应资质的EPC承包单位实施项目设计、施工和采购工作。

**案例三　景德镇学院搬迁工程勘察设计采购施工总承包项目**

以2018年7月16日发布的景德镇学院搬迁工程勘察设计采购施工总承包招标公告为例,该项目的招标公告中明确招标人(即业主方)为景德镇陶阳置业有限公司,其控股股东为景德镇市国有资产监督管理委员会。承包商中标后,直接与业

---

① 详见《丰城市梅林镇2018年土地整治补充耕地项目(EPC+F)总承包工程招标公告》,载 http://www.fcgzj.gov.cn/Article/ShowArticle.asp? ArticleID=10862,最后访问日期:2019年3月4日。

② 详见《张家口市"未来之城"综合开发项目投资人招标公告》,载 http://www.bidchance.com/info.do? channel=calgg&id=25263076,最后访问日期:2019年4月6日。

③ 详见《公司中标张家口市"未来之城"综合开发项目》,载 http://www.ccccic.com.cn/2018/0228/c19a1192/page.htm,最后访问日期:2019年4月6日。

主方签署工程总承包合同。[①] 在该模式下,由中标单位作为施工企业负责解决项目建设资金并完成项目设计、施工和采购工作,最终向业主方“交钥匙”,并由业主方支付承包商工程款及合理的资金占用费。[②]

**案例四 丽水机场项目配套工程设计、采购、施工总承包项目**

以2018年7月24日发布的丽水机场项目配套工程设计、采购、施工总承包招标公告为例,该项目招标公告明确的招标人(即业主方)为丽水机场开发建设有限责任公司,系丽水市交通投资发展有限公司的全资子公司。同时,招标公告明确配套工程建设模式为延付EPC模式(即EPC+F模式),纳入EPC投资主要为工程费用和相关的工程建设其他费、勘察设计费、预备费等约为12.59亿元,征迁费用、前期费用、建设单位管理费、建设期利息等不纳入EPC投资。配套工程建设期4年,延付期8年,一年支付一次。延付资金比例最低为EPC投资的70%,延付利率最高为五年期贷款基准利率上浮40%(建设期延付资金利率参照延付利率执行)。[③]

在上述案例中,虽然对外招标形式上仍属于正常的工程总承包招标,但业主方通过设置延付期限的方式实现了由中标人负责建设资金筹集的目的,而建设期延付资金利率即相当于支付承包商的资金占用成本。

从上述几个典型案例来看,EPC+F模式在实践中的具体操作形式呈现了非常多样化的特点,从采购主体来看,既有以政府或职能部门作为采购主体的,也有以城投公司、地方国企作为采购主体的;从具体“F”模式来看,既有设立项目公司作为投融资主体的股权型融资,也有非股权型(包括工程款延付型)的融资模式;从承包商所承担的融资范围来看,既有仅承担设计施工采购总承包工程价款范围的融资责任的做法,也有将建设项目全部总投资(包括征地拆迁费用、工程款以外的工程建设其他费、建设期贷款利息等)全额纳入融资范围的做法。

---

① 详见《景德镇学院搬迁工程勘察设计采购施工总承包招标公告》,载http://www.jxsggzy.cn/web/jyxx/002001/002001001/20180716/f2485852-a795-4054-b7c0-a464006f9923.html,最后访问日期:2019年3月4日。

② 详见《中建二局中标首个“EPC+F”模式工程》,载http://www.sohu.com/a/252049560_715982,最后访问日期:2019年4月6日。

③ 详见《丽水机场项目配套工程设计、采购、施工总承包招标公告》,载http://www.bidchance.com/info.do?channel=calgg&id=29794887,最后访问日期:2019年3月4日。

## 二、EPC + F 模式可能存在的风险点

对于公共设施项目的立项程序,通常可按项目资金来源区分为政府投资项目和企业投资项目。针对企业投资项目而言,现行法律法规并未明令禁止其以 EPC + F 的模式实施;针对政府投资项目而言,如以 EPC + F 模式实施,则可能存在以下风险点:

### (一)违法违规风险

1. 涉嫌违反《预算法》及《政府投资条例》等法律法规

我国《预算法》(2018 年 12 月 29 日修正)第 35 条第 2 ~4 款规定:“经国务院批准的省、自治区、直辖市的预算中必需的建设投资的部分资金,可以在国务院确定的限额内,通过发行地方政府债券举借债务的方式筹措。举借债务的规模,由国务院报全国人民代表大会或者全国人民代表大会常务委员会批准。省、自治区、直辖市依照国务院下达的限额举借的债务,列入本级预算调整方案,报本级人民代表大会常务委员会批准。举借的债务应当有偿还计划和稳定的偿还资金来源,只能用于公益性资本支出,不得用于经常性支出。除前款规定外,地方政府及其所属部门不得以任何方式举借债务。除法律另有规定外,地方政府及其所属部门不得为任何单位和个人的债务以任何方式提供担保。”由此可见,政府融资举债的方式和途径须严格按照《预算法》的法律规定,而 EPC + F 模式显然不属于法定的政府融资举债方式,故政府投资项目采用 EPC + F 模式实施存在违反《预算法》规定的风险。

此外,《政府投资条例》(国务院令第 712 号,2019 年 7 月 1 日施行)第 5 条规定:“政府投资应当与经济社会发展水平和财政收支状况相适应。国家加强对政府投资资金的预算约束。政府及其有关部门不得违法违规举借债务筹措政府投资资金。”第 22 条规定:“政府投资项目所需资金应当按照国家有关规定确保落实到位。政府投资项目不得由施工单位垫资建设。”由此可见,以 EPC + F 模式实施的政府投资项目,一方面,由施工企业向政府或项目业主直接提供资金涉嫌违法违规举债筹措政府投资资金;另一方面,如采用延付型 EPC + F 等模式,还可能被认定为由施工单位垫资施工,故而该种做法也存在违反《政府投资条例》相关规定的风险。

2. 涉嫌违反规范性文件

《国务院关于加强地方政府性债务管理的意见》(国发〔2014〕43 号)明确规定,

地方政府举债融资机制仅限于以发行政府债券方式举债、PPP(即政府和社会资本合作)、在依法担保的范围内可能会承担的或有债务;《财政部驻各地财政监察专员办事处实施地方政府债务监督暂行办法》(财预〔2016〕175 号)规定:"除发行地方政府债券、外债转贷外,地方政府及其所属部门不得以任何方式举借债务,不得为任何单位和个人的债务以任何方式提供担保";《财政部关于进一步规范地方政府举债融资行为的通知》(财预〔2017〕50 号)规定:"地方政府举债一律采取在国务院批准的限额内发行地方政府债券方式,除此以外地方政府及其所属部门不得以任何方式举借债务。"上述文件均明确限定了地方政府融资举债的方式和途径,而 EPC + F 模式并不属于当前政策允许的任一政府融资举债的方式或途径,故涉嫌构成政府方变相融资举债,存在违规风险。

同时,由于 EPC + F 模式的融资、建设和移交特征与 BT 模式特征高度契合,即均为政府方进行基础设施建设,先由承包商筹集或垫付资金,项目建设完成后移交给政府方管理,政府方向承包商支付回购款的模式。财政部等四部委联合发布《关于制止地方政府违法违规融资行为的通知》(财预〔2012〕463 号)明确规定"除法律和国务院另有规定外,地方各级政府及所属机关事业单位、社会团体等不得以委托单位建设并承担逐年回购(BT)责任等方式举借政府性债务",虽然该规范性文件目前已被废止,但是近年来财政部出台的《关于进一步做好政府和社会资本合作项目示范工作的通知》(财金〔2015〕57 号)、《关于印发〈政府和社会资本合作项目财政管理暂行办法〉的通知》(财金〔2016〕92 号)等一系列文件,均明确规定政府方不得在预算安排之外与其他单位或企业签订回购(BT)协议,以及项目实施不得采用建设—移交方式。因此,在 EPC + F 模式下,由政府方作为直接债务主体,而未在项目开始实施前即先行安排财政预算资金,也可能存在被认定为以 BT 模式实施的违规风险。

综上,采用 EPC + F 模式的政府投资项目存在涉嫌违反法律、行政法规以及规范性文件的风险。特别需注意的是,根据《合同法》第 52 条的规定,"有下列情形之一的,合同无效:……(五)违反法律、行政法规的强制性规定"。因此,如该种做法被认定为违反《预算法》《政府投资条例》等法律、行政法规的效力性强制性规定的,则可能导致承包商与项目业主所签订的融资协议或融资条款存在无效的风险。如合同被认定无效,则合同违约条款也无效。对于承包商而言,仅能向业主方主张实际损失,而无法按照合同约定主张相应的违约金,此外,承包商还可能需因其过错被判令承担相应的责任。

### (二)承包商的融资和回款风险

1. 项目融资不能的风险

在 EPC + F 模式下,项目所需建设资金均由承包商通过股权或债权等方式直接或间接完成资金筹措并供项目业主使用,因此,项目融资风险通常由承包商承担。若项目融资拟采用项目贷款方式,则由于当前金融机构对于项目未来收益偿债能力和项目本身的合法合规性审查要求较严苛,同时,根据《财政部关于规范金融企业对地方政府和国有企业投融资行为有关问题的通知》(财金〔2018〕23 号)等规定,金融机构“除购买地方政府债券外,不得直接或通过地方国有企事业单位等间接渠道为地方政府及其部门提供任何形式的融资”,并需要严格按照“穿透原则”执行资本金审查制度,严禁“名股实债”、股东借款、借贷资金等债务性资金违规出资或出资不实的问题,因此,若项目自身存在地方政府变相违规举债属性,或项目自身还款来源和还款能力不满足市场化融资原则,且项目公司或承包商无法提供其他有效的增信措施,则可能无法满足银行审核贷款及放款要求,从而导致项目融资款无法落实到位的风险。

2. 承包商所提供资金无法收回的风险

在 EPC + F 项目实践中,承包商无论是以股权还是债权方式为项目业主提供的资金,在项目建设完成后,通常都会要求项目业主按照约定的方式返还给承包商,同时会要求项目业主支付一定的融资回报。可见,在此种情形下,承包商能否收回上述融资资金及回报,主要依赖于项目业主的财务水平和资信能力。但实际上,如项目业主自身不具备上述支付能力,则双方关于股权回购或资金偿付的安排将存在不确定性。即便是将项目业主的付费来源直接与地方财政支付责任相挂钩,由于如前文所述,该做法存在合法合规性等问题,能否在项目完工后如期安排财政资金并纳入相应年度财政预算予以支付,存在极大不确定性。因此,对于承包商而言,可能面临其提供的资金无法收回的巨大风险。

## 三、EPC + F 项目操作应当注意的实务问题

首先需要明确的是,根据《政府投资条例》第 22 条的规定,政府投资项目所需资金应当按照国家有关规定确保落实到位。政府投资项目不得由施工单位垫资建设。据此,政府投资项目不得以 EPC + F 模式实施。

那么,按照企业投资项目立项的公共设施项目是否适合采取 EPC + F 模式? 针

对该问题目前并无明确限制性规定。但是,从避免被认定为政府违规举债的角度出发,我们认为,在设计交易模式时应当慎重安排,与政府的财政支付责任相脱钩,消除任何会构成政府隐性债务或违规担保的交易安排,合法合规地设置承包商"F"部分资金的进入和退出方式,从而从根源上降低项目参与各方的风险。企业投资项目采用 EPC + F 模式的,应重点关注以下问题:

### (一)承包商应当关注融资资金的回款风险

在 EPC + F 项目满足合法合规性要求的前提下,从承包商控制回款风险角度来讲,应当关注付款主体的付款能力或项目自身的自偿性。通常而言,对于 EPC + F 项目中承包商提供给项目业主的资金,其回款来源可从以下三个方面进行安排:

1. 项目经营性收入

对于经营性或准经营性项目而言,项目自身经营收入可以作为承包商回款的主要来源之一。且从《国务院关于发布政府核准的投资项目目录》内容来看,采用核准和备案制的企业投资项目通常都是具备一定经营性的项目,在此情况下,承包商在一定程度下具有对项目未来收益的可预期性,对投资收益的取得也能起到一定的保障。对此,为减少投资人的投资风险,建议就项目经营性收入采取与项目业主建立共管账户等措施,并对收入的管理、清算和分配进行明确约定。

2. 项目业主自有资金

在一些 EPC + F 项目中,项目业主需要承担对承包商的股权回购或融资资金偿付义务,因此承包商的回款风险主要取决于项目业主的自有资金实力。除了在项目前期需要对项目业主进行详尽的财务尽职调查之外,为保障承包商投资收益,建议应当由项目业主为其支付义务提供适当的履约担保。

3. 其他资金支持

除扩大项目经营性收入来源,提高项目业主自身资信实力之外,还可积极争取其他资金支持,包括投资补助和贷款贴息等。《中央预算内投资补助和贴息项目管理办法》(国家发改委令 2016 年第 45 号)第 3 条第 1 款规定:"本办法所称投资补助,是指国家发展改革委对符合条件的地方政府投资项目和企业投资项目给予的投资资金补助";第 4 条规定:"投资补助和贴息资金重点用于市场不能有效配置资源,需要政府支持的经济和社会领域。具体包括:(一)社会公益服务和公共基础设施……"因此,投资补助和贴息的对象既包括地方政府投资项目,也包括企业投资项目,对于公共基础设施 EPC + F 项目如能争取到投资补助和贴息的,对于减少项目前期建设的资金压力,提高项目可融资性及减少承包商回款风险都有较大的意义。

## (二)项目合同条款的合理设置

在 EPC + F 项目合同条款设置上,需要特别注意资金支付条件的相关问题。例如,在延付型 EPC + F 项目中,通常项目业主和承包商会就延付部分的资金占用成本约定相关条款(或约定关于工程款支付的违约金条款,通过该种安排变相向承包商支付资金占用成本)。但因承包商的该等资金占用成本一般会高于市场融资的平均利率水准,因此能否为法院所认可存在不确定性。《施工合同司法解释(一)》第 6 条规定:“当事人对垫资和垫资利息有约定,承包人请求按照约定返还垫资及其利息的,应予支持,但是约定的利息计算标准高于中国人民银行发布的同期同类贷款利率的部分除外。当事人对垫资没有约定的,按照工程欠款处理。当事人对垫资利息没有约定,承包人请求支付利息的,不予支持。”可见,如延付型 EPC + F 模式被法院认定为属于承包商垫资施工的情形,则承包商所主张的超过贷款基准利率的部分,可能存在不被法院支持的风险。

## (三)项目招标中融资条件的合法设置

我国《招标投标法》第 18 条第 2 款规定:“招标人不得以不合理的条件限制或者排斥潜在投标人,不得对潜在投标人实行歧视待遇。”《招标投标法实施条例》第 32 条规定:“招标人有下列行为之一的,属于以不合理条件限制、排斥潜在投标人或者投标人:……(二)设定的资格、技术、商务条件与招标项目的具体特点和实际需要不相适应或者与合同履行无关;……”同时,根据《招标投标法实施条例释义》第 32 条规定的“设定的资格、技术、商务条件与招标项目的具体特点和实际需要不相适应或者与合同履行无关”的情形,具体是指招标人可以在招标公告、投标邀请书和招标文件中要求潜在投标人具有相应的资格、技术和商务条件,但不得脱离招标项目的具体特点和实际需要,随意和盲目地设定投标人要求,否则既可能排斥合格的潜在投标人,也可能导致社会资源的浪费。因此,在 EPC 项目招标中设置“承包人提供融资”的条件,是否会被认定为属于“与招标项目的具体特点和实际需要不相适应或者与合同履行无关”的情形,实践中还存在一定争议。此外,即便允许设置该种条件,那么设置什么样的条件方为合理,才不构成对于合格的潜在投标人的排斥,也是实践中值得进一步探讨的问题。

# 专题八　EPC + O 模式的具体实践及操作建议

## 引　言

EPC + O 模式是我国基础设施和公用事业领域项目创新实施模式的探索,并已逐步成为国内公共设施项目实践的新方向。在此情形下,为确保该种模式的合法合规性,我们有必要对该种模式进行剖析。

本专题中,我们将厘清其与 DBO、PPP 等项目模式的异同点,并结合 EPC + O 模式在国内项目实践情况提出我们的思考及建议,以利于规范地推进项目,最大限度地降低参与各方的风险。同时,亟待国家层面出台相关的政策法规及对应的操作细则,对 EPC + O 模式加以指导和规范,从而切实维护相关各方的合法权益,推动我国公共设施项目的稳健运作与有序实施。

## 一、EPC + O 模式的基本概念和相关规定

EPC + O/O & M,即设计、采购、施工及运营(或运营维护)一体化的总承包模式,是在 EPC 总承包模式基础上向后端运营环节的延伸,即总承包商除承担建设期内传统的设计、采购、施工任务外,还要承担运营期内的运营维护职责,通过该种整合方式提高项目的运营效率,降低全生命周期内的成本。本专题主要探讨 EPC + O 模式在基础设施和公用事业领域的应用。

EPC + O 并非一个法定的概念,在我国国家政策文件层面,最早提及类似概念的文件是 2005 年年底国务院发布的《关于落实科学发展观加强环境保护的决定》(国发〔2005〕39 号),文中要求“推行污染治理工程的设计、施工和运营一体化模式,鼓励排污单位委托专业化公司承担污染治理或设施运营”。此后国务院陆续出台的《关于加快发展节能环保产业的意见》(国发〔2013〕30 号)、《关于加快发展生产性服务业促进产业结构调整升级的指导意见》(国发〔2014〕26 号)中均提到了要在环保领域鼓励发展包括系统设计、设备成套、工程施工、调试运行、维护管理在内的环保服务总承包。在上述政策的引导下,设计、施工和运营一体化总承包模式最早开始在国内的环保领域运用,适用范围也最为广泛。

近年来,中央和地方政府纷纷出台政策鼓励将该种模式逐渐应用于环保以外的更多行业领域,如 2016 年财政部发布的《关于开展 2016 年中央财政支持地下综

合管廊试点工作的通知》(财办建〔2016〕21 号)中首次提出要"积极采取设计采购施工运营总承包(EPC + O)等模式,实现地下综合管廊项目建设运营全生命周期高效管理";广东省东莞市政府发布的《关于深化改革全力推进城市更新提升城市品质的意见》(东府〔2018〕102 号)中提出,"鼓励活化更新和生态修复。探索通过 EPC + 运营权招标或公开遴选方式,引入产业园区综合运营服务企业和重点创新载体单位实施旧工业区、成片出租屋活化更新,提升镇村工业园区软硬件条件和运营效率"。从实践来看,也有越来越多非环保领域的公共设施项目尝试以该种模式实施。

## 二、EPC + O 模式与其他类似项目模式的异同点

### (一)EPC + O 模式与 DBO 模式

在国际工程中,相比于 EPC + O,在项目实践中被更多使用的是 DBO(Design - Build - Operate,设计、施工和运营)的概念,在 2008 年发布的 FIDIC《设计—建造与运营合同》(金皮书)中,将 DBO 表述为一种"有别于传统的设计施工承包合同与运营合同相互独立的方式,而是通过把设计、施工和长期运营整合到一个合同中授予一个承包商(通常为联合体或联营体),从而获得更优的创新、质量与性能的组合"。由此可见,DBO 模式(如无特别说明,以下均指 FIDIC 金皮书所指的 DBO 模式)的内涵,与我们通常所称的 EPC + O 模式非常接近,主要表现在:项目投融资责任均由政府方业主承担;资产所有权归业主所有;承包商均需承担设计、施工和运营维护职责等。但两种模式之间仍然存在差别,主要为:

1. 项目建设所涉的设备采购主体可能不同

在设计和建造阶段,两种模式的差异可通过直接对比 EPC 与 DB 模式即可得出。在 EPC + O 模式下承包商一般应当承担包括设计、采购、施工在内的所有环节的工作,此时,设备采购的价款会相应纳入总承包合同总价中;而在 DBO 模式下,承包商应当承担的工作内容包括设计和施工,对于项目所涉的工程设备和工艺装置的采购工作则并未明确要求是由业主方负责还是承包商负责,通常认为该种模式下的总承包范围不包括专业工程设备和工艺装置的采购工作,而是由业主方自行采购或委托第三方进行采购,因此,该部分设备的采购价款也不属于工程总承包合同价款的组成部分。

2. 承包商承担的设计责任有所差异

在设计和建造阶段,两种模式的另一差异体现在承包商所承担的设计内容上,一般认为 EPC 总承包模式中的设计工作范围要大于 DB 承包模式下的设计工作范

围。例如,根据《住房城乡建设部关于进一步推进工程总承包发展的若干意见》(建市〔2016〕93号)要求,工程总承包一般采用设计—采购—施工总承包或者设计—施工总承包模式,建设单位可以根据项目特点,在可行性研究、方案设计或者初步设计完成后,按照确定的建设规模、建设标准、投资限额、工程质量和进度要求等进行工程总承包项目发包,即采取EPC总承包模式时并不禁止将方案设计或者初步设计纳入总承包范围;而交通部《公路工程设计施工总承包管理办法》(交通运输部令2015年第10号)规定,公路工程设计施工总承包招标应当在初步设计文件获得批准并落实建设资金后进行,即公路工程DB承包模式下承包人并不负责初步设计工作,而是由业主方在招标前完成的工作内容。

3. 收费权归属不同

对于经营性项目,在项目进入运营期后,在DBO模式下一般项目收费权由业主方所有,即项目的经营性收入归业主方,业主方基于承包商提供的运营维护服务,向其支付数额相对固定的运营维护费。而在EPC+O模式下,由于目前缺乏明确的法律规定,对于该种模式下的收费权是否可以直接通过总承包合同授予承包商仍存一定争议。从实践情况来看,采取EPC+O模式的项目收费权既存在由政府方(即业主方)享有的情形,也存在由承包商享有的情形。

4. 承担的风险不同

两种模式的上述差异也导致了承包商所承担风险范围的不同:在DBO模式下业主方将承担更多的风险,主要体现为采购风险和经营性风险;而在EPC+O模式下业主方可将这两部分的风险转移给承包商。具体如表1-2所示:

**表1-2 DBO模式与EPC+O模式通常情形下的风险责任主体对比**

| 模式<br>风险类别 | DBO模式 | EPC+O模式 |
|---|---|---|
| 投融资风险 | 业主方 | 业主方 |
| 审批风险 | 业主方 | 业主方 |
| 土地获取风险 | 业主方 | 业主方 |
| 设计风险 | 承包商<br>(概念性设计除外) | 承包商 |
| 采购风险 | 业主方 | 承包商 |
| 施工风险 | 承包商 | 承包商 |
| 运营维护风险 | 承包商 | 承包商 |
| 经营性收入风险 | 业主方 | 承包商(如拥有收费权) |

### (二)EPC + O 模式与 PPP 模式

从国际视野来看,加拿大 PPP 国家委员会根据私营部门在 PPP 项目中承担风险的大小将 PPP 模式划分为 12 种具体运作方式,其中就包括 DBO 模式,即认为 DBO 模式属于 PPP 模式的一种。而关于 EPC + O 模式能否纳入 PPP 模式范围的问题,国际范围内尚未有明确的观点。

从我国关于 PPP 模式的现行规定来看,并未明确将 EPC + O 模式纳入 PPP 范围,因此也导致国内在 EPC + O 模式的项目实践上存在一些争议。我们倾向于认为,尽管在 EPC + O 模式与 PPP 模式下,均可能由承包商承担项目的部分或全部设计、建造和运营职责,并通过该种一体化的整合实现降低全生命周期成本和提高效率的目的,但两种模式在投融资模式、资产所有权及收费权归属、回报机制、风险分配和采购程序等方面仍然存在较大的差异,从国内推行 PPP 模式以避免新增政府债务和化解存量债务的初衷来看,EPC + O 模式是否适合纳入我国 PPP 体系仍然有待商榷。

1. 投融资模式不同

PPP 模式与传统政府投资模式的最大区别是投融资责任主体的不同。在传统政府投资模式下,公共设施项目的投融资责任主体是政府方,项目建设资金来源涉及财政性资金的,应当按照《预算法》等相关规定纳入财政预算。而在 PPP 模式下,项目投融资责任主体是经法定采购程序选定的社会资本或其组建的项目公司,项目建设资金主要来源于项目公司股东投入的资本金,以及项目公司通过债务性融资方式进行的融资,特别情况下还包括股权融资。政府方不为项目融资承担任何的兜底或担保责任。而 EPC + O 模式仍属于传统政府投资模式范畴,项目投融资责任仍由政府方承担,承包商既不需要设立项目公司,也不需要承担项目投融资责任,这也是 EPC + O 模式与 PPP 模式的最大区别。

2. 资产所有权

从资产所有权角度来看,在 PPP 模式下,在项目合作期内,项目资产所有权的归属可根据 PPP 项目合同的约定、项目用地使用权的取得主体等作出不同安排,既可以由政府方拥有,也可以由 PPP 项目公司拥有并通常在项目合作期满时移交给政府方。但在 EPC + O 模式下,资产所有权自始归政府方所有,承包商在建设期和运营期均不取得资产所有权。

3. 回报机制不同

PPP模式下的回报机制需分别以项目公司和社会资本两个主体进行分析。

首先,从项目公司角度来看,其作为项目投融资主体投入的成本包括建设成本和运营维护成本,其中建设成本既包括工程建安费用,也包括工程建设其他费用、预备费及建设期利息等,是全口径的建设投资;而其收入来源可能为政府付费、使用者付费及使用者付费 + 可行性缺口补助中的某一种。但无论哪一种回报方式,回报数额均需覆盖项目公司所投入的建设、运营维护成本及相应的合理收益。此外,在PPP模式下项目公司的建设成本投入与收入具有时期上的错配性,尽管建设成本发生在建设期,但项目公司在建设期内大多不能取得收入,其主要收入均在运营期内通过相对平滑的方式实现回流,具有鲜明的投资行为特征。

其次,从社会资本角度来看,其作为项目公司股东,需要在建设期内承担相应的出资责任,而其回报方式一般通过运营期内的分红、股权转让、期末清算退出等方式实现,显然也属于一种投资行为。当然,如果是兼具设计施工或运营承包商身份的社会资本,其在投资之外还可通过承担设计施工任务和提供运营服务,获取相应的设计施工利润及运营利润。

在EPC + O模式下,承包商获取的收入为基于总承包合同约定由业主支付的工程建安费用、设计费用、运营费用,其中工程建安费用和设计费用中包含承包商应获得的设计施工利润,运营费用收入中包含承包商应获得的运营利润。因此,无论是承包商所投入的成本还是取得的收入,其口径与PPP模式均存在较大不同。

另外,从现金流入流出角度来看,承包商所取得的建安费用、设计费用等通常在建设期内按照总承包合同约定的工程进度款方式取得,并非在运营期内分期收回,显然不属于一种投资行为。

4. 风险分配不同

如前文所述,在EPC + O模式下,政府方需承担投融资风险、审批风险、土地获取风险、运营收入风险(收费权归政府时)等项目风险,风险范围覆盖面较大。与此相对的,承包商仅在EPC + O总承包合同约定的责任范围内,承担相应的设计、采购、施工和运营维护风险。

在PPP模式下,基于"由对风险最有控制力的一方承担相应的风险"的分配原则,大部分的项目风险,包括项目投融资风险、部分审批风险、设计建造和运营维护风险、成本超支风险、使用者付费不足风险等,一般均会分配给社会资本及项目公司承担,政府方仅承担土地获取风险、审批风险和政治不可抗力风险等少部分风险。

5.采购程序不同

根据PPP相关文件规定,PPP项目采购主体是经人民政府授权的项目实施机构,采购对象是社会资本,项目发起采购之前还应当履行项目识别准备等规定程序,并应当在编制完成“两评一案”(即PPP项目实施方案、物有所值评价报告和财政承受能力论证报告),履行相关的审批程序后方进入采购程序。其采购方式则可依据相关规定,采用公开招标、邀请招标、竞争性磋商、竞争性谈判、单一来源采购等不同的方式。同时,PPP项目应当纳入财政部PPP综合信息平台项目库管理,如存在政府付费或可行性缺口补助的,应当纳入地方财政预算和中长期财政规划。

EPC+O模式的采购主体一般是项目业主,采购对象是总承包商,如采购资金来源为财政性资金的,应当按照相关规定纳入当期财政预算。关于其采购方式,由于缺乏上位法的明确规定,实践中一般参照EPC工程总承包项目的采购程序,主要采用招标方式遴选总承包商,在项目具备规定的招标条件后即进入采购程序。

## 三、EPC+O模式的国内项目实践情况简析

表1-3是我们通过公开渠道可检索到的国内部分EPC+O或EPC+O&M案例,基本情况汇总如下:

**表 1-3　国内部分 EPC + O 或 EPC + O & M 案例概况**

| 序号 | 项目名称 | 行业类别 | 采购主体 | 采购方式 | 是否接受联合体投标 | 资金来源 | 竞价标的 | 总承包合同是否含运营条款 | 运营期限 |
|---|---|---|---|---|---|---|---|---|---|
| 1 | 金溪县城西生态高新产业园区工业污水处理厂建设项目设计施工运营总承包项目① | 环保 | 江西金溪工业园区管理委员会 | 公开招标 | 接受 | 财政拨款 | 污水处理单价（设计施工费采要约价） | 不含（另行签订运营合同） | 10 年 |
| 2 | 淮南市黑臭水体水质提升工程设计—采购—施工—运维（EPC + O）一体化② | 环保 | 淮南市市政管理处 | 邀请招标 | 不接受 | 财政资金 | / | / | 1 年 |
| 3 | 崇左市江南污水处理厂提标改造工程项目（EPC + O）③ | 环保 | 崇左市城市建设投资有限责任公司 | 公开招标 | 接受 | 上级拨付资金及企业自筹 | 污水处理服务费 | / | / |
| 4 | 定远县南城河水环境治理工程 EPC + O（设计、采购、施工 + 运营维护）总承包项目④ | 环保 | 定远县城市基础设施开发建设有限公司 | 公开招标 | 不接受 | 财政资金 | / | / | / |

① 信息来源：http://www.jinxi.gov.cn/zgjx/ywdt/20180831/002007_cac4da42-1d8e-486e-8f11-f046e55cd966.htm，最后访问日期：2019 年 6 月 20 日。

② 信息来源：http://www.huainan.gov.cn/4971429/90340348.html，最后访问日期：2019 年 6 月 20 日。

③ 信息来源：http://www.ccgp.gov.cn/cggg/dfgg/gkzb/201811/t20181120_11148858.htm，最后访问日期：2019 年 6 月 20 日。

④ 信息来源：http://www.chuzhou.gov.cn/public/content/93340441，最后访问日期：2019 年 6 月 20 日。

续表

| 序号 | 项目名称 | 行业类别 | 采购主体 | 采购方式 | 是否接受联合体投标 | 资金来源 | 竞价标的 | 总承包合同是否含运营条款 | 运营期限 |
|---|---|---|---|---|---|---|---|---|---|
| 5 | 怀宁县石牌戏曲文化特色小镇——徽班博物馆、徽班进京文化长廊等 EPC + O 项目① | 城镇综合开发 | 怀宁中冶建设发展有限公司 | 公开招标 | 接受 | / | 概算报价、勘察设计费率、工程费下浮率、运营维护费用、经营补贴、经营收益分成比率 | / | 26 年 |
| 6 | 跳蹬河综合整治（二期）项目 EPC + O② | 环保 | 重庆渝隆资产经营（集团）有限公司（项目业主）和重庆桃花溪市政建设有限公司（代理业主） | 公开招标 | 接受 | 业主自筹及区财政补助 | 勘察费、设计费、施工费、运营维护费（不做竞价另行核定） | 仅包含运营维护费条款 | 2 年 |

① 信息来源：http://aqggzy.anqing.gov.cn/jyxx/012001/012001001/20181208/ead35307-d396-491f-b6e6-5fcc674e262c.html，最后访问日期：2019 年 6 月 20 日。

② 信息来源：http://www.cqjlp.gov.cn/zfxx/web_showzfxx_114568.shtml，最后访问日期：2019 年 6 月 20 日。

续表

| 序号 | 项目名称 | 行业类别 | 采购主体 | 采购方式 | 是否接受联合体投标 | 资金来源 | 竞价标的 | 总承包合同是否含运营条款 | 运营期限 |
|---|---|---|---|---|---|---|---|---|---|
| 7 | 金华市金义都市新区金华科技城科创孵化区块二期项目(EPC+O)① | 城镇综合开发 | 金华市金义都市新区管理委员会 | 公开招标 | 接受 | 自筹 | / | / | 10年 |
| 8 | 古襄河、老赵店河水环境治理工程EPC+O② | 环保 | 全椒县城乡规划建设局 | 公开招标 | 接受 | 财政资金 | / | / | / |
| 9 | 安源区集镇污水处理厂工程项目EPC+OM工程总承包③ | 环保 | 萍乡市安源区环保局 | 公开招标 | 接受 | 自筹及银行贷款 | EPC工程费、运营基础水量水价 | 另行签订《运营服务协议》 | 30年 |
| 10 | 藤县工业集中区污水集中处理设施项目和藤县14个镇级污水处理厂工程项目总承包④ | 环保 | 藤县住房和城乡建设局 | 公开招标 | 接受 | 上级专项补助资金、地方配套及业主自筹 | 设备购置费、建筑工程费、安装工程费、工程其他费、运营费用 | / | / |

① 信息来源:http://www.jydsxq.gov.cn/? action-viewnews-itemid-5838,最后访问日期:2019年6月20日。

② 信息来源:http://www.czggzy.gov.cn/Front_jyzx/InfoDetail/? InfoID=2656852c-135a-4f7a-92bc-8656dfca5135&CategoryNum=002008001001,最后访问日期:2019年6月20日。

③ 信息来源:http://bm.pingxiang.gov.cn/pxzbtb/xq/article/201612/462833.html,最后访问日期:2019年6月20日。

④ 信息来源:http://www.wzggzy.cn/gxwzzbw/InfoDetail/? InfoID=0a7876c4-37be-4e2d-91fa-3d0bd295b703&CategoryNum=001001001,最后访问日期:2019年6月20日。

续表

| 序号 | 项目名称 | 行业类别 | 采购主体 | 采购方式 | 是否接受联合体投标 | 资金来源 | 竞价标的 | 总承包合同是否含运营条款 | 运营期限 |
|---|---|---|---|---|---|---|---|---|---|
| 11 | 焦作市城乡一体化示范区村镇污水综合治理工程(EPC + O & M)① | 环保 | 焦作市城乡一体化示范区管委会农村工作办公室 | 公开招标 | 接受 | 财政资金 | 设计取费下浮率、建安工程下浮率、运营合理利润率、管网运营维护费 | / | / |
| 12 | 涟水县村庄生活污水治理项目 EPC + O & M 模式② | 环保 | 涟水县住房和城乡建设局 | 公开招标 | 接受 | / | 项目融资资金利率、项目资本金投资回报率、村庄生活污水处理设备立方米/日单价、项目建安工程造价结算下浮率、项目运营维管利润率 | / | 合同期限12年 |

注:1. 表中“/”表示未检索到该信息。
2. 为论述需要引用相关案例信息,不代表作者对相关案例操作模式的合规性予以认可。

① 信息来源:http://www. ccgp. gov. cn/cggg/dfgg/gkzb/201810/t20181026_10978714. htm,最后访问日期:2019 年 6 月 20 日。
② 信息来源:http://www. ccgp. gov. cn/cggg/dfgg/zbgg/201812/t20181203_11257621. htm,最后访问日期:2019 年 6 月 20 日。

从上述案例概况来看,目前国内EPC+O或EPC+O&M项目实践的基本特点主要如下:

1.该模式的应用仍以污水处理、河道治理等环保领域为主,在城镇综合开发领域也有个别项目开始试用该种模式,如怀宁县石牌戏曲文化特色小镇——徽班博物馆、徽班进京文化长廊等EPC+O项目、金华市金义都市新区金华科技城科创孵化区块二期项目(EPC+O)。

2.采购主体以政府职能部门和派出机构(园区管委会)为主,也包括作为地方政府融资平台的城投类公司。

3.采购方式基本以公开招标为主,唯一检索到的以邀请招标方式进行采购的项目为淮南市黑臭水体水质提升工程设计—采购—施工—运维(EPC+O)一体化项目。

4.大部分项目接受承包人以组建联合体方式进行投标,并分别明确项目的勘察设计、施工运营招标范围,在联合体构成上通常要求以施工方为联合体牵头人,勘察设计、施工单位及项目负责人具备一定的资质,运营要求为中国境内独立企业法人,其营业范围符合项目运营要求;但也有极个别项目要求联合体必须以运营单位为牵头单位(如金华市金义都市新区金华科技城科创孵化区块二期项目);此外,还有少部分项目不接受联合体投标,如淮南市黑臭水体水质提升工程设计—采购—施工—运维(EPC+O)一体化项目和定远县南城河水环境治理工程EPC+O(设计、采购、施工+运营维护)总承包项目。

5.项目资金来源以财政资金为主(包括上级专项补助资金等),企业自筹为辅,安源区集镇污水处理厂工程项目EPC+O&M工程总承包还使用了银行贷款作为资金来源。

6.不同项目的采购竞价标的设置差异较大,大部分项目要求承包商对勘察、设计、施工、运营各部分的承包费用或费率同时进行报价;有部分污水处理项目仅要求承包商对污水处理服务费进行竞价,而不再要求另行对工程相关的费用进行报价[如金溪县城西生态高新产业园区工业污水处理厂建设项目设计施工运营总承包项目、崇左市江南污水处理厂提标改造工程项目(EPC+O)]。除此之外,比较特殊的是涟水县村庄生活污水治理项目EPC+O&M模式,该项目还将项目融资资金利率、项目资本金投资回报率纳入了竞价范围,这意味着由承包商承担项目的投融资职能,可能会存在合规性风险。

7.关于总承包合同中是否已包含运营条款的问题,从可检索到招标文件的几个项目来看,业主方通常要求承包人在设计施工承包合同之外,另行签订运营维护合同(如金溪县城西生态高新产业园区工业污水处理厂建设项目设计施工运营总承包项目、安源区集镇污水处理厂工程项目 EPC + O & M 工程总承包)。

8. 从运营期限来看,不同项目之间跨度差异也比较大。运营期最短的为 1 年,运营期最长的为 30 年。

从上述对比和分析中可以看出,在国内 EPC + O 模式实践中,不同项目之间虽然具备普遍性的共同点,但在具体操作方式上还存在一定差异。

## 四、思考与建议

### (一)防范借"EPC + O"之名行政府违规举债之实

如前言所述,随着 PPP 相关规范性文件的不断出台,PPP 模式已逐步进入有序和稳健推进的轨道,加之许多地方短期内的财政支付空间已基本占满,PPP 热度有所降温。但在经济增长和民生需求不断提升的大背景下,预计地方政府对于基建投资仍然会有非常大的动力。在此情形下,ABO、EPC + F、EPC + O 等新型模式纷纷出场亮相。尽管这些模式为基础设施和公共服务领域的项目投融资创新作出了尝试,但从一部分项目实践情况来看,交易架构中存在由承包商通过垫资等方式承担建设资金投融资义务的安排,其目的是通过名义上的包装规避 PPP 的相关审批程序(特别是财政承受能力论证),故部分项目存在被认定存在政府违规举债的风险,无论是政府还是承包商,都应予以足够重视。

### (二)履约担保的全周期覆盖性

在传统 EPC 总承包模式下,承包商通常需要提交如预付款保函、建设期履约保函和质保金等形式的履约担保。在 EPC + O 模式下,由于承包商的义务延伸至运营期,故除前述与建设有关的履约担保外,项目业主通常还会要求承包商提交运营期的履约担保,用于确保承包商按照承包或运营合同的约定履行在运营期内的相关义务。在 FIDIC 金皮书中也有类似的规定,即业主在运营服务内可从向承包商应付的款项中扣除 5% 的数额作为维修保留金,承包商也可提供维修保留金保函来替代维修保留金。而承包商在运营期内需承担的履约担保责任,也应当随着运营期的进行而逐步缩减,如金溪县城西生态高新产业园区工业污水处理厂建设项目设计施工运营总承包项目,在招标文件中规定,运营期履约保证金在达标排放后第二年退 30%、达标排放后第三年再退 30%、达标排放后第四年再退 30%、达标排放后第五年退10%,这是一个比较合理的安排。

### (三)运营付费是否需纳入预算

按照PPP相关规定,PPP项目中涉及政府付费或可行性缺口补助等财政性支出的,均需纳入财政预算及中长期财政规划。就EPC+O模式而言,对于设计施工部分的工程款,按照政府采购工程应遵循“先有预算后采购”的原则,应当纳入预算,这一点是毫无争议的。而对于运营期可能涉及的政府性支出,如政府委托运营费等,是不是也应当逐年纳入预算安排?尽管现行的相关规定并未明确该要求,但根据预算法的立法本意并结合我国预算体制的改革和发展方向,我们认为,如果采取EPC+O模式在运营期内涉及财政性支出的,也应当纳入各年度的财政预算及中长期财政规划。

# 专题九　EPC + PPP 模式下,EPC 合同价格与 PPP 合同价格衔接问题浅析

## 引　言

近年来,EPC + PPP 模式组合热潮席卷工程建设领域。由于 EPC + PPP 模式是一个复杂的系统工程,该模式下不同合同之间的价格衔接的合理安排不仅对于承包商利益的实现有着重大的影响,对于其他各方也有着重要的意义。因此,在 EPC + PPP 模式的实践中,相应地带来了在该种模式下应当如何选取工程计价方式、如何合理衔接 EPC 合同与 PPP 合同价格等一系列问题。

本专题中,我们将就上述问题进行简要梳理和分析,并建议:一方面,项目各方应当提前在 PPP 项目合同、EPC 合同中对该部分内容进行明确约定,并在合同履约过程中始终坚持合作共赢的原则,严格按照合同约定履行各自的义务;另一方面,如因合同计价方式或合同价格等问题出现争议时,双方应当积极进行协商沟通或再谈判,避免因相关问题造成项目的停滞,最终影响各方利益甚至导致公共产品和服务无法按期提供。

## 一、常见的 EPC 工程总承包合同计价方式

工程总承包合同计价方式是合同最核心的要素,不同的计价方式下,业主和承包商各自承担的风险范围也不同。实践中常见的合同计价方式包括固定总价、固定单价、成本加酬金等。目前,国家层面对于工程总承包合同的计价方式,也出台了不少规定,主要如表 1 - 4 所示:

**表 1 - 4　工程总承包合同计价方式的相关文件**

| 序号 | 文件名称 | 具体规定 |
| --- | --- | --- |
| 1 | 《关于征求〈关于进一步推进工程总承包发展的若干意见(征求意见稿)〉意见的函》(建市设函〔2015〕10 号) | 工程总承包项目计价方式应在合同中明确规定,可以采用固定总价、固定单价或者成本加酬金等方式 |
| 2 | 《公路工程设计施工总承包管理办法》(交通运输部令 2015 年第 10 号) | 总承包采用总价合同,除应当由项目法人承担的风险费用外,总承包合同总价一般不予调整 |

续表

| 序号 | 文件名称 | 具体规定 |
| --- | --- | --- |
| 3 | 《住房城乡建设部关于进一步推进工程总承包发展的若干意见》(建市〔2016〕93号) | 工程总承包项目可以采用总价合同或者成本加酬金合同 |
| 4 | 《住房城乡建设部办公厅关于征求〈房屋建筑和市政基础设施项目工程总承包计价计量规范(征求意见稿)〉意见的函》(建办标函〔2018〕726号) | 建设项目工程总承包应采用总价合同,除合同另有约定外,合同价款不予调整 |
| 5 | 《住房和城乡建设部办公厅 国家发展改革委办公厅关于征求房屋建筑和市政基础设施项目工程总承包管理办法(征求意见稿)意见的函》(建办市函〔2019〕308号) | 企业投资项目的工程总承包项目宜采用总价合同,政府投资项目的工程总承包应合理确定合同价格形式。采用总价合同的,除合同约定可以调整的情形外,合同总价一般不予调整 |

从上述文件来看,不同行业主管部门的要求存在一定差异,交通运输部自2015年开始就明确要求公路工程设计施工总承包采用总价合同;而住建部从2015年《关于进一步推进工程总承包发展的若干意见(征求意见稿)》中提出"可采用固定总价、固定单价或者成本加酬金等方式",到2016年正式出台时调整为"工程总承包项目可以采用总价合同或者成本加酬金合同",再到2018年年底《房屋建筑和市政基础设施项目工程总承包计价计量规范(征求意见稿)》中进一步限定为"建设项目工程总承包应采用总价合同"。此外,2019年出台的《关于征求房屋建筑和市政基础设施项目工程总承包管理办法(征求意见稿)》中,则明确规定,"企业投资项目的工程总承包项目宜采用总价合同,政府投资项目的工程总承包应合理确定合同价格形式",即根据项目投资主体的不同对合同价格形式作了区分。

### (一)固定总价合同

固定总价合同,一般是指在确定的工程范围和工作内容下,除了业主增减工程量和设计变更外,合同总价不再进行调整,工程总承包单位按合同约定范围完成相应工作获取报酬的形式。当前国家层面及大多数省份都认可工程总承包宜采用总价包干的固定总价合同形式,如《上海市住房和城乡建设管理委员会关于印发〈上海市工程总承包招标评标办法〉的通知》(沪建建管〔2018〕808号)中即规定,工程总承包宜采用总价包干的固定总价合同,除招标文件或者工程总承包合同中约定的调价原则外,工程总承包合同价格一般不予调整。浙江、山东、广西等地也出台了类似规定,部分地区的文件中还进一步明确了在计价结算和财审时,仅对工程总承包合同约定的变更调整部分进行审核,对工程总承包合同中的固定总价包干部分不再另行审核。在总价合同形式下,除合同另有约定外,工程量和价格的风险实际上均由承包商承担。

**表1-5　地方关于工程总承包合同计价方式的相关文件**

| 序号 | 文件名称 | 相关内容 |
| --- | --- | --- |
| 1 | 《浙江省工程总承包计价规则(试行)》(建建发〔2017〕430号) | 工程总承包合同宜采用总价包干的固定总价合同形式,除招标文件或工程总承包合同中约定的调价原则外,一般不予调整 |
| 2 | 《山东省人民政府办公厅关于进一步促进建筑业改革发展的十六条意见》(鲁政办字〔2019〕53号) | 工程总承包项目推行固定总价合同,在计价结算和审核时,仅对合同约定的变更调整部分和暂估价部分进行审核,对固定总价包干部分不再另行审核 |
| 3 | 《广西壮族自治区人民政府办公厅关于促进建筑业持续健康发展的实施意见》(桂政办发〔2018〕29号) | 政府和国有资金投资工程总承包推行固定总价合同,其中政府投资工程应在招标前或完成施工图审查后30日内报财政部门评审。在结算评审时,可只对合同价款调整约定内容进行评审 |
| 4 | 《吉林省人民政府办公厅关于促进建筑业改革发展的若干意见》(吉政办发〔2018〕12号) | 工程总承包宜采用总价包干的固定总价合同形式,除招标文件或工程总承包合同中约定的调价原则外,一般不予调整;在计价结算和财审时,仅对工程总承包合同约定的变更调整部分进行审核,对工程总承包合同中的固定总价包干部分不再另行审核 |
| 5 | 《江苏省人民政府关于促进建筑业改革发展的意见》(苏政发〔2017〕151号) | 采用固定总价合同的工程总承包项目,在计价结算和审计时,重点对约定的变更调整部分和暂估价部分进行审核 |
| 6 | 《江西省人民政府办公厅关于促进建筑业持续健康发展的实施意见》(赣府厅发〔2017〕93号) | 在财政审核和审计部门审计时,仅对建设单位新增变更部分进行审核,对固定总价包干部分仅审核、审计其建设内容是否符合原设计方案和总承包合同条款要求 |

### (二)单价合同

固定单价是工程总承包合同实践中会采取的另一种计价方式,但与该种计价方式相关的规定较少,主要见于水利建设项目工程总承包的地方性文件中,如《广东省水利厅关于水利工程建设项目设计采购施工总承包的指导意见》(粤水建管〔2012〕145 号)规定,“总承包采用总价合同或单价合同方式”,《宁波市水利建设项目工程总承包指导意见》(甬水建〔2015〕104 号)中也有类似的规定。

参考《建设工程施工合同(示范文本)》(GF-2017-0201)中的定义,“单价合同是指合同当事人约定以工程量清单及其综合单价进行合同价格计算、调整和确认的建设工程施工合同,在约定的范围内合同单价不作调整”,我们可以理解为工程总承包模式下的固定单价合同,是指根据合同双方事先预计的风险因素和范围,确定相应的合同单价,除非发生合同明确约定可调整单价的情形,通常采取以约定的不变单价结合实际完成的工程量清单计算合同总价的计价方式,即工程量可变、单价不变的合同。

但需注意的是,施工合同中的工程量清单和 EPC 合同下的工程量清单在性质上存在一定差异。在施工招标模式下,设计图纸通常已经完成,发包人可基于确定的工程量清单开展招标工作;而在 EPC 模式下,由于设计工作将纳入工程总承包单位的承包范围,故在采用单价方式进行招标时,所依据的往往仅是参考同类工程所预估的虚拟工程量清单,此外,还需要在 EPC 合同中约定最终竣工结算时实际工程量和预估工程量不一致时的处理方式。在该种计价方式下,对于承包商而言,工程量可以按实际完成的数量进行调整,但需承担工程价格变化的风险;而发包方即业主则承担了工程量超出预期的风险,需要业主对工程量有足够的预计和判断能力,以控制项目总投资。

### (三)成本加酬金

成本加酬金合同,也称成本补偿合同,通常是指与固定总价合同截然相反的合同类型。在合同签订时,工程实际成本往往不能确定,只能确定酬金的计取比例或计算原则,工程承包的最终合同价格按承包商的实际成本加事先约定的某一计算方式所得相应酬金计价。基于酬金的不同计算方式,又可细分为成本加固定费用合同、成本加定比费用合同、成本加奖励合同等。在此类合同计价方式中,承包商不承担经济风险,而业主承担了全部工程量和价格风险。

## 二、EPC + PPP 模式的特点

### (一)EPC + PPP 模式简介

在单一的 EPC 工程总承包项目中,项目建设资金通常由业主负责筹集,承包商负责包含设计、采购、施工在内的一系列工作,EPC + PPP 模式则是将承包商在 EPC 模式中原本不负责的融资工作也归于单一的承包商,或由承包商联合其他具有融资能力的主体共同投资建设的模式,承包商或承包商参与的联合体作为中选社会资本与政府方签订 PPP 项目合同,负责提供项目全过程服务,并根据绩效考核获得相应的回报,在合同约定的合作周期届满后将项目设施及资产移交给政府方或其指定部门。在该种模式下,承包商自行或联合其他投资人共同承担了项目投融资、设计、采购、施工、运营、移交等全过程工作,通常需要承包商具备更高的资源整合和统筹能力。

### (二)EPC + PPP 模式中的法律关系分析

在传统政府投资项目的 EPC 模式下,主要的法律关系产生于作为项目业主的政府方与通过招标或直接发包方式确定的工程总承包单位所签订《EPC 工程总承包合同》,以此来确认工程的质量、安全、工期及造价等环节的权利义务关系。

在 EPC + PPP 模式下,参与主体更多,相互之间的法律关系也更为复杂。政府方授权的实施机构需要通过法定程序招选社会投资人,并在通常情形下与其签署《合作协议》等框架性文件,在中选社会投资人与政府方出资代表共同设立项目公司后,由项目公司与实施机构签署《PPP 项目合同》,并负责整个 PPP 项目全生命周期的投融资、设计、建设、运营和维护等,项目公司将作为项目工程发包人与工程总承包单位签署 EPC 总承包合同,约定设计、采购和施工的相关权利义务。

两种模式下的法律关系对比如图 1 - 4 所示:

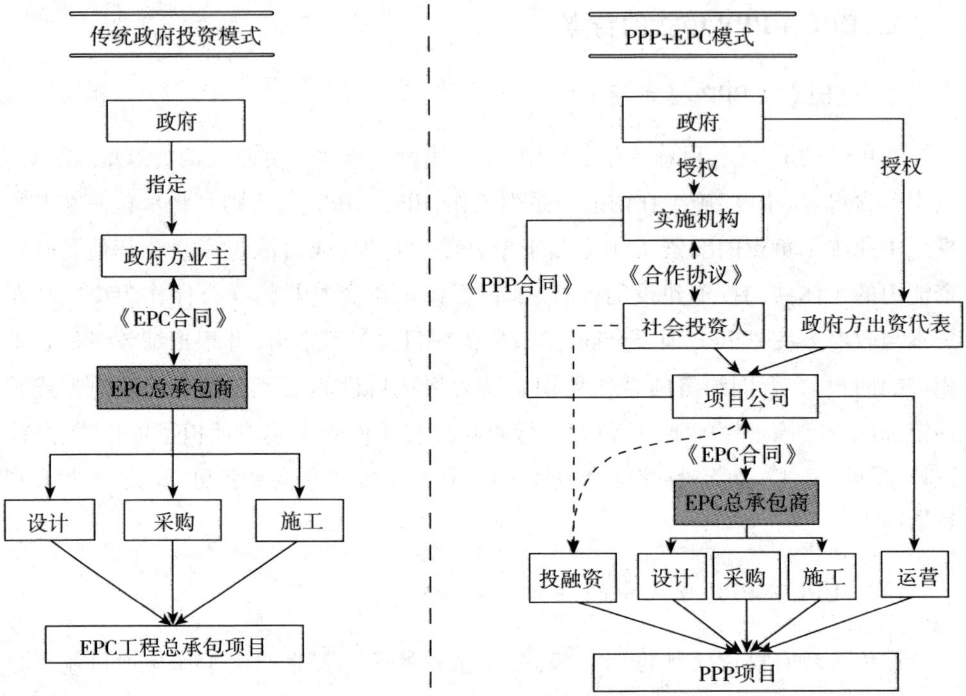


**图1-4 两种模式下的法律关系对比**

## (三)PPP项目回报机制的特点

住房和城乡建设部办公厅发布的《关于征求〈建设项目总投资费用项目组成〉、〈建设项目工程总承包费用项目组成〉意见的函》(建办标函〔2017〕621号)中,分别明确了"建设项目总投资费用"和"工程总承包费用"的含义。其中,"建设项目总投资费用"是指"工程造价、增值税、资金筹措费和流动资金",且工程造价包括工程费用(包括建筑工程费、设备购置费和安装工程费)、工程建设其他费用和预备费;而"工程总承包费用"是指"由建筑安装工程费、设备购置费、总承包其他费、暂列费用构成"。显然,工程总承包费用构成了建设项目总投资的一部分。

在PPP模式下,项目公司的回报机制通常分为三类:使用者付费、政府付费、使用者付费+政府可行性缺口补助。无论是哪一种回报机制,项目公司取得的收入均应当覆盖其建设、运营成本及合理收益。在后两种回报机制下,由于涉及政府对项目公司的财政支出,通常政府方与项目公司会在PPP项目合同中约定具体的政府付费或补贴的计算方式,而该种计算方式必然会与项目公司所产生的建设总投资支出相挂钩。例如,财政部发布的《政府和社会资本合作项目财政承受能力论证指引》(财金〔2015〕21 号)中规定,“政府每年直接付费数额包括:社会资本方承担的年均建设成本(折算成各年度现值)、年度运营成本和合理利润,再减去每年使用者付费的数额”,其中的“社会资本方承担的年均建设成本”加上“合理利润”即是政府方基于项目公司所发生的项目建设总投资所支付的对价。

由此可见,在采用 EPC + PPP 模式时,项目公司向总承包商支付的工程总承包费用将构成建设项目总投资的一部分,该部分合同价款数额将会影响 PPP 项目总投资数额的确定,进而影响到政府方向项目公司付费的数额。

综上,EPC 合同的计价方式一方面会影响总承包商的承包收益,另一方面也会影响 PPP 项目公司及社会投资人的收益水平。根据项目的实际情况科学、合理地确定 EPC 总承包合同的计价方式,对于控制 PPP 项目的总投资来说意义重大。

## 三、EPC + PPP 模式下不同合同之间的合同价格衔接

### (一)EPC + PPP 模式下的总承包商招选方式

在 PPP 项目实践中,工程总承包单位的确定主要有两种方式:一种是根据《招标投标法实施条例》第 9 条规定通过“两标并一标”的方式同时完成 PPP 项目社会投资人和工程总承包单位的采购;另一种是在 PPP 项目社会投资人采购完成、成立项目公司后,由项目公司另行采购工程总承包单位。但无论哪种方式,PPP 项目中都需要先由中选社会投资人按照招标文件要求与政府方签署《合作协议》等框架性文件,在项目公司设立后由项目公司与实施机构签署《PPP 项目合同》,再与承包商签订工程总承包合同。从理论上讲,这两份合同对工程总承包价款或计价方式的相关约定应当保持内在一致性和衔接性。

### (二)PPP 项目社会资本采购的竞价标的选取

由于不同行业、不同类型的 PPP 项目在具体回报机制上有一定的差异,国家层面的 PPP 项目相关规定并未对 PPP 项目的竞价标的作出统一的硬性规定,在目前的 PPP 项目实践中,不同项目所采用的竞价标的也存在较大差异,但主要可以归纳为两大类型:第一类是投资收益性的竞价标的,如投资收益率、资本金回报率、融资利率、年度折现率、合理利润率或年度可用性服务费、运维绩效服务费、污水/垃圾处理服务费单价等;第二类是与工程建设相关的竞价标的,如工程造价总额、设计费用总额、建安工程造价下浮率、勘察设计费下浮率等。实践中,大部分 PPP 项目会

将上述两类竞价标的组合后由社会资本进行投标报价(以下简称"两类标的组合竞价"),也有一部分 PPP 项目仅选取第一类竞价标的让社会资本进行报价(以下简称"单一类别标的竞价")。

(三)EPC + PPP 模式下的合同价格衔接

如前所述,EPC + PPP 模式下的总承包商有两种不同的招选方式,而 PPP 项目社会资本采购实践中也会选择不同类型的竞价标的,由此也造成了 EPC 总承包合同中约定的工程总承包费用结算价格和方式可能与 PPP 项目合同中对应费用的结算价格和方式不一致的问题,对此具体分析如下:

1. 情形 1:EPC"两标并一标" + PPP"两类标的组合竞价"

在工程总承包单位"两标并一标"的情形下,中选的社会投资人必然是建筑企业或有建筑企业参与的联合体,其在 PPP 项目中同时具有双重身份:一方面作为社会资本需要与政府方签订 PPP 项目合作协议,另一方面后续还要作为承包商与项目公司直接订立工程总承包合同。随之而来的问题是:如果 PPP 项目采购的竞价体系中已包括与工程建设相关的竞价标的,后续所签订的工程总承包合同中的合同价格是否必须与此保持一致? 对此,我们倾向于认为,首先,根据合同的相对性原则,即便两份合同约定不一致,也并不必然导致工程总承包合同中的价格约定无效;其次,由于社会资本在 PPP 项目采购中的价格承诺对其具有约束力,如工程总承包合同的价格约定与 PPP 项目合同的价格约定不一致时,承包商基于其社会资本身份,可能面临因违背价格承诺而向政府方承担违约责任的风险,同时也不排除需按 PPP 项目合同约定承担建设成本超支等风险。因此,我们建议,为降低风险,该种情形下的工程总承包合同价格应当尽量与 PPP 项目合同保持一致。

2. 情形 2:EPC"两标并一标" + PPP"单一类别竞价"

在工程总承包单位"两标并一标",且 PPP 项目仅选取第一类竞价标的让社会资本进行报价的情形下,由于社会资本并未对与工程建设相关的竞价标的进行投报,且后续在签订工程总承包合同前,也不再安排关于承包合同价格的竞争性程序,所以如 PPP 项目合同对于该部分约定不明时,则对于承包合同中的计价方式应该如何选择、总承包合同价格又应当按什么样的计价标准确定等问题,都需要在签订总承包合同之前予以明确。

3. 情形 3:EPC"另行招标" + PPP"两类标的组合竞价"

在工程总承包单位由项目公司另行招标的情形下,中选的社会资本即便具备相应资质和能力,也并不能必然成为该项目的工程总承包单位。而由于在 PPP 项目采购时已将与工程建设相关的竞价标的纳入竞价体系,中选社会资本已对工程造价数额或建安费下浮率、勘察设计下浮率等价格作出承诺,因此后续项目公司在进行承包商招选时,应当以上述中标价格作为 EPC 招标的控制价,也就可能出现 EPC 招标中标价格低于 PPP 采购中标价格的情形,例如,表 1 – 6 中所列的鄂州航空都市区安置小区项目,在 PPP 项目采购时的建安工程下浮率中标价为 8%,而总承包合同中的下浮率中标价则为 10%。

4. 情形 4:EPC“另行招标” + PPP“单一类别竞价”

该情形与情形 3 的区别,仅在于 PPP 项目采购时未将与工程建设相关的竞价标的纳入竞价体系,此时社会资本并未就该类竞价标的对政府方进行承诺,而项目公司可以在后续的工程总承包单位招选时,再对 EPC 合同的计价方式等要素进行明确,并通过招投标过程最终确定中标合同价格,因此不会存在 PPP 项目中标价与承包合同中标价不一致的情形。

表 1 – 6 是与上述四种情形对应的四个典型 PPP 项目案例:

**表 1 – 6　不同情形下的 EPC + PPP 合同价格衔接案例**

| 情形 | 项目名称 | PPP 合同中标价格 | EPC 总承包合同价格 |
|---|---|---|---|
| 1 | 云南省楚雄彝族自治州元谋县农村人居环境治理政府和社会资本合作(PPP)项目(第四批示范项目) | 年度折现率浮动率:1.6%;<br>融资利率上浮率:26.53%;<br>建安工程费下浮率:0.1%① | |
| 2 | 内蒙古自治区通辽市科尔沁工业园区(南区)水资源综合利用及人工湿地生态一体化项目(第四批示范项目) | 污水处理服务费 1.8 元/$m^3$;<br>中水回用的供水费 3.5/$m^3$② | |

① 信息来源:http://www.ccgp.gov.cn/cggg/dfgg/qtgg/201710/t20171025_9049413.htm,最后访问日期:2019 年 6 月 19 日。

② 信息来源:http://www.cpppc.org:8083/efmisweb/ppp/projectLibrary/getProjInfoNational.do?projId = f1fe96e57271409a8bd883bc127bc914,最后访问日期:2019 年 6 月 19 日。

续表

| 情形 | 项目名称 | PPP 合同中标价格 | EPC 总承包合同价格 |
|---|---|---|---|
| 3 | 鄂州航空都市区安置小区项目 | A 部分中标费率:建安工程下浮率为8%,设计费下浮率为30%;<br>B 部分中标金额:融资利率为4.9%;资本金内部收益率为6%① | 设计费在《工程勘察设计收费管理规定》(计价格〔2002〕10 号)标准收费的基础上下浮,投标总价下浮30%;建安工程费是合同范围内的全部建筑安装工程费,全费用单价下浮10%② |
| 4 | 四川省绵竹市城乡供排水一体化 PPP 项目(第三批国家示范项目) | 建设投资自有资金投资年化回报率8%;运营维护年化利润率6%③ | 工程建安费下浮费率1%;投标报价为:90235025 元;勘察费按相应收费标准的59%计取;设计费按相应收费标准59%计取④ |

## 四、实务建议

第一,对于政府方及其聘请的咨询机构而言,应当在 PPP 项目的识别准备阶段就对 PPP 项目合同与工程总承包合同的计价方式的衔接有清晰的认识,并在 PPP 项目各个阶段的文件(包括实施方案、采购文件、PPP 项目合同等)中提前做好相应的安排,同时应当合理设置 PPP 项目的采购标的,以利于后续与工程总承包合同的衔接。

第二,在 EPC + PPP 模式下,无论是同时兼具社会资本身份的承包商,还是仅作为承包商负责项目总承包的工程企业,均应当通过法定程序与方式成为 PPP 项目工程的合法承包主体,并按照相关规定与 PPP 项目公司签订工程总承包合同,并在合同中清楚明确地约定计价方式及价格调整的风险范围和调整方法,以利于后续

① 信息来源:http://www.ccgp.gov.cn/cggg/dfgg/zbgg/201704/t20170419_8136068.htm,最后访问日期:2019 年 6 月 19 日。

② 信息来源:http://www.ezhou.gov.cn/gk/zdlyxxgk/zbtb/zbgg_1879/201808/t20180815_188738.html,最后访问日期:2019 年 6 月 19 日。

③ 信息来源:https://www.bidcenter.com.cn/newscontent-26255247-4.html,最后访问日期:2019 年 6 月 19 日。

④ 信息来源:http://www.dowater.com/zhongbiao/2017-11-10/604537.asp,最后访问日期:2019 年 6 月 19 日。

的按约履行。

另外,如果是工程承包商作为联合体成员共同作为社会资本参与PPP项目投标报价的,笔者建议,应当在报价准备阶段与联合体其他成员方对报价标的及相关因素进行充分协商,而不应单独地以工程承包商的角度或单纯地以投资人的角度进行报价,也不应依赖于传统工程报价思维,将所有能预期到的如变更、索赔等各项风险通通转嫁给项目公司承担,以免给自身带来不必要的风险。此外,作为社会资本的承包商在签订承包合同时,应当注意PPP项目合同中对于工程承包的计价方式和价格标准是否已有明确约定,并注意EPC合同与PPP项目合同的衔接,以免因该等内容的不一致导致后续在各方之间产生争议,进而影响工程费用的按期结算,也切不可存在投机心理与侥幸心理而违背了PPP项目提供优质高效的公共产品和服务的初衷。

# 第二章 工程总承包(EPC)项目的争议解决

随着建筑业的越发成熟,工程总承包(EPC)模式已经在国际工程建设领域成为最主要的建设工程组织实施方式之一,得到了建设单位、工程总承包单位、咨询公司等各方主体的普遍青睐。然而,工程总承包(EPC)模式在我国的进程却并非一帆风顺——自从1984年国务院颁布的《关于改革建筑业和基本建设管理体制若干问题的暂行规定》(已失效)首次将工程总承包(EPC)纳入我国的建设工程承包方式起,工程总承包(EPC)模式已在我国经历三十多年的漫长发展,但至今仍未获得普遍的认可。

进入2017年,国家推进工程总承包(EPC)的步伐明显加快,国务院、住建部等多次发文要求加快推进工程总承包(EPC)并将其作为深化建筑业重点环节改革的重要内容,但实践效果却并不理想,其中最重要的原因之一就在于无法可依。

目前,一方面,国家尚无规范工程总承包(EPC)的专门法律出台,仅有散落在《建筑法》《合同法》等中的零星条文,但这些条文过于原则,在实践中缺乏普遍的指导性;另一方面,虽然各地出台了诸多与工程总承包(EPC)相关的指导性文件,但由于效力层级较低,且存在彼此矛盾之处,更加无所适从。而国家层面颁布的政策性文件更多的也只能起到引导作用,无法从根本上解决实际问题。因此,住房和城乡建设部已于2017年和2019年两次就《房屋建筑和市政基础设施项目工程总承包管理办法》征求意见,以期统一全国范围内的房屋建筑和市政基础设施项目的工程总承包(EPC)实践。

在该等背景下,工程总承包(EPC)模式在面临纠纷时的实际法律适用显得尤为重要。而能源、环境保护等领域,亦属于工程总承包争议的多发地带,此类行业关系国计民生,在我国的经济转型升级中受到非常广泛的关注,因此相关典型司法判例的参考价值也更为凸显。有鉴于此,笔者在本章中精选了能源和环保等领域的二十余起工程总承包(EPC)项目引发的争议解决案件,既包括国内项目的涉诉案件,也包括涉外工程的涉诉案件,对该等案件的裁判要旨、争议焦点、各方主张及法院观点等进行归纳总结,并从实务角度提出建设性的启示。

# 第一节 能源类EPC项目的争议解决

**案例1**

## 应招标而未招标导致EPC合同无效，工程价款结算及优先受偿权问题

——新疆电力建设有限公司与宁夏光源电力有限公司等建设工程施工合同纠纷一审案

审理法院：宁夏回族自治区高级人民法院
案　　号：(2016)宁民初30号
案例来源：中国裁判文书网
裁判日期：2017年1月19日
关 键 词：招投标　合同效力　造价鉴定　优先受偿权

## 一、裁判要旨

**要旨1** 依法属于必须招标的工程项目，当事人未履行法律规定的招标投标程序，所签订的EPC合同无效。

**要旨2** 当事人在EPC合同中约定按照固定价结算工程价款，在施工合同履行过程中，如未发生合同变更或工程变更等导致工程量发生变化的情况，一方当事人请求启动司法造价鉴定来确定工程价款的，法院一般不予支持。

**要旨3** 在已完工程质量合格的情况下，EPC合同无效的，承包人亦享有工程价款优先受偿权。

## 二、审判概览

### (一)案情简介

1. 本案相关主体

原告:新疆电力建设有限公司(以下简称“新疆电建公司”)

被告:宁夏光源电力有限公司(以下简称“光源电力公司”)

本案其他相关主体:略

2. 涉诉经过

经法院审理查明的主要事实如图 2-1 所示:

**图 2-1 经法院审理查明的主要事实**

2014 年 12 月 17 日,原告新疆电建公司(原名称为中国能源建设集团新疆电力建设公司,乙方)与被告一光源电力公司(甲方)签订了《宁夏光源电力 49MW 光伏发电工程 EPC 总承包合同》(以下简称“《EPC 合同》”),约定:由乙方承包甲方的 49MW 光伏发电工程 EPC 总承包工程;一期项目合同总价为 16884 万元,为固定总价;二期项目合同总价为 21944.3 万元,二期项目尚未取得指标,在具备开工条件前,双方可重新协调合同价格。合同签订后 7 天内,双方签署股权质押协议及项目股东方担保协议,并办理股权质押手续及担保手续。一期项目光伏发电系统具备投产条件(通过国网并网前验收)后 15 日内,甲方向乙方支付合同总价 60% 的工程款;剩余 40% 工程款甲方以半年电费形式支付一部分,其余所剩款项在具备投产条件 6 个月内,一次性付清。

2015 年 9 月 15 日,新疆电建公司向光源电力公司提交了工程竣工报告,该报告经监理公司、光源电力公司盖章确认。新疆电建公司与光源电力公司共同认可涉案工程于 2016 年 1 月 14 日并网生产。

因工程款结算及工程款优先受偿权等事宜产生争议,双方涉入诉讼。

### (二)主要诉请

新疆电建公司向宁夏回族自治区高级人民法院(以下简称宁夏高院)提起诉讼,请求法院判令:(1)光源电力公司支付拖欠工程款17579.5860万元及利息、违约金;(2)新疆电建公司对承建工程在欠付工程款及利息、违约金范围内享有优先受偿权等。

### (三)判决结果

2017年1月19日,宁夏高院作出(2016)宁民初30号民事判决书,判决:(1)光源电力公司于本判决生效后15日内向新疆电建公司支付工程款17289.5860万元、逾期付款利息816.7961万元;(2)新疆电建公司在上述工程款及利息范围内对涉案工程折价或拍卖价款享有优先受偿权。

## 三、争议焦点及各方观点

### (一)依法属于必须招标的工程项目,当事人未履行法律规定的招标投标程序,所签订的EPC合同是否有效

1. 当事人观点

庭审中,新疆电建公司和光源电力公司均主张,涉案EPC合同有效。

2. 法院观点

宁夏高院认为,本案所涉工程系光伏发电建设工程。《招标投标法》第3条规定:"在中华人民共和国境内进行下列工程建设项目包括项目的勘察、设计、施工、监理以及与工程建设有关的重要设备、材料等的采购,必须进行招标:(一)大型基础设施、公用事业等关系社会公共利益、公众安全的项目;……前款所列项目的具体范围和规模标准,由国务院发展计划部门会同国务院有关部门制订,报国务院批准。"《工程建设项目招标范围和规模标准规定》[①]第2条第1项规定:"关系社会公共利益、公众安全的基础设施项目的范围包括:煤炭、石油、天然气、电气、新能源等能源项目……"第7条规定:"本规定第二条至第六条规定范围内的各类工程建设

---

① 2018年6月1日,《必须招标的工程项目规定》开始施行,《工程建设项目招标范围和规模标准规定》同时废止。

项目,包括项目的勘察、设计、施工、监理以及与工程建设有关的重要设备、材料等的采购,达到下列标准之一的必须进行招标:(一)施工单项合同估算价在200万元人民币以上的;……”根据以上法律规定,涉案工程项目属于必须进行招标的项目,双方当事人未履行法律规定的招标投标程序,违反了法律的强制性规定。《施工合同司法解释(一)》第1条规定:“建设工程施工合同具有下列情形之一的,应当根据合同法第五十二条第(五)项的规定,认定无效:……(三)建设工程必须进行招标而未招标或者中标无效的。”因此,法院依法认定涉案总承包合同为无效合同。

### (二)EPC合同约定按固定价结算工程价款,诉讼中是否会再启动工程造价鉴定

1. 当事人观点

新疆电建公司,其提交的《工程竣工报告》证明涉案工程已经于2015年9月15日竣工,光源电力公司应当按合同约定支付工程欠款。

光源电力公司,因无法确定涉案工程的工程量,申请对工程造价进行司法鉴定。

2. 法院观点

宁夏高院认为,《施工合同司法解释(一)》第2条规定:“建设工程施工合同无效,但建设工程经竣工验收合格,承包人请求参照合同约定支付工程价款的,应予支持。”鉴于该工程已经竣工并交付使用,根据以上司法解释的规定,新疆电建公司请求按约定价款支付工程价款,予以支持。

光源电力公司抗辩主张因无法确定涉案工程的工程量,申请对工程造价进行司法鉴定。《施工合同司法解释(一)》第22条规定:“当事人约定按照固定价结算工程价款,一方当事人请求对建设工程造价进行鉴定的,不予支持。”据此,涉案总承包合同约定按照固定价格结算工程款,在施工合同履行过程中,并没有发生合同变更或工程变更等情况导致工程量发生变化,就应当按照合同约定的固定价结算工程款。光源电力公司提出对工程造价进行鉴定的申请,宁夏高院未予支持。

### (三)EPC合同无效情况下,工程总承包单位是否享有工程款优先受偿权

1. 当事人观点

新疆电建公司主张,其对工程款及利息、违约金享有优先受偿权。

光源电力公司主张,原告的优先受偿权仅限于工程款,不包含利息和违约金。

2. 法院观点

宁夏高院认为,首先,根据《合同法》第 286 条的规定,承包人对建设工程的价款就该工程折价或者拍卖的价款优先受偿。宁夏高院认为,建设工程施工合同无效,但工程经竣工验收合格的,承包人可以主张工程价款优先受偿权。设置建设工程价款优先受偿权主要考虑到承包人的劳动已经物化到建筑物中,当发包人不能按照约定支付工程款时,赋予承包人优先受偿的权利。建设工程价款优先受偿权的基础权利源于工程款债权,在工程款仍应支付、工程款债务仍需清偿的情况下,建设工程价款优先受偿权亦应支持。因此,新疆电建公司作为建设工程承包人,在欠付工程款及利息的范围内对涉案工程折价或拍卖价款享有优先受偿权。

其次,新疆电建公司享有的优先受偿权在法律规定的行使期限内。行使优先权的前提条件是发包人未按约付款,即工程款债权已届清偿期未获清偿,且经催告后仍未清偿。因此,计算承包人优先受偿权行使的期限最早应当从债权清偿期届满而未获清偿时开始计算。本案中双方约定一期项目光伏发电系统具备投产条件(通过国网并网前验收)后 15 日内,光源电力公司支付合同总价的 60% 工程款。在此之前,不具备付款条件,也不具备主张优先受偿权的条件,新疆电建公司于 2015 年 3 月 30 日提起诉讼,故新疆电建公司主张的优先受偿权是在法律规定的 6 个月行使期限内。

最后,新疆电建公司享有优先受偿权的范围包括利息。根据《最高人民法院关于建设工程价款优先受偿权问题的批复》第 3 条的规定,建筑工程价款包括承包人为建设工程应当支付的工作人员报酬、材料款等实际支出的费用,不包括承包人因发包人违约所造成的损失,而利息属于法定孳息,系承包人实际支出费用而产生的孳息,与工程款本为一体,也应属于优先权的受偿范围,故新疆电建公司在光源电力公司欠付工程款及利息的范围内对涉案工程折价或拍卖的价款享有优先受偿权。

## 四、本案启示

**启示 1:**依法应招标而未招标的工程总承包项目,所签订的 EPC 合同应属无效。

合同效力是法院依法主动审查的范畴。本案第一次庭审时,双方当事人均认为涉案 EPC 合同有效,对 EPC 合同效力双方并无争议。但法院依法审查后,认定涉案 EPC 合同违反了《招标投标法》相关规定,依法应认定为无效合同。而合同效力直接影响双方约定的违约责任条款是否适用、优先受偿权是否能主张等。

根据《招标投标法》第3条的规定,涉案项目属于大型基础设施、公用事业等关系公共利益、公众安全的项目。本案中,法院还援引了经国务院批准的《工程建设项目招标范围和规模标准规定》第2条及第7条规定,由此确认本案所涉工程系光伏发电建设工程,应属于《招标投标法》第3条所规定依法必须招标的工程项目。但是,自2018年6月1日起,《必须招标的工程项目规定》(发展改革委令第16号)开始施行,《工程建设项目招标范围和规模标准规定》同时废止。《必须招标的工程项目规定》第4条规定:"不属于本规定第二条(全部或者部分使用国有资金投资或者国家融资的项目)、第三条(使用国际组织或者外国政府贷款、援助资金的项目)规定情形的大型基础设施、公用事业等关系社会公共利益、公众安全的项目,必须招标的具体范围由国务院发展改革部门会同国务院有关部门按照确有必要、严格限定的原则制订,报国务院批准。"

随后,《必须招标的基础设施和公用事业项目范围规定》(发改法规规〔2018〕843号)出台并自2018年6月6日起施行,第2条规定:"不属于《必须招标的工程项目规定》第二条、第三条规定情形的大型基础设施、公用事业等关系社会公共利益、公众安全的项目,必须招标的具体范围包括:(一)煤炭、石油、天然气、电力、新能源等能源基础设施项目;(二)铁路、公路、管道、水运,以及公共航空和A1级通用机场等交通运输基础设施项目;(三)电信枢纽、通信信息网络等通信基础设施项目;(四)防洪、灌溉、排涝、引(供)水等水利基础设施项目;(五)城市轨道交通等城建项目。"

综上可见,尽管《工程建设项目招标范围和规模标准规定》被废止,但是新规中仍然明确新能源等能源基础设施项目必须进行招标。据此,在新规施行之后,能源基础设施类项目的当事人未经招标投标程序所签订的EPC合同应属无效。

**启示2**:EPC合同约定按固定价结算工程价款,在未发生合同变更或工程变更等合同约定的价款调整情形时,当事人申请启动司法造价鉴定的,法院原则上不予准许。

诚实信用原则被称为现代民法的"帝王原则",其要求人们在市场经济活动中讲究信用,恪守诺言,诚实不欺,在不损害他人利益和社会利益的前提下追求自身的利益。[①] 具体到建设工程施工领域,当事人既然已经就最重要的价款结算达成一致,签订合同,就应当遵守诺言,言而无信的做法既不会被宽容,更不会得到法律的

① 梁慧星:《民法解释学》,中国政法大学出版社1999年版,第301页。

支持。

《施工合同司法解释(一)》第 22 条规定:“当事人约定按照固定价结算工程价款,一方当事人请求对建设工程造价进行鉴定的,不予支持。”据此,本案的 EPC 合同约定按照固定价格结算工程款,在施工合同履行过程中,并没有发生合同变更或工程变更等情况导致工程量发生变化,就应当按照合同约定的固定价结算工程款。光源电力公司抗辩主张因无法确定涉案工程的工程量,申请对工程造价进行司法鉴定,希望通过申请鉴定推翻自身对工程款结算的承诺,该行为是对诚实信用原则的背离,法院对其提出的申请理应不予准许。因此,我们建议,若当事人在签订 EPC 合同时需约定按固定价结算工程价款,最好能够事先聘请专业的律师团队予以把关,以保障当事人的合法权益。

**启示 3:**在已完成的工程质量合格的情况下,EPC 合同无效,承包人亦享有工程价款优先受偿权。

1. EPC 合同无效但工程质量合格的,EPC 总承包单位依法享有优先受偿权。就 EPC 合同纠纷而言,因合同违反《建筑法》《招标投标法》等法律规定而无效的情形频发。EPC 合同无效后,承包人对其承建工程的价款是否享有优先受偿权,或者说承包人行使优先受偿权是否以合同有效为前提,在实践中争议较大。

《合同法》第 286 条明确了承包人建设工程价款优先受偿权制度,最高人民法院发布的《关于工程价款优先受偿权问题的批复》(法释〔2002〕16 号)进一步细化和明确了优先受偿权问题。同时,《施工合同司法解释(一)》第 2 条规定:“建设工程施工合同无效,但建设工程经竣工验收合格,承包人请求参照合同约定支付工程价款的,应予支持”;《施工合同司法解释(二)》第 19 条规定:“建设工程质量合格,承包人请求其承建工程的价款就工程折价或者拍卖的价款优先受偿的,人民法院应予支持。”

从以上规定不难看出,“在已完成的工程质量合格的情况下,承包人享有工程价款优先受偿权”。

建设工程领域特有的资质与招标投标管理要求,导致实践中 EPC 合同无效的情况比较普遍,若将优先受偿权的行使条件限定为合同有效,会导致大量本就处在弱势地位的承包人的建设工程价款优先受偿权落空。另外,建设工程施工领域的根本和核心要求应当是保证建设工程质量,优先受偿权能否行使更应当以建设工程质量是否合格为前提,而非合同是否有效。

因此,设置建设工程价款优先受偿权主要考虑的是,承包人的劳动已经物化到建筑物中,当发包人不能按照约定支付工程价款时,赋予承包人优先受偿的权利,并尽可能保护该种权利。同时,这一设置的价值也能够在保护农民工工资权益的层面得以彰显。

2. 参照《施工合同司法解释(二)》的最新规定,优先受偿权的起算日期为发包人应付工程价款之日。《最高人民法院关于建设工程价款优先受偿权问题的批复》第4条规定,优先受偿权行使期限为6个月,自建设工程竣工之日或者建设工程合同约定的竣工之日起算。但2019年2月1日最新施行的《施工合同司法解释(二)》第22条变更了这一规定。该条明确规定:"承包人行使建设工程价款优先受偿权的期限为六个月,自发包人应当给付建设工程价款之日起算。"因此,参照上述规定,EPC项目中的工程总承包单位行使工程价款优先受偿权,其6个月行使期限的起算点也应从发包人应付工程价款之日起算。由于建设工程结算周期长,流程较为复杂,按照原批复规定的工程竣工后6个月时间内,承发包双方往往难以完成结算。如结算尚未完成,但已经超过了优先受偿权的行使期限,对承包人而言是不公平的。因此,《施工合同司法解释(二)》的最新规定具有重要意义。

3. 参照《施工合同司法解释(二)》的最新规定,利息不再属于优先受偿权的受偿范围。本案中,法院认为利息属于法定孳息,故将其纳入优先受偿范围。参照《施工合同司法解释(二)》第21条规定:"承包人建设工程价款优先受偿的范围依照国务院有关行政主管部门关于建设工程价款范围的规定确定。承包人就逾期支付建设工程价款的利息、违约金、损害赔偿金等主张优先受偿的,人民法院不予支持"。故利息已不再属于优先受偿权的受偿范围。国务院有关行政主管部门关于建设工程价款组成部分的规定主要有两个:一是住建部、财政部印发的《建筑安装工程费用项目组成》(建标〔2003〕206号)第1条第1款①,二是原建设部《建设工程施工发包与承包价格管理暂行规定》(建标〔1999〕1号)第5条第1款②。二者的内涵基本一致,均规定了建设工程价款的组成包括人工费、材料费、施工机具使用费、企业管理费、利润、规费和税金。很显然,利息并不属于工程价款的组成部分。另外,值得注意的是,《施工合同司法解释(二)》第21条并未直接罗列建设工程价款所包含的各个组成部分,若今后国务院有关行政主管部门关于建设工程价款范围

---

① 《建筑安装工程费用项目组成》(建标〔2003〕206号)第1条第1款规定:"(一)建筑安装工程费由直接费、间接费、利润和税金组成。"

② 《建设工程施工发包与承包价格管理暂行规定》(建标〔1999〕1号)第5条第1款规定:"工程价格由成本(直接成本、间接成本)、利润(酬金)和税金构成。"

的规定发生了变化,则建设工程价款优先受偿的范围可能也会发生相应变化。

## 附:相关法律条文

**1.《中华人民共和国招标投标法》**

**第三条**　在中华人民共和国境内进行下列工程建设项目包括项目的勘察、设计、施工、监理以及与工程建设有关的重要设备、材料等的采购,必须进行招标:

(一)大型基础设施、公用事业等关系社会公共利益、公众安全的项目;

(二)全部或者部分使用国有资金投资或者国家融资的项目;

(三)使用国际组织或者外国政府贷款、援助资金的项目。

前款所列项目的具体范围和规模标准,由国务院发展计划部门会同国务院有关部门制订,报国务院批准。

法律或者国务院对必须进行招标的其他项目的范围有规定的,依照其规定。

**2.《中华人民共和国合同法》**

**第二百八十六条**　发包人未按照约定支付价款的,承包人可以催告发包人在合理期限内支付价款。发包人逾期不支付的,除按照建设工程的性质不宜折价、拍卖的以外,承包人可以与发包人协议将该工程折价,也可以申请人民法院将该工程依法拍卖。建设工程的价款就该工程折价或者拍卖的价款优先受偿。

**3.《最高人民法院关于审理建设工程施工合同纠纷案件适用法律问题的解释》**

**第一条**　建设工程施工合同具有下列情形之一的,应当根据合同法第五十二条第(五)项的规定,认定无效:

(一)承包人未取得建筑施工企业资质或者超越资质等级的;

(二)没有资质的实际施工人借用有资质的建筑施工企业名义的;

(三)建设工程必须进行招标而未招标或者中标无效的。

**第二条**　建设工程施工合同无效,但建设工程经竣工验收合格,承包人请求参照合同约定支付工程价款的,应予支持。

**4.《最高人民法院关于建设工程价款优先受偿权问题的批复》**

**第一条**　人民法院在审理房地产纠纷案件和办理执行案件中,应当依照《中华人民共和国合同法》第二百八十六条的规定,认定建筑工程的承包人的优先受偿权优于抵押权和其他债权。

**第三条**　建筑工程价款包括承包人为建设工程应当支付的工作人员报酬、材料款等实际支出的费用,不包括承包人因发包人违约所造成的损失。

**5.《工程建设项目招标范围和规模标准规定》(已失效)**

**第二条**　关系社会公共利益、公众安全的基础设施项目的范围包括:

(一)煤炭、石油、天然气、电气、新能源等能源项目;

……

**案例 2**

## 应招标而未招标导致 EPC 合同无效,工程总承包单位主张履约保证金返还及违约赔偿问题

——中利腾晖光伏科技有限公司与青海世纪能源科技发展有限公司建设工程施工合同纠纷二审案

审理法院:最高人民法院

案　　号:(2015)民一终字第 144 号

案例来源:中国裁判文书网

裁判日期:2015 年 11 月 30 日

关 键 词:合同无效　履约保证金　违约赔偿

### 一、裁判要旨

依法必须招投标的工程项目,未经招投标程序直接签订的 EPC 合同无效。在该情形下,发包人已收取履约保证金的,应予以返还;一方提出违约赔偿的,因合同无效,缺乏相应的法律依据,且主张损失的依据与本案无关的,违约赔偿主张难获支持。

### 二、审判概览

(一)案情简介

1. 本案相关主体

上诉人(一审被告、反诉原告):青海世纪能源科技发展有限公司(以下简称“世纪能源公司”)

被上诉人(一审原告、反诉被告):中利腾晖光伏科技有限公司(以下简称“中利腾晖公司”)

案外人 1:青海省海南州世能光伏发电有限公司(以下简称“世能光伏公司”)

案外人 2:协合风电投资有限公司(甲方)(以下简称“协合风电公司”)

案外人3:吉林协合电力工程有限公司(以下简称"协合电力公司")

案外人4:金一

案外人5:徐家宁

案外人6:德令哈协合光伏发电有限公司(以下简称"协合光伏公司")

本案相关主体之间的法律关系如图2-2所示:

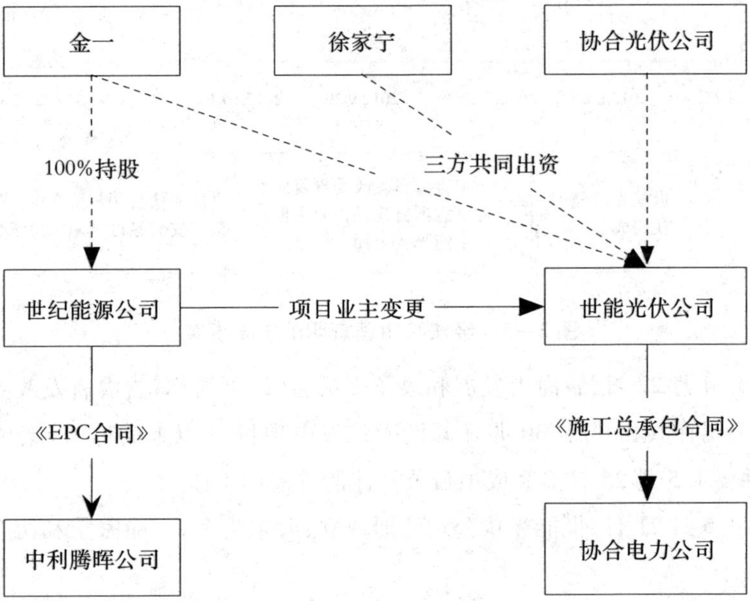


**图2-2　本案相关主体之间的法律关系**

2. 涉诉经过

经法院审理查明的主要事实如图2-3所示:

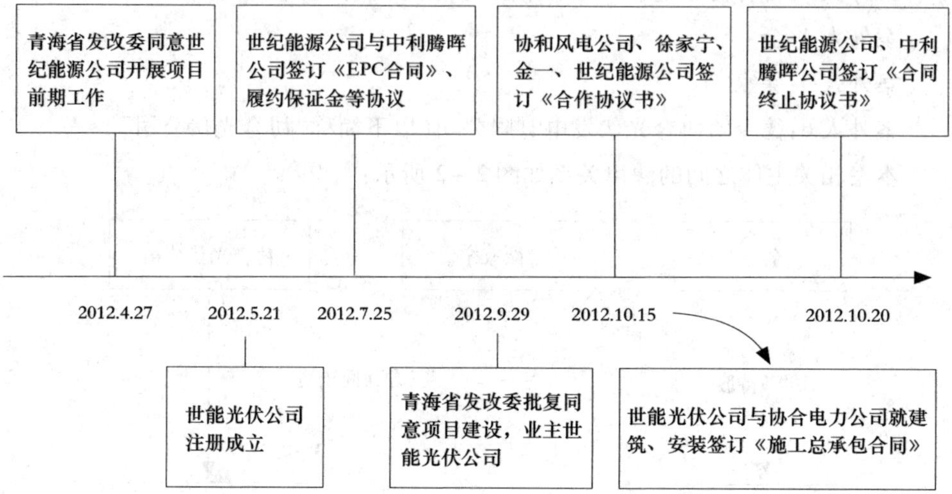


**图 2－3　经法院审理查明的主要事实**

2012 年 4 月 27 日,青海省发展和改革委员会(以下简称“青海省发改委”)同意世纪能源公司在共和开展“30 兆瓦并网光伏发电项目”(以下简称“涉案项目”)前期工作,并要求 5 月 25 日前完成项目公司注册等前期工作。

2012 年 5 月 21 日,世能光伏公司注册成立,股东为金一、徐家宁和协合光伏公司。

2012 年 7 月 25 日,发包人世纪能源公司与工程承包人中利腾晖公司签订《共和 30MWP 光伏发电项目 EPC 总承包合同》(以下简称“《EPC 合同》”),约定:1. 合同工程总承包范围包括青海共和 30MWP 光伏发电项目工程的设计、设备和材料采购、运输、建筑工程(包括地基处理)、安装等项目验收至竣工移交的全过程总承包。2. 第 2.6.2 款约定,承包人具有下列情形之一的,发包人可以终止合同:(1)未能遵守第 5.5 款〔履约担保〕的规定或未遵行根据第 17.1 款〔通知改正〕发出的通知,经发包人再次通知,仍未能在新通知规定的期限内纠正违约行为等,发包人依据此款终止合同,应向承包人发出通知。(2)在承包人收到通知之日起 14 天之后,发生终止合同的效力。3. 总承包合同金额及工程履约保证金:合同固定总价为 3.03 亿元人民币。工程履约保证金为 3030 万元,付款方式为银行承兑汇票,承兑期 6 个月。第5.5条约定,承包人应在签订合同协议书后 5 个工作日内,向发包人提交履约保证金。如未能在此期限内提供履约保证金,本协议自动解除等。第 17.2 条约定,发包人可根据第 2.6.2 款终止合同。在与承包方协商不成终止合同后,发包人可自行或委托其他承包人或者与其他承包人一起来完成工程,并没收工程履约保证金。合同还就涉及项目的其他问题作了约定。第19.6条约定,除第17.4款、第18.4款和第19.1款的规定外,任何一方不应对另一方使用任何工程中的损失、利润损失、任何合同损失,或对另一方可能遭受到的与合同有关的任何间接引发的损失或损害负责。

此外,世纪能源公司(甲方)与中利腾晖公司(乙方)还另行签订了《履约保证金的补充协议》,约定对《EPC合同》中工程履约保证金的支付作如下修正:(1)双方约定于2012年8月31日,乙方向甲方支付500万元履约保证金。(2)在2012年9月3日,乙方需向甲方支付履约保证金500万元。(3)在2012年9月10日,乙方需向甲方支付履约保证金剩余款项2030万元。之后,中利腾晖公司按约交付了1000万元银行承兑汇票。

2012年9月29日,青海省发改委批复同意建设涉案项目:项目业主为世能光伏公司。项目总投资36515.26万元。项目招标严格按《招标投标法》规定执行,工程设备供应商及施工单位均采用招标方式确定。

2012年10月15日,协合风电公司(甲方)、徐家宁和金一(乙方)以及世纪能源公司(丙方)三方签订《合作协议书》,主要约定:甲乙共同合作开发涉案项目;甲方承诺其关联公司总承包价格不超过3.1亿元的费用;三方确认甲方已按甲、丙两方签订的《借款合同》借贷给丙方共计3000万元用于该项目的保证金,并于2012年5月25日根据丙方指令汇至青海省发改委指定账户。同日,世能光伏公司作为发包人与协合电力公司(该公司为协合风电公司的关联公司)签订了涉案项目的建筑、安装工程《施工总承包合同》。

2012年10月20日,世纪能源公司与中利腾晖公司签订《合同终止协议书》,一致同意自签约之日起终止《EPC合同》,不再履行原合同之约定。

因履约保证金返还事宜发生争议,双方涉入诉讼。

### (二)主要诉请

中利腾晖公司向青海省高级人民法院(以下简称"青海高院")提起诉讼,请求法院判令:世纪能源公司返还履约保证金1000万元及利息损失。

世纪能源公司向青海高院提出反诉,请求法院判令:中利腾晖公司赔偿损失14983061.80元。

### (三)判决结果

2015年1月,青海高院作出(2014)青民二初字第36号民事判决书,判决:支持中利腾晖公司的诉讼请求,并驳回世纪能源公司的全部反诉请求。世纪能源公司不服一审判决,向最高人民法院提出上诉。

2015年11月,最高人民法院作出(2015)民一终字第144号民事判决书,判决:驳回上诉,维持原判。

## 三、争议焦点及各方观点

### (一)案涉《EPC合同》的性质和效力问题

1. 当事人观点

世纪能源公司主张,依据青海省发改委〔2012〕217号函复,世纪能源公司已自行对涉案项目进行了招标工作,并向海南州发改委申请招标备案。该委口头答复,对其申请视为备案。因此,世纪能源公司已履行招标程序,与中利腾晖公司签订的《EPC合同》有效。

中利腾晖公司主张,涉案合同项目金额达3.03亿元,按照法律规定属于必须招标的建设项目。中利腾晖公司未收到世纪能源公司任何招标文件,世纪能源公司也没有提供招标备案手续。涉案合同应为无效。

2. 法院观点

青海高院认为,本案世纪能源公司作为发包方与作为承包方的中利腾晖公司签订的《EPC合同》,约定总承包范围为共和30MWP光伏发电项目工程的设计、建筑工程、安装工程等全过程的总承包,属于合同法所规定的承包人进行工程建设,发包人支付价款的建设工程合同性质,双方约定了该光伏发电项目工程的设计、建筑工程、安装工程等EPC总承包,且合同最终目的是要实现该光伏发电项目竣工并网发电,因此,本案应为建设工程施工合同纠纷而非加工承揽合同纠纷。

根据《招标投标法》第3条、《工程建设项目招标范围和规模标准规定》①第2、3、7条规定,本案双方当事人约定的光伏发电项目EPC总承包,属于关系社会公共利益、公众安全的基础设施项目和公用事业项目,且承包合同总价达3.03亿元,应

① 2018年6月1日,《必须招标的工程项目规定》开始施行,原《工程建设项目招标范围和规模标准规定》废止。

属于《招标投标法》第3条所规定依法必须招标的工程项目。本案双方并没有按照招标投标法的规定履行招标投标法定程序，根据《合同法》第52条第5项以及《最高人民法院关于审理建设工程施工合同纠纷案件适用法律问题的解释》第1条第3项的规定，世纪能源公司与中利腾晖公司签订的《EPC合同》应为无效。

最高人民法院认为，涉案合同项目系能源开发建设，合同金额3.03亿元。根据《招标投标法》第3条的规定，涉案工程属于必须进行招标的建设项目。青海省发改委青发改能源〔2012〕1498号《关于海南州世能光伏发电有限公司30兆瓦并网光伏发电项目核准的批复》亦对此明确，项目招标应严格按照《招标投标法》规定执行。世纪能源公司认可应履行招标程序，但称其已自行组织了招标工作，并向青海省海南州发展和改革委员会履行了备案手续。但世纪能源公司在一审和二审期间均没有提供招标文件等证据予以证明，中利腾晖公司亦不认可，故一审法院认定《EPC合同》因违反《招标投标法》第3条强制性规定而无效，并无不当。

### （二）世纪能源公司应否返还中利腾晖公司履约保证金1000万元及支付利息损失的问题

1. 当事人观点

世纪能源公司主张，中利腾晖公司未按约全额支付履约保证金，依据合同约定，世纪能源公司无须返还。

中利腾晖公司主张，双方在《光伏发电项目总承包合同》第17.2条约定，一方违约时，另一方可终止合同，且在协商不成时，一方可没收履行保证金。本案合同终止是双方协商一致的结果，不适用上述条款。

2. 法院观点

青海高院认为，根据《合同法》第58条的规定："合同无效或者被撤销后，因该合同取得的财产，应当予以返还；不能返还或者没有必要返还的，应当折价补偿。有过错的一方应当赔偿对方因此所受到的损失，双方都有过错的，应当各自承担相应的责任。"世纪能源公司作为《光伏发电项目总承包合同》项下项目发包方，未依法履行法定招投标手续，导致合同无效，应承担主要过错责任。世纪能源公司依据与中利腾晖公司签订的《光伏发电项目总承包合同》所取得的履约保证金应当返还并赔偿利息损失。

最高人民法院认为，根据《合同法》第58条的规定，因涉案合同无效，世纪能源公司基于合同获得的中利腾晖公司1000万元履约保证金应予返还。虽然双方在《光伏发电项目总承包合同》第17.2款中约定："发包人可根据2.6.2款终止合同。

在与承包方协商不成终止合同之后,发包人可自行或委托其他承包人、或者与其他承包人一起来完成本工程,并没收工程履约保证金。”但其适用的前提条件是合同有效且满足合同第2.6.2款的要求。本案合同无效,世纪能源公司要求按照有效合同的约定不予返还履约保证金的上诉理由不能成立。

### (三)中利腾晖公司应否赔偿世纪能源公司损失14983061.8元的问题

1.当事人观点

世纪能源公司主张,中利腾晖公司未按约履行施工义务,应承担两份总承包合同之间的700万元工程造价增加的实际损失及电费损失,共计14983061.80元。

中利腾晖公司主张,双方在终止协议时约定,均不追究违约责任及主张赔偿损失,且其主张的损失没有依据,中利腾晖公司不应赔偿;涉案项目主体已经变更,最终由世能光伏公司发包,与世纪能源公司无关。

2.法院观点

青海高院认为,第一,关于两份合同之间的差价损失问题,世纪能源公司与协和风电公司、徐家宁和金一签署的合作协议及与中利腾晖公司签署的《EPC合同》约定的价格对应的标的范围不同,且作为两份彼此独立的合同,只能约束合同相对人。世纪能源公司将该两份合同之间的差价作为自己的损失主张由中利腾晖公司赔偿,没有事实和法律依据。关于电费损失问题,双方合同约定的工程并未实际履行。案涉项目最终是由世能光伏公司发包,世能光伏公司与世纪能源公司系彼此独立的民事权利义务主体,世纪能源公司并不依案涉项目的发承包关系而享有权益。第二,案涉《EPC合同》无效的主要责任在于世纪能源公司,无论其损失存在与否,不能归责于中利腾晖公司。故,世纪能源公司主张中利腾晖公司应承担赔偿的违约责任,缺乏事实和法律依据。

最高人民法院认为,违约赔偿的诉讼请求应当建立在合同有效的基础上,因涉案合同无效,世纪能源公司主张违约赔偿缺乏法律依据。且其主张损失的依据是案外人世能光伏公司与其他公司签订的合同及结算单据,由于世纪能源公司与世能光伏公司是两个独立的法人,其主张损失的依据与本案不具有关联性。世纪能源公司依此要求中利腾晖公司承担违约赔偿责任的上诉理由不能成立。

## 四、本案启示

**启示1:**依法属于必须招标项目范围的EPC项目工程,建设单位应经合法的招投标程序选定工程总承包单位,并在中标后由双方签订工程总承包合同。

《招标投标法》(2017 年修订)第 3 条明确三类必须招投标的建设项目如下:(1)大型基础设施、公用事业等关系社会公共利益、公众安全的项目;(2)全部或者部分使用国有资金投资或者国家融资的项目;(3)使用国际组织或者外国政府贷款、援助资金的项目。

对《招标投标法》第 3 条规定的项目具体的范围和规模标准,2018 年 6 月 1 日起实施的《必须招标的工程项目规定》(发改委令第 16 号)和 2018 年 6 月 6 日起实施的《必须招标的基础设施和公用事业项目范围规定》(发改法规规〔2018〕843 号)作出进一步的明确。

根据上述规定,目前建设工程领域必须招标的主要为资金来源特殊或项目性质特殊的项目,包括以下三大类:

第一类,全部或者部分使用国有资金投资或者国家融资的项目,具体包括使用预算资金 200 万元人民币以上,并且该资金占投资额 10% 以上的项目;或使用国有企业事业单位资金,并且该资金占控股或者主导地位的项目。

第二类,使用国际组织或者外国政府贷款、援助资金的项目,具体包括两种:一是使用世界银行、亚洲开发银行等国际组织贷款、援助资金的项目;二是使用外国政府及其机构贷款、援助资金的项目。

第三类,项目性质属于大型基础设施、公用事业等关系社会公共利益、公众安全的项目。具体包括:(1)煤炭、石油、天然气、电力、新能源等能源基础设施项目;(2)铁路、公路、管道、水运,以及公共航空和 A1 级通用机场等交通运输基础设施项目;(3)电信枢纽、通信信息网络等通信基础设施项目;(4)防洪、灌溉、排涝、引(供)水等水利基础设施项目;(5)城市轨道交通等城建项目。

需要注意的是,并非属于以上三类工程项目的都需要招投标,只有达到下述规模标准的之一的,才必须招标:“(一)施工单项合同估算价在 400 万元人民币以上;(二)重要设备、材料等货物的采购,单项合同估算价在 200 万元人民币以上;(三)勘察、设计、监理等服务的采购,单项合同估算价在 100 万元人民币以上。同一项目中可以合并进行的勘察、设计、施工、监理以及与工程建设有关的重要设备、材料等的采购,合同估算价合计达到前款规定标准的,必须招标。”

对于必须进行招投标的工程项目,建设单位应依法办理招投标手续,并在中标后签订 EPC 合同,避免因 EPC 合同无效而产生一系列纠纷。

**启示 2:**在 EPC 合同无效情形下,无过错方依法有权要求过错方承担相应的损失赔偿责任,但应提供充分的证据。

《合同法》第58条规定:“合同无效或者被撤销后,因该合同取得的财产,应当予以返还;不能返还或者没有必要返还的,应当折价补偿。有过错的一方应当赔偿对方因此所受到的损失,双方都有过错的,应当各自承担相应的责任。”在本案中,最高人民法院认为,违约赔偿的诉讼请求应当建立在合同有效的基础上,因涉案合同无效,世纪能源公司主张违约赔偿缺乏法律依据。

但值得注意的是,《施工合同司法解释(二)》第3条已明确规定:“建设工程施工合同无效,一方当事人请求对方赔偿损失的,应当就对方过错、损失大小、过错与损失之间的因果关系承担举证责任。损失大小无法确定,一方当事人请求参照合同约定的质量标准、建设工期、工程价款支付时间等内容确定损失大小的,人民法院可以结合双方过错程度、过错与损失之间的因果关系等因素作出裁判。”根据该条规定,即使合同无效,一方仍有权向对方提出赔偿损失的主张,但双方的过错程度、过错与损失之间的因果关系是法院裁判损失大小的关键因素。这里的“过错程度”,除了参照合同约定的质量标准、建设工期、工程价款支付时间等内容来证明工程质量存在瑕疵、工期存在延误、进度款支付迟延等事实外,还应包括“缔约过错”因素对法院确定损失大小的影响。同时,在合同无效的情况下,鉴于司法处理以“恢复原状”为原则,因此损失赔偿以实际损失为限,不包括预期利润和可得利益损失,具体来说,通常包括办理招投标手续支出的费用、合同备案支出的费用、订立合同支出的费用、除工程价款之外因履行合同支出的费用等实际损失。

参照上述规定,在EPC合同纠纷案件中,即使合同无效,一方亦可向另一方提出赔偿损失的主张。但一方的主张是否能获得法院支持,仍取决于其是否在项目实施过程中及时保留和固定了相关证据。

**启示3:**由于EPC合同无效情形的产生,通常和承发包双方均有关联,故建议各方在承接项目过程中,尽量避免产生合同无效的法律风险。

根据民法总则、合同法、建筑法等相关法律法规,并参照最高人民法院出台的《施工合同司法解释(一)》《施工合同司法解释(二)》意见,我们将实践中较为常见的EPC合同无效情形以及可能的缔约过错方总结如表2-1:

**表2－1 实践中较为常见的EPC合同无效情形以及可能的缔约过错方**

| 序号 | EPC合同无效的主要情形 | 可能的过错方 |
|---|---|---|
| 1 | 工程总承包单位未取得建筑施工企业资质或设计单位资质的 | 工程总承包单位主要过错、发包人因未尽注意审核义务承担次要过错 |
| 2 | 工程总承包单位超越资质等级许可签订工程总承包合同且在工程竣工前尚未取得相应资质等级的 | |
| 3 | 没有资质的实际施工人借用有资质(施工或设计资质)的工程总承包单位名义的 | 工程总承包单位过错(如发包人明知的亦有过错) |
| 4 | 建设工程必须进行招标而未招标的 | 发包人主要过错(工程总承包单位明知必须招投标的亦有过错) |
| 5 | 建设工程未取得建设工程规划许可证等审批手续且在起诉前仍未取得的 | 通常为发包人过错 |
| 6 | 工程总承包单位非法转包的 | 双方均有过错 |
| 7 | 工程总承包单位违法分包的 | 均有过错(有证据证明无过错的除外) |

备注:上表所列的"可能的过错方"仅为一般经验理解,不代表该等情形下必然产生的过错责任归属。由于建设工程领域错综复杂的实务情况,针对每一类合同无效情形(尤其是PPP项目中的施工合同、EPC合同等),均需全面结合个案的实际情况加以综合判断。

## 附:相关法律条文

**1.《中华人民共和国招标投标法》**

**第三条** 在中华人民共和国境内进行下列工程建设项目包括项目的勘察、设计、施工、监理以及与工程建设有关的重要设备、材料等的采购,必须进行招标:

(一)大型基础设施、公用事业等关系社会公共利益、公众安全的项目;

(二)全部或者部分使用国有资金投资或者国家融资的项目;

(三)使用国际组织或者外国政府贷款、援助资金的项目。

前款所列项目的具体范围和规模标准,由国务院发展计划部门会同国务院有关部门制订,报国务院批准。

法律或者国务院对必须进行招标的其他项目的范围有规定的,依照其规定。

**2.《工程建设项目招标范围和规模标准规定》(已失效)**

**第二条** 关系社会公共利益、公众安全的基础设施项目的范围包括:

(一)煤炭、石油、天然气、电力、新能源等能源项目;

(二)铁路、公路、管道、水运、航空以及其他交通运输业等交通运输项目;

(三)邮政、电信枢纽、通信、信息网络等邮电通讯项目;

(四)防洪、灌溉、排涝、引(供)水、滩涂治理、水土保持、水利枢纽等水利项目;

(五)道路、桥梁、地铁和轻轨交通、污水排放及处理、垃圾处理、地下管道、公共停车场等城市设施项目;

(六)生态环境保护项目;

(七)其他基础设施项目。

**3.《中华人民共和国合同法》**

**第五十二条** 有下列情形之一的,合同无效:

……

(五)违反法律、行政法规的强制性规定。

**4.《最高人民法院关于审理建设工程施工合同纠纷案件适用法律问题的解释》**

**第一条** 建设工程施工合同具有下列情形之一的,应当根据合同法第五十二条第(五)项的规定,认定无效:

……

(三)建设工程必须进行招标而未招标或者中标无效的。

**5.《中华人民共和国民事诉讼法》**

**第一百七十条** 第二审人民法院对上诉案件,经过审理,按照下列情形,分别处理:

(一)原判决、裁定认定事实清楚,适用法律正确的,以判决、裁定方式驳回上诉,维持原判决、裁定;

……

## 案例3

### 工程总承包单位经公开招标选定,其招选分包商(暂估价工程除外)无须招投标,但应经业主同意

——平煤神马建工集团有限公司新疆分公司、大地工程开发(集团)有限公司天津分公司建设工程施工合同纠纷二审案

审理法院:最高人民法院

案　　号:(2018)最高法民终153号

案例来源:中国裁判文书网

裁判日期:2018年5月4日

关 键 词:建设工程施工　EPC　分包合同　招标

## 一、裁判要旨

**要旨1**　业主单位运用国有资金建设项目，通过公开招投标选定工程总承包单位并将相关资金支付给工程总承包单位后，工程款即属于工程总承包单位的资产，不再是国有资金性质。

**要旨2**　除依法需通过招投标确定分包单位的暂估价工程外，工程总承包单位如需将设计、施工进行分包，征得业主同意并符合合同约定即可。

## 二、审判概览

### （一）案情简介

1. 本案相关主体

上诉人（原审原告）：平煤神马建工集团有限公司新疆分公司（以下简称"平煤公司"）

被上诉人（原审被告）：大地工程开发（集团）有限公司天津分公司（以下简称"大地天津分公司"）

本案相关主体之间的法律关系如图2－4所示：

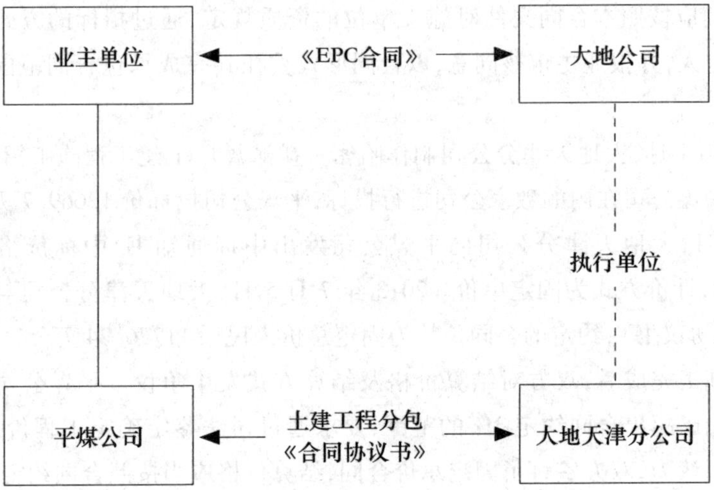


**图2－4　本案相关主体之间的法律关系**

2. 涉诉经过

经法院审理查明的主要事实如图2－5所示：

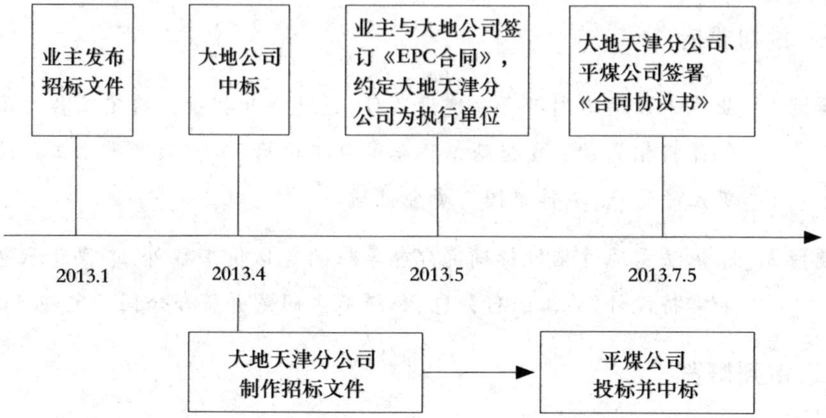


**图2－5　经法院审理查明的主要事实**

2013年1月，业主单位和招标代理就“哈密一矿选煤厂EPC总承包及运营”发布招标文件。2013年2月，大地工程开发(集团)有限公司(以下简称“大地公司”)针对该招标制作投标文件。2013年4月，大地公司中标。

2013年5月，业主单位与大地公司就涉案工程签订《EPC工程总承包合同》(以下简称“《EPC合同》”)，项目名称为哈密一矿选煤厂EPC总承包项目；并明确大地天津分公司为执行单位，《EPC合同》第19.3款对分包商的选择方式作了明确约定：“承包商应按照本合同文件对施工单位的资质规定，通过招标的方式选择确定合格的分包人，并报业主审核同意，以合同形式委托其完成承包合同范围内的部分项目。”

2013年4月，大地天津分公司制作哈密一矿选煤厂土建工程施工招标文件，并邀请包括平煤公司在内的数家公司进行投标，平煤公司投标价12669.7万元。2013年5月17日，大地天津分公司向平煤公司发出中标通知书，中标价格为人民币11900万元，计价方式为固定单价。2013年7月5日，大地天津分公司与平煤公司签署《合同协议书》，约定的合同价款为固定总价人民币11776.24万元。

工程施工完成后，双方对结算价格及结算方式发生争议。平煤公司认为新增加的工程量已超出合同约定3%的范围，要求通过司法鉴定确定工程价款，而大地天津分公司认为，双方签订了固定总价合同，结算价格应当按照合同约定。

因结算价格及结算方式事宜产生争议，双方涉入诉讼。

### (二)主要诉请

平煤公司向新疆维吾尔自治区高级人民法院(以下简称“新疆高院”)提起诉

讼,请求法院判令:(1)平煤公司与大地天津分公司于2013年7月5日签订的《合同协议书》无效;(2)大地天津分公司支付剩余工程款、局部工程变更费用、窝工损失、可得利润、继续使用材料/设备的费用(具体金额以司法鉴定意见为准);(3)大地公司承担共同赔偿责任并承担诉讼费用。

### (三)判决结果

2017年11月1日,新疆高院作出(2016)新民初104号民事判决书,判决:(1)平煤公司和大地天津分公司于2013年7月5日签订的《合同协议书》于2016年11月10日解除;(2)平煤公司于判决生效后15日内返还大地天津分公司工程款2954594.23元;(3)平煤公司于判决生效后15日内向大地天津分公司交付已施工部分工程的工程资料。平煤公司不服一审判决,向最高人民法院提出上诉。

2018年5月4日,最高人民法院作出(2018)最高法民终153号民事判决书,判决:(1)大地公司对外分包的情形,不具有法定必须公开招标的情形;(2)该分包行为未违反法律、行政法规的强制性规定,故判决驳回平煤公司上诉,维持原判。

## 三、争议焦点及各方观点

需要公开招标的项目经公开招标确定工程总承包单位后,其依法或依约确定分包商,是否必须进行公开招投标?

### (一)当事人观点

平煤公司主张,首先,在招标投标时,双方按"固定单价"进行报价,但在《合同协议书》中约定"固定总价",且投标价格为12669.7万元,而中标价格为11900万元,价格直线下降,违反相关规定,应属无效;其次,案涉项目是"国有资金占控股或者主导地位的依法必须进行招标的项目",是必须公开招投标的项目,而案涉项目采取邀请招标方式,违反《招标投标法实施条例》第82条规定,属于应当招投标而未招投标情形,合同无效。

大地天津分公司主张,首先,其通过邀请招标与平煤公司签订《合同协议书》并实际履行,同时取得业主的认可,符合其与业主签订的《EPC合同》的约定;其次,现行国家法律、行政法规对EPC总承包管理模式下分包商的选择方式没有明确规定,案涉双方签订《合同协议书》的方式,符合建设主管部门颁布实施的部门规章的要求;最后,案涉双方一直按《合同协议书》约定履行相应义务。故,本项目合同有效。

(二)法院观点

新疆高院认为:

第一,业主单位和总承包商大地公司通过《EPC 合同》约定:“……通过招标的方式选择,确定合格的分包人……”分包的方式双方约定为“招标”,根据《招标投标法》第 10 条规定:“招标分为公开招标和邀请招标……”本案中,大地公司采用邀请招标,并不违反合同约定。

第二,业主单位的资金系国有企业自有资金,但其将工程发包给大地公司,工程款支付给大地公司后,该款项所有权即属于大地公司。业主单位与平煤公司之间没有建设工程施工合同关系,不存在直接的权利义务关系,平煤公司与大地天津分公司签订案涉合同,其工程款由大地公司、大地天津分公司支付,并无证据证明大地公司为国有企业,故平煤公司主张案涉资金为国有资金,应当采用公开招投标的方式与事实不符,不予采纳。

第三,《招标投标法》第 46 条第 1 款规定:“招标人和中标人应当自中标通知书发出之日起三十日内,按照招标文件和中标人的投标文件订立书面合同。招标人和中标人不得再行订立背离合同实质性内容的其他协议。”大地天津分公司于 2013 年 5 月 17 日向平煤公司出具中标通知书,中标价为 11900 万元,双方中标后签订的《合同协议书》记载的合同价款为 11776.24 万元。虽然双方未按照中标通知书载明的中标价签约,但是《合同协议书》记载的合同价与中标价相比,变动幅度不大,不构成实质性变更。

综上,平煤公司要求确认《合同协议书》为无效合同的诉讼请求,无事实及法律依据,不予支持。

最高人民法院认为,关于需要公开招标的项目经公开招标确定总包人后,总包人依法或依约确定分包人是否仍需要进行公开招标的问题,业主单位和大地公司签订的《EPC 合同》约定:承包商应按照本合同文件对施工单位的资质作出规定,通过招标的方式选择,确定合格的分包人,并报业主审核同意,以合同形式委托其完成承包合同范围内的部分项目。该协议授权总包方可以通过招标方式确定分包人。大地公司作为工程总承包单位,其并非项目投资建设主体,而是该项目的执行单位。除非有法律规定的必须公开招标的项目,其有权依照约定的方式确定分包人。

此外,资金的源头属性不能无限制地延伸。业主单位运用国有资金建设案涉项目,相关资金支付给大地公司后,属于大地公司的资产,并非仍是国有资金。因此,大地公司对外分包,不具有法定必须公开招标的情形。其通过邀请招标的方式确定平煤公司为案涉项目标段B的中标单位,符合《EPC合同》的约定,业主单位对平煤公司施工亦未提出异议,表明其认可大地公司的分包行为。故上述分包行为未违反法律、行政法规的强制性规定。

## 四、本案启示

**启示1:**在EPC模式下,工程总承包单位招选分包商时,必须取得发包人的同意,并采用发包人认可的方式来招选分包商。

本案中,工程总承包单位经发包人的同意,依据与发包人所签合同约定的方式来招选确定分包商,且并无证据证明总包商以此逃避其管理责任或存在恶意降低建设成本,该分包行为并不侵犯发包人的利益;同时,根据最高人民法院观点,资金的源头属性不能过度延伸,国有资金支付给承包人之后,成为承包人资产,即不再是国有资金。之所以限制总包商再次分包,就是为了防止其借分包行为逃避管理责任或恶意降低建设成本,《招标投标法实施条例》第8条的立法目的也是希望通过对国有资金的控制,实现维护国家利益的目的。

综上,EPC模式下工程总承包单位招选分包商并非必须通过公开招标的方式,关键还是看工程总承包单位与发包人签订的总承包合同的约定和限制。在未侵犯发包人利益、不违反工程总承包合同约定及法律强制性规定的情况下,工程总承包单位的直接分包行为应当认定有效。

**启示2:**以暂估价形式包含在总承包合同中的项目,必须通过招标的方式选定。

根据《招标投标法实施条例》第29条的规定,招标人可以依法对工程以及与工程建设有关的货物、服务全部或者部分实行总承包招标。以暂估价形式包括在总承包范围内的工程、货物、服务属于依法必须进行招标的项目范围且达到国家规定规模标准的,应当依法进行招标。

暂估价的招标可以由建设单位或者工程总承包单位单独招标,也可以由建设单位和工程总承包单位联合招标,具体由建设单位在工程总承包招标文件中明确。

2017年2月,国务院出台《国务院办公厅关于促进建筑业持续健康发展的意见》(国办发〔2017〕19号),该意见规定:“除以暂估价形式包括在工程总承包范围内且依法必须进行招标的项目外,工程总承包单位可以直接发包总承包合同中涵盖的其他专业业务。”

2019年5月,住建部及发改委公布《房屋建筑和市政基础设施项目工程总承包管理办法(征求意见稿)》,其第22条规定:"工程总承包单位可以采用直接发包的方式进行分包。但以暂估价形式包括在总承包范围内的工程、货物、服务分包时,属于依法必须进行招标的项目范围且达到国家规定规模标准的,应当依法招标。"

从上述规定来看,《招标投标法》规范的是项目的投资建设单位对总承包的招标。暂估价工程达到国家规定应当招标规模标准及范围的,依法才需要招标;除此之外,其他分包工程只要符合工程总承包合同约定的分包程序即可。这与招投标制度的设立目的也完全吻合。招投标设立的初衷是保护国家利益(包括国有资金的正当合理适用)、社会公共利益和招投标活动当事人合法权益,保证工程质量及社会公共安全;对于已经涵盖在总承包范围中的工程项目,通过总承包的招标程序,工程质量和相关法益已经得到保障,因此对分包部分不需要再次进行招标。

暂估价,是指招标时不能确定价格而由招标人在招标文件中暂时估定的工程、货物、服务的金额。对暂估价要求招标,是因为在选定中标人时,暂估价工程未纳入投标范围,未形成合理竞争,因而需要通过招标竞争的程序,保障暂估价工程的质量和经济效益等。

### 附:相关法律条文

**1.《中华人民共和国合同法》**

**第六十条** 当事人应当按照约定全面履行自己的义务。

当事人应当遵循诚实信用原则,根据合同的性质、目的和交易习惯履行通知、协助、保密等义务。

**第七十七条** 当事人协商一致,可以变更合同。法律、行政法规规定变更合同应当办理批准、登记等手续的,依照其规定。

**第九十四条** 有下列情形之一的,当事人可以解除合同:

……

(二)在履行期限届满之前,当事人一方明确表示或者以自己的行为表明不履行主要债务;

(三)当事人一方迟延履行主要债务,经催告后在合理期限内仍未履行;

……

**第九十六条** 当事人一方依照本法第九十三条第二款、第九十四条的规定主张解除合同的,应当通知对方。合同自通知到达对方时解除。对方有异议的,可以请求人民法院或者仲裁机构确认解除合同的效力。

法律、行政法规规定解除合同应当办理批准、登记等手续的,依照其规定。

**第二百六十九条**　建设工程合同是承包人进行工程建设,发包人支付价款的合同。

建设工程合同包括工程勘察、设计、施工合同。

**2.《最高人民法院关于审理建设工程施工合同纠纷案件适用法律问题的解释》**

**第八条**　承包人具有下列情形之一,发包人请求解除建设工程施工合同的,应予支持:

(一)明确表示或者以行为表明不履行合同主要义务的;

(二)合同约定的期限内没有完工,且在发包人催告的合理期限内仍未完工的;

(三)已经完成的建设工程质量不合格,并拒绝修复的;

(四)将承包的建设工程非法转包、违法分包的。

**第十条**　建设工程施工合同解除后,已经完成的建设工程质量合格的,发包人应当按照约定支付相应的工程价款;已经完成的建设工程质量不合格的,参照本解释第三条规定处理。

因一方违约导致合同解除的,违约方应当赔偿因此而给对方造成的损失。

**3.《中华人民共和国民事诉讼法》**

**第一百七十条第一款第一项**　……原判决、裁定认定事实清楚,适用法律正确的,以判决、裁定方式驳回上诉,维持原判决、裁定;

……

**第二百五十三条**　被执行人未按判决、裁定和其他法律文书指定的期间履行给付金钱义务的,应当加倍支付迟延履行期间的债务利息。被执行人未按判决、裁定和其他法律文书指定的期间履行其他义务的,应当支付迟延履行金。

## 案例 4

### EPC 合同约定固定总价,无证据证明工程范围存在增减的,不得启动工程造价鉴定

——福建鼎日光电科技有限公司与日地太阳能电力股份有限公司建设工程施工合同纠纷二审案

审理法院:福建省高级人民法院

案　　号:(2016)闽民终 475 号

案例来源:中国裁判文书网

裁判日期:2017 年 4 月 23 日

关 键 词:EPC 合同　固定价格　工程量变化　工程造价　司法鉴定

## 一、裁判要旨

EPC 合同约定固定总价时,若无充分证据证明工程量相较于合同的工程范围存在调增或调减,任何一方主张启动工程造价鉴定来确定工程结算价的,法院原则上不予准许。

## 二、审判概览

(一)案情简介

1. 本案相关主体

上诉人(原审被告):福建鼎日光电科技有限公司(以下简称"光电公司")

被上诉人(原审原告):日地太阳能电力股份有限公司(以下简称"日地公司")

2. 涉诉经过

经法院审理查明的主要事实如图 2-6 所示:

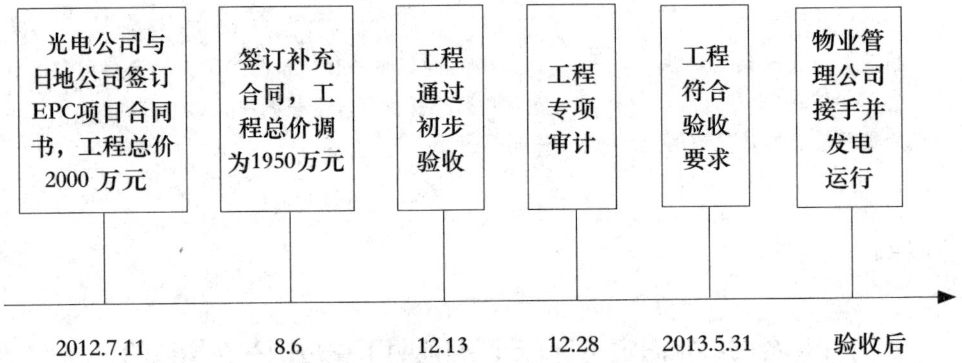


**图 2-6　经法院审理查明的主要事实**

2012 年 7 月 11 日,光电公司作为 EPC 项目业主,与日地公司签订《福建鼎日光电 2MW 屋顶太阳能电站建设合同书》(以下简称"《合同书》")。合同约定,日地公司作为工程总承包单位为光电公司建造太阳能光伏电站;电站的建设规模为 2MW,工程造价为 2000 万元,项目包括整个电站所涉及的项目设备及资料;付款方式为:完成工程量 20% 后支付 20%,太阳能组件进场后支付 40%,验收后支付 30%,余款自发电之日起一年内付清。

合同签订后,日地公司即组织施工。

2012 年 8 月 6 日,双方签订一份补充合同并约定:工程总价下调 50 万元,即合同价调整为1950万元等相关内容。

在施工过程中,光电公司对涉案电站进行了设计变更,日地公司按变更进行了相应施工。施工完工后,包括项目设计单位、设备供应安装单位以及原被告在内的各单位于2012年12月13日召开验收会议,通过初步验收。

2012年12月28日,涉案工程项目进行专项审计。

2013年5月31日,项目专家组出具意见书,认为符合验收要求。验收后,该项目由石狮服装城物业管理有限公司进行管理,并已将涉案工程投入实际使用并发电运行。

在施工过程中,被告光电公司共支付工程款590万元,尚欠1360万元未能支付。

因工程款结算事宜产生争议,双方涉入诉讼。

### (二)主要诉请

日地公司向福建省泉州市中级人民法院(以下简称"泉州中院")提起诉讼,请求法院判令:光电公司根据合同约定支付尚欠工程款1360万元及相应的违约金。

### (三)判决结果

泉州中院作出(2014)泉民初字第1522号民事判决书,判决:光电公司应于判决生效之日起十日内支付日地公司工程款1360万元及违约金,违约金自2013年12月14日起至实际付清之日止,按银行同期同类贷款利率计付。光电公司不服一审判决,向福建省高级人民法院(以下简称"福建高院")提出上诉。

2017年4月23日,福建高院作出(2016)闽民终475号民事判决书,判决:驳回上诉人光电公司上诉,维持原判。

## 三、争议焦点及各方观点

争议焦点:双方合同约定固定总价,一方主张存在变更增加工程量并申请启动司法造价鉴定的,法院是否予以支持?

### (一)当事人观点

光电公司主张,根据日地公司提交的专项审计报告可知,案涉工程的材料设备是由光电公司出资购买,部分工程的施工安装也不是由日地公司完成,案涉项目工程量存在变化。因此工程款必须在按合同约定组织验收合格后由双方组织核对结算或者委托第三方对工程造价进行结算后支付。故应对涉案工程进行造价鉴定。

日地公司主张,合同系固定价格的工程承包合同,不存在另行就工程进行结算的问题。

(二)法院观点

泉州中院认为,由于《合同书》约定的是由原告日地公司作为工程总承包单位为被告光电公司建造太阳能光伏电站,项目包括整个电站所涉及的项目设备及资料,该约定属于固定价格,且原告日地公司及被告光电公司均未能提供证据证明涉案工程存在增加或减少工程量,故无须对涉案工程进行造价鉴定。

福建高院认为,由于本案双方约定合同价格,光电公司并未提交证据证明工程量有增减,且本案工程已交付使用,故一审不予鉴定并无不当。

## 四、本案启示

**启示:**EPC 合同约定固定总价的情况下,无论是总承包商主张存在工程量调增,还是业主方主张存在工程量调减,提出主张的一方都应当提供补充协议、签证、设计变更单、工程联系单等书面确认文件作为依据。

当 EPC 合同约定固定总价时,对于工程量发生增加或者减少的变化,司法裁判倾向于在无充分证据支撑的情况下,不调整合同约定的固定总价。这具有现实的合法性与合理性。EPC 合同约定固定总价之后,法院认定双方对于工程总量以及工程造价达成了合意,在没有充分的证据证明项目工程量发生变化的时候,尊重合同双方的意思自治,并不需要对工程造价进行鉴定。一方申请法院对项目工程造价进行司法鉴定,必须向法院提供证据证明涉案项目工程量存在调增或调减,否则法院不启动司法鉴定程序。

所以,在 EPC 项目施工管理过程中,各方都应增强证据意识。对于超出 EPC 合同范围的工程量变化,须书面体现并及时与相关方进行确认。这样做的目的是在项目推进过程中留存相关签证以及其他文件材料,以证明工程量存在增减变化。如发生该等增减情形应调整合同价款的,一方当事人在申请法院对争议部分进行造价鉴定时,才能向法院提供充分的依据和理由,以使得法院顺利启动司法鉴定程序。

此外,约定固定合同总价的 EPC 项目各方可以在合同文本中约定,当项目工程量发生变化的时候,双方一致同意对发生变化的工程量进行鉴定并依据鉴定结果确定工程造价,以便在相关变更情况发生之后,避免双方在过程中产生争议,从而使得 EPC 项目能够顺利进行,各方的利益也能得到合理的保护。

## 附:相关法律条文

**1.《中华人民共和国民事诉讼法》**

**第六十四条** 当事人对自己提出的主张,有责任提供证据。

当事人及其诉讼代理人因客观原因不能自行收集的证据,或者人民法院认为审理案件需要的证据,人民法院应当调查收集。

人民法院应当按照法定程序,全面地、客观地审查核实证据。

**2.《中华人民共和国合同法》**

**第二百七十九条** 建设工程竣工后,发包人应当根据施工图纸及说明书、国家颁发的施工验收规范和质量检验标准及时进行验收。验收合格的,发包人应当按照约定支付价款,并接收该建设工程。

建设工程竣工经验收合格后,方可交付使用;未经验收或者验收不合格的,不得交付使用。

**第二百八十三条** 发包人未按照约定的时间和要求提供原材料、设备、场地、资金、技术资料的,承包人可以顺延工程日期,并有权要求赔偿停工、窝工等损失。

**3.《最高人民法院关于民事诉讼证据的若干规定》**

**第二条** 当事人对自己提出的诉讼请求所依据的事实或者反驳对方诉讼请求所依据的事实有责任提供证据加以证明。

没有证据或者证据不足以证明当事人的事实主张的,由负有举证责任的当事人承担不利后果。

**4.《最高人民法院关于审理建设工程施工合同纠纷案件适用法律问题的解释》**

**第十六条** 当事人对建设工程的计价标准或者计价方法有约定的,按照约定结算工程价款。

因设计变更导致建设工程的工程量或者质量标准发生变化,当事人对该部分工程价款不能协商一致的,可以参照签订建设工程施工合同时当地建设行政主管部门发布的计价方法或者计价标准结算工程价款。

建设工程施工合同有效,但建设工程经竣工验收不合格的,工程价款结算参照本解释第三条规定处理。

**第十八条** 利息从应付工程价款之日计付。当事人对付款时间没有约定或者约定不明的,下列时间视为应付款时间:

(一)建设工程已实际交付的,为交付之日;

(二)建设工程没有交付的,为提交竣工结算文件之日;

(三)建设工程未交付,工程价款也未结算的,为当事人起诉之日。

**案例5**

## 固定总价的EPC合同解除,可按已完工程占总工程量的比例确定价款

——中国电力工程顾问集团东北电力设计院有限公司与牡丹江佳日热电有限公司建设工程施工合同纠纷一审案

审理法院:黑龙江省高级人民法院

案　　号:(2012)黑民初字第3号

案例来源:中国裁判文书网

裁判日期:2016年3月11日

关 键 词:EPC合同　业主原因停工　已完工程结算　工程总承包单位损失认定

### 一、裁判要旨

采用固定总价的EPC项目中途停工后,已完工部分工程价款按已完工程占总工程量比例,结合EPC合同所约定的固定总价进行确定。

### 二、审判概览

#### (一)案情简介

1. 本案相关主体

原告:中国电力工程顾问集团东北电力设计院有限公司(以下简称"电力设计院")

被告:牡丹江佳日热电有限公司(以下简称"佳日公司")

2. 涉诉经过

经法院审理查明的主要事实如图2－7所示:

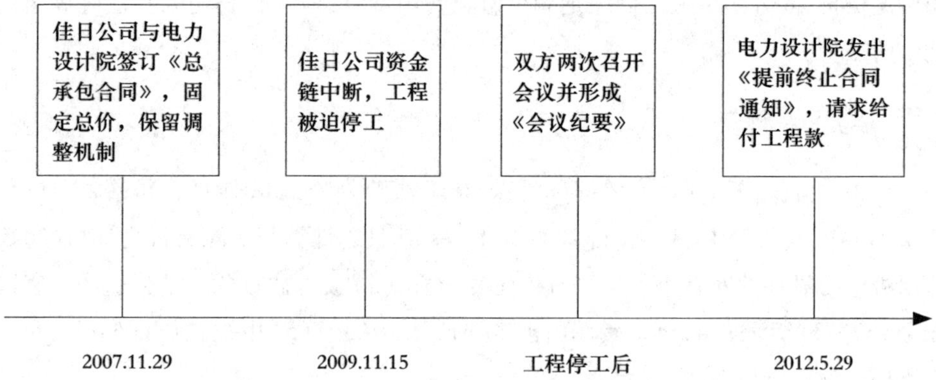


**图2－7　经法院审理查明的主要事实**

2007年11月29日,佳日公司和电力设计院经招投标程序后,就"牡丹江佳日热电有限公司扩建225MW汽轮发电机组工程项目"签订了《牡丹江佳日热电有限公司扩建225MW汽轮发电机组工程总承包合同》(以下简称"《总承包合同》"。双方约定:合同总额为:34888万元;承包方式为:全过程总承包(即为EPC工程);计价方式为:以固定合同总价为标准,若届时由于佳日公司对上述工程计划的调整/变更导致电力设计院工作量的增加或减少,则将依照目前的合同价款确定的方式同比例增加或减少。《总承包合同》签订后,电力设计院对诉争工程进行了施工,并按照施工进度采购及安装了部分设备。

2009年11月15日,在履行合同过程中,由于佳日公司资金链中断,导致该工程被迫停工。

工程停工后,双方当事人两次召开了诉争工程阶段总结会议并形成《会议纪要》,对项目工程停工情况、已完工程情况、工程机器设备生产及到场安装情况进行确定。

2012年5月29日,电力设计院向佳日公司发出《关于提前终止总承包合同的通知》,该通知载明了前述《会议纪要》中确定已完工程进度情况,提出终止《总承包合同》,并要求佳日公司给付已完工程价款。

因工程款结算事宜发生争议,双方涉入诉讼。

2013年1月10日,佳日公司向黑龙江省高级人民法院(以下简称"黑龙江高院")提交鉴定申请,申请鉴定已完工程造价。2015年11月17日,法院确定的黑龙江省龙建建设工程技术咨询有限公司(以下简称"鉴定机构")作出催缴鉴定费通知,要求佳日公司缴纳剩余鉴定费130万元。2015年12月4日,黑龙江高院再次组织鉴定机构、双方当事人协商缴纳剩余鉴定费用事宜,但佳日公司未在法院确定的期限内缴费。

### (二)主要诉请

电力设计院向黑龙江高院提起诉讼,请求法院判令:(1)佳日公司给付合同价款4271.42万元及相应利息(自2009年11月15日起计算至实际给付之日);(2)确认原告电力设计院对诉争工程享有优先受偿权;(3)被告佳日公司给付违约损害赔偿金1326.34万元;(4)诉讼费用由被告佳日公司承担;(5)由被告佳日公司支付辽阳水处理设备厂设备28万元。

### (三)判决结果

2016年3月11日,黑龙江高院作出(2012)黑民初字第3号民事判决书,判决:(1)佳日公司给付电力设计院已完工程款项3666.931万元及利息以及电力设计院停工后必要支出费用566951.52元及利息;(2)未到现场设备到达施工现场后,被告佳日公司给付原告电力设计院各设备所对应的款项;(3)原告电力设计院在被告佳日公司欠付工程款范围内,对诉争工程享有优先受偿权。

## 三、争议焦点及各方观点

争议焦点:EPC项目业主资金链断裂导致工程烂尾,合同项下的已完工程价款如何结算?

### (一)当事人观点

电力设计院主张,根据涉案双方2007年11月签订的《总承包合同》,该合同为34888万元的固定总价合同,其中:勘察设计价格600万元,设备价格15587万元,建筑安装价格18351万元,其他费用350万元。由于佳日公司在履行合同过程中资金链中断,导致该工程于2009年11月15日被迫停工。就原告已完工程量,双方两次通过会议纪要的形式予以确认。2012年5月、7月,电力设计院两次致函佳日公司,终止了《总承包合同》的履行。截至停工时,电力设计院已完成的工程设计、设备采购及建筑安装等各项工作,累计价款为9371.42万元,其中:设计费523万元,设备价款4068.46万元,建筑安装费4690.5万元,其他费用89.46万元。佳日公司已向电力设计院支付工程价款5100万元,欠付4271.42万元。

佳日公司主张,电力设计院仅举示了诉争工程的部分图纸(电子版),未向佳日公司提交勘察报告、可行性研究及初步设计方案,无法证实其完成上述工作,佳日公司不应全额支付勘察设计费523万元,应以鉴定结果为准。

电力设计院在《东北电力设计院关于诉请给付项目及金额的说明》①中自认其可行性研究及初步设计只完成90%,施工图设计只完成85%,电力设计院按照建安总价18351万元为基数计算已完工程价款4690.5万元错误,而其他费用89.45万元,亦存在类似的情形,佳日公司不应全额支付该款,应以鉴定机构认定为准。

(二)法院观点

黑龙江高院认为,电力设计院向本院提起诉讼后,举示了其已完工程量价的相关证据,佳日公司虽对电力设计院举示的部分证据持有异议,但未提出反驳证据证实其异议成立,并在对已完工程量价申请司法鉴定后,拒缴剩余鉴定费用,致使鉴定机构不予出具关于已完工程量价的司法鉴定意见书,属放弃该部分举证权利,故本院在本案中对电力设计院举示证据的合法性、合理性审查后,据此确定已完工程总价款。

电力设计院认为已完成全部勘察工作,履行合同过程中向佳日公司或监理公司交付了大部分设计、施工图纸,并按照完成工作量的比例主张勘察设计费用,佳日公司无证据予以反驳,故本院对总计勘察设计费523万元予以认定。根据吉林正洋工程管理咨询有限公司出具的《结算编制报告》,诉争工程建安工程部分的主要

---

① 为明确电力设计院诉请中各数额的构成,电力设计院向法院提交《电力设计院关于诉请给付项目及金额的说明》,主要内容为:

1.勘察设计费由勘察费与设计费构成,勘察工作已全部完成,勘察报告已出版,该工作的工作量占全部勘察设计工作的6%,即36万元;设计工作包括可行性研究、初步设计和施工图设计,二者工作量的比例为3:7,按照设计工作合同总价564万元计算,可行性研究、初步设计按照完成90%计算的费用为152万元(564万元×30%×90%),施工图设计按照完成85%计算的费用为335万元(564万元×70%×85%),总计勘察设计费523万元。

2.建筑安装工程已完成25.56%,按照建筑安装工程总包合同价18351万元计算,建筑安装工程合同价款4690.5万元(18351万元×25.56%)。

3.电力设计院分别与16家设备供货单位签订了主辅机设备采购合同,截至工程停工,已完设备总金额为4068.46万元,其中主机设备3159万元(汽轮机776万元,锅炉2383万元),辅机设备909.46万元。

4.合同总价中包含其他费用350万元,截至工程停工,诉争工程已完成25.56%,其他费用为89.45万元(350万元×25.56%)。

以上四项合计9371.41万元,减去佳日公司已支付的5100万元,未付合同价款为4271.41万元。

分包单位牡丹江市安装工程有限公司、迪尔集体有限公司已完工程价款占其合同总造价的25.56%,因佳日公司未完成重新鉴定的举证责任,电力设计院依据分包人已完工程的比例及《总承包合同》约定的建安工程总价18351万元计算其已完建安工程价款4690.5万元,该价款虽然高于主要分包人应取得的价款,但基于《总承包合同》有效,电力设计院作为工程总承包单位的取费中还应包含属于其自身的间接费用等,而双方当事人对固定总价合同中增减工作量部分亦约定按比例调整,故其计取方式具有合理性,本院对已完建安工程价款4690.5万元予以认定。同理,电力设计院按照前述比例及《总承包合同》约定的其他费用350万元,计取其他费用为89.45万元,本院亦予认定。

双方在2011年10月18日签订的《会议纪要》中已经确定设备到场情况,亦载明了电力设计院为采购设备与供货厂家签订合同的情况,电力设计院向本院举示了上述合同,上述合同中有关购买人长春东电科技开发中心为电力设计院购买的设备,在该中心依法注销后,其权利义务由电力设计院享有并无不当。因佳日公司对诉争设备到场及生产情况提出异议,本院要求鉴定机构对安装或运送到现场的散件部分及电力设计院已经采购或生产厂家已经制造完毕部分的设备或散件的价格合理性进行审查,鉴于佳日公司未完成反驳的举证责任,本院对已完设备总价款4068.46万元予以认定。电力设计院增加诉请佳日公司给付其支付辽阳水处理设备厂设备价款28万元,已举示银行汇款凭证,该款实际发生,本院对该款亦予认定。但电力设计院主张的上述设备中已部分生产完毕未到现场的部分设备,合计价款632.479万元,佳日公司可在该设备到场后给付该款。因此,扣除双方无异议的已付工程款5100万元及未到现场设备款632.479万元,佳日公司应给付电力设计院已完工程款项3666.931万元(523万元+4690.5万元+89.45万元+4068.46万元+28万元-5100万元-632.479万元)及利息(自停工之日2009年11月15日起至本判决确定的给付之日止,按照中国人民银行同期同类贷款利率计算)。

### 四、本案启示

**启示1:**无论何种原因导致停工,EPC项目业主及总承包商均应及时确认已完工程量,固定施工界面,为将来的结算打好基础。

停工是建设工程领域的常见问题。在EPC项目前期准备和启动阶段,各方要注意对于未来可能发生的停工风险采取必要的防范和控制措施,以实现对于可能发生的停工问题尽快解决、减小各方损失、解决相关争议的目的。

无论何种原因导致停工,EPC 合同项下的已完工程量及价款的认定是一个比较复杂的问题。本案中,合同双方在合同文本中约定对于工程量的变化按照比例及实际采购情况进行调整,具有现实的合理性,为法院对已完工程量和实际工程造价的认定提供了具体的路径,因此为法院所支持。在司法鉴定的基础之上,法院按照比例对项目已完工部分的工程量和造价进行了认定,既尊重了 EPC 合同双方的合意,又实际解决了对于 EPC 合同项下的已完工程进行认定这一难题。本案中,电力设计院和佳日公司在合同中所约定的"对固定总价合同中增减工作量部分亦约定按比例调整"的做法,对于今后的司法实践以及 EPC 双方在合同谈判、面临项目停工情况时都具有十分重要的借鉴意义。因此,EPC 项目各方可在合同中具体约定,若项目停工,对已完工程量和实际工程造价按比例进行认定。

**启示 2**:烂尾工程启动造价鉴定的,由谁来预缴鉴定费用?

建设工程造价司法鉴定的费用,总体上按照"谁申请,谁承担"的原则进行预缴。如果双方共同申请造价鉴定,则双方各担一半鉴定费用。而对于烂尾工程的造价鉴定费用承担,也应当适用这一大原则,即谁申请启动烂尾楼工程的造价鉴定,谁预缴鉴定费用,如果烂尾楼工程发、承包双方均申请造价鉴定,则由双方各预缴一半的鉴定费用。

根据《施工合同司法解释(二)》第 14 条的规定:当事人对工程造价、质量、修复费用等专门性问题有争议,人民法院认为需要鉴定的,应当向负有举证责任的当事人释明。当事人经释明未申请鉴定,虽申请鉴定但未支付鉴定费用或者拒不提供相关材料的,应当承担举证不能的法律后果。根据上述条文的规定,若烂尾楼工程的业主和承包方均不主动申请造价鉴定,法院认为需要就工程造价进行鉴定的,向负有举证责任的一方释明,由其申请启动烂尾楼工程的造价鉴定,并预缴相关鉴定费用。

具体到个案中,对于涉案烂尾楼工程需要进行造价鉴定的,往往是一方或双方认为工程实际造价与合同约定不符、实际工程量与合同约定不符,因此需要进行造价鉴定,确定工程实际造价。根据《最高人民法院关于适用〈中华人民共和国民事诉讼法〉的解释》第 91 条对于举证责任分配的规定:主张法律关系存在的当事人,应当对产生该法律关系的基本事实承担举证证明责任。在烂尾楼工程诉讼中,主张工程造价、实际工程量与合同约定不符的一方,对其主张负有举证责任,因此,其也是经法院释明后启动造价鉴定并预缴鉴定费用的主体。

## 附:相关法律条文

**1.《中华人民共和国合同法》**

**第八条** 依法成立的合同,对当事人具有法律约束力。当事人应当按照约定履行自己的义务,不得擅自变更或者解除合同。

依法成立的合同,受法律保护。

**第四十四条第一款** 依法成立的合同,自成立时生效。

**第九十三条第二款** 当事人可以约定一方解除合同的条件。解除合同的条件成就时,解除权人可以解除合同。

**第九十七条** 合同解除后,尚未履行的,终止履行;已经履行的,根据履行情况和合同性质,当事人可以要求恢复原状、采取其他补救措施、并有权要求赔偿损失。

**第二百六十九条第一款** 建设工程合同是承包人进行工程建设,发包人支付价款的合同。

**第二百八十六条** 发包人未按照约定支付价款的,承包人可以催告发包人在合理期限内支付价款。发包人逾期不支付的,除按照建设工程的性质不宜折价、拍卖的以外,承包人可以与发包人协议将该工程折价,也可以申请人民法院将该工程依法拍卖。建设工程的价款就该工程折价或者拍卖的价款优先受偿。

**2.《最高人民法院关于建设工程价款优先受偿权问题的批复》**

**第三条** 建筑工程价款包括承包人为建设工程应当支付的工作人员报酬、材料款等实际支出的费用,不包括承包人因发包人违约所造成的损失。

**3.《最高人民法院关于审理建设工程施工合同纠纷案件适用法律问题的解释》**

**第十六条第一款** 当事人对建设工程的计价标准或者计价方法有约定的,按照约定结算工程价款。

**第十七条** 当事人对欠付工程价款利息计付标准有约定的,按照约定处理;没有约定的,按照中国人民银行发布的同期同类贷款利率计息。

## 案例 6

### EPC 合同未实际履行,工程总承包单位是否有权解除其与业主指定供货商的销售合同,关键看是否符合销售合同约定的解除条件

——中科恒源科技股份有限公司与无锡尚德太阳能电力有限公司买卖合同纠纷二审案

审理法院:最高人民法院

案　　号:(2017)最高法民终 805 号

案例来源:中国裁判文书网

裁判日期:2018 年 4 月 17 日

关 键 词:工程总承包 EPC 合同　指定分包　解除条件成就

## 一、裁判要旨

**要旨 1**　EPC 合同未能实际履行的情况下,工程总承包单位是否有权解除其与业主指定供货商签订的销售合同,关键看是否符合销售合同约定的解除条件。如销售合同中明确约定"EPC 合同的实际履行作为履行销售合同的基础,如 EPC 合同未能实际履行的,则销售合同解除",那么在 EPC 合同未能实际履行且非工程总承包单位的原因导致 EPC 合同未能实际履行的,则应认定销售合同约定的解除条件已成就,工程总承包单位有权解除销售合同。

**要旨 2**　《合同法》第 97 条规定:"合同解除后,尚未履行的,终止履行;已经履行的,根据履行情况和合同性质,当事人可以要求恢复原状、采取其他补救措施、并有权要求赔偿损失。"因此,如合同解除条件成就的,一方当事人有权要求解除合同。合同解除后,尚未履行的,终止履行;已经履行的,根据履行情况和合同性质,非违约方有权要求违约方恢复原状、采取其他补救措施或赔偿相应损失等。

## 二、审判概览

### (一)案情简介

1. 本案相关主体

上诉人(原审被告):无锡尚德太阳能电力有限公司(以下简称“无锡尚德公司”)

被上诉人(原审原告):中科恒源科技股份有限公司(以下简称“中科恒源公司”)

原审第三人:平罗中电科能有限公司(以下简称“平罗中电科公司”)

本案其他相关主体:略

本案相关主体之间的法律关系如图2-8所示:

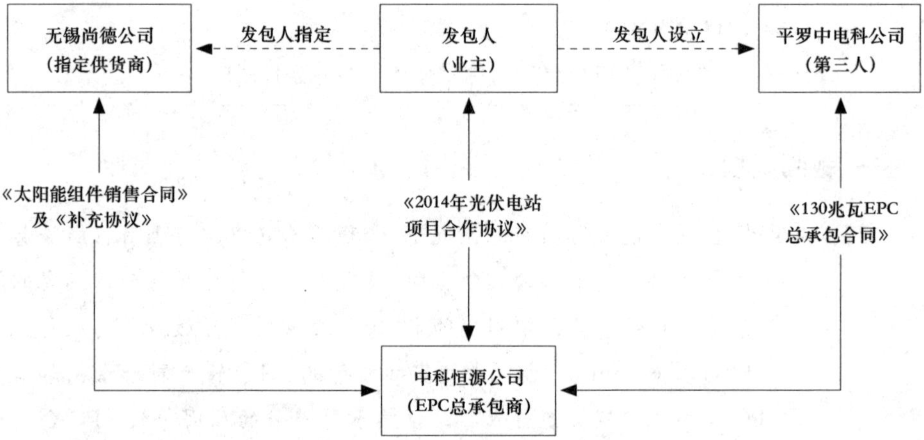


**图2-8 本案相关主体之间的法律关系**

2. 涉诉经过

经法院审理查明的主要事实如图2-9所示:

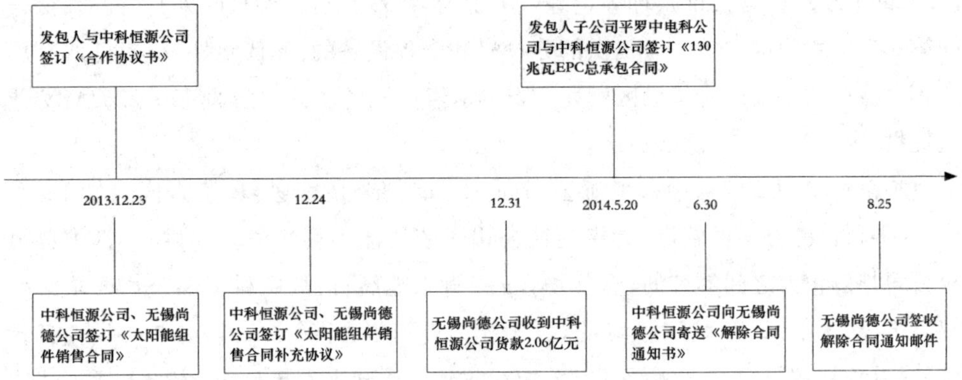


**图 2 -9　经法院审理查明的主要事实**

2013 年 12 月 23 日,发包人与中科恒源公司签订《2014 年光伏电站项目合作协议》(以下简称“《合作协议》”),约定采用 EPC 模式,将项目的建设交由中科恒源公司实施;且中科恒源公司作为工程总承包单位,必须选用发包人指定的无锡尚德公司的组件产品应用于涉案工程项目,组件产品质量责任由发包人承担。

同日,中科恒源公司与无锡尚德公司签订《太阳能组件销售合同》,约定中科恒源公司向无锡尚德公司采购太阳能组件,采购的太阳能组件金额总计 9 亿元。

2013 年 12 月 24 日,中科恒源公司与无锡尚德公司签订《补充协议》,对《太阳能组件销售合同》作补充约定如下:《太阳能组件销售合同》的签订建立在发包人同意将其储备的 200 兆瓦地面光伏电站交由中科恒源公司做工程总承包、并签订《工程建设总承包(EPC)合同》的基础上,如果《工程建设总承包(EPC)合同》不能签订,则《太阳能组件销售合同》签订基础不存在,该合同终止履行;合同终止后,无锡尚德公司退还已经支付的合同价款及同期银行贷款利息,其中利息计算的起算时间为 2014 年 3 月 31 日;无锡尚德公司不退还合同款时,每延期一日,向中科恒源公司支付已付合同款万分之五的违约金,延期超过 60 日,向中科恒源公司支付已付合同款总额 15% 的违约金。

2013 年 12 月 31 日前,无锡尚德公司累计收到中科恒源公司支付的货款共计 2.06 亿元。

2014 年 5 月 20 日,发包人的子公司和项目公司平罗中电科公司作为业主方、中科恒源公司作为总承包方签订《130 兆瓦 EPC 总承包合同》,约定平罗中电科公司将中电科平罗二期 30MWp、三期 50MWp、四期 50MWp 光伏电站工程交由中科恒源公司实施工程总承包。合同总价款为人民币(大写)伍亿贰仟叁佰玖拾万元整

(¥52390万元)(含税价),即固定综合单价为:4.03元/瓦(组件除外)。同时,该合同第6.2.1款约定,"业主方提供部分材料和工程设备的:光伏组件"。附件八合同工程量清单第一部分光伏场区所列太阳电池组件栏备注:"总容量130.2263MW业主提供。"

2014年8月22日,中科恒源公司向无锡尚德公司寄送《解除合同通知书》一份,因中科恒源公司付款后,无锡尚德公司未依约向中科恒源公司供货,且中科恒源公司与发包人之间签订的《合作协议》一直未能履行,故中科恒源公司要求解除双方于2013年12月23日签订的《太阳能组件销售合同》及2013年12月24日签订的《补充协议》,并要求无锡尚德公司在收到该通知书后3日内,依约退还上述货款并支付利息,否则,应依照《补充协议》承担相应违约责任。

2014年8月25日,无锡尚德公司签收该《解除合同通知书》邮件。

因合同解除事宜产生争议,双方涉入诉讼。

### (二)主要诉请

中科恒源公司向江苏省高级人民法院(以下简称"江苏高院")提起诉讼,请求法院判令:(1)无锡尚德公司退还已收中科恒源公司货款2.06亿元及利息(以2.06亿元为基数,按照中国人民银行同期贷款利率从2014年3月31日起计算至判决确定的给付之日止);(2)无锡尚德公司向中科恒源公司支付违约金(从2014年8月29日起至延期退款60日内,违约金以已付合同款为基数,按日万分之五计算);(3)延期超过60日,无锡尚德公司支付3090万元违约金;(4)诉讼费用由无锡尚德公司负担。

同时,无锡尚德公司向江苏高院提起反诉,请求法院判令:(1)中科恒源公司赔偿无锡尚德公司经济损失24663.6763万元;(2)中科恒源公司承担本案的全部诉讼费用、保全费用。

### (三)判决结果

2017年7月3日,江苏高院作出(2016)苏民初51号民事判决书,判决:(1)《太阳能组件销售合同》所附解除条件于2015年1月1日成就,无锡尚德公司应当返还中科恒源公司2.06亿元货款,并支付违约金及相应利息;(2)无锡尚德公司的反诉请求不成立。无锡尚德公司不服一审判决,向最高人民法院提出上诉。

2018年4月17日,最高人民法院作出(2017)最高法民终805号民事判决书,判决:驳回上诉,维持原判。

## 三、争议焦点及各方观点

### (一)《太阳能组件销售合同》的解除条件是否成就?

1. 当事人观点

中科恒源公司主张,《太阳能组件销售合同》是附解除条件的合同,第一个条件是发包人应在2014年内发包项目,第二个条件是中科恒源公司必须采购无锡尚德公司的产品并将成品应用到发包人的项目中,两个条件同时具备才能成就合同。2014年5月20日签订的《130兆瓦EPC总承包合同》不能构成2014年200兆瓦光伏电站项目的组成部分,该合同组件是第三人平罗中电科公司提供,这与原协议中组件由中科恒源公司提供相违背。《130兆瓦EPC总承包合同》的签订不能实现《太阳能组件销售合同》的目的,同时130兆瓦光伏电站项目上已经发生矛盾,中科恒源公司的工人被强行赶离现场。《太阳能组件销售合同》应于2014年8月25日无锡尚德公司收到解除通知时解除。

无锡尚德公司主张,《太阳能组件销售合同》及《补充协议》中对合同终止的约定属于附条件的法律行为,并未设置当事人的解除权,亦不存在任意一方可以解除合同的意思表示。中科恒源公司单方通知无锡尚德公司解除合同的行为,不发生解除合同的法律效力。此外,2014年5月20日,中科恒源公司已与发包人的子公司平罗中电科公司签订《130兆瓦EPC总承包合同》,即属于《补充协议》所指《工程建设总承包(EPC)合同》项下的合同,故本案所涉《合作协议》已经履行,《太阳能组件销售合同》终止条件并不成就。

2. 法院观点

江苏高院认为,发包人与中科恒源公司签订的《合作协议》指定必须选用无锡尚德公司的组件产品,无锡尚德公司得以在《合作协议》签订的同一天,即与中科恒源公司签订《太阳能组件销售合同》。根据《太阳能组件销售合同》及《补充协议》,中科恒源公司与无锡尚德公司签订《太阳能组件销售合同》的基础是发包人及其子公司同意在2014年将200兆瓦地面光伏电站交由中科恒源公司做工程总承包并签订《工程建设总承包(EPC)合同》,而《太阳能组件销售合同》约定的主要内容就是中科恒源公司向无锡尚德公司购买太阳能组件,这一内容与中科恒源公司、发包人在同一天所签订的《合作协议》相互对应,即中科恒源公司必须选用发包人指定无锡尚德公司的组件产品应用于前述合作协议所涉发包人及其子公司项目。中科恒源公司与发包人的子公司平罗中电科公司所签订的《130兆瓦EPC总承包合同》约定的合同价款中明确组件除外,并在合同其他条款中明确太阳能光伏组件由平罗中电科公司提供,这与《合作协议》关于组件由中科恒源公司向无锡尚德公司采购并用于发包人项目的约定完全不同,并不构成《补充协议》所载《太阳能组件销售合同》的签订基础。《太阳能组件销售合同》所附解除条件是发包人及其子公司与中科恒源公司不能在2014年内签订中科恒源公司作为承包方负责完成采购的材料包括太阳能光伏组件的200兆瓦地面光伏电站项目《工程建设总承包(EPC)合同》。在本案诉讼期间,无论是无锡尚德公司,还是发包人抑或发包人的子公司平罗中电科公司均未举证证明发包人及其子公司或者项目公司在2014年内与中科恒源公司签订了上述合同,也未能举证证明中科恒源公司存在不正当促成《太阳能组件销售合同》解除条件成就的行为,故《太阳能组件销售合同》所附解除条件于2015年1月1日成就。

最高人民法院认为,发包人及其子公司平罗中电科公司是否将200兆瓦地面光伏电站交由中科恒源公司做工程总承包并签订《工程建设总承包(EPC)合同》,成为判断《太阳能组件销售合同》解除条件是否成就的关键。然而,《130兆瓦EPC总承包合同》约定的"固定综合单价"中明确表述组件除外,在合同其他条款及合同工程量清单等附件中亦多次明确表述光伏组件由130兆瓦光伏电站项目的业主方即发包人的子公司平罗中电科公司提供,该合同中并未约定由中科恒源公司负责采购太阳能组件,不符合《补充协议》项下所应签订的《工程建设总承包(EPC)合同》的约定,不构成《太阳能组件销售合同》履行的基础。同时,无锡尚德公司、发包人、平罗中电科公司未能举证证明发包人及其子公司于2014年内与中科恒源公司签订了200兆瓦《工程建设总承包(EPC)合同》;未能举证证明中科恒源公司不正当促成了《太阳能组件销售合同》解除条件的成就,因此,一审判决认定《太阳能组件销售合同》解除条件已于2015年1月1日成就,并无不当。

### (二)合同解除后,无锡尚德公司应负担的利息及违约金如何确定

1. 当事人观点

中科恒源公司主张,依据《补充协议》的约定,无锡尚德公司应当支付利息及违约金,其中利息自2014年3月31日起,以2.06亿元为基数按照中国人民银行同期贷款基准利率计算至判决确定的给付之日止,违约金自2014年8月29日起计算,延期退款超过60日的,按已付合同款总额15%确定违约金。

无锡尚德公司主张,作为《太阳能组件销售合同》的当事人,无锡尚德公司在履行合同过程中没有任何过错,不存在任何违约。退一步讲,即使经法院审理后综合考虑认定涉案《太阳能组件销售合同》无法继续履行应当终止,中科恒源公司的退款义务亦应得到合理、公平的确定,而不能径直以2015年1月1日作为《太阳能组件销售合同》解除日期,更不应以此日期起算判令无锡尚德公司承担违约金。

2. 法院观点

江苏高院认为,依据《补充协议》的约定,中科恒源公司主张利息自2014年3月31日起,以2.06亿元为基数按照中国人民银行同期贷款基准利率计算于法有据,但《太阳能组件销售合同》自2015年1月1日解除,故违约金计算应当以2015年1月1日为起算日。至判决作出之日,无锡尚德公司迟延退款已超过60日,按照《补充协议》约定,违约金数额应为已付合同款总额的15%即3090万元。但鉴于《太阳能组件销售合同》约定违约金过高,且无锡尚德公司已经就退款提出了抗辩主张,江苏高院综合合同履行情况等因素,酌定将利息部分及违约金调整为,自2015年1月1日起至实际给付之日止,以2.06亿元为基数,按照中国人民银行同期同类贷款基准利率的4倍计算违约金及利息,但按照该标准计算的违约金及利息不得超过3090万元,超过3090万元的,自超过之日起至实际给付之日止,以2.06亿元为基数,按照中国人民银行同期同类贷款基准利率计算利息。

最高人民法院认为,中科恒源公司主张利息以2.06亿元为基数,按照中国人民银行同期贷款利率,从2014年3月31日起算,符合协议约定。而违约金的计算问题,因《太阳能组件销售合同》属于附解除条件的合同,根据前述分析,该合同的解除条件于2015年1月1日成就,因此,中科恒源公司主张从2014年8月29日起计算违约金不符合协议约定,一审判决认定从2015年1月1日起计算违约金正确。一审判决综合合同履行情况等因素,酌定将2015年1月1日起算的利息部分及违约金予以调整亦无不当。

### (三)无锡尚德公司是否有权主张中科恒源公司赔偿损失

1. 当事人观点

中科恒源公司主张,其基于信赖,期待发包人能够将工程项目发包给中科恒源公司承包,但《130兆瓦EPC总承包合同》的签订及履行并不构成中科恒源公司与无锡尚德公司之间《太阳能组件销售合同》的基础,无锡尚德公司也没有提供证据证明未能与发包人签订承包合同的责任在于中科恒源公司,故中科恒源公司对于

《太阳能组件销售合同》有相应的解除权,并不构成违约。此外,无锡尚德公司主张的实际损失及可得利益损失毫无事实依据,不应得到支持。

无锡尚德公司主张,无锡尚德公司在收到中科恒源公司依约支付的2.06亿元预付款后,为了依约履行合同约定的分批交货义务以及大额组件合同备货交货惯例,必须按照合同约定准备货源、采购原材料等,为此已经产生了前期投入和成本,因中科恒源公司擅自于2014年8月向无锡尚德公司发出《解除合同通知书》,违约解除《太阳能组件销售合同》而产生的差价、资金占用等巨额损失,应由中科恒源公司承担。

2. 法院观点

江苏高院认为,依据《太阳能组件销售合同》以及《补充协议》的约定,中科恒源公司向无锡尚德公司采购太阳能组件,建立在发包人及其子公司在2014年内向中科恒源公司发包EPC总承包项目且约定中科恒源公司作为承包方负责采购太阳能光伏组件的基础上,双方并未约定具体供货日期。且无锡尚德公司并未举证证明其针对《太阳能组件销售合同》进行了相关备货生产,故无锡尚德公司主张中科恒源公司赔偿其所诉实际损失及可得利益损失,无事实依据,依法不应予以支持。

最高人民法院认为,依据《2014年光伏电站项目合作协议》《太阳能组件销售合同》《补充协议》的约定,中科恒源公司向无锡尚德公司采购太阳能组件的基础并不存在。因此,一审判决对无锡尚德公司主张的损失赔偿不予支持并无不当。

## 四、本案启示

**启示1**:针对发包人指定供货商的情形,工程总承包单位可在销售合同中约定将"EPC合同未能实际履行"作为销售合同的解除条件,以便在EPC合同未能实际履行的情况下解除与指定供货商的销售合同。

《合同法》第45条规定:"当事人对合同的效力可以约定附条件……附解除条件的合同,自条件成就时失效。当事人为自己的利益不正当地阻止条件成就的,视为条件已成就;不正当地促成条件成就的,视为条件不成就。"因此,在发包人指定供货商的情形下,工程总承包单位可根据项目实际情况与指定供货商进行协商,将销售合同的解除条件与EPC合同的实际履行相挂钩,即在销售合同中约定将"EPC合同未能实际履行"作为销售合同的解除条件,以便在EPC合同未能实际履行的情况下解除与指定供货商的销售合同,从而有效降低工程总承包单位的履约风险。

**启示2**:如工程总承包单位在销售合同中约定将"EPC合同未能实际履行"作为

销售合同的解除条件的,可对因合同解除所产生损失赔偿数额的计算方式进行约定,但不得超过违反合同一方订立合同时预见到或者应当预见到的因违反合同可能造成的损失,则合同解除后即可按照合同约定向指定供货商主张赔偿;否则,只能按照实际损失主张赔偿,工程总承包单位应对其实际损失的数额承担举证责任。

《合同法》第113条第1款规定:"当事人一方不履行合同义务或者履行合同义务不符合约定,给对方造成损失的,损失赔偿额应当相当于因违约所造成的损失,包括合同履行后可以获得的利益,但不得超过违反合同一方订立合同时预见到或者应当预见到的因违反合同可能造成的损失。"因此,如工程总承包单位在销售合同中约定将"EPC合同未能实际履行"作为销售合同的解除条件的,可结合因违约所造成的损失,包括合同履行后可以获得的利益,对于因合同解除产生损失赔偿数额的计算方式进行约定,但不得超过违反合同一方订立合同时预见到或者应当预见到的因违反合同可能造成的损失,则合同解除后即可按照合同约定向指定供货商主张赔偿;否则,只能按照实际损失主张赔偿,此时工程总承包单位作为主张损失赔偿的一方,还应对其实际损失的数额承担举证责任。

## 附:相关法律条文

**1.《中华人民共和国合同法》**

**第四十五条**　当事人对合同的效力可以约定附条件。附生效条件的合同,自条件成就时生效。附解除条件的合同,自条件成就时失效。

……

**第一百一十四条**　当事人可以约定一方违约时应当根据违约情况向对方支付一定数额的违约金,也可以约定因违约产生的损失赔偿额的计算方法。

约定的违约金低于造成的损失的,当事人可以请求人民法院或者仲裁机构予以增加;约定的违约金过分高于造成的损失的,当事人可以请求人民法院或者仲裁机构予以适当减少。

……

**2.《中华人民共和国民事诉讼法》**

**第一百四十二条**　法庭辩论终结,应当依法作出判决。判决前能够调解的,还可以进行调解,调解不成的,应当及时判决。

**第一百七十条**　第二审人民法院对上诉案件,经过审理,按照下列情形,分别处理:

(一)原判决、裁定认定事实清楚,适用法律正确的,以判决、裁定方式驳回上诉,维持原判决、裁定;

……

**案例 7**

## 涉外 EPC 项目中,工程总承包单位和施工分包单位均应审慎对待与业主指定分包商的签约及谈判

——中国建筑(东南亚)有限公司、中国上海外经(集团)有限公司建设工程施工合同纠纷二审案

审理法院:最高人民法院

案　　号:(2017)最高法民终 12 号

案例来源:中国裁判文书网

裁判日期:2018 年 2 月 8 日

关 键 词:履约保函　指定分包

### 一、裁判要旨

**要旨 1**　施工分包单位以其母公司开具的履行保函向工程总承包单位提供担保。当该履约保函被工程总承包单位兑付后,如施工分包单位有异议的,其有权直接向 EPC 总承包商提出相关主张。

**要旨 2**　如存在业主指定分包项目,且工程总承包单位和施工分包单位的《施工合同》约定双方应共同与指定分包商签订合同的,如双方对该签约要求均采取消极态度,则双方对由此造成的损失均负有责任。

### 二、审判概览

#### (一)案情简介

1. 本案相关主体

上诉人(原审原告):中国建筑(东南亚)有限公司(以下简称"东南亚公司")

被上诉人(原审被告):中国上海外经(集团)有限公司(以下简称"外经公司")

被上诉人(原审被告):上海电力建设有限责任公司(以下简称"电建公司")

本案相关主体之间的法律关系如图 2 - 10 所示:

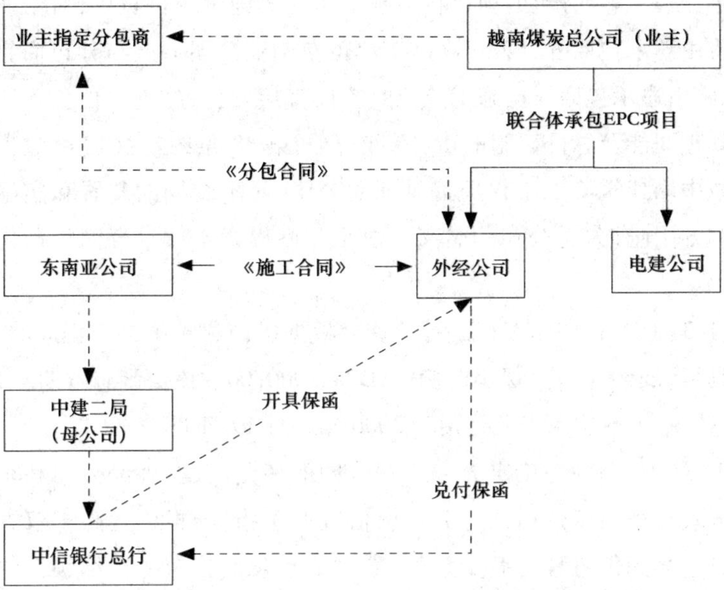


图 2-10　本案相关主体之间的法律关系

2. 涉诉经过

经法院审理查明的主要事实如图 2-11 所示：

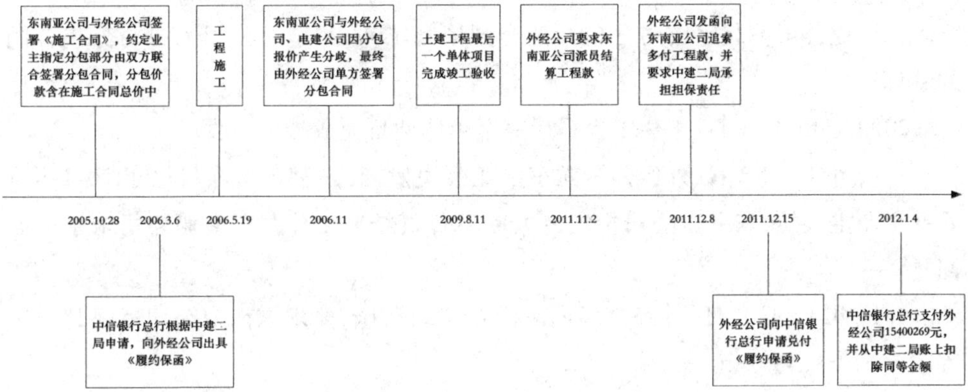


图 2-11　经法院审理查明的主要事实

外经公司与电建公司联合承包业主方越南煤炭总公司开发的越南山洞电厂 2×110MW 机组项目，2005 年 10 月 28 日，东南亚公司作为施工单位与外经公司签订《施工合同》，承包该项目全部土建建设工程，合同价款为固定总价 2441 万美元，不包含总承包商供应设备的价款。《施工合同》约定：本工程中将有部分建筑工程业主将指定分包,指定分包的项目将由越南当地的施工单位负责,对于业主指定分包的项目将由总承包商外经公司和施工单位东南亚公司共同与分包商签订分包合同,工程款将由总承包商根据施工单位的签证直接支付,施工单位负责行使对指定分包商的管理职能及总价控制的责任。该合同第38条约定:(1)由施工单位的上级领导单位中国建筑第二工程局提供证明公函,对本合同的签署和实施承担担保责任。(2)以中国建筑总公司的名义向总承包商提供本项目合同的预付款保函和履约保函。

2006年3月6日,中信银行总行营业部根据中国建筑第二工程局的申请,向外经公司出具了《履约保函》,保函金额USD2441000.00。该保函有效期至2011年12月31日。后,施工单位东南亚公司于2006年5月19日开工。

2006年11月,就业主指定分包工程合同的谈判问题,外经公司和东南亚公司产生观点分歧。东南亚公司认为分包商倚仗业主指定,报价远高于双方签订合同时确定的分包合同价格且无商量余地,希望总承包商确定一个纲领性的分包价格控制原则和相应可行的谈判策略,以顺利完成与指定分包商的合同谈判。总承包商则认为分包商所报单价并不比附件中的价格高,是图纸工程量比原告在附件中的预估工程量大,引起指定分包商的报价超出合同附件的报价,此风险应由东南亚公司承担。在往来函件中,外经公司、电建公司表示"分包合同由外经公司签署",要求东南亚公司一起完成与分包商的合同谈判工作,东南亚公司未参与分包合同的签订。

2009年8月11日,土建工程最后一个单体项目完成竣工验收。

2011年11月2日,外经公司向东南亚公司发函,表示系争项目已于2011年1月移交业主,通知东南亚公司指定专人联系负责结算工作。东南亚公司未予书面回复。

2011年12月8日,外经公司向东南亚公司发函,要求东南亚公司返还超付工程款7651988.45美元。

2011年12月15日,外经公司致函中信银行总行营业部,要求支付《履约保函》项下的全部款项,即244.1万美元;后中信银行兑付保函,并于2012年1月4日从中国建筑第二工程局有限公司(中国建筑第二工程局已于2007年12月经核准变更登记企业名称)账户扣除同等金额款项。

2012年1月10日,中国建筑第二工程局有限公司向东南亚公司发出通知,内容为中信银行总行营业部根据外经公司的索赔,已于2012年1月4日从其账户扣划了保函项下索赔款人民币 15400269 元,该笔索赔款由东南亚公司承担。

2012 年 2 月 14 日,中国建筑第二工程局有限公司出具收到东南亚公司人民币 15400269 元款项的收据。

因工程款支付事宜发生争议,东南亚公司与外经公司、电建公司涉入诉讼。

### (二)主要诉请

东南亚公司向上海市高级人民法院(以下简称“上海高院”)提起诉讼,请求法院判令:(1)支付欠付工程款 1187.7 万美元(折算为人民币 81153799.90 元);(2)赔偿保函本金损失 244.1 万美元(折算为人民币 15400269 元)及该款利息损失;(3)赔偿因迟延支付工程款导致原告遭受的经济损失,并承担本案全部诉讼费用。

### (三)判决结果

上海高院作出(2014)沪高民一(民)初字第 1 号民事判决书,判决:驳回原告东南亚公司的诉讼请求。东南亚公司不服一审判决,向最高人民法院提起上诉。

2018 年 2 月 8 日,最高人民法院作出(2017)最高法民终 12 号民事判决书,判决:驳回上诉、维持原判。

## 三、争议焦点及各方观点

### (一)东南亚公司是否为主张返还履约保证金及支付相应利息的适格主体

1. 当事人观点

东南亚公司主张,东南亚公司提交了中国建筑第二工程局有限公司盖章的两份复印件证据,一份是中国建筑第二工程局有限公司于 2012 年 1 月 10 日向其发出的通知,内容为中信银行总行营业部根据外经公司的索赔,已于 2012 年 1 月 4 日从中国建筑第二工程局有限公司账户扣划了保函项下索赔款人民币 15400269 元,该笔索赔款由东南亚公司承担。另一份是 2012 年 2 月 14 日中国建筑第二工程局有限公司出具的收到人民币 15400269 元的收据,证明其已实际承担了保函项下的索赔款。

外经公司、电建公司主张,如对外经公司兑现履约保函的行为持有异议,应由作为担保人的中国建筑第二工程局有限公司主张相关权利。东南亚公司提供的证据不足以证明其已实际承担了保函项下的索赔款,因此其无权主张。

2. 法院观点

上海高院认为,担保人在被扣除保函项下的索赔款后,有权向被担保人追偿。中国建筑第二工程局有限公司既已盖章确认,则应认可保函项下的索赔款已由东南亚公司承担,加之外经公司、电建公司是否有权兑现保函本就取决于作为被担保人的东南亚公司是否违约。故应确认东南亚公司为本案中主张返还履约保函保证金及支付相应利息的适格主体。

最高人民法院认为,东南亚公司以其已实际承担保函项下的索赔款为由主张由外经公司和电建公司返还保函本金及利息损失,其实质仍是其基于对《施工合同》项下合同权利义务的理解而向外经公司和电建公司提出的赔偿请求。

(二)外经公司以东南亚公司拒不履行对指定分包商的管理职能和总价控制责任,要求兑现履约保函的理由是否成立

1. 当事人观点

东南亚公司主张,东南亚公司并未少报工程量,而是指定分包商仗着其是业主指定,报价虚高,且最后实际施工的有几家是外经公司、电建公司的子公司,所谓多付的工程款都是支付给其子公司。工程实施过程中,东南亚公司多次就虚高报价提出异议,但外经公司、电建公司执意与指定分包商签订合同。此外,外经公司、电建公司亦没有举证证明其超付事实与超付金额。即便超付,超付的责任应由外经公司、电建公司自行承担。

外经公司、电建公司主张,东南亚公司对于其签订的包含业主指定分包的固定总价施工合同应是基于其多年工程的设计方案和多年的电厂建设工程经验后作出的决策,外经公司、电建公司在此基础上才与业主签署的EPC总包合同。实际履行过程中,因为东南亚公司少报了原来的工程量,且一直不愿配合总承包商与业主指定分包商的谈判、签订分包合同,也不愿按原来报价施工,导致指定分包商的报价大大超出合同中约定的报价,且东南亚公司怠于行使合同约定的对分包的管理职能和对施工总价的控制职能,迫使总承包商以高于施工合同约定的报价与分包商签订分包合同,该差额部分应由东南亚公司承担。

2. 法院观点

上海高院认为,判断外经公司是否有权兑现保函,应以东南亚公司是否在合同履行过程中存在违约行为且造成了外经公司、电建公司的损失为依据。

《施工合同》约定,对于业主指定分包的项目,将由工程总承包单位和施工单位共同与指定分包商签订分包合同。在与东南亚公司的往来函件中,外经公司、电建

公司表示“分包合同由外经公司签署”,但要求东南亚公司一起完成与分包商的合同谈判工作,主观上将应由双方联合与分包商签约的约定搁置一旁。而东南亚公司对于分包商的报价高于其在《施工合同》附件中的报价,只是要求外经公司和电建公司确定一个纲领性的分包价格控制原则和相应可行的谈判策略。东南亚公司对其相关合同义务采取消极对待的态度。故对此所造成的损失双方均有责任。

鉴于东南亚公司确实存在违约行为且已造成外经公司和电建公司的损失,该损失已大于履约保函中的保证金,外经公司和电建公司兑现履约保函并无不当。

## 四、本案启示

**启示1**:国际工程项目的保函多为无条件、不可撤销的保函,独立于项目的基础合同。一旦承包商出现违约情形,保函受益人即可要求兑付。承包人应严格依约履行,并保留好履约证据。

见索即付保函下,担保银行对受益人承担着绝对无条件的不可撤销见索即付责任。受益人只要向担保银行提出索款要求,担保银行需立即付款,不可以基础交易合同存在纠纷等原因拒绝付款。而《见索即付保函统一规则》中并未对不当索赔和欺诈行为作出明确的法律认定,由此国际工程实务操作中时常会发生受益人滥用付款请求权,出现对保函的不当索赔与索兑情况。

为降低风险,承包商在申请开具履约保函时,应在审核当事人的资信情况,关注受益人所在国的国家政策及时事态势、了解项目运作过程中潜在风险的基础上,与合同相对方进行基础合同的谈判,明确合同中的权责关系,将可能出现的风险落实在详尽的具体合同价款中,并为受益人兑付保函的行为设置相应的前置条件,为承包商充分了解保函兑付情况及与受益人就此进行磋商预留充足的谈判时间。同时,在合同履行过程中,承包人应尽可能采用书面形式,与工程的发包人、监理单位沟通,并要求其指定负责人签字;此外,承包人应确保按时履行合约,并且保留相关的履约证据,以便在发生纠纷时,可以通过书面证据保障自身的合法权益。

**启示2**:在业主指定分包情形下,总承包商与施工单位是利益共同体。

《建筑法》第29条第2款规定,建筑工程总承包单位按照总承包合同的约定对建设单位负责;分包单位按照分包合同的约定对总承包单位负责。总承包单位和分包单位就分包工程对建设单位承担连带责任。故如果总承包商工程发包给施工单位,总承包商应当与施工单位就工程的质量对业主承担连带责任。同时,根据《施工合同司法解释(一)》第12条的规定,因发包人直接指定分包人分包专业工程,造成建设工程质量缺陷,应当承担过错责任:承包人有过错的,也应当承担相应的过错责任。即如果指定分包纳入总包管理,总承包商对指定分包管理存在过错的,总包单位承担过错责任。

在EPC工程中,业主因某种原因需指定分包商,在总承包商接受该指定分包的情况下,其即具有义务评估在当时的市场情况下该指定分包部分的具体工程量及相应的工程报价。总承包商单独与指定分包商签订分包合同,或总承包商与施工单位共同与指定分包商签订分包合同,总承包商均须承担因该分包合同可能产生的不利后果。在总承包商将工程以固定总价发包给另一施工单位,施工合同约定该指定分包工程包含在其报价范围内,并要求施工单位负责行使对指定分包商的管理职能及总价控制的责任时,施工单位亦有义务履行合同约定的职能。在固定总价的合同价款条件下,指定分包工程能否如期、合格地按约定价格完成相应的工程,直接关系整体工程能否如期竣工验收,也关系到总承包商对项目业主承担的合同责任及施工单位对总承包商承担的合同责任的履行。总承包商与施工单位是利益共同体,双方应共同与指定分包商商谈或签署分包合同,而不应为了单方面、短期的利益影响合作伙伴及整体工程的利益,最终不得不承担相应的损失和责任。

因此,工程总承包单位应联同施工单位,共同与业主指定的分包方洽谈或签署分包合同,明确约定具体的工程量、工期、合同价格等关键性条款及各方的权利义务等内容,并共同争取最有利于工程实施的合同条件。

**启示3**:存在业主指定分包工程的情况下,建议总承包商在承接工程前应对指定分包商进行充分的调查,审慎地作出决策,并制定相应的风险应对措施。

如指定分包商实际不具备履行分包工作的能力,或分包合同约定的价格过高,而总承包对此事先没有经过充分的考虑并制定灵活的应对措施,则一旦分包商提出其他不合理的要求或违约,总承包商可能需要对分包工程独自承担额外的法律责任和相应的损失。

从保证工程质量的角度来说,项目业主也应具有默示的合同义务,保证其指定分包商在履约能力和责任承担方面不会给总承包商带来不公平的损害。承包商要对指定分包商进行管理与协调,对指定分包工程的质量、工期等负责,在此,可以借鉴FIDIC中相关条款的约定,当承包商有理由认为业主指定的分包商不足以完成所承包的工程时应当拒绝业主的指定,即总承包商在与项目业主针对分包部分工程进行合同签署前的沟通谈判时,如果有充分的理由认定该指定分包商不具备相应的资质、资源或无法接受其报价时,应从保障工程整体按期、合格完成的角度尽快地向项目业主进行沟通,提出合理的反对意见,并附详细的依据。如业主仍坚持指定该分包商,建议总承包商在与项目业主签订的总承包合同中作出相应的约定,要求项目业主承诺,如指定分包商的不当履约行为而给其带来的损失,项目业主应对总承包商承担相应的赔偿责任,以免在日后造成实际损失时无从救济。

## 附:相关法律条文

**1.《中华人民共和国涉外民事关系法律适用法》**

**第三条** 当事人依照法律规定可以明示选择涉外民事关系适用的法律。

**第七条** 诉讼时效,适用相关涉外民事关系应当适用的法律。

**2.《最高人民法院关于适用〈中华人民共和国民事诉讼法〉的解释》**

**第五百二十二条** 有下列情形之一,人民法院可以认定为涉外民事案件:

(一)当事人一方或者双方是外国人、无国籍人、外国企业或者组织的;

(二)当事人一方或者双方的经常居所地在中华人民共和国领域外的;

(三)标的物在中华人民共和国领域外的;

(四)产生、变更或者消灭民事关系的法律事实发生在中华人民共和国领域外的;

(五)可以认定为涉外民事案件的其他情形。

**3.《中华人民共和国民事诉讼法》**

**第一百七十条** 第二审人民法院对上诉案件,经过审理,按照下列情形,分别处理:

(一)原判决、裁定认定事实清楚,适用法律正确的,以判决、裁定方式驳回上诉,维持原判决、裁定;

……

# 第二节　环境类 EPC 项目的争议解决

**案例 8**

**EPC 项目下的施工分包合同约定固定总价,双方对工程量存在争议的,应根据施工分包合同约定及其他书面文件综合认定**

——上海巴安水务股份有限公司、广西五鸿建设集团有限公司建设工程施工合同纠纷二审案

审理法院:安徽省高级人民法院
案　　号:(2016)皖民终 935 号
案例来源:中国裁判文书网
裁判日期:2017 年 6 月 16 日
关 键 词:固定总价　新增工程量　合同价款变更

## 一、裁判要旨

**要旨 1**　EPC 合同原则上应适用固定总价,但如因发包人原因导致工程量增加且符合调价情形的,承包人仍有权主张增加部分工程款。

**要旨 2**　当事人对工程量有争议的,按照施工过程中形成的签证、补充协议等书面文件进行确认。

## 二、审判概览

### (一)案情简介

1. 本案相关主体

上诉人(原审被告):上海巴安水务股份有限公司(以下简称“巴安公司”)
被上诉人(原审原告):广西五鸿建设集团有限公司(以下简称“五鸿公司”)

2. 涉诉经过

经法院审理查明的主要事实:

2012 年 8 月 29 日,五鸿公司与巴安公司签订《大唐淮北电厂虎山项目 2 × 660MV 机组再生水石灰处理系统土建工程商务合同》①(以下简称"《土建工程合同》"),《土建工程合同》第 26.1 条约定,本工程实行固定总价承包,投标总价为完成本项目招标文件图纸所需的全部费用(含安全防护、文明施工措施费)和所有税费的总和。五鸿公司承建淮北虎山电厂土建标段工程及厂区临时道路等相关工作;合同价为固定总价 1058 万元。合同同时约定,因涉及变更增加(减少)引起的经济签证,经发包方确认,可按照安徽省现行造价政策调整合同价款;工程进度款按月支付,所有工程竣工验收合格后付至合同总价的 90%,竣工结算后付至结算价款的 95%,剩余 5% 工程款作为保修金,在质保期届满无质量问题的条件下 30 日内付清。另外,2012 年 8 月 13 日,五鸿公司曾向巴安公司支付工程履约保证金 30 万元。

合同签订后,五鸿公司依约进场施工,完成了合同范围内的施工任务及变更增加的工程量。涉案工程已于 2013 年 8 月实际交付使用。

因工程价款结算事宜发生争议,双方涉入诉讼。

截至起诉前,巴安公司共计向五鸿公司支付了 855 万元工程款。一审过程中,就五鸿公司施工的合同外变更增加工程量的工程价款,经五鸿公司申请,安徽省淮北市中级人民法院(以下简称"淮北中院")委托司法鉴定单位进行造价鉴定,确认变更增加的工程造价为 133.14 万元;五鸿公司总计完成的工程造价为 1191.14 万元。

## (二)主要诉请

五鸿公司向淮北中院提起诉讼,请求法院判令:(1)巴安公司支付五鸿公司工程款 616.4952 万元,并支付自 2008 年 8 月 1 日起直至付清时止的同期银行贷款利息;(2)同时要求判令巴安公司返还五鸿公司工程保证金 30 万元。

---

① 《上海巴安水务股份有限公司 2012 年年度报告》(http://quotes.money.163.com/f10/ggmx_300262_1099006.html)显示,大唐淮北发电厂虎山工程 2 ×660MW 机组再生水石灰处理项目销售模式为 EPC 模式。

### (三)判决结果

淮北中院作出(2015)淮民一初字第00045号民事判决书,判决:(1)巴安公司于判决生效后30日内支付五鸿公司工程款336.14万元及利息(自2013年9月1日起计算至实际付清之日止);(2)退还五鸿公司工程保证金30万元。巴安公司不服一审判决,向安徽省高级人民法院(以下简称"安徽高院")提出上诉。

2017年6月16日,安徽高院作出(2016)皖民终935号民事判决书,判决:驳回上诉,维持原判。

## 三、争议焦点及各方观点

争议焦点:固定总价合同中,如何认定是否存在新增工程量?

### (一)当事人观点

五鸿公司主张,《土建工程合同》第26.4条规定:"工程量变更及变更数量的约定:建设方在工程实施时,有权根据实际需求情况,予以增加或减少(工程造价作相应调整)。"五鸿公司和巴安公司合同中约定的1058万元固定价针对的是招标蓝图的部分,而提请司法鉴定的是新增白图(网传后现场打印的)和工程量签证部分,其工程量也是经巴安公司项目经理签认的。因此,新增工程量应计入结算总价。

巴安公司主张,五鸿公司主张的变更工程均属于合同范围内工程,不属于新增的工程量,无须另外进行造价核算;并且,五鸿公司提供鉴定的工程图纸,只是对工程蓝图的细化,并非设计变更的新增,且图纸上的签字并非项目代表真实签名。在五鸿公司和巴安公司签订的《工程土建招标技术澄清》和《土建工程技术协议》中,双方约定本项目闭口价结算,五鸿公司不得以施工蓝图与招标图纸存在差异而额外追加费用。

### (二)法院观点

淮北中院认为,五鸿公司与巴安公司签订《土建工程合同》,成立建设工程施工合同关系。该合同是双方当事人真实的意思表示,不违反法律规定,合法有效。双方当事人均应当按照约定全面履行自己的义务,不得擅自变更或者解除合同。五鸿公司已按照合同约定完成约定的工程量及变更增加的工程量,涉案工程已经交付使用,合同约定的付款条件已成就,五鸿公司主张巴安公司支付剩余的工程款及保证金 30 万元有事实、法律依据,应予支持。

安徽高院认为,关于五鸿公司承建的涉案工程是否新增加了工程量的问题:

第一,《土建工程合同》第 26 项补充条款约定:“在图纸范围内,不发生工程量变更的情况下,以中标价为结算价。因设计修改变更引起的工程量变化,变更或增加工程是投标报价书所列的项目,单价按照投标文件报价书中优惠后的单价计算。”上述条款说明,双方虽约定了案涉工程的价款为1058 万元,但同时也对案涉工程因设计修改变更发生的工程量变化进行了约定。现五鸿公司提交的变更增加工程量联系单及相应的施工图纸、附件、现场照片以及证人证言,证明五鸿公司完成了变更增加工程量的事实,且新增工程量的图纸中均有巴安公司的项目代表签字认可。巴安公司虽提出抗辩,但并无证据否定五鸿公司已完成变更增加工程量的事实,也无证据否定项目代表签名的真实性。且巴安公司的《会议纪要》载明,该签字人员确为巴安公司虎山项目部经理。故巴安公司该部分上诉理由不能成立。

第二,巴安公司上诉称,双方签订的《工程土建招标技术澄清》和《土建工程技术协议》中约定了闭口价,不存在新增工程量的问题。经审查,两份文件签订的时间均在五鸿公司和巴安公司签订的《土建工程合同》之前,而《土建工程合同》为案涉工程的正式合同,故巴安公司的该主张没有事实依据。

综上,一审判决认定五鸿公司完成案涉工程变更增加工程并无不当。

## 四、本案启示

**启示:**合同约定采用固定总价方式的,如因发包人指令或设计变更等导致工程量增加的,承包人仍可主张变更增加的工程价款,但须提供证据证明变更系发包人原因导致且已实施完成。

固定总价合同并非总价绝对不变,而是合同约定的工程范围、风险范围所对应的总价固定。如出现新增工程量等影响合同价款变更的情形时,承包人应及时与发包人书面确认,避免在未取得发包人确认的情况下擅自施工后,发包人不予认可甚至倒打一耙、主张承包人未按图施工的风险。

参照《施工合同司法解释(一)》第 19 条规定,当事人对工程量有争议的,按照施工过程中形成的签证等书面文件确认。承包人能够证明发包人同意其施工,但未能提供签证文件证明工程量发生的,可以按照当事人提供的其他证据确认实际发生的工程量。因此,变更完成后,承包人应注意保留签证等足以确认发包人对新增工程量认可的证据,用以固定工程量增加的事实。

## 附:相关法律条文

**1.《中华人民共和国合同法》**

**第八条** 依法成立的合同,对当事人具有法律约束力。当事人应当按照约定履行自己的义务,不得擅自变更或者解除合同。

依法成立的合同,受法律保护。

**第一百零七条** 当事人一方不履行合同义务或者履行合同义务不符合约定的,应当承担继续履行、采取补救措施或者赔偿损失等违约责任。

**2.《最高人民法院关于审理建设工程施工合同纠纷案件适用法律问题的解释》**

**第十三条** 建设工程未经竣工验收,发包人擅自使用后,又以使用部分质量不符合约定为由主张权利的,不予支持;但是承包人应当在建设工程的合理使用寿命内对地基基础工程和主体结构质量承担民事责任。

**第十七条** 当事人对欠付工程价款利息计付标准有约定的,按照约定处理;没有约定的,按照中国人民银行发布的同期同类贷款利率计息。

**第十八条** 利息从应付工程价款之日计付。当事人对付款时间没有约定或者约定不明的,下列时间视为应付款时间:

(一)建设工程已实际交付的,为交付之日;

(二)建设工程没有交付的,为提交竣工结算文件之日;

(三)建设工程未交付,工程价款也未结算的,为当事人起诉之日。

**3.《中华人民共和国民事诉讼法》**

**第六十四条** 当事人对自己提出的主张,有责任提供证据。

当事人及其诉讼代理人因客观原因不能自行收集的证据,或者人民法院认为审理案件需要的证据,人民法院应当调查收集。

人民法院应当按照法定程序,全面地、客观地审查核实证据。

**第一百七十条** ……原判决、裁定认定事实清楚,适用法律正确的,以判决、裁定方式驳回上诉,维持原判决、裁定;

……

**4.《最高人民法院关于适用〈中华人民共和国民事诉讼法〉的解释》**

**第九十条** 当事人对自己提出的诉讼请求所依据的事实或者反驳对方诉讼请求所依据的事实,应当提供证据加以证明,但法律另有规定的除外。

在作出判决前,当事人未能提供证据或者证据不足以证明其事实主张的,由负有举证证明责任的当事人承担不利的后果。

## 案例9

### 控股股东与公司签订 EPC 合同后,EPC 工程长期无法验收交付运营并导致公司陷入困境,小股东可请求解散公司

——义乌市水务建设集团有限公司、义乌市利保固废处置有限公司、浙江利保环境工程有限公司之间的公司解散纠纷二审案

审理法院:浙江省金华市中级人民法院

案　　号:(2018)浙07民终1904号

案例来源:中国裁判文书网

裁判日期:2018年5月23日

关 键 词:固废处置公司　EPC合同　运营　公司解散

## 一、裁判要旨

固废处置公司的控股股东与其签订EPC合同后,EPC工程长期无法验收交付运营,直接导致公司无法正常开展经营活动。而因公司股东矛盾,导致公司无法通过董事会、股东会、监事会等合法途径达成一致决议并追究EPC承包人(即公司控股股东)的违约责任。如公司小股东认为公司的经营管理存在严重困难,并与控股股东在公司是否继续经营上存在严重分歧,小股东请求法院解散公司的,法院认为企业的人合性基础已经丧失,公司继续存在将使公司及股东利益受到重大损失,支持小股东解散公司的请求。

## 二、审判概览

### (一)案情简介

1. 本案相关主体

上诉人(一审被告):义乌市利保固废处置有限公司(以下简称“义乌利保公司”)

上诉人(一审第三人):浙江利保环境工程有限公司(以下简称“浙江利保公司”)

被上诉人(一审原告):义乌市水务建设集团有限公司(以下简称“义乌水务

公司")

本案相关主体之间的法律关系如图 2－12 所示:

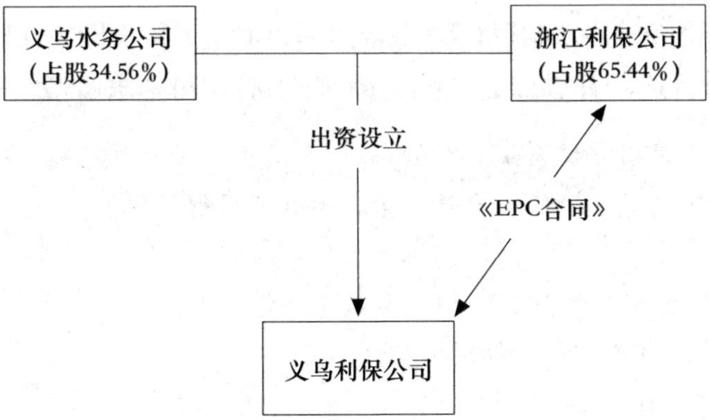


**图 2－12　本案相关主体之间的法律关系**

2. 涉诉经过

经法院审理查明的主要事实如图 2－13 所示:

**图 2－13　经法院审理查明的主要事实**

2011 年 4 月 15 日,义乌市公用事业有限责任公司(2013 年 12 月 31 日更名为"义乌水务公司")与浙江利保公司签订《关于组建义乌市利保固废处置有限公司合作协议书》一份。

2011 年 10 月 10 日,义乌水务公司与浙江利保公司签订《关于组建义乌市利保固废处置有限公司合作协议书之补充协议》一份。2011 年 12 月 28 日,双方签订《关于组建义乌市利保固废处置有限公司合作协议书之补充协议(二)》一份,约定了关于组建义乌利保的相关权利义务。

2011 年 6 月 1 日,义乌利保公司成立,义乌水务公司及浙江利保公司为股东,注册资本为3056.0802万元,其中义乌水务公司出资1056.0802万元,占股34.56%,浙江利保公司出资2000万元,占股65.44%。

2012年7月20日,义乌利保公司(业主方)、浙江利保公司(工程总承包单位)、义乌水务公司(鉴证方)三方签订《义乌市污泥干化热解项目(200吨/日)总承包合同(EPC)》(以下简称"《EPC合同》")及附件一、附件二、附件三,就EPC承包事宜作了详细约定。《EPC合同》约定工期为10个月,2013年4月28日满负荷试运完成。

就《EPC合同》的履行,义乌利保公司共向浙江利保公司支付工程款人民币4528.9560万元。然而,EPC工程经四次调试均未能调试成功。至2017年10月义乌水务公司起诉时,EPC工程仍未能调试成功并交付运营,直接导致义乌利保公司至起诉时未能开展营业,没有营业收入。除此之外,义乌利保公司还拖欠了上海浦东发展银行股份有限公司义乌分行贷款本金2993.728316万元及相应的利息罚息无力偿还。

义乌水务公司拟追究工程总承包单位的违约责任,遂于2016年10月24日召集了义乌利保公司的公司董事会,就是否与浙江利保公司解除《EPC合同》进行讨论表决,因股东之间矛盾导致董事会未能形成决议。

后,2016年11月4日,义乌水务公司又向义乌利保公司的公司监事会发送了《关于要求对浙江利保环境工程有限公司提起诉讼的申请》,要求立即起诉并解除与浙江利保公司的《EPC合同》。然,公司监事会于2016年11月9日明确回复不予起诉。

2017年7月24日,义乌利保公司召开临时股东会,第二项决议是小股东提出现阶段银行贷款问题和公司清算同步进行,大股东不同意清算。

2017年10月9日,义乌利保公司召开临时股东会,会议议程是讨论义乌水务提出的关于要求解除《EPC合同》,表决情况:持股65.44%的股东即义乌利保公司持不赞同意见,持股34.56%的股东即义乌水务公司持赞同意见,故未形成决议。

因义乌利保公司解散事宜产生争议,双方涉入诉讼。

### (二)主要诉请

义乌水务公司向浙江省义乌市人民法院(以下简称"义乌法院")提起诉讼,请求法院判令:解散义乌利保公司。

### (三)判决结果

2018年1月,义乌法院作出(2017)浙0782民初18357号民事判决书,判决:解散义乌利保公司。义乌利保公司及浙江利保公司不服一审判决,向浙江省金华市中级人民法院(以下简称"金华中院")提出上诉。

2018年5月,金华中院作出(2018)浙07民终1904号民事判决书,判决:驳回上诉,维持原判。

## 三、争议焦点及各方观点

本案的争议焦点是被告义乌利保公司是否具备法定的解散事由。

### (一)当事人观点

义乌水务公司主张,浙江利保公司本身不具备德国污泥热解技术,却欺骗义乌水务公司,导致义乌水务公司与浙江利保公司合资设立了义乌利保公司。而义乌利保公司成立后,仅是与浙江利保公司签订了《EPC合同》。根据《EPC合同》约定,浙江利保公司应于2013年4月28日满负荷试运完成。但迟至2017年10月,EPC工程仍未能调试成功并交付运营,直接导致义乌利保公司至起诉时仍未能开展营业,没有营业收入。

义乌水务公司提出解除《EPC合同》,但由于义乌利保公司的大股东浙江利保公司就是EPC工程承包商,浙江利保公司反对解除《EPC合同》。义乌水务公司通过召集公司股东会、董事会、监事会,均无法就解除《EPC合同》事宜达成一致。义乌利保公司投入运营遥遥无期,义乌水务公司设立义乌利保公司的目的无法实现,符合法定的公司解散事由。

义乌利保公司及浙江利保公司则主张,义乌利保公司运营虽存在一定困难,但浙江利保公司和义乌利保公司仍然支付企业主要技术人员和运营骨干人员的工资薪金和社保,正常支付水电及现场设备维护工作。同时,在建项目已经过五次调试、整改和优化措施,目前已消除了影响项目交付的设备缺陷,建设工程已具备调试交付条件。义乌利保公司自设立以来,公司法人治理机构一直正常运转,浙江利保公司与义乌水务公司就涉及公司运营中问题多次形成有效决议。关于涉案的公司决议问题,项目建设工期延误系涉及材料设备供应商所提供的产品质量缺陷导致,义乌利保公司也通过诉讼方式追究责任,并不存在怠于主张权利的事实,故义乌利保公司不具备法定的解散事由。

### (二)法院观点

义乌法院认为,根据《公司法》的规定,公司经营管理发生严重困难,继续存续会使股东利益受到重大损失,通过其他途径不能解决的,持有公司全部股东表决权10%以上的股东,可以请求人民法院解散公司。本案中,义乌利保公司在成立后,为了开展其经营活动与浙江利保公司签订了《EPC合同》,投入了巨额资金。《EPC合同》约定的工程完成满负荷试运的时间为2013年4月28日,但浙江利保公司至今未能按约完成全部合同义务,导致义乌利保公司至今无法开展经营活动。义乌利保公司因股东之间存在冲突,无法通过达成董事会决议、股东会决议、监事会决议等途径,追究工程总承包单位浙江利保公司的违约责任。另外,义乌利保公司资金已全部耗尽,且尚欠巨额银行贷款无力清偿,无法维持公司的正常运转。综上,可认定义乌利保公司的经营管理已经发生严重困难,如果公司继续存在将使义乌利保公司及股东利益受到重大损失。因此,义乌水务公司要求解散义乌利保公司的诉讼请求,于法有据,依法予以支持。

金华中院认为,义乌利保公司与浙江利保公司签订的《EPC合同》至今未完工,且没有开展经营,而义乌利保公司已经拖欠银行巨额贷款和员工工资,义乌利保公司的经营管理存在严重困难。庭审中,义乌利保公司也自认企业资金困难,需要股东进一步追加投资,而义乌水务公司已明确表明要求解散公司不再继续投入,浙江利保公司与义乌水务公司在企业是否继续经营的问题上存在严重分歧,企业的人合性基础已经丧失,公司继续存在将使义乌利保及股东利益受到重大损失。二审驳回上诉、维持原判。

## 四、本案启示

**启示1:**认定是否存在公司解散的法定事由,是否构成公司经营管理发生严重困难且继续存续会使股东利益受到重大损失时,应当从公司的业务经营状况和权力机构运行状况两方面综合进行判断。

根据《公司法》第182条,“公司经营管理发生严重困难,继续存续会使股东利益受到重大损失”是股东提起公司解散之诉的必要条件。何为“公司经营管理发生严重困难,继续存续会使股东利益受到重大损失”,《最高人民法院关于适用〈中华人民共和国公司法〉若干问题的规定(二)》第1条第1款中以列举加概括的方式作出说明,主要是指长期无法召开股东会或者股东大会、长期无法作出有效的股东会或者股东大会决议、董事长期冲突无法解决导致的公司经营管理发生严重困难等情形,同时,该条第2款也规定,"股东以知情权、利润分配请求权等权益受到损害,或者公司亏损、财产不足以偿还全部债务,以及公司被吊销企业法人营业执照未进行清算等为由,提起解散公司诉讼的,人民法院不予受理"。从上述法律规定可见,如公司仅仅存在亏损、财产不足以偿还全部债务等业务经营状况不良的情形,而公司股东会、董事会等权力机构运行正常,并未陷入僵局,则不构成公司解散的法定要件,该情形下小股东要求解散公司的诉请不会得到人民法院支持。

从本案来看,一方面,公司的业务经营事实上已难以为继;另一方面,公司的控股股东与公司进行关联交易,并利用其控制地位导致公司无法形成董事会及股东会决议,进而追究控股股东作为工程总承包单位在《EPC合同》项下的违约责任。股东之间存在严重冲突,且公司股东之间在企业是否继续经营的问题上存在严重分歧,企业的人合性基础已经丧失,因此,应当认定为符合"公司经营管理发生严重困难,继续存续会使股东利益受到重大损失"的要件。

**启示2:**股东在提请法院解散公司之前应当穷尽其他救济途径。本案对PPP项目公司股东的救济也有很好的借鉴意义。

同样根据《公司法》第182条的规定,股东提起公司解散之诉,还应当以"通过其他途径不能解决"为前置性条件。尽管公司是由股东共同出资设立,是各股东之间合意的产物,但公司自设立之初即具备独立法人人格,其与第三方主体所发生交易的稳定性应当受到法律保护,如果允许股东发生争议时可随意要求解散公司,显然将会损害到公司及第三方的合法利益。因此,公司法通过上述规定对股东解散公司的权利进行了合理限制。

在公司陷入僵局时,股东之间应相互协商化解矛盾,穷尽其他可能的解决手段和救济途径,例如,可考虑通过股权转让等合理方式,既实现股东合作关系的解除,也可达到维系公司存续之目的,从而使得各方合法利益均得到保障。

## 附:相关法律条文

### 1.《中华人民共和国公司法》

**第一百八十二条** 公司经营管理发生严重困难,继续存续会使股东利益受到重大损失,通过其他途径不能解决的,持有公司全部股东表决权百分之十以上的股东,可以请求人民法院解散公司。

**2.《最高人民法院关于适用〈中华人民共和国公司法〉若干问题的规定(二)》**

**第一条**　单独或者合计持有公司全部股东表决权百分之十以上的股东,以下列事由之一提起解散公司诉讼,并符合公司法第一百八十二条规定的,人民法院应予受理:

(一)公司持续两年以上无法召开股东会或者股东大会,公司经营管理发生严重困难的;

(二)股东表决时无法达到法定或者公司章程规定的比例,持续两年以上不能做出有效的股东会或者股东大会决议,公司经营管理发生严重困难的;

(三)公司董事长期冲突,且无法通过股东会或者股东大会解决,公司经营管理发生严重困难的;

(四)经营管理发生其他严重困难,公司继续存续会使股东利益受到重大损失的情形。

股东以知情权、利润分配请求权等权益受到损害,或者公司亏损、财产不足以偿还全部债务,以及公司被吊销企业法人营业执照未进行清算等为由,提起解散公司诉讼的,人民法院不予受理。

## 案例 10

### EPC 固定总价合同在履行过程中可以变更价款吗?

——陕西银河环保科技有限公司与陕西恒源煤电集团发展有限公司建设工程施工合同纠纷二审案

审理法院:陕西省高级人民法院

案　　号:(2014)陕民一终字第 00137 号

案例来源:中国裁判文书网

裁判日期:2014 年 12 月 24 日

关 键 词:EPC 固定总价合同　工程量变更　合同价款调整

## 一、裁判要旨

在采用固定总价工程总承包合同时,除非合同约定允许价格调整或双方就合同价款变更达成新的合意,承发包双方应当按照合同约定的固定总价进行结算。

## 二、审判概览

### (一)案情简介

1. 本案相关主体

上诉人(原审原告):陕西银河环保科技有限公司(以下简称“银河公司”)

被上诉人(原审被告):陕西恒源煤电集团发展有限公司(以下简称“恒源公司”)

2. 涉诉经过

经法院审理查明的主要事实如图2-14所示:

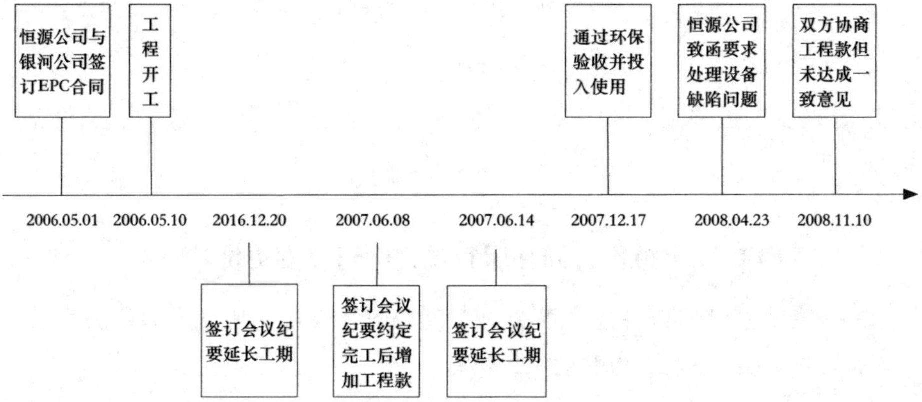


**图2-14 经法院审理查明的主要事实**

(1)2006年5月1日,银河公司和恒源公司双方签订《陕西恒源煤电集团发展有限公司废水回用处理工程总承包合同》,主要条款如下:

第1条约定:“……本工程为乙方(银河公司)总承包交钥匙工程……甲方(恒源公司)不予增加费用。”

第3条约定:该工程的闭口价为1280万元,该价款包括了“废水回用处理系统所需的整套设计、制造、检验、土建施工、设备配套(包括备品备件)、原辅材料、安装、调试、采暖、通风、通讯、照明、自来水、排水和相关服务等费用,还包括整个工程所发生的税费、运杂费、保险费等与本合同有关的所有费用,以及所需进口配套的设备进口环节的相关费用和国外验收费用”。

第4条第2款第3项约定:“工程完工,通过政府部门和甲方验收并且系统出水合格四个月后,乙方开具工程结算所需的全部相关税票,甲方支付乙方40%的竣工款。”

第4条第2款第5项约定:“整套污、废水处理回用系统无任何质量问题且出水合格二年后甲方将10%的剩余款在三个月内付清,甲方向乙方承担推迟付款利息,该利息一次性核定捌万元整。”

第8条约定:“全部系统通过168小时运行结束之日为本工程竣工。”

(2)合同约定的工期为6个月,即从2006年5月10日至2006年11月10日。但银河公司未按期完工,经协商,2006年12月20日双方通过会议纪要达成协议,协议约定土建部分工程在2007年3月30日完工,水处理设备在2007年4月15日完工,设备安装在2007年4月20日完工,电气控制系统在2007年4月28日完工,2007年4月30日至5月25日为系统试运行期。

(3)2007年6月8日双方通过《会议纪要》达成协议,不再因工程进度滞后处罚银河公司,在其圆满完成污水处理回用工程项目、设备正常运转后增加工程款。

(4)2007年6月14日双方又通过《会议纪要》达成协议,确定该工程于2007年8月5日试出合格水,土建于2007年7月20日完工,安装工程于2007年7月10日完工。

(5)2007年12月17日,榆林市环保局通过了对恒源公司总体发电工程的环境保护的验收。

(6)2008年4月23日,恒源公司致函银河公司,要求处理设备缺陷问题。

(7)2008年4月30日,银河公司复函给恒源公司承诺在2008年5月1日开始处理设备缺陷问题。

(8)2008年11月10日,双方通过省环保局协商工程价款问题,但恒源公司未签字确认。

(9)2009年1月17日,双方对该工程款进行结算,但未达成一致意见。后银河公司在该污水处理设备168小时检验过程中未对该工程出现的设备缺陷予以处理,恒源公司自行处理,并支出维修费126960元。

在施工过程中,恒源公司共支付银河公司工程款11729782.98元,剩余工程款1070217.02元未支付。

因工程款支付事宜产生争议,双方涉入诉讼。

### (二)主要诉请

银河公司向榆林市中级人民法院(以下简称“榆林中院”)提起诉讼,请求法院判令:(1)判令恒源公司支付拖欠工程款14378873元整;(2)判令恒源公司承担自工程交付之日按同期同类贷款利率支付利息至偿还完结工程款之日。

（三）判决结果

2013年,榆林中院作出(2013)榆中法民三初字第00029号民事判决书,判决:(1)恒源公司向银河公司支付剩余工程款943311.02元;(2)恒源公司支付约定利息8万元和逾期利息(逾期利息从2010年3月18日起按照中国人民银行发布的同期同类贷款利率计息);(3)驳回银河公司的其他诉讼请求。银河公司不服一审判决,向陕西省高级人民法院(以下简称"陕西高院")提出上诉。

2014年12月,陕西高院作出(2014)陕民一终字第00137号民事判决书,判决:驳回上诉,维持原判。

## 三、争议焦点及各方观点

（一）双方是否已经达成工程价款变更

1. 当事人观点

银河公司主张,该工程施工中实际是边勘测、边设计、边施工的"三边工程",虽合同内规定为固定价,但工程量却无实际固定。同时工程施工中情况万变,双方实质是为了尽快开工,规避手续和费用,违法自行商议先开工,通过后期协商《会议纪要》的形式边干边调整,边干边修改。且从2007年6月8日《会议纪要》可以看出,双方当事人对于增加工程款有明确约定,在双方当事人既有约定变更又有变更事实的情况下,不应继续按照合同约定的价款结算。

恒源公司主张,2007年6月8日《会议纪要》中有关增加工程款的许诺,实属因工程长期拖延、恒源公司无奈之下采取的激励措施,并且附有前提条件,即银河公司圆满完成污水处理回用工程项目、设备正常运行,污水处理工程于2007年8月5日试出合格水。但事实上,2007年年底的污水处理回用系统168小时试运行时,该系统存在严重缺陷根本不能正常运转。且在恒源公司多次发函催促修复后,仍然拒不修复缺陷。足以表明,银河公司增加工程款所附的条件根本没有成就。

2. 法院观点

榆林中院认为,双方当事人于2006年5月1日签订的《承包合同》是双方当事人建立工程承包关系的唯一依据,在该合同中约定的合同总承包价款为1280万元,而且为闭口价,不再因其他原因增加工程款,而且在合同中对该工程价款对应的工程项目和内容进行了明确的约定。银河公司在实际施工过程中并未出现该约定范围之外的工程和支出,所以银河公司提出该工程先签订合同后进行设计施工,导致实际工程量增加的理由不能成立,双方仍应按照合同约定的价款进行结算。

陕西高院认为,双方在合同中约定总承包价款为1280万元,而且为闭口价,不再因其他原因增加工程款。虽然双方于2007年6月8日形成的《会议纪要》第2条有增加工程款的约定,但该约定是在双方对导致工程进度滞后达成谅解,恒通公司免除银河公司因工程进度滞后导致的违约责任,银河公司依约按期圆满完成工程项目、设备正常运行后的前提下增加工程款的约定。从双方通过的一系列会议纪要及来往函可以看出,银河公司存在工程进度滞后、未依约按期完成工程项目及按照双方合同中约定的竣工条件实施168小时试运行的情况,因此该《会议纪要》第2条约定增加工程款的条件未成就,仅凭该约定不能认定双方就涉案工程价款达成了变更。故银河公司称双方已经达成变更工程价款的上诉理由不能成立,双方应按照承包合同约定的价款进行结算。

### (二)当事人是否有权申请对于增加的工程量进行造价鉴定

1. 当事人观点

银河公司主张,按照双方当事人2007年6月8日《会议纪要》的约定,恒源公司应该在工程交付使用后增加工程款,而这一工程款增加多少,就需要双方对整个工程进行决算或鉴定工程造价。

恒源公司主张,本案所涉工程属于交钥匙工程,工程价款为闭口价并在合同中明确约定,即1280万元。至于工程怎样设计、施工均属于银河公司的承包范围,银河公司只需按合同和技术协议约定给恒源公司交付合格、达标的工程即可。所以,本案不存在因设计变更、工程量增加而追加工程价款的事实。根据《施工合同司法解释(一)》第22条的规定,不应进行工程造价鉴定。

2. 法院观点

榆林中院认为,尽管银河公司在审理中提出对该工程进行造价鉴定,但银河公司所持双方已经达成变更增加工程款协议的理由不能成立,而且双方通过省环保局主持的会议也未达成变更合同价款的合意,现有证据也不能证明双方当事人对工程价款的结算方式达成了新的合意,所以依据《施工合同司法解释(一)》第22条之规定:"当事人约定按照固定价结算工程价款,一方当事人请求对建设工程造价进行鉴定的,不予支持。"故对银河公司请求对该工程进行造价鉴定的请求不予支持。

陕西高院认为,因现有证据不能证明双方当事人对工程价款进行了变更及对结算方式达成了新的合意,故原审判决对银河公司要求对涉案工程进行造价鉴定的诉讼请求不予支持,并无不当。

### 四、本案启示

EPC 作为国际上污水处理行业中一种常见的工程承包方式,近年来也在国内得到了大力推行。在 EPC 模式下,承包商需要承担从工程设计、采购、施工、调试、验收合格到交付使用等全过程的风险,相对于传统的施工总承包模式而言,EPC 模式对于承包商的风险管控能力要求要高出许多。从本案的审理过程和结果来看,我们认为至少在以下两方面值得承包商注意。

**启示 1:**工程总承包单位应重视投标报价阶段的风险识别和评价,厘清固定总价对应的工作范围和风险范围至关重要。

《建设工程工程量清单计价规范》(GB 50500 - 2013)中对固定总价合同形式的适用条件规定如下:建设规模较小,技术难度较低,工期较短,且施工图设计已审查批准的建设工程可采用总价合同。可见,在施工总承包模式下,固定总价报价基础是确定的详细施工图,报价基础已经十分具体,施工过程中即便发生工程量变化,通常也不会特别多。

而根据 2019 年《房屋建筑和市政基础设施项目工程总承包管理(征求意见稿)》第 7 条规定,“建设范围、建设规模、建设标准、功能要求等前期条件明确的项目,适宜采用工程总承包方式”,第 14 条规定,“企业投资项目的工程总承包项目宜采用总价合同……采用总价合同的,除合同约定可以调整的情形外,合同总价一般不予调整”,也就是说,在 EPC 模式下,固定总价的报价基础仅为建设范围、规模、标准、功能要求等前期条件,比施工图相比要粗略得多,其中潜藏的风险也大得多。这就要求工程总承包单位必须具备丰富的设计、施工经验和能力,能够完整识别其中的风险、充分预测相应的费用,并在报价中予以考虑。如果承包商仍然按照承接施工总承包项目的思路来进行报价,则很容易对风险预估不足,从而导致报价未能充分覆盖履约成本。

在国际工程中,采用 EPC 模式时,由于投标报价条件不够具体和充分,投标人难以快速判断投标风险,投标难度大,所需时间往往较长、投标报价成本也较高。然而,在国内的工程建设项目中,承包商在投标报价阶段往往是以“拿下项目”为首要目标,而对风险控制不够重视,甚至直接忽略风控环节,对于招标文件的研读仅限于纸面阅读,现场踏勘流为形式,也不重视对业主提问的环节。这种方式在传统施工总承包模式下,风险尚不至于失控,但是在 EPC 模式下,如仍然采取此种粗放的、碰运气式的投标报价方式,则很容易陷入风险的旋涡之中。

因此,在 EPC 模式下,承包商应更加重视投标报价时的风险识别和评价,条件允许时,尽可能深入地进行现场踏勘,并组织相应专业力量对招标文件披露的信息进行全面研究,对现场状况与招标文件披露情形不符之处,应作为重要风险点加以关注。如招标文件提供的现有条件不足以支撑承包商进行准确的、固定形式的报价,则建议:

1. 承包商可以要求业主进行补充和澄清,以使投标报价条件尽可能具体、细化,降低报价风险。

2. 向业主提出对于尚不具备报价条件的部分,不纳入固定报价范围内,可以作为暂估价工程或者从本次招标范围中删除,待条件成熟后再另行招标。

**启示 2:**工程总承包单位应重视履约过程中的变更管理。

虽然 EPC 合同通常为固定总价合同,但是固定总价并非在任何时候都是一成不变的价格,如果按照合同约定发生变更可以调整合同价格,或者合同履行发生了约定范围之外的变化情况,那么在该等变更实际发生时工程总承包单位还是有可能获得相应的价格调整的。

本案法院的裁判观点也印证了这一理念,一审法院认为双方当事人在合同中对该工程价款对应的工程项目和内容进行了明确的约定,承包人在实际施工过程中并未出现该约定范围之外的工程和支出,所以对于承包人提出实际工程量增加的主张不予认可。上述观点反过来则可以理解为:如果承包人在实际施工过程中出现合同约定范围之外的工程和支出,导致实际工程量增加,该种情形实际上构成了合同履行中的变更,不排除法院支持承包人调增合同价款主张的可能性。

因此,为了确保合同价款变更工作的开展,维护承包商的自身权益,承包商应当在合同签订时明确约定关于合同变更的范围、申请、审查与批准程序,在变更情况发生时应积极收集有关资料、进行完善和整理,并及时上报,明确指出变更情形对合同价款及工期的影响,并提出专业建议。

《建设项目工程总承包管理规范》(GB/T 50358 - 2017)第 16.2.4 款和第 16.2.5款对 EPC 合同的变更管理进行了细致的规定,可供工程总承包单位参考:

“项目合同变更应按下列程序进行:

1. 提出合同变更申请;

2. 控制经理组织相关人员开展合同变更评审并提出实施和控制计划;

3. 报项目经理审查和批准,重大合同变更应报工程总承包企业负责人签认;

4. 经项目发包人签认,形成书面文件;

5. 组织实施。

提出合同变更申请时应填写合同变更单。合同变更单宜包括下列主要内容:

1. 变更的内容;

2. 变更的理由和处理措施;

3. 变更的性质和责任承担方;

4. 对项目质量、安全、费用和进度等的影响。"

综上所述,在 EPC 模式下,由于初期条件不够具体,履约过程中发生变更的可能性较大,建议承包商重视合同变更管理,及时按照合同约定的变更程序固定变更相关的证据,从而保障自身依约调整合同价款的合法权益。

## 附:相关法律条文

**1.《最高人民法院关于审理建设工程施工合同纠纷案件适用法律问题的解释》**

**第二条** 建设工程施工合同无效,但建设工程经竣工验收合格,承包人请求参照合同约定支付工程价款的,应予支持。

**2.《中华人民共和国招标投标法》**

**第三条** 在中华人民共和国境内进行下列工程建设项目包括项目的勘察、设计、施工、监理以及与工程建设有关的重要设备、材料等的采购,必须进行招标:

(一)大型基础设施、公用事业等关系社会公共利益、公众安全的项目;

(二)全部或者部分使用国有资金投资或者国家融资的项目;

(三)使用国际组织或者外国政府贷款、援助资金的项目。

前款所列项目的具体范围和规模标准,由国务院发展计划部门会同国务院有关部门制订,报国务院批准。

法律或者国务院对必须进行招标的其他项目的范围有规定的,依照其规定。

## 案例 11

### EPC 合同无效,总承包商对外签订的分供合同如何处置?

——中国城市建设研究院有限公司与亚美(南京)环保科技有限公司合同纠纷二审案、上海康恒环境股份有限公司与中国城市建设研究院有限公司买卖合同纠纷一审案

审理法院:江苏省高级人民法院、上海市静安区人民法院

案 号:(2016)苏民终 1199 号、(2016)沪 0106 民初 459 号

案例来源:中国裁判文书网

裁判日期:2016 年 12 月 3 日、2016 年 5 月 5 日

关 键 词:合同解除 实际损失

## 一、裁判要旨

**要旨 1** EPC 合同无效,并不当然导致总承包商与分包商、供应商签订的分供合同无效。

**要旨 2** 当事人可以约定一方解除合同的条件,解除合同的条件成就时,可以解除合同。当事人一方主张解除合同的,应当通知对方,合同自通知到达对方时解除。

**要旨 3** 合同解除后,尚未履行的,终止履行;已经履行的,根据履行情况和合同性质,当事人可以要求恢复原状、采取其他补救措施,并有权要求赔偿损失。

## 二、审判概览

### (一)案情简介

1. 本案相关主体

**案例一:**

被上诉人(原审原告):中国城市建设研究院有限公司(以下简称“城建公司”)

上诉人(原审被告):亚美(南京)环保科技有限公司(以下简称“亚美公司”)

案外人:南昌百玛士绿色能源有限公司①(以下简称“百玛士公司”)

案外人:J-TEC有限会社(以下简称“日本公司”)

**案例二:**

原告(反诉被告):上海康恒环境股份有限公司(以下简称“康恒公司”)

被告(反诉原告):城建公司

案外人:百玛士公司

两个案例相关主体之间的法律关系如图2-15所示:

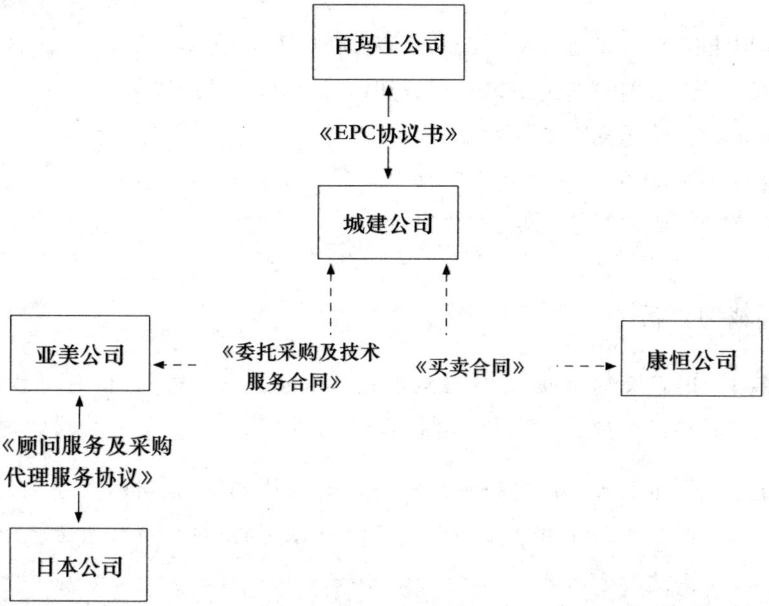


**图2-15 两个案例相关主体之间的法律关系**

2. 涉诉经过

两个案例均涉及南昌市泉岭生活垃圾焚烧发电厂项目(以下简称“本项目”),均为工程总承包单位城建公司与本项目的供应商之间发生的纠纷,经法院审理查明的主要事实:

案例一主要事实如图2-16所示:

---

① 经检索,该公司已于2016年12月19日名称变更为南昌首创环保能源有限公司。

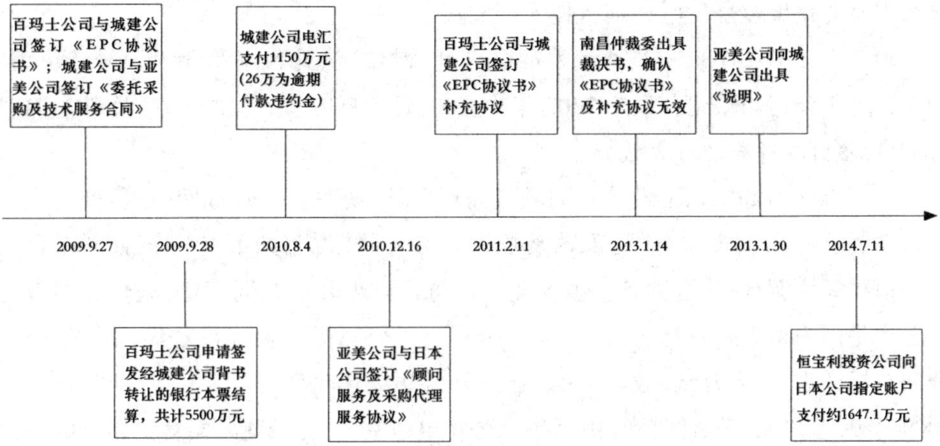


**图2－16　经法院审理查明的主要事实**

2009年9月27日，城建公司与亚美公司签订《南昌市泉岭生活垃圾焚烧发电厂项目关键设备委托采购及技术服务合同》(以下简称“《委托采购及技术服务合同》”)一份，约定城建公司与百玛士公司已签订了《设计、采购、施工(EPC)总承包协议书》(以下简称“《EPC协议书》”)，该协议书约定供货由百玛士公司指定的第三方负责实施；亚美公司系百玛士公司在《EPC协议书》中提及的第三方；设备供货范围包括烟气处理成套设备……技术服务的范围包括但不限于：烟气处理系统的比价咨询……按照《EPC协议书》的约定，城建公司在收到百玛士公司的首付款后并收到亚美公司出具的正式发票并审核无误后30日内，向亚美公司支付全部合同价款；亚美公司在合同项下提供的有关合同设备、设计、技术资料、技术培训及技术服务等的合同总价为6624万元，其中技术服务费用为1500万元，前述价格为包干价，即亚美公司的项目实施过程中发生了实际费用超出合同约定的总价，超出部分由亚美公司自行承担。

《委托采购及技术服务合同》第25.3.1条约定：城建公司可在任何时候出于自身便利向亚美公司发出书面通知全部或部分终止合同，终止通知应明确该终止合同是出于城建公司的便利，并明确合同终止的程度以及终止的生效日期；第25.3.2条约定了合同终止后，对于已完成并正准备的货物或服务、剩余的货物或服务的处理方式。

2010年12月16日，亚美公司与日本公司签订了《顾问服务及采购代理服务协议》一份，约定为案涉发电厂项目，日本公司为城建公司提供咨询及采购代理服务；服务费为500万美元。日本公司已提供了顾问服务，履行了与亚美公司签订的《顾问服务及采购代理服务协议》的部分内容，制作了《南昌百玛士绿色能源有限公司南昌市泉岭垃圾焚烧发电厂项目技术咨询报告》。

2013 年 1 月 14 日,南昌仲裁委员会出具(2012)洪仲裁字第 35 -1 号裁决书,确认百玛士公司与城建公司于 2009 年 9 月 27 日签订的《EPC 协议书》及 2011 年 2 月 11 日签订的补充协议无效。

2013 年 1 月 30 日,亚美公司向城建公司出具《说明》一份,载明:亚美公司原名为恒宝利公司①,就案涉《委托采购及技术服务合同》说明如下:(1)该合同系百玛士公司居间协调订立,合同条件由亚美公司与百玛士公司共同商定,城建公司签订该合同是因为事先与百玛士公司有约,由百玛士公司提供焚烧设备供应商;(2)该合同总标的为 6624 万元,截至目前,亚美公司共收到 6650 万元,其中 5500 万元于 2009 年 9 月 27 日、28 日收到(由百玛士公司申请签发,经城建公司背书转让的银行本票结算),1150 万元于 2010 年 8 月 4 日收到(由城建公司以电汇方式支付),其中 26 万元为逾期付款违约金。

2014 年 7 月 11 日,恒宝利投资公司向日本公司指定的账户支付 2653586 美元,按当日美元兑换人民币汇率 1:6.2071 计算,折合人民币 16471073.66 元。

案例二主要事实如图 2 -17 所示:

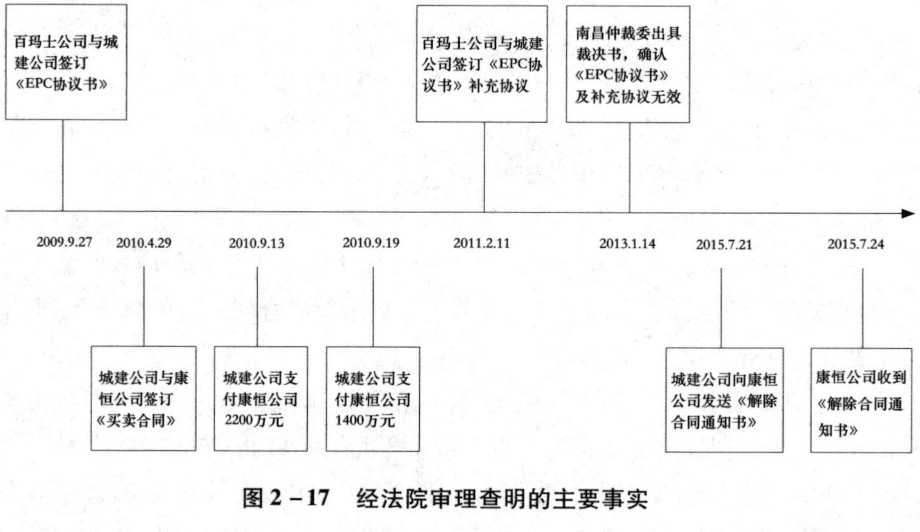


**图 2 -17　经法院审理查明的主要事实**

---

① 2011 年 6 月 30 日,恒宝利公司名称变更为亚美公司。

2010年4月29日,上海康恒环境工程有限公司[①]与城市建设研究院[②]签订《南昌市泉岭生活垃圾焚烧发电厂项目垃圾焚烧炉成套设备采购买卖合同》(以下简称“《买卖合同》”),约定康恒公司向城建公司总承包的南昌市泉岭生活垃圾焚烧发电厂项目供应垃圾焚烧发电设备,合同总价为7180万元。合同签订后,城建公司于2010年9月13日支付康恒公司2200万元,于2010年9月19日支付康恒公司1400万元。

2013年1月11日,南昌仲裁委员会作出(2012)洪仲裁字第35-1号裁决书,2014年9月25日,南昌仲裁委员会作出补正裁决书,裁决主文补正为:确认百玛士公司与城建公司2009年9月27日签订的《EPC协议书》及2011年2月11日签订的补充协议无效。

城建公司于2015年7月21日向康恒公司发送《解除合同通知书》,称:百玛士公司与城建公司2009年9月27日签订的《EPC协议书》及2011年2月11日签订的补充协议被南昌仲裁委员会确认无效,城建公司失去了工程总承包单位的身份,订立该合同之目的已无法实现,事实上也已无法继续履行该合同。故通知康恒公司解除与之签订的《买卖合同》,本解除通知书自送达康恒公司之日发生法律效力。康恒公司于2015年7月24日收到上述解除合同通知。

城建公司未按时接受设备,造成康恒公司向无锡太湖锅炉有限公司及无锡市同济环境工程有限公司共计支付仓储费203.2160万元。上海事诚会计师事务所有限公司于2016年4月20日出具报告书,对因未履行《买卖合同》,造成康恒公司损失(应得利益)的价值进行鉴证,鉴证意见为未履行合同造成供应方应得利益损失1955.25万元。城建公司对其中技术服务价格380万元提出异议,对其余金额没有异议。

### (二)主要诉请

**案例一:**

城建公司向南京市中级人民法院(以下简称“南京中院”)提起诉讼,请求法院判令:1.解除案涉合同;2.亚美公司返还城建公司合同款6650万元以及逾期付款利息;3.由亚美公司承担本案全部诉讼费用。

---

① 2013年9月17日名称变更为上海康恒环境股份有限公司。

② 2014年5月27日名称变更为中国城市建设研究院有限公司。

**案例二:**

康恒公司向上海市静安区人民法院(以下简称"静安区法院")提起诉讼,请求法院判令:1. 解除双方于2010年4月29日签订的《买卖合同》;2. 城建公司赔偿康恒公司仓储费损失203.216万元;3. 城建公司赔偿康恒公司应得利益损失1955.25万元。

城建公司反诉,请求法院判令:康恒公司返还城建公司已支付的款项3600万元及利息损失。

### (三)判决结果

**案例一:**

南京中院作出(2015)宁商初字第412号民事判决书,判决:1. 确认城建公司与亚美公司签订的《委托采购及技术服务合同》及补充协议于2015年11月26日解除;2. 亚美公司向城建公司返还6650万元及利息;3. 驳回城建公司的其他诉讼请求。亚美公司不服一审判决,向江苏省高级人民法院(以下简称"江苏高院")提出上诉。

2016年12月3日,江苏高院作出(2016)苏民终1199号民事判决书,判决:1. 维持一审判决第1项、第3项。2. 变更一审判决第2项为:亚美公司向城建公司返还5150万元及利息。

**案例二:**

静安区法院作出(2016)沪0106民初459号民事判决书,判决:1. 确认《买卖合同》于2015年7月24日解除;2. 城建公司支付康恒限公司仓储费损失203.216万元,应得利益损失1575.25万元;3. 康恒公司返还城建公司3600万元;4. 城建公司要求康恒公司支付利息损失的请求,不予支持。

## 三、争议焦点及各方观点

### (一)《委托采购及技术服务合同》或《买卖合同》是否已解除,解除的时间如何认定

1. 案例一

(1)当事人观点

城建公司主张,城建公司要求解除《委托采购及技术服务合同》的依据有二:一是情势变更原则;二是《委托采购及技术服务合同》第25.3.1条及第25.3.2条约定

的任意解除权。

(2)法院观点

南京中院认为:

①城建公司主张的其与百玛士公司签订的《EPC 协议书》被南昌仲裁委员会确认为无效属于情势变更的事实,不符合情势变更原则适用的条件,故对城建公司以情势变更原则为依据解除《委托采购及技术服务合同》的诉讼请求,不予支持。

②《委托采购及技术服务合同》第 25. 3. 1 条约定城建公司可在任何时候出于自身便利向亚美公司发出书面通知全部或部分终止合同,实为双方通过约定赋予城建公司基于自身便利可行使任意解除合同的权利。

③关于合同解除的时间点,城建公司主张在提起诉讼前曾向亚美公司发出了解除合同的书面通知但并未举证证明。城建公司提起诉讼时,主张解除《委托采购及技术服务合同》及补充协议,要求亚美公司返还 6650 万元。亚美公司在 2015 年 11 月 26 日收到一审法院送达的应诉材料后,视为其收到了城建公司的解除通知,故《委托采购及技术服务合同》及补充协议应从该日起解除。

江苏高院认为:

南京中院对城建公司与亚美公司之间关于合同解除及解除时间的认定有事实和法律依据,应予维持。

2. 案例二

(1)当事人观点

康恒公司主张,康恒公司为履行合同,根据项目进行设计,采购炉排、锅炉、给料及炉渣系统等设备及相应配件,上述设备已具备出厂条件,但城建公司未按合同约定的时间对相关设备及配件验收并接收,康恒公司支出大量的仓储和保养费用。康恒公司于 2015 年 7 月 24 日收到城建公司发出的《解除合同通知书》,城建公司表示南昌仲裁委于 2013 年 1 月 11 日裁决《EPC 协议书》无效,城建公司因此丧失南昌市泉岭生活垃圾焚烧发电厂项目的总承包身份,其订立《买卖合同》的合同目的无法实现,事实上无法继续履行《买卖合同》,因此要求解除《买卖合同》。因城建公司解除买卖合同,造成康恒公司重大损失,城建公司应承担违约责任。

城建公司主张,认可与康恒公司已经解除《买卖合同》。

(2)法院观点

静安区法院认为,康恒公司、城建公司签订《买卖合同》之合同目的系为城建公司作为工程总承包单位的南昌市泉岭生活垃圾焚烧发电厂项目提供垃圾焚烧炉成套设备,因城建公司与百玛士公司签订的《EPC 协议书》及补充协议被确认无效,城建公司失去工程总承包单位身份,致使《买卖合同》无法继续履行,城建公司据此解除合同。现康恒公司、城建公司对合同解除并无异议,并认可合同解除日为 2015 年 7 月 24 日康恒公司收到城建公司《解除合同通知书》之日。

3. 笔者观点

在案例一和案例二中,总承包商与发包人签订的《EPC 协议书》被认定为无效合同,从目前公开信息及裁判文书的内容来看,笔者尚无法得知导致《EPC 协议书》无效的原因。但从法院的判决来看,均认可总承包商与供应商签订的技术咨询服务合同、买卖合同等合同合法有效,即《EPC 协议书》的无效并不当然导致总承包商签署的其他合同无效。

但《EPC 协议书》无效后,总承包商失去了其总承包身份,其签署的其他合同则面临无法继续履行的问题,因此总承包商可以根据合同约定及法律规定解除合同。

关于是否可以适用情势变更原则解除涉案合同,根据《最高人民法院关于适用〈中华人民共和国合同法〉若干问题的解释(二)》第 26 条规定,合同成立以后客观情况发生了当事人在订立合同时无法预见的、非不可抗力造成的不属于商业风险的重大变化,继续履行合同对于一方当事人明显不公平或者不能实现合同目的,当事人请求人民法院变更或者解除合同的,人民法院应当根据公平原则,并结合案件的实际情况确定是否变更或者解除。案例一中,法院认为《EPC 协议书》被确认为无效不符合情势变更原则适用的条件,但并未明确说明该情况不符合情势变更原则适用条件的哪一项,我们认为,在 EPC 合同被确认无效后,关于工程总承包单位是否可以主张情势变更原则而要求解除合同的问题,应当结合当事人合同条款的约定以及该风险的可预见性、责任分担、产生后果等角度综合判断。

### (二)合同解除后的损失如何认定和赔偿

1. 案例一

(1)当事人观点

城建公司主张:①合同已经解除,亚美公司负有返还 6650 万元及该款项在亚美公司占有期间所产生的利息。②城建公司虽认可日本公司已经提供顾问服务的事实,但认为根据《委托采购及技术服务合同》第 17.2 条的约定,服务费为包干价,应以 1500 万元为限,超过部分由亚美公司自行承担。

亚美公司主张:①6650 万元中的 26 万元系城建公司承担的逾期付款的违约责

任,不应返还。②南昌市泉岭垃圾焚烧发电厂已经建成投产,根据《委托采购及技术服务合同》第25.3.2条的约定,亚美公司已支付日本公司的16471073.66元应认定为实际损失,由城建公司承担,应在亚美公司返还城建公司的款项中进行扣除。

(2)法院观点

南京中院认为,

①《委托采购及技术服务合同》及关于违约金的补充协议解除后,亚美公司负有返还6650万元及该款项在亚美公司占有期间所产生的孳息,如逾期未还,则还应承担逾期付款的利息;城建公司因考虑己方的利益而解除合同,在合同解除后,亚美公司依法有权要求城建公司赔偿损失。6650万元中的26万元系经双方口头协商而达成补充协议所约定,该补充协议是对《委托采购及技术服务合同》的补充,与《委托采购及技术服务合同》整体密不可分,该协议已因城建公司行使合同赋予的任意解决权而解除,故亚美公司应返还该26万元。

②对于合同解除后双方的损失赔偿问题,双方在《委托采购及技术服务合同》第25.3.2条中已有明确约定,应依约履行,该条款约定的损失赔偿范围为亚美公司的实际损失。亚美公司为履行《委托采购及技术服务合同》,与日本公司签订了《顾问服务及采购代理服务协议》,并向日本公司支付了16471073.66元,但亚美公司提供的相关补充证据仅能证明《顾问服务及采购代理服务协议》已实际签订,并不足以证明日本公司已实际履行,亚美公司称已向日本公司支付的16471073.66元技术服务费系其实际损失,并在应返还的款项中予以扣除的意见,证据不足,不予支持。

江苏高院认为,

①一审法院对城建公司要求返还货款本息的认定有事实和法律依据,应予维持。

②亚美公司与城建公司为案涉项目签订的《委托采购及技术服务合同》合法有效,该合同虽因城建公司行使约定解除权而解除,但双方在合同第25.3.2条中明确约定"对亚美公司在收到终止通知书后15日内已完成并正准备的货物或服务,城建公司应按原合同价格和条款予以接收……"亚美公司已提供证据证明其为履行《委托采购及技术服务合同》,与日本公司不仅签订了《顾问服务及采购代理服务协议》,且基于日本公司已提供了《技术咨询报告》(亚美公司二审时提交的证据)证明其已支付了16471073.66元,故亚美公司要求在其应返还城建公司的6650万元中扣除相关款项的请求有事实及合同依据。《委托采购及技术服务合同》约定技术服务费用1500万元为包干价,即亚美公司的项目实施过程中发生了实际费用超出合

同约定的总价,超出部分由亚美公司自行承担,由于亚美公司要求扣除的款项超出了合同约定的包干价,应以双方合同约定的1500万元作为抵销的额度。

2. 案例二

(1)当事人观点

康恒公司主张:①《买卖合同》已成立并生效,城建公司解除合同对康恒公司造成巨大损失,其已经支付的3600万元不足以弥补康恒公司的损失,康恒公司要求增加赔偿康恒公司的仓储费损失203.216万元、应得利益损失1575.25万元。②城建公司的反诉诉请无事实和法律依据,请求予以驳回。

城建公司主张:①认可康恒公司关于合同履行及解除合同过程的陈述,但是赔偿损失的数额应根据证据确定。对应得利益损失中技术服务价格380万元提出异议,认为康恒公司没有提供技术服务。②解除《买卖合同》后,康恒公司应返还城建公司已支付的款项并支付利息损失。

(2)法院观点

静安区法院认为,

①康恒公司已履行《买卖合同》大部分义务,而城建公司解除《买卖合同》不属于因不可抗力等因素可以免责的情形,应对合同解除造成康恒公司的损失予以赔偿。城建公司对于康恒公司为履行《买卖合同》已产生的仓储费损失203.216万元没有异议,法院予以确认。

②关于应得利益损失问题,康恒公司提供审计机构出具的鉴证报告以证明康恒公司应得利益损失,城建公司对其中技术服务价格380万元提出异议,认为康恒公司没有提供技术服务,康恒公司撤回该部分主张,法院予以确认。

③关于城建公司要求康恒公司返还已支付的款项并支付利息损失问题,双方《买卖合同》解除后,康恒公司应将城建公司预付款项予以返还,但因双方就合同解除损失问题一直在协商之中,损失数额未予确定,故城建公司要求康恒公司支付应返还款项的相应利息的请求,法院不予支持。

3. 笔者观点

关于合同解除后的债权债务如何处理的问题,《合同法》第97条规定,合同解除后,尚未履行的,终止履行;已经履行的,根据履行情况和合同性质,当事人可以要求恢复原状、采取其他补救措施,并有权要求赔偿损失。

在案例一和案例二中,两个供应商均已部分履行合同义务(但均未将设备供给总承包商),法院认可合同解除后应当恢复原状、赔偿损失,供应商返还总承包商已支付的款项,但对于赔偿损失的认定有所差别。在案例一中,《委托采购及技术服务合同》对合同解除后双方的损失赔偿问题已有明确约定,损失赔偿范围为供应商的实际损失。虽然供应商亚美公司对外支付了16471073.66元,但其与总承包商所签订的《委托采购及技术服务合同》中约定了技术服务费用1500万元为包干价,故根据合同相对性原则,亚美公司有权在应返还款项中扣除的数额以1500万元为限,超出部分由供应商自行承担。在案例二中,法院支持了仓储费损失,并在审计机构出具的鉴证报告的基础上认定了产生的应得利益损失(双方没有异议的部分)。

从上述法院判决可以看出,虽然总承包商应赔偿供应商因合同解除导致的损失,但是对于实际损失的金额,包括直接损失、可得利益损失、必要的交易成本等,供应商应承担相应的举证责任,如果供应商未能充分证据,则相关费用可能存在不被支持的风险。

## 四、本案启示

**启示1:**工程总承包单位需在分供合同中设置与EPC合同联动的条款,明确在EPC合同无效或解除的情形下,分供合同的相应处置方式。

EPC项目体量通常较大,为了履行EPC合同,工程总承包单位通常需与多家分包商、供应商、服务商签订合同(以下统称"分供合同"),这些分供合同通常都是专为EPC项目服务的,一旦EPC合同无效或解除,工程总承包单位失去总承包身份,无法继续履行EPC合同,那么其对外签订的分供合同自然也失去继续履行的依据。但是,EPC合同与各分供合同为相互独立的合同关系,EPC合同无效或解除,并不当然直接导致分供合同无效或解除,因此,EPC承包商需在分供合同中设置与EPC合同联动的条款,明确在EPC合同无效或解除的情形下,分供合同如何处置,通常有转让分供合同和解除分供合同两种处置方式。

1. 转让分供合同

虽然本案并未涉及发包人要求工程总承包单位转让分供合同权利的情形,但是,由于工程建设的连续性,如果仅是工程总承包单位违约而分供合同并未出现违约的情况下,发包人会倾向于选择由相关分包商、供应商、服务商继续履行分供合同,这时就需要将分供合同项下的权利义务转让给发包人或发包人指定的其他方(如新的工程总承包单位),以保证工程建设的延续性,尽可能减少发包人的损失。

《2011版工程总承包示范文本》第18.1.3款即体现了这一做法:

"承包人收到解除合同通知后的工作。承包人应在解除合同30日内或双方约

定的时间内,完成以下工作:

……

(5)向发包人提交全部分包合同及执行情况说明。其中包括:承包人提供的工程物资(含在现场保管的、已经订货的、正在加工的、运输途中的、运抵现场尚未交接的),发包人承担解除合同通知之日之前发生的、合同约定的此类款项。承包人有义务协助并配合处理与其有合同关系的分包人的关系;

(6)经发包人批准,承包人应将其与被解除合同或被解除合同中的部分工作相关的和正在执行的分包合同及相关的责任和义务转让至发包人和(或)发包人指定方的名下,包括永久性工程及工程物资,以及相关工作;

……"

为了更好地实现上述合同转让的安排,工程总承包单位可以在分供合同中也约定相应的条款进行衔接,明确在EPC合同无效或解除的情况下,分包商、供应商、服务商需按照工程总承包单位的要求,进行合同执行情况的核对、确认和移交,并需配合工程总承包单位将分供合同转让给发包人或发包人指定方。

2. 解除分供合同

如果发包人不选择转让分供合同,那么分供合同失去履行基础,已经无法正常履约。但是如果分供合同中未约定因EPC合同无效或解除可以解除分供合同,那么工程总承包单位并不当然有权解除分供合同。因此,建议工程总承包单位在分供合同中设置相应条款,约定EPC合同终止无效或解除时,工程总承包单位有权解除分供合同,并对合同执行情况的核对、确认和移交程序进行明确约定,以免产生争议。

**启示2**:在EPC合同无效或解除的情形下,工程总承包单位应当尽快对分供合同进行清理,以减少损失。

以上两个案例中,虽然工程总承包单位与供应商、服务商均对解除分供合同没有争议,但是对于分供合同解除后的损失赔偿产生了很大争议。从裁判文书披露的争议情形可以看出,在《EPC协议书》通过仲裁被认定为无效合同后,无论是康恒公司还是亚美公司,都仍然在履行各自的分供合同。由于仲裁具有保密性,如果发包人百玛士公司和工程总承包单位城建公司均未披露,那么,康恒公司和亚美公司确有可能并不知情,其履约行为便是正常的履约行为,但这无疑将导致损失进一步扩大。因此,在EPC合同被判定无效或合同解除后,工程总承包单位应当尽快对分供合同进行清理,要求分包商、供应商、服务商立即停止服务、供货,以减少损失。

## 案例 12

### EPC 模式下,设计基础数据与实际情况不符的风险应由哪方承担?

——滁州市环境卫生社会化服务中心与凌志环保股份有限公司建设工程施工合同纠纷二审案

审理法院:滁州市中级人民法院
案　　号:(2016)皖 11 民终 1150 号
案例来源:中国裁判文书网
裁判日期:2016 年 8 月 15 日
关 键 词:污水处理项目　EPC 总承包　设计风险

## 一、裁判要旨

EPC 模式下,如业主已在招标文件中就设计基础数据对项目运行所带来的风险向工程总承包单位充分明示,并明确由于业主提供的基础数据与实际情况不符导致的风险由工程总承包单位承担,则工程总承包单位应实地考察现场各指标数值并据此作出是否参与投标的决定,一旦工程总承包单位向业主作出投标报价,即表明其已经充分理解招标文件的各项条款,应受招标文件的约束,承担相应风险。

## 二、审判概览

### (一)案情简介

1. 本案相关主体

上诉人(原审被告、原审反诉原告):凌志环保股份有限公司(以下简称"凌志公司")

被上诉人(原审原告、原审反诉被告):滁州市环境卫生社会化服务中心(以下简称"滁州市环卫中心")

本案相关主体之间的法律关系如图 2 – 18 所示:

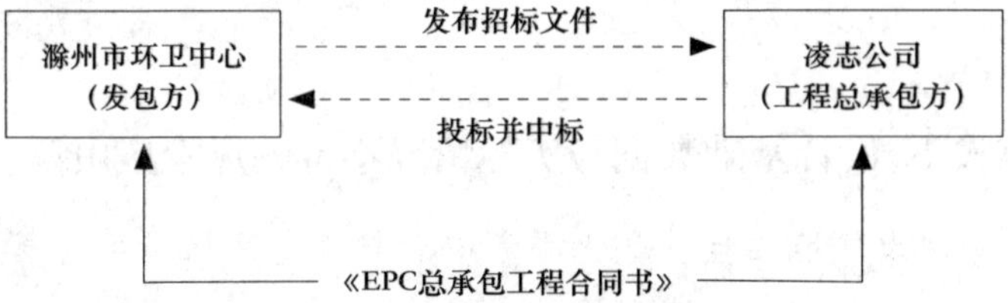


**图 2 - 18　相关主体之间的法律关系**

2. 涉诉经过

本案经法院审理查明的主要事实如图 2 - 19 所示：

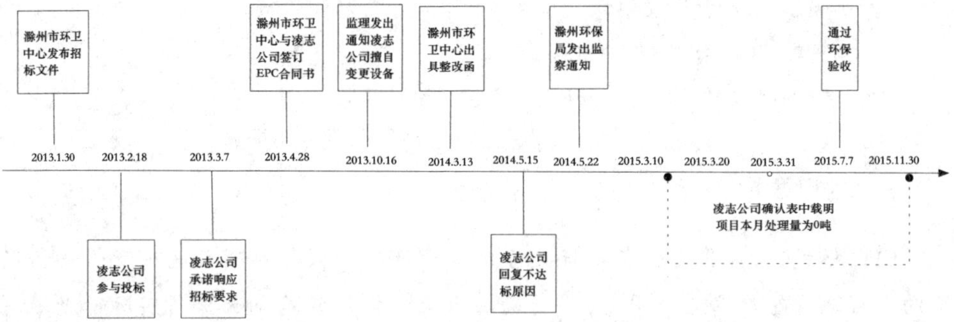


**图 2 - 19　经法院审理查明的主要事实**

2013 年 1 月 30 日，滁州市环卫中心就滁州市生活垃圾填埋场渗滤液处理站升级改造工程 EPC 总承包(二次)工程(以下简称“本工程”)对外发布招标文件，并载明招标需求如下：

招标范围：本工程为“交钥匙工程”，原渗滤液处理站日处理能力为 200 吨，现对滁州市生活垃圾填埋场渗滤液处理站进行升级改造工程，承包方式为 EPC 总承包，改造后的渗滤液处理站日处理能力为 300 吨，净出水率不低于 70%，出水水质达到《生活垃圾填埋场污染控制标准》(GB 16889 - 2008)。

技术标准和要求：设计进水参考水质 NH3 - N(mg/L)数值≤1500，投标人现场考察并预测未来渗滤液进水水质，今后运行中实际进水水质指标超过或低于本设计进水指标，导致处理后出水不达标的风险由投标人承担。

工程建设：试运行本项目的试运行期为 6 个月，若属于乙方自身原因导致未达标排放，将视为项目存在重大缺陷，合同自动终止，造成的一切损失均由乙方承担，本项目乙方的所有设施、设备、建筑物、构筑物和项目用地等无偿归甲方所有。

2013 年 2 月 18 日,凌志公司参与本工程投标,并最终获得中标资格。

2013 年 3 月 7 日,凌志公司向滁州市招标管理局及滁州市环卫中心发出一份《回复函》载明,“经我公司董事会研究决定:贵方在商务洽谈会上提出的要求,考虑到该项目为安徽省重点项目、滁州市惠民工程,且处理量为 300 吨/天,在垃圾渗滤液行业中属规模较大,故我公司以做此业绩为主、盈利为次,并打造一个品牌工程。我公司郑重声明接受贵方提出的要求,希望贵局领导组织人员来我公司考察,并加快签订合同加快开工,早日完工”。

2013 年 4 月 28 日,滁州市环卫中心(发包人)与凌志公司(承包人)签订的《EPC 总承包工程合同书》(以下简称“《EPC 合同》”),载明,“工程建设费用为固定价 8800000 元;项目工期为 2013 年 5 月 20 日至 2013 年 8 月 20 日,工期 90 日历天;本工程为‘交钥匙工程’,承包方式为 EPC 总承包,原渗滤液处理站日处理能力为 200 吨,升级改造后的日处理能力为 300 吨,净出水率不低于 70%,出水不低于 210 吨,出水水质达到《生活垃圾填埋场污染控制标准》(GB 16889 - 2008)标准。本项目试运行期为六个月,若属于乙方自身原因导致未达标排放或处理规模达不到设计要求,将视为项目存在重大缺陷,合同自动终止,造成的一切损失均由乙方承担,本项目乙方的所有设施、设备、建筑物、构筑物和项目用地等无条件交给甲方”。

2013 年 10 月 16 日,本工程监理单位出具的《监理工程师通知单》载明,“凌志公司在设备安装过程中存在部分安装设备参数与设计文件不符合、现场安装部分设备品牌与投标文件中所报设备品牌不符”。

2014 年 3 月 13 日,滁州市环卫中心出具的《关于垃圾渗滤液处理站升级改造工程相关问题明确整改的函》载明,“滁州市环卫中心曾多次要求凌志公司将私自变更的设备更换为符合招标文件设计要求的设备,但截止目前,凌志公司仍未完成更换”。

2014 年 5 月 15 日,凌志公司出具的《关于垃圾渗滤液处理站未能完成试运行的回复函》载明,“本工程从 2014 年 2 月 13 日开始进入试运行阶段。在运行初期的 7 天,每天出水量达到 200 吨。随后出水量逐步下降,最后稳定在每天 60 吨……对水质非常规数据不充分了解是导致本工程试运行未完成的重大原因”。

2014 年 5 月 22 日,滁州市环境保护局出具的《关于对滁州市环境卫生社会化服务中心环境问题的监察通知》载明,“我局于 2014 年 2 月 13 日批复该处理站试运行,检查时处理站处于调试阶段,未向外排水,处理站日最高处理量 70t/d,远远低于设计处理量 210t/d,出水无法达到《生活垃圾填埋场污染控制标准》(GB 16889 -

2008)相关要求,处理工艺存在缺陷,无法满足运行负荷和排放标准要求”。

2015 年 3 月 31 日,滁州市环境保护局出具《项目竣工环境保护验收意见的函》并载明,本工程基本落实环评报告表及其批复中提出的主要环保措施和要求,同意通过竣工环保验收。

2015 年 3 月 10 日至 20 日、2015 年 7 月 7 日至 11 月 30 日的《渗滤液处理站污水处理情况确认表》均载明:“日处理量 0 吨,本月累计处理量 0 吨”,且凌志公司的工作人员在上述确认表上签名。

涉诉前,滁州市环卫中心已支付凌志公司 1563255 元。

后,因工程款支付事宜等产生争议,双方涉入诉讼。

### (二)主要诉请

滁州市环卫中心向安徽省滁州市琅琊区人民法院(以下简称“琅琊区法院”)提起诉讼,请求法院判令:(1)解除《EPC 合同》;(2)凌志公司立即移交已经完成工程;(3)凌志公司按照工程总价的 60% 赔偿 528 万元,同时扣除质量保证金 88 万元;(4)凌志公司按照合同约定支付违约金 30 万元。

凌志公司提出反诉,请求法院判令:(1)解除《EPC 合同》;(2)滁州市环卫中心支付工程价款 954.7549 万元;(3)滁州市环卫中心支付违约金 33.3324 万元;(4)滁州市环卫中心返还履约保证金 88 万元;(5)滁州市环卫中心赔偿损失 147 万元。

### (三)判决结果

2016 年 4 月 11 日,琅琊区法院作出(2015)琅民一初字第 01078 号民事判决书,判决:(1)解除双方于 2013 年 4 月 28 日签订的《EPC 合同》;(2)凌志公司将已完成工程移交滁州市环卫中心;(3)凌志公司支付滁州市环卫中心赔偿款 5280000 元、违约金 300000 元;(4)滁州市环卫中心支付凌志公司工程款 7236745 元;(5)驳回滁州市环卫中心的其他诉讼请求;(6)驳回凌志公司的反诉请求。凌志公司不服一审判决,向滁州市中级人民法院(以下简称“滁州中院”)提出上诉。

2016 年 8 月 15 日,滁州中院作出(2016)皖 11 民终 1150 号民事判决书,判决:(1)变更一审民事判决第(3)项为:凌志公司支付滁州市环卫中心赔偿款 5280000 元;(2)滁州市环卫中心返还凌志公司履约保证金 88 万元;(3)维持一审民事判决其他项。凌志公司不服滁州中院二审判决,向安徽省高级人民法院(以下简称“安徽高院”)申请再审。

2018 年 4 月 27 日,安徽高院作出(2017)皖民申 568 号民事裁定书,裁定驳回凌志公司的再审申请。

## 三、争议焦点及各方观点

本案的核心争议焦点应为:涉案工程水处理能力不达标到底是哪方责任?这个争议焦点又可细化为以下两个方面:

(一)滁州市环卫中心提供的进水水质参考指标与实际进水水质不符,该风险应由哪方承担?

(二)招标文件中约定条款“投标人现场考察并预测未来渗滤液进水水质,今后运行中实际进水水质指标超过或低于本设计进水水质指标,导致处理后出水不达标的风险由投标人承担”(以下简称“招标文件水质风险条款”)是否有效?

1. 当事人观点

凌志公司主张,(1)凌志公司按照滁州市环卫中心及评审专家要求的进水水质 NH3 - N 指标 1500mg/L 的标准进行案涉工程的施工,在项目运行中,实际进水水质 NH3 - N 指标在 2500mg/L,即比环评与可研报告的数据翻了 2.5 倍,滁州市环卫中心提供的进水水质严重超标,显属违约。(2)招标文件水质风险条款,违反《环境保护法》第 41 条以及《环境影响评价法》第 2 条等强制性规定,应当认定为无效条款,对双方均无约束力。

滁州市环卫中心主张,(1)凌志公司系环保专业公司,对生活垃圾填埋场渗滤液处理站所处理的生活垃圾填埋场渗滤液及变化情况是清楚的或者应该清楚。(2)招标文件水质风险条款明确了进水水质变化的风险责任由投标人承担,滁州市环卫中心提供的进水水质只是参考,具体要求投标人现场考察并结合专业知识进行预测并根据预测情况进行设计、施工,滁州市环卫中心对进水水质情况没有丝毫隐瞒,该内容完全符合法律规定,不存在违反《环境保护法》规定的任何情形。

2. 法院观点

琅琊区法院认为,滁州市环卫中心与凌志公司签订的《EPC 合同》合法有效,双方应严格按约履行。《EPC 合同》约定了改造后的渗滤液处理站日处理能力、净出水率、出水率及出水水质标准。《关于滁州市环卫中心垃圾渗滤液处理站升级改造工程整改方案的函》、《关于垃圾渗滤液处理站未能完成试运行的回复函》、滁州市环保局《关于对滁州市环卫中心环境问题的监察通知》、《渗滤液处理站污水处理情况确认表》载明的内容显示,系凌志公司自身原因导致工程的处理规模并未达到合同约定的出水水质标准。

招标文件载明:"投标人现场考察并预测未来渗滤液进水水质,今后运行中实际进水水质指标超过或低于本设计进水指标,导致处理后出水不达标的风险由投标人承担。"对凌志公司称因进水水质严重超标从而导致出水及出水量达不到合同要求的责任应由滁州市环卫中心承担的意见不予采纳。

滁州中院认为,凌志公司与滁州市环卫中心签订的《EPC 合同》系双方当事人真实意思的表示,内容不违反法律、行政法规的强制性规定,应为合法有效,双方当事人均应按照合同的约定履行自己的义务。凌志公司的主要合同义务,根据双方《EPC 合同》的约定为完成案涉工程的设计、采购、施工等合同内容。经查,招标文件中所载明的 NH3 - N(mg/L)≤1500 系设计进水参考水质,在设计进水主要污染物指标参考水质表各项数值下方,已明确载明"投标人现场考察并预测未来渗滤液进水水质,今后运行中实际进水水质指标超过或低于本设计进水水质指标,导致处理后出水不达标的风险由投标人承担",滁州市环卫中心在招标文件中已就进水水质对项目运行所带来的风险向凌志公司予以充分明示,凌志公司应实地考察垃圾渗滤液各项污染物的指标数值并据此作出是否参与投标的决定,一旦凌志公司向滁州市环卫中心作出投标报价,即表明其已经充分理解招标文件的各项条款,应受招标文件各项条款的约束。且上述招标文件的各项条款亦属于双方《EPC 合同》的一部分,同时,凌志公司亦无其他证据证明滁州市环卫中心有故意隐瞒进水水质各项指标的情形,故凌志公司认为案涉 EPC 工程未能达到合同约定出水量的原因系滁州市环卫中心未能提供符合合同约定的进水水质的上诉理由不能成立,不予采纳。

## 四、本案启示

本案中,承包人凌志公司认为其是根据业主滁州市环卫中心提供的进水水质参考标准进行设计、施工,而业主提供的实际进水水质严重超标,导致工程水处理能力不达标,属于业主违约。显然,凌志公司并未充分认识到,在 EPC 模式下,承包商负有对设计基础数据和资料进行检查和验证的义务。

项目设计基础数据和资料是在项目基础资料的基础上整理汇总而成的,是项目设计和建设的重要基础。一般包括以下内容:(1)现场数据(包括气象、水文、工程地质数据和其他现场数据);(2)原料特性分析和产品标准与要求;(3)界区接点设计条件;(4)公用系统及辅助系统设计条件;(5)危险品、三废处理原则与要求;(6)指定使用的标准、规范、规程或规定;(7)可以利用的工程设施及现场施工条件等。

而本案争议的进水水质标准,可以归为上述第2点的“原料特性分析”的内容,属于涉案工程重要的设计基础数据之一。那么,工程总承包单位是不是仅需根据业主提供的设计基础数据进行设计即可?如果基础数据与实际情况不符,风险应该由哪一方承担呢?

按照国际惯例,采用EPC模式时,核验、解释基础数据的风险由工程总承包单位承担。根据《FIDIC设计采购施工(EPC)交钥匙工程合同条件》(1999版)第4.10款和第5.1款的约定,业主应将其取得的现场地下、水文条件及环境方面的所有有关资料,提供给承包商。但是,承包商应负责核实和解释所有此类资料。除以下情形外,业主对这些资料的准确性、充分性和完整性不承担责任:(1)在合同中规定的由业主负责的、或不可变的部分、数据和资料;(2)对工程或其他任何部分的预期目标的说明;(3)竣工工程的试验和性能的标准;(4)除合同另有说明外,承包商不能核实的部分、数据和资料。

可见,在EPC模式下,业主对于基础数据和资料的准确性、充分性、完整性是以“不负责为原则,负责为例外”,这与传统施工总承包模式下,业主需对其提供的数据、设计文件负责的惯例区别很大。

在国内,上述观点也已经得到业界认可,《建设项目工程总承包管理规范》(GB/T 50358－2017)第5.3.2款规定,“设计经理应组织对设计基础数据和资料进行检查和验证”,此款为工程总承包单位设计管理的内容,设计经理为工程总承包单位的人员,可见,工程总承包单位对设计基础数据和资料负有检查和验证的义务,而不是以业主提供的数据为准进行设计即可。

本案中,业主滁州市环卫中心在招标文件中也明示其所提供的进水水质标准为参考标准,投标人需现场考察并预测未来进水水质,今后运行中实际进水水质指标超过或低于设计进水指标导致出水不达标的风险由投标人承担。然而,很遗憾,该条款并未引起承包商的重视,最终导致工程实际的水处理能力远低于业主要求的标准,原本90天的工期也拖了两年多。虽然工程通过了环保验收,但是实际上并未产生经济效益(水处理量为0)。虽然法院判了业主支付剩余工程款,但是承包商需向业主支付高达工程总价60%的赔偿款,业主花费数百万也没能得到一个符合要求的工程,承包商既花了成本还得支付高额赔偿款,业主与承包商真可谓“两败俱伤”。

从本案可以看出,从施工总承包模式到EPC总承包模式,承包商亟须转变观念,增强风险意识,在EPC模式下,不应盲目迷信业主提供的基础数据,应当重视项目现场踏勘、数据核验,在项目投标阶段及设计阶段,均应对业主提供的数据资料的真实性、可靠性、完整性进行充分的分析、判断和复核,避免由于原始基础数据的不准确、不完整导致对后续项目设计、施工产生严重的不利后果。

## 附:FIDIC合同条件及相关法律条文

**1.《FIDIC设计采购施工(EPC)交钥匙工程合同条件》(1999版)**

4.10 现场数据

雇主应在基准日期前,将其取得的现场地下、水文条件及环境方面的所有有关资料,提供给承包商。同样地,雇主在基准日期后得到的所有此类资料,也应提供给承包商。

承包商应负责核实和解释所有此类资料。除第5.1款[设计义务一般要求]提出的情况以外,雇主对这些资料的准确性、充分性和完整性不承担责任。

5.1 设计义务一般要求

承包商应被视为,在基准日期前已仔细审查了雇主要求(包括设计标准和计算,如果有)。承包商应负责工程的设计,并在除下列雇主应负责的部分外,对雇主要求(包括设计标准和计算)的正确性负责。

除下述情况外,雇主不应对原包括在合同内的雇主要求中的任何错误、不准确、或遗漏负责,并不应被认为,对任何数据或资料给出了任何准确性或完整性的表示。承包商从雇主或其他方面收到任何数据或资料,不应解除承包商对设计和工程施工承担的职责。

但是,雇主应对雇主要求中的下列部分,以及由(或代表)雇主提供的下列数据和资料的正确性负责:

(a)在合同中规定的由雇主负责的、或不可变的部分、数据和资料;

(b)对工程或其任何部分的预期目的的说明;

(c)竣工工程的试验和性能的标准;

(d)除合同另有说明外,承包商不能核实的部分、数据和资料。

**2.《建设项目工程总承包管理规范》(GB/T 50358-2017)**

5.3.2 设计经理应组织对设计基础数据和资料进行检查和验证。

条文说明5.3.2

项目设计基础数据和资料是在项目基础资料的基础上整理汇总而成的,是项目设计和建设的重要基础。不同的项目合同需要的设计基础数据和资料不同。一般包括下列主要内容:

1. 现场数据(包括气象、水文、工程地质数据和其他现场数据);
2. 原料特性分析和产品标准与要求;
3. 界区接点设计条件;
4. 公用系统及辅助系统设计条件;
5. 危险品、三废处理原则与要求;
6. 指定使用的标准、规范、规程或规定;
7. 可以利用的工程设施及现场施工条件等。

## 案例 13

### 名为工程承包合同,其内在特征更符合一般承揽合同的法律要件的,认定为承揽合同纠纷并无不当

——江苏和亿昌环保工程科技有限公司与新浦化学(泰兴)有限公司承揽合同纠纷二审案

审理法院:江苏省泰州市中级人民法院
案　　号:(2018)苏 12 民终 2304 号
案例来源:中国裁判文书网
裁判日期:2019 年 3 月 5 日
关 键 词:承揽合同　建设工程合同　合同性质

## 一、裁判要旨

涉案《工程总承包合同》约定的工程内容是 3×220t/h 循环流化床锅炉(烟气量 90×104Nm$^3$/h)脱硫 EPC 工程,该工程范围主要是脱硫项目的全部设计、设材供应、安装、调试、培训等,也包括脱硫塔本体土建工作及本工程所有腐蚀防护、绝热工作。合同中更是特别约定了上述装置的各项技术指标和性能保证。可见,案涉工程是和亿昌公司按照新浦公司的要求,完成以脱硫装置的设计、安装、调试为主、少部分土建为辅的工作,其内在特征更符合一般承揽合同的法律要件,故本案定性为承揽合同纠纷并无不妥。

## 二、审判概览

### (一)案情简介

1. 本案相关主体

上诉人(原审原告):江苏和亿昌环保工程科技有限公司(以下简称“和亿昌公司”)

被上诉人(原审被告):新浦化学(泰兴)有限公司(以下简称“新浦公司”)

2. 涉诉经过

本案经法院审理查明的主要事实如图2-20所示:

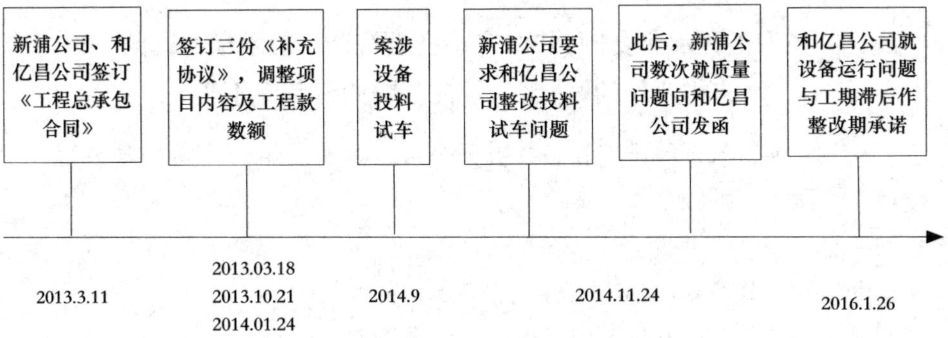


**图2-20 经法院审理查明的主要事实**

2013年3月11日,和亿昌公司与新浦公司签订《工程总承包合同》一份,双方约定:由和亿昌公司承包新浦公司3×220t/h循环流化床锅炉(烟气量90×104Nm³/h)脱硫EPC工程,承包范围包括全部设计、设备材料供应、安装、调试、人员培训等。工程采取固定总价,金额为37580000元。合同附有性能保证表、设备、材料清单等内容。该合同附件5为《工程总承包技术协议》,协议对涉案装置的工程范围、法规和标准、基本设计条件、总体设计、质量保证、性能保证与试验、施工安装等内容作了具体的约定。

双方分别于2013年3月18日、2013年10月21日、2014年1月24日签订三份《补充协议》,对项目内容及工程款支付进行调整,并对质量和付款条件及方式作了明确约定。

合同签订后,和亿昌公司即进场进行设备安装,并将项目土建部分分包给江苏天目建设集团有限公司承建。2014年7月31日,该土建工程通过竣工验收。新浦公司先后向和亿昌公司支付27274000元。2014年8月19日,新浦公司向和亿昌公司发函,称因和亿昌公司原因,工期一再延误,致使计划试车时间推迟且推迟后的试车仍未能如期完成。2014 年 9 月,案涉设备进行投料试车。2014 年 11 月 24 日,新浦公司就投料试车存在的问题发函给和亿昌公司要求整改,并称"脱硫系统处理能力达不到合同约定"。此后,新浦公司又数次就质量问题发函与和亿昌公司联系。和亿昌公司亦复函说明了原因和解决方案。

2015 年 5 月 25 日,泰兴市环保局对案涉项目运行过程中可能产生的废水、废气、噪声、固废及其他等通过竣工环保验收。

2016 年 1 月 26 日,和亿昌公司向新浦公司发函,就脱硫装置及运行中存在的严重问题及施工工期严重滞后问题等作了整改期承诺。

合同履行过程中,因工程质量问题发生矛盾产生争议,双方涉入诉讼。

### (二)主要诉请

和亿昌公司向江苏省泰兴市人民法院(以下简称"泰兴法院")提起诉讼,请求法院判令:新浦公司立即支付工程款 15406000 元以及逾期付款的利息。

### (三)判决结果

2018 年 7 月,泰兴法院作出(2016)苏 1283 民初 9641 号民事判决书,判决:驳回原告和亿昌公司的诉讼请求。和亿昌公司不服一审判决,向江苏省泰州市中级人民法院(以下简称"泰州中院")提出上诉。

2019 年 3 月,泰州中院作出(2018)苏 12 民终 2304 号民事判决书,判决:驳回上诉,维持原判。

## 三、争议焦点及各方观点

争议焦点:案涉《工程总承包合同》的合同性质为建设工程施工合同还是承揽合同。

### (一)当事人观点

和亿昌公司主张,本案应为建设工程施工合同纠纷而非承揽合同纠纷,一审认定事实错误、适用法律不当。新浦公司与和亿昌公司就新浦公司 3 × 220t/h 循环流化床锅炉(烟气量 90 × 104Nm3/h)脱硫 EPC 工程签订《工程总承包合同》,双方约定由原告和亿昌公司承包涉案工程的全部设计、设备材料供应、安装、调试、人员培训等,工程采取固定总价;和亿昌公司提供合格设备,新浦公司及时付款是合同主要义务,约定性能考核这一付款条件是附随义务。合同名称、形式、约定合同价款方式均符合建设工程施工合同要求,案涉合同应为建设工程施工合同。

新浦公司主张,本案属于承揽工程的合同性质。本案的相关合同主要内容是和亿昌公司为新浦公司承揽制作烟气锅炉的设计、采购、调试以及人员培训,相关内容均为承揽性质,与我国《建筑法》规定的建设工程合同性质不同,因此案涉合同应为承揽合同。

(二)法院观点

泰兴法院认为,建设工程合同是一种特殊的承揽合同,它与一般承揽合同的不同之处主要在于:一是两者的主体要求不同,建设工程合同对发包人和承包人的主体资格均有要求,一般要求发包人获得相应的建设行政许可,包括土地许可、规划许可、施工许可等等,承包人必须是取得相应等级建筑施工资质的企业;而承揽合同对定作人无特殊要求,承揽人可以是具有相应承揽工作资质的法人,也可以是自然人;二是两者的标的不同,建设工程合同的标的是基本建设工程,包括工程勘察、设计、施工,而一般承揽合同的标的是完成加工、定作、修理、复制、测试、检验等工作。本案中,双方在《工程总承包合同》中约定的工程内容是3×220t/h循环流化床锅炉(烟气量90×104$Nm^3$/h)脱硫EPC工程,该工程范围主要是脱硫项目的全部设计、设材供应、安装、调试、培训等,也包括脱硫塔本体土建工作及本工程所有腐蚀防护、绝热工作。合同中更是特别约定了上述装置的各项技术指标和性能保证。由此可见,案涉工程是和亿昌公司按照新浦公司的要求,完成以脱硫装置的设计、安装、调试为主、少部分土建为辅的工作,其内在特征更符合一般承揽合同的法律要件,故本案应为承揽合同纠纷。

泰州中院认为,本案中,双方在《工程总承包合同》中约定的工程内容是3×220t/h循环流化床锅炉脱硫EPC工程,该工程范围主要是脱硫项目的全部设计、设备材料供应、安装、调试、人员培训等,也包括脱硫塔本体土建工作及本工程所有腐蚀防护、绝热工作,并特别约定了上述装置的各项技术指标和性能保证。由此可见,案涉工程系和亿昌公司按照新浦公司的要求,完成以脱硫装置的设计、安装、调试为主,少部分土建为辅的工作,其内在特征更符合一般承揽合同的法律要件,故一审将本案定性为承揽合同纠纷并无不当。

## 四、本案启示

根据《合同法》的相关规定,建设工程合同通常被视为一种特殊类型的承揽合同,但对于如何区分建设工程合同和一般承揽合同,由于尚无上位法对此作出统一明确的规定,使司法实践中的认定尺度并不统一,对于名为工程承包合同的争议,可能会被定性为承揽合同纠纷、建设工程施工合同纠纷等不同案由,适用的法律依据也有所区别。因此,我们建议当事人对合同性质进行实质性把握,不仅要根据合同名称、工程建设内容、合同价款结算方式进行判断,更要结合合同标的、合同主体资格、合同管理、实体权利义务的分配等方面进行整体分析。在此基础上结合合同的实际履行状况,灵活运用法律规定,以最大限度地保障自身权益。在本案基础上,我们对承揽合同与建设工程合同进行了对比分析:

**启示1:**承揽合同和建设工程合同既有联系,又有根本不同。

承揽合同是承揽人按照定作人的要求完成工作,交付工作成果,定作人给付报酬的合同。而建设工程合同是承包人按照发包人要求进行工程建设,交付建设成果,发包人支付价款的合同,本质上具有承揽合同的性质。同时,根据《合同法》第287条的规定,"本章没有规定的,适用承揽合同的有关规定",这表明建设工程合同是一种特殊的承揽合同,并且建设工程施工合同与承揽合同在法律适用上并不存在冲突。但是,为准确确定案由、把握案件争议焦点及精准适用法律依据,应当厘定建设工程合同与一般承揽合同的界限,并重点关注以下辨别事项:

1. 合同主体的限定性

根据《建筑法》和《招标投标法》等的规定,建设工程合同项下发包人和承包人均需满足一定资格要求,通常要求发包人获取土地许可、规划许可、施工许可等建设行政许可,承包人必须是取得相应资质等级许可的建筑施工企业并且严禁其超越本企业资质等级许可的业务范围或者以任何形式用其他建筑施工企业的名义承揽工程;而承揽合同对定作人无特殊要求,承揽人可以是具有相应承揽工作资质的法人,也可以是自然人。

2. 合同标的属性不同

建设工程合同的标的是工程建设,即土木工程和建筑业范围内的线路、管道、设备安装工程的新建、改建、扩建及大型的建筑装修装饰活动,其标的物只能是不动产;而一般承揽合同的标的是完成加工、定作、修理、复制、测试、检验等工作,其标的物通常为动产。

3. 合同管理的特殊性

建设工程合同的管理方面,一直采取特殊的行政管理方式,如要求建设单位与施工单位将建设工程合同进行备案①且经招投标等;而承揽合同的管理并无特殊性,当事人之间订立的一般承揽合同并无相关法律法规要求其履行备案等监管合规手续。

4. 订立合同形式的要式性

建设工程合同为要式合同,根据《合同法》第270条的规定,建设工程合同应当采用书面形式。实践中,住建部也颁布了建设工程施工合同、建设工程总承包合同等示范文本。而承揽合同为非要式合同,《合同法》并未要求承揽合同采用书面形式,允许通过口头形式订立合同。

**启示2:**建设工程合同与一般承揽合同的上述区别,将直接影响到案件案由的确定和法律适用,也会直接影响双方权利义务的确定。

1. 针对定作人/发包人未按约定支付价款的,承揽人享有的是留置权,而承包人享有的是建设工程价款优先受偿权

根据《合同法》第264条的规定,"定作人未向承揽人支付报酬或者材料费等价款的,承揽人对完成的工作成果享有留置权,但当事人另有约定的除外",可知对于定作人未按约定支付定作价款,承揽人的救济方式是行使对工作成果的留置权。但是,根据《担保法》第82条、第84条之规定,建设工程合同的承包人在发包人未支付工程款的情况下,并不享有留置权,在此情形下,根据《合同法》第286条的规定,承包人对承建工程享有的是建设工程价款优先受偿权②。

2. 承揽合同下,定作人享有合同任意解除权;但建设工程合同下,发包人无合同任意解除权

根据《合同法》第268条的规定,承揽合同定作人享有合同任意解除权,但是《合同法》并未赋予建设工程合同发包人享有合同任意解除权。通常认为,"建设工程合同受到国家的严格管理,不允许任意变更和解除。发包人和承包人在不违反法律强制性规定的前提下,可以协商变更或者解除。变更或者解除建设工程合同

① 2019年3月,住建部颁布《住房和城乡建设部关于修改有关文件的通知》,才取消了建筑工程方案设计招投标、建设工程合同备案。

② 业界主导观点认为,《合同法》第286条规定的优先权性质为法定抵押权,而不是债权的先取特权或法定留置权,属于他物权,具有物权的追及效力,权利始终附着在标的物上,不因标的物转移而丧失优先权。

要符合法定的程序和形式”[①];“关于《合同法》第二百六十八条规定的定作人的随时解除权。该条依现行合同条文表述而言应当适用于建设工程施工合同。但从建设工程施工合同的特殊性及防止社会资源浪费的角度讲,应当尽量维护建设工程施工合同的稳定性,因此该条不应当适用于建设工程施工合同。就这一点,理论界和实务界已基本达成共识。从解释规定发包人的合同解除权的立法目的探究,该条款当然不能适用”[②]。因此,从该角度看,显然合同被定性为承揽合同,则对发包人(即承揽合同定作人)更为有利。

**案例14**

**由于承包人原因导致EPC项目无法竣工验收合格,致使合同目的无法实现时,发包人可主张解除EPC合同**

——江西新凌能源有限公司与上海齐耀动力技术有限公司建设工程施工合同纠纷二审案

审理法院:江西省高级人民法院

案　　号:(2015)赣民一终字第165号

案例来源:中国裁判文书网

裁判日期:2015年10月8日

关 键 词:生物质发电　安全事故　合同目的无法实现　EPC合同解除　预期利益损失

## 一、裁判要旨

由于承包人原因导致EPC项目无法竣工验收合格,致使发包人的合同目的无

---

① 冯小光:《回顾与展望——写在〈最高人民法院关于建设工程施工合同纠纷案件适用法律问题的解释〉颁布三周年之际》,载《民事审判指导与参考》2008年第1集(总第33集),法律出版社2008年版,第85页。

② 冯小光:《回顾与展望——写在〈最高人民法院关于建设工程施工合同纠纷案件适用法律问题的解释〉颁布三周年之际》,载《民事审判指导与参考》2008年第1集(总第33集),法律出版社2008年版,第85页。

法实现,发包人可要求解除EPC合同。合同解除后,发包人因EPC项目工程而实际支出的损失由承包人承担赔偿责任;关于预期利益损失,考虑到案涉项目为高新技术项目,发包人对项目可能失败的风险也应有一定预判,故法院未支持预期利益损失。

## 二、审判概览

### (一)案情简介

1. 本案相关主体

上诉人(一审原告):江西新凌能源有限公司(以下简称"江西新凌公司")

上诉人(一审被告):上海齐耀动力技术有限公司(以下简称"上海齐耀公司")

本案相关主体之间的法律关系如图2-21所示:

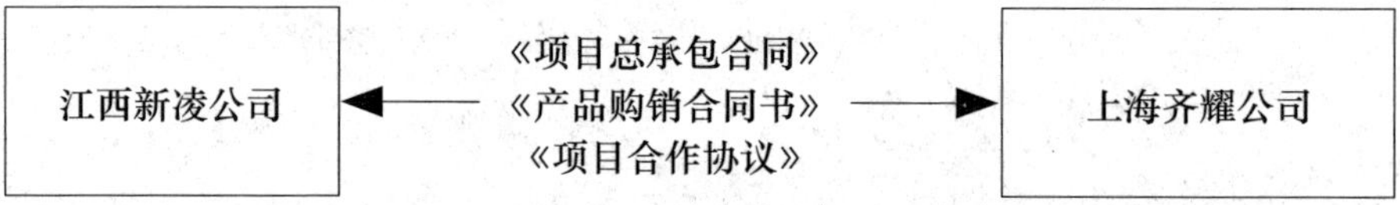


**图2-21　相关主体之间的法律关系**

2. 涉诉经过

2008年12月2日,浙江新凌能源投资有限公司(以下简称"浙江新凌公司")与谱赛科(江西)生物技术有限公司(以下简称"生物技术公司")签订《生物质制沼气发电项目合同》,就浙江新凌公司租赁生物技术公司的场地,并使用生物技术公司的工业废品甜叶菊废渣进行厌氧发酵,利用所产生的沼气进行发电的相关事宜进行约定。

为履行该《生物质制沼气发电项目合同》,浙江新凌公司注册成立了具有独立法人资格的项目公司江西新凌公司(系浙江新凌的子公司)。2009年7月1日,江西新凌公司(甲方)与上海齐耀公司(乙方)签订《江西赣县(谱赛科)生物质发电项目建设工程总承包合同》(以下简称"《项目总承包合同》"),双方商定采取EPC模式(即交钥匙工程),由上海齐耀公司一揽子承包该项目的勘察、设计、采购、施工和试运行服务,但土建、照明、给排水、暖通、消防监控系统,安防监控系统、电网接入系统等辅助工程,上海齐耀公司仅负责工艺设计或技术协调,不负责具体施工。工程内容为甜叶菊废渣厌氧消化、沼气发电、沼渣处理。

江西新凌公司(甲方)与上海齐耀公司(乙方)还于2009年7月签订了《江西新

凌能源有限公司产品购销合同书》(以下简称"《产品购销合同书》"),合同将该项目需要用到的有关设备的具体名称、规格型号、数量、价格等详细列明。

2010 年 9 月,上海齐耀公司(甲方)、江西新凌公司(乙方)与案外人浙江新凌公司、杨建富、陈华阳签订《关于江西赣县谱赛科甜叶菊糖有限公司污水处理沼气发电项目之合作协议》(以下简称"《项目合作协议》"),约定了内部竣工验收程序及标准,即"进行验收前 30 日起连续日进料量根据乙方和谱赛科签订的日供料合同和一期设计标准的前提下,沼气发电机组按照国家相关标准达到 72 小时全功率谱测试上网条件"。

在上海齐耀公司安装及调试期间,案涉工程相继发生质量安全事故。

赣县安全生产监督管理局分别于 2011 年 7 月 24 日及 7 月 26 日向江西新凌公司发出《责令限期整改指令书》及《关于责令赣县(谱赛科)生物质发电项目立即停止试生产进行隐患整改的通知》。

案涉项目于 2011 年 9 月开始发电上网并与赣县供电有限责任公司进行电费结算。2012 年 2 月 16 日以后,案涉项目停止了发电,此后未再发电。

2012 年 1 月,江西新凌公司向上海齐耀公司发出要求解除《项目总承包合同》《产品购销合同书》《项目合作协议》三份协议的通知。

2012 年 2 月 7 日,上海齐耀公司回复江西新凌公司,称不理解也不同意解除三份合同。

因解除合同及赔偿事宜产生争议,双方涉入诉讼。

### (二)主要诉请

江西新凌公司向江西省赣州市中级人民法院(以下简称"赣州中院")提起诉讼,请求法院判令:解除江西新凌公司与上海齐耀公司就赣县(谱赛科)生物质发电项目所签订的《项目总承包合同》《产品购销合同书》《项目合作协议》三份协议,并要求上海齐耀公司返还工程及设备款 250 万元、赔偿江西新凌公司直接投入损失及可得利润损失等。

上海齐耀公司提出反诉,请求法院判令:继续履行江西新凌公司与上海齐耀公司就赣县(谱赛科)生物质发电项目所签订的《项目总承包合同》《产品购销合同书》《项目合作协议》三份协议,并请求在整体验收后由江西新凌公司支付剩余工程款 8260900 元、设备款 7584350 元以及融资利息。

(三)判决结果

2014年7月4日,赣州中院作出(2014)赣中民一初字第57号民事判决书[①]。双方均不服一审判决,向江西省高级人民法院(以下简称"江西高院")提出上诉。

2014年10月15日,江西高院裁定将该案发回赣州中院重新审理。

2015年4月27日,赣州中院作出(2014)赣中民一初字第57号民事判决书,判决:(1)解除江西新凌公司与上海齐耀公司2009年7月1日签订的《项目总承包合同》、2009年7月签订的《产品购销合同书》、2010年11月10日签订的《项目合作协议》;(2)由上海齐耀公司退回江西新凌公司前期工程款及设备款共计250万元;(3)由上海齐耀公司赔偿江西新凌公司直接投入该项目中的土建工程、照明、给排水、暖通、消防监控系统、安防监控系统等工程费用总计10863433.35元;(4)上海齐耀公司为该项目采购的设备归上海齐耀公司所有及处置;(5)驳回江西新凌公司的其它诉讼请求;(6)驳回上海齐耀公司请求继续履行上述三份协议,进行项目整体验收并支付工程款、设备款及融资利息等反诉请求。

双方均不服一审判决,向江西高院提出上诉。

2015年10月8日,江西高院作出(2015)赣民一终字第165号民事判决书,判决:(1)驳回上诉,维持原判;(2)江西省赣州市中级人民法院(2014)赣中民一初字第57号民事判决第四项所涉财产限上海齐耀动力技术有限公司自本判决生效之日起1年内处置完毕,江西新凌能源有限公司予以协助。

## 三、争议焦点及各方观点

(一)案涉工程完工但无法通过竣工验收合格是谁的原因;本案是否符合法定的合同解除条件

本案中,双方当事人对于合同中约定竣工后须经过设备调试发电与内部竣工验收两个必经程序以及该项目尚未经过内部竣工验收程序的事实均无异议。但对于上海齐耀公司提供的技术和服务能否实现双方合同约定的竣工验收标准,什么原因导致本案诉争项目未能竣工验收,本案诉争合同目的能否实现,存在争议。

---

① 截至2019年8月31日,我们尚未检索到该裁判文书判决结果的相关信息,但该判决结果并不影响后续的(2014)赣中民一初字第57号民事判决书及(2015)赣民一终字第165号民事判决书。

1. 当事人观点

江西新凌公司主张,该项目系 UASB 厌氧发酵这个单元的工艺设计有致命性问题,导致产生的沼气不足以全功率持续发电,不得不断断续续发电,从而不能达到内部竣工验收的条件。

上海齐耀公司主张,不是工艺设计有问题,而是江西新凌公司提供的甜叶菊废渣原料供应不足,导致未能内部竣工验收。

2. 法院观点

赣州中院及江西高院均认同江西新凌公司的观点,认为争议工程项目的合同目的已无法实现,发包人有权解除三份合同。理由如下:

(1)江西新凌公司提交的专家意见,比上海齐耀公司提交的专家意见更具有可信度。上海齐耀公司提交的专家意见中的四名专家均与其具有一定的利害关系,且在出具意见之前未到实地现场勘察;而江西新凌公司提供的专家意见中的专家与其没有直接利害关系,且到现场进行了现场勘察。

胡明成(江西新凌公司的专家证人,成都大学城乡建设学院环境工程系主任,副教授,市政工程博士,研究方向为污水处理)在庭审中的陈述及其起草的专家论证书,点明了该项目存在的一些问题,并认为该项目最为关键也是最致命的一个环节,是用 UASB 厌氧发酵工艺来处理甜叶菊废渣这个工艺缺陷。传统的 UASB 厌氧发酵工艺是用来处理液态污水的工艺,不能用来处理固化物,而甜叶菊废渣是固化物,稀释之后的固化浓物也很高,这种工艺缺陷是造成项目不能验收的根本原因。《可行性研究报告》①中虽然称使用改进型 UASB 工艺,但从其工艺设计及有关图纸来看,并没有实质性的改良措施。而且,上海齐耀公司在厌氧罐爆裂后的修复措施来看,仅是简单加装一个搅拌设施,不能解决渣在上面的情况,不能解决 UASB 厌氧发酵工艺的致命缺陷,故改造成功的希望是非常渺茫的。胡明成的这些观点可得到《可行性研究报告》、证人陈泽智的证言以及上海齐耀公司修复过程中原因排查的印证。

(2)由上海齐耀公司负责为涉案项目工程提供技术服务,而本项目在调试过程中多次发生事故。2011 年 6 月上海齐耀公司开始对该项目进行调试发电,调试过程中,1#厌氧罐相继发生多次爆裂,其他厌氧罐也有不同程度损毁,经赣县安全生产

① 赣州中院认定,《可行性研究报告》系齐耀公司总承包赣县(谱赛科)生物质发电项目的设计方案,上海齐耀公司是该项目的设计单位。

监督管理部门停止试生产进行隐患整改,并要求整改方案经专家组论证。上海齐耀公司在修复过程中并没有另行雇请专家对修复方案进行论证,而是由原设计者刘宇及参与设计人员彭武厚阅看并签名后即付诸实施,整改之后也没有经过安全生产监督管理局验收。

(3)从该发电项目调试运行过程中的发电上网供电数据来看,该项目的发电量远未达到双方合同约定的标准或者技术数据。至于江西新凌公司是否提供充足的原料,考虑到江西新凌公司于 2012 年 2 月 16 日以后就停止了试生产,此后也不再需要供应甜叶菊废渣,谱赛科公司于此时停止供应江西新凌公司甜叶菊废渣,对于该项目并没有影响。

综上,江西高院认为,由上海齐耀公司总承包的该项目没有完成内部竣工验收程序,且由于 UASB 厌氧发酵工艺处理固化物的致命性工艺缺陷,达不到合同约定的标准,也无法通过整改达到合同约定的标准,上海齐耀公司的行为构成根本性违约,不能实现江西新凌公司的合同目的,符合《合同法》第 94 条规定的法定解除合同的情形。

### (二)上海齐耀公司是否应向江西新凌公司赔偿可得利益损失 1900 万元

1. 当事人观点

江西新凌公司主张,既然上海齐耀公司构成根本性违约,则上海齐耀公司应当向新凌公司赔偿包括可得利益损失在内的全部损失。虽然江西新凌公司的可得利益损失主要是依据《可行性研究报告》计算得出的,然而,《可行性研究报告》是上海齐耀公司出具的,原审法院对此也作出了明确的认定,江西新凌公司正是基于对《可行性研究报告》利益的依赖,才会与上海齐耀公司签订《项目总承包合同》,只要《项目总承包合同》能够得到全面履行,《可行性研究报告》上所陈述的期望利润就能够得到。

上海齐耀公司主张,可得利益损失计算的依据是《可行性研究报告》,上海齐耀公司对该报告一直不予认可。《可行性研究报告》本身只是一种对建设项目的可行性的综合性评述,不是双方认可的合同组成部分或者是合同附件,不能作为计算可得利益损失的依据。

2. 法院观点

赣州中院及江西高院均认为,因本项目系国内首例利用甜叶菊废渣进行厌氧发酵产生沼气,从而利用沼气进行发电的项目,该项目的技术属国内首创。江西新凌公司作为该项目的建设单位,对于该项目可能失败的高风险应当有所预见,但其轻信《可行性研究报告》的有关数据,导致其自身的损失。考虑到可得利益损失系根据《可行性研究报告》计算得出的,并非实际的利润损失,且上海齐耀公司在本项目中也承担了损失,江西新凌公司对工程项目逾期完工也存在一定责任。故,一审和二审法院均未支持可得利益损失。

## 四、本案启示

**启示1:**案件处理中,须用好"专家证人"这把"双刃剑"。

在专业性较强的案件中,双方当事人为了让法官更清晰地了解案件中相关技术性问题,往往会申请"具有专门知识的人员"出庭说明专业问题,提高庭审效率。在民事诉讼中,这类人员更多地被称为"专家证人"。这些专家往往还担任了一定的社会职务,在业内的威信较高。在建设工程纠纷中,担任专家证人的往往是具有丰富专业知识以及实践经验的资深人士,如注册建筑师、注册结构师、注册造价师等专业人员。

《最高人民法院关于民事诉讼证据的若干规定》第61条规定:"当事人可以向人民法院申请由一至二名具有专门知识的人员出庭就案件的专门性问题进行说明。人民法院准许其申请的,有关费用由提出申请的当事人负担。审判人员和当事人可以对出庭的具有专门知识的人员进行询问。经人民法院准许,可以由当事人各自申请的具有专门知识的人员就案件中的问题进行对质。具有专门知识的人员可以对鉴定人进行询问。"

本案中双方当事人都申请专家证人出庭作证,但是法官却只采纳了江西新凌公司的专家证人意见。法官采信江西新凌公司专家证人的考量因素为我们处理类似案件提供了很好的思路:

1. 选择的专家证人应与案件不存在利害关系且立场中立,其观点更易被法官采信和接纳。本案中,江西新凌公司申请的专家证人是成都大学城乡建筑学院环境工程系主任,与双方当事人都无直接利害关系。而上海齐耀公司的专家证人却是案涉项目的主创人员、项目技术顾问或有合作关系的人员,与案涉项目均存在一定利害关系。两者相比,显然保持中立的专家证人出具的意见更容易被法官采信和接纳。

2. 专家证人意见的依据是否充足、论证是否充分,也将影响法官判断。本案中,江西新凌公司的专家证人就"用UASB厌氧发酵工艺来处理甜叶菊废渣存在工艺缺陷"事项进行了现场勘查、充分论证,并对上海齐耀公司的设计缺陷进行了详细阐述。反观,上海齐耀公司的专家意见却只是泛泛而谈,既没有相关技术性规范依据,也没有经实践验证的有关数据作为支撑,而且在未经现场勘查、鉴定书出具之前就已完成了签名。

在专业技术程度上,法官往往需要专业人员的辅助,当事人选择敬业、严谨的专家证人提供专业意见,可以帮助法官了解案件事实并厘清专业方面的疑惑,从而更有效地实现己方的代理目的;而相反的,如果专家证人提供的意见态度敷衍、无实质性内容,法官在自由裁量范围内会如何抉择也就显而易见了。

**启示 2:**高新技术项目中,EPC 项目的建设单位更应关注风险分配条款。

案涉项目系国内首例利用甜叶菊废渣进行厌氧发酵产生沼气,从而利用沼气进行发电的项目,该项目的技术属国内首创。赣州中院及江西高院均认为,作为高新技术项目的建设单位,应对项目可能失败的风险有一定预判,但其轻信《可行性研究报告》的有关数据,导致其自身的损失,同时结合其他因素并未支持建设单位主张的可得利益损失。因此,对于 EPC 项目,特别是高新技术项目,建设单位更应关注项目中的风险防范。

张水波、陈勇强教授基于业主和总承包商间的风险分担角度综合地将风险分为 EPC 合同环境风险、EPC 项目本身风险和 EPC 合同参与方行为关系风险三类[①],其中"对于设计方案的合理性判断"风险属于 EPC 项目本身风险大类中的项目设计风险[②]。因我们通过公开检索渠道未发现案涉项目的具体合同文件,且判决书中并未对此进行阐述,故暂无法判断本案中"设计方案合理性"的风险按照合同约定究竟应由哪方承担。

而从 EPC 的相关标准合同文本来看,以 2017 版 FIDIC《设计—采购—施工与交钥匙项目合同条例》(Conditions of Contract for EPC/Turnkey Projects)为例,第 5.8 款 Design Error 就"设计错误"进行了约定:

*5.8 Design Error*

*If errors, omissions, ambiguities, inconsistencies, inadequacies or other defects are found in the Contractor's Documents, they and the Works shall be corrected in accordance with Sub - Clause 7.5 [Defects and Rejection]. If such Contractor's Documents were previously the subject of a Notice of No - objection given (or deemed to be*

---

① 张水波、陈勇强编著:《国际工程总承包 EPC 交钥匙合同与管理》,中国电力出版社 2015 年版,第 127 ~ 130 页。

② 详见本书第三章"海外 EPC 项目合同风险管理"。

*given) by the Employer under Sub – Clause 5. 2. 2[Review by Employer], the provisions of Sub – Clause 5. 2. 2 shall apply as if the Employer had given a Notice in respect of the Contractor's Documents under sub – paragraph (b) of Sub – Clause 5. 2. 2.*

*All corrections and resubmissions under this Sub – Clause shall be at the Contractor's risk and cost.*

*"5.8　设计错误*

*如果在承包商设计和/或承包商文件中发现有错误、遗漏、含糊、不一致、不适当或其他缺陷,则应按照第7.5 款【缺陷和拒收】进行更正。如果该承包商文件之前是由雇主根据第5.2.2 款【雇主审查】发出【或视为发出】的无异议通知的事项,则应当适用第5.2.2 款的规定,就像雇主已经根据第5.2.2 款第(b)项就承包商文件发出了通知。*

*本条款项下的所有更正和重新提交均由承包人承担风险及费用。"*

再以《标准设计施工总承包招标文件》(2012 年版)为例,其第四章"合同条款及格式"的通用合同条款第 4.1.4 项约定,"承包人应按合同约定的工作内容和进度要求,编制设计、施工的组织和实施计划,并对所有设计、施工作业和施工方法,以及全部工程的完备性和安全可靠性负责"。

上述标准合同文本均符合 EPC 项目的常见风险承担原则,即由工程总承包单位承担包括采购、设计、施工等在内的一系列风险,而承包商也可相应地获得更高的费用/利润。

在 EPC 项目中,建设单位往往并不具备专业的设计、施工能力,这也是其选择采用 EPC 模式的重要原因之一,如果此时再要求建设单位对承包商设计文件的合理性具备较高的判断能力未免太过严苛,特别对于所采用的技术属于国内首创的项目来说更是如此。因此,笔者认为,作为高新技术项目的建设单位应对项目可能失败的风险有一定预判无可厚非,但因工程总承包单位原因导致设计有误的,建设单位仍应有权根据《合同法》第 113 条"当事人一方不履行合同义务或者履行合同义务不符合约定,给对方造成损失的,损失赔偿额应当相当于因违约所造成的损失,包括合同履行后可以获得的利益,但不得超过违反合同一方订立合同时预见到或者应当预见到的因违反合同可能造成的损失"的规定,要求承包商赔偿包括可得利益在内的损失,但建设单位应承担对于可得利益损失的举证责任并详细说明其计算方式及计算依据,如其主张的损失中包含工程总承包单位在签订合同时无法预见的损失,或并未扣除其本身过错范围内应自行承担的损失,则该等损失存在不被支持的风险。

此外,我们建议参与工程总承包项目的各方主体在EPC合同的签订过程中,应当对双方的风险分配进行明确约定。与普通工程项目相比,高新技术项目中的EPC建设单位面临的风险更多、更为复杂,因此更应进行提前防范,在合同条款中做好相应的完善和安排,必要时可以聘请专业律师及工程建设领域的资深技术专家把关,以最大限度地降低EPC项目风险。

**附:相关法律条文**

**《中华人民共和国合同法》**

**第九十四条** 有下列情形之一的,当事人可以解除合同:

(一)因不可抗力致使不能实现合同目的;

(二)在履行期限届满之前,当事人一方明确表示或者以自己的行为表明不履行主要债务;

(三)当事人一方迟延履行主要债务,经催告后在合理期限内仍未履行;

(四)当事人一方迟延履行债务或者有其他违约行为致使不能实现合同目的;

(五)法律规定的其他情形。

**第九十七条** 合同解除后,尚未履行的,终止履行;已经履行的,根据履行情况和合同性质,当事人可以要求恢复原状、采取其他补救措施、并有权要求赔偿损失。

## 案例15

### 持有设计资质的主体可依法承接工程总承包项目,且履行过程中的书面往来文件将作为确定合同实际履行的依据

——陕西达华电力工程有限责任公司与陇川鸿宇安新能源科技有限公司建设工程施工合同纠纷二审案

审理法院:最高人民法院

案　　号:(2016)最高法民终695号

案例来源:中国裁判文书网

裁判日期:2017年3月31日

关 键 词:EPC总包合同　设计　实际履行　EPC分包

## 一、裁判要旨

**要旨1** 持有设计资质的主体可以承接与其资质证书许可范围相适应的工程总承包业务,并依法将工程总承包项目中的施工业务分包给具有相应施工资质的企业。

**要旨2** 当事人对合同是否实际履行产生争议的,设计图纸方面的往来函件、图纸会审纪要、各方往来函件、节点付款申请单等证据将作为确定合同实际履行的依据。

## 二、审判概览

### (一)案情简介

1. 本案相关主体

上诉人(原审原告):陕西达华电力工程有限责任公司(以下简称"达华公司")

被上诉人(原审被告):陇川鸿宇安新能源科技有限公司(以下简称"鸿宇安公司")

本案相关主体之间的法律关系如图2-22所示:

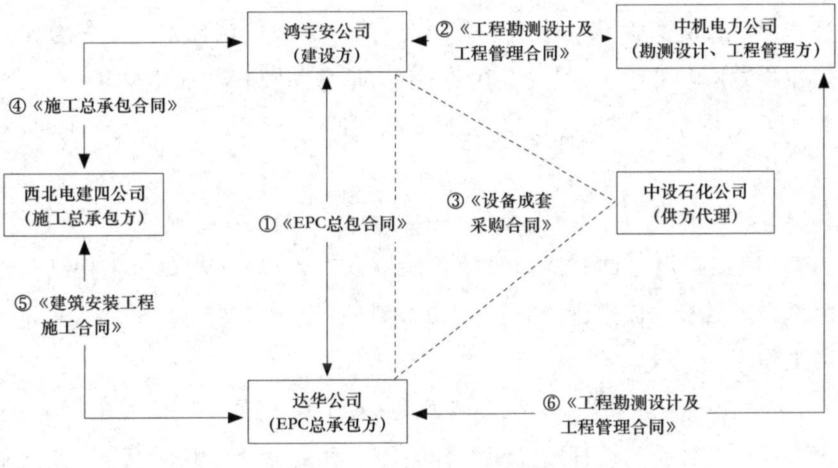


**图2-22 相关主体之间的法律关系**

2. 涉诉经过

经法院审理查明的主要事实如图2-23所示:

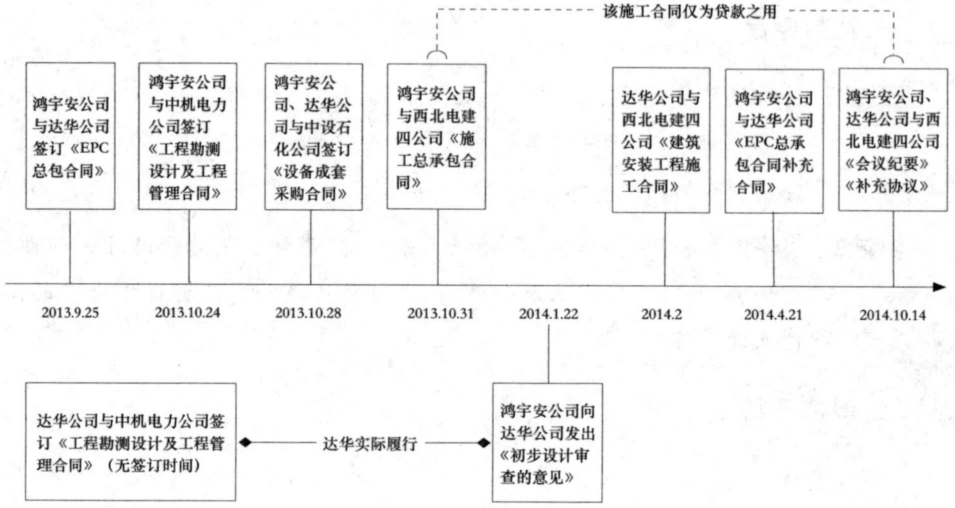


**图2-23 经法院审理查明的主要事实**

2013年9月25日鸿宇安公司与达华公司就云南陇川生物质发电工程项目签订《EPC总包合同》,约定工程采用设计、采购、建造及服务的EPC总承包方式,合同总价为18240万元,为固定总价,合同约定了合同进度款的支付节点及支付金额。

在签订《EPC总包合同》前,2013年9月22日,达华公司与西北电力建设第四工程公司(以下简称"西北电建四公司")签订了《合作协议》,约定双方合作完成云南陇川生物质发电工程土建、安装工作;由达华公司负责与业主的协商、工程管理工作和EPC合同签订及分包工作,由西北电建四公司完成厂区平整、土建、安装和调试等工作。

2013年10月24日,鸿宇安公司与中机国能电力工程有限公司(以下简称"中机电力公司")签订《云南省陇川县生物质发电厂2×15MW机组工程勘测设计及工程管理合同》,合同固定含税总价为2080万元,设计范围:除厂外接入系统工程外的所有工作。

另,达华公司也与中机电力公司签订《云南省陇川县生物质发电厂2×15MW机组工程勘测设计及工程管理合同》,合同固定含税总价为1880万元,设计范围与上述鸿宇安公司和中机电力公司签订的《工程勘测设计及工程管理合同》相同。该合同无具体签订落款时间。

2013年10月28日,鸿宇安公司(需方)、达华公司(供方)、中设石化机械有限公司(以下简称"中设石化公司")(供方代理)三方签订《设备成套采购合同》,合同设备购置费总价24600万元。

2013年10月31日,鸿宇安公司与西北电建四公司签订《陇川生物质发电工程施工总承包合同》,合同总价为7500万元。

2014年2月,由达华公司与西北电建四公司签订《陇川生物质发电2×15MW工程全厂建筑安装工程施工合同》,建筑工程固定包干总价为4105万元及安装工程固定包干总价为2195万元,进度质量考核200万元,共6500万元。

2014年1月22日,鸿宇安公司向达华公司发出《关于陇川生物质发电厂项目初步设计审查的意见》,同意达华公司提出的初步设计文件内容和设计原则、技术标准,将专家主要审查意见转发给达华公司,要求达华公司进一步完善、修改初步设计阶段的设计文件,并抓紧安排好施工图设计,保证里程碑实际进度的实施。

2014年4月21日,鸿宇安公司与达华公司签订《陇川生物质发电工程EPC总承包合同补充合同》,将桩基工程项目发包给达华公司,合同价格为362.5080万元。

2014年10月14日,鸿宇安公司、达华公司、西北电建四公司与监理公司共同签署《会议纪要》,约定复工后西北电建四公司的工程款按照月度工程量由总包和监理审核后付款,不再执行合同节点付款计划。

同日,鸿宇安公司、达华公司、西北电建四公司三方签订《补充协议》,约定建设方为鸿宇安公司,EPC总承包单位为达华公司,施工总承包方为西北电建四公司。为明确建设方、EPC总承包方及施工总承包方三方权利与义务,经三方2014年10月14日会议协商,作为鸿宇安公司贷款的《陇川生物质发电工程施工总承包合同》废止;由达华公司与西北电建四公司签订的《陇川生物质发电2×15MW工程全厂建筑安装工程施工合同》是西北电建四公司履行本项目唯一的合同范本,对本项目施工范围、进度目标、节点付款、质量及安全具有约束力。

因《EPC总包合同》是否有效、是否实际履行等事宜产生争议,双方涉入诉讼。

### (二)主要诉请

达华公司向云南省高级人民法院(以下简称"云南高院")提起诉讼,请求法院判令:鸿宇安公司向达华公司支付拖欠工程款5348.5080万元等。

### (三)判决结果

2016年6月8日,云南高院作出(2015)云高民一初字第22号民事判决书,判决:(1)《EPC总包合同》有效且已实际履行,但达华公司未能提交满足合同约定付款条件的相关证据且主张场外道路费和地基处理费的证据不足,故判决驳回达华公司的全部诉讼请求;(2)一审案件受理费309225.4元由达华公司承担。达华公司不服一审判决,向最高人民法院提出上诉。

2017年3月31日,最高人民法院作出(2016)最高法民终695号民事判决书①,判决:(1)一审判决认定事实清楚,适用法律正确,应予维持;(2)驳回上诉,维持原判。

## 三、争议焦点及各方观点

### (一)设计单位有权在其资质证书许可范围内承接工程总承包项目并签订《EPC总包合同》

1. 当事人观点

达华公司主张,达华公司具有工程设计电力行业乙级资质,有权承接EPC工程总承包项目,所签订的EPC合同有效。

鸿宇安公司主张,达华公司不具有EPC承包资质,双方签订的《EPC总承包合同》应认定为无效合同。

2. 法院观点

云南高院认为,依照住房和城乡建设部颁布的《工程设计资质标准》及《电力行业建设项目设计规模划分表》,涉案工程项目(生物质发电工程)属于电力行业新能源工程。因达华公司具备工程设计电力行业乙级资质,其可以承担包含该项新能源发电工程在内的电力行业设计业务。《工程设计资质标准》以及达华公司持有的资质证书中均已明确,持有设计资质的主体可以从事资质证书许可范围内的相应工程总承包、工程项目管理和相关的技术、咨询管理服务,因此达华公司可以承接工程总承包业务。

鸿宇安公司提出的涉案工程规模为2×15MW,超出达华公司的资质规模问题,鉴于《电力行业建设项目设计规模划分表》未对新能源建设项目的设计规模作出划分,故鸿宇安公司的该项抗辩理由一审法院不予采信。

综上,达华公司的资质完全可以承接涉案EPC工程总承包业务。最高人民法院二审时,双方未将该问题作为争议焦点。

---

① 本案二审法院并未将《EPC总包合同》是否有效、是否实际履行作为争议焦点,但一审法院的裁判规则值得思考及借鉴。

### (二)如何认定《EPC 总包合同》是否已实际履行

1. 当事人观点

达华公司主张,合同已实际履行,鸿宇安公司分别与中机电力公司签订的设计合同、与西北电建四公司签订的施工合同、与中设石化公司及达华公司三方签订的设备采购合同均是为了贷款需要而签订,并未履行。其中,中设石化公司并未进行任何设备采购行为,设备采购亦全部由达华公司实际履行采购。

鸿宇安公司主张,《EPC 总包合同》并未实际履行,鸿宇安公司与达华公司之间只存在设备采购合同关系,而工程的设计单位为中机电力公司,施工单位为西北电建四公司。

2. 法院观点

云南高院认为:

第一,关于设计。虽然鸿宇安公司就工程设计分别与达华公司、中机电力公司签订了两份合同,但三方对实际履行设计的主体为达华公司并无争议,且设计图纸方面的往来函件、图纸会审纪要等证据均表明,参与设计的主体是达华公司,达华公司具有实际履行设计的行为,故法院认定达华公司为工程设计的主体。

第二,关于施工。达华公司和鸿宇安公司均认可西北电建四公司系现场的施工单位,但达华公司认为施工工程是其分包给西北电建四公司,而鸿宇安公司认为施工工程系其直接发包给西北电建四公司。2013 年 9 月 25 日,鸿宇安公司与达华公司签订《EPC 总承包合同》;2013 年 10 月 31 日,鸿宇安公司与西北电建四公司签订《陇川生物质发电工程施工总承包合同》;2014 年 2 月 26 日,达华公司与西北电建四公司签订《陇川生物质发电 2 × 15MW 工程全厂建筑安装工程施工合同》。2014 年 10 月 14 日,鸿宇安公司作为“建设方”、达华公司作为“EPC 总包方”、西北电建四公司作为“施工总承包方”签订的《补充协议》第 1 条约定:“作为鸿宇安公司贷款的《陇川生物质发电工程施工总承包合同》废止”;第 2 条约定:“《陇川生物质发电 2 × 15MW 工程全厂建筑安装工程施工合同》是西北电建四公司履约本项目唯一的合同范本,对项目施工范围、进度目标、节点付款、质量及安全具有约束力。”

根据上述补充协议的内容,鸿宇安公司与西北电建四公司签订的《陇川生物质发电工程施工总承包合同》系为项目贷款需要而签订,西北电建四公司与达华公司签订的《陇川生物质发电 2 × 15MW 工程全厂建筑安装工程施工合同》系达华公司为履行《EPC 总承包合同》而签订,西北电建四公司系达华公司的施工分包单位。故鸿宇安公司以其与西北电建四公司签订的《陇川生物质发电工程施工总承包合同》而否认《EPC 总承包合同》的履行,与事实不符,不予采信。

第三,关于设备采购。鸿宇安公司在庭审中认可设备采购系由达华公司履行,故具体的采购主体不再是争议焦点。

综上,《EPC 总承包合同》包含的设计、施工、设备采购的履行主体均是达华公司,《EPC 总承包合同》已实际履行。此外,结合达华公司以"总包单位"身份参与工程项目的若干次《周例会会议纪要》,以及达华公司和鸿宇安公司之间往来的函件、节点进度款请款单等证据亦能证明《EPC 总承包合同》已实际履行。

## 四、本案启示

**启示 1:**拥有设计资质的企业可以在其资质等级许可范围内承接工程总承包业务,工程总承包企业可以将项目的设计或者施工业务择优分包给具有相应资质的企业。

我国目前并未设立工程总承包资质。《住房城乡建设部关于进一步推进工程总承包发展的若干意见》(建市〔2016〕93 号)第 2 条第 7 项规定:"工程总承包企业的基本条件。工程总承包企业应当具有与工程规模相适应的工程设计资质或者施工资质,相应的财务、风险承担能力,同时具有相应的组织机构、项目管理体系、项目管理专业人员和工程业绩。"住房和城乡建设部《工程设计资质标准》第三部分"承担业务范围"规定,具有工程设计资质的企业可承担资质证书许可范围相应的建设工程总承包业务。也就是说,拥有工程设计资质或施工资质,均可以在其资质证书许可范围内承接工程总承包业务。《住房城乡建设部关于进一步推进工程总承包发展的若干意见》第 2 条第 9 项规定:"工程总承包企业可以在其资质证书许可的工程项目范围内自行实施设计和施工,也可以根据合同约定或者经建设单位同意,直接将工程项目的设计或者施工业务择优分包给具有相应资质的企业。仅具有设计资质的企业承接工程总承包项目时,应当将工程总承包项目中的施工业务依法分包给具有相应施工资质的企业。仅具有施工资质的企业承接工程总承包项目时,应当将工程总承包项目中的设计业务依法分包给具有相应设计资质的企业。"在最高人民法院审理的山东巨润建材有限公司(以下简称"巨润建材公司")与上海环境工程研究院有限公司(以下简称"上海环境公司")、第三人常州联慧资源环境科技有限公司建设工程合同纠纷一案中,巨润建材公司主张案涉合同无效,理由是上海环境公司仅具备环境工程设计的能力和资质,并不具备承接环境工程项目的施工资质,且上海环境公司存在非法转包的行为。最高人民法院认为,上海环境公司的工程设计资质证书显示其业务范围为:环境工程(水污染防治工程、大气污染防治工程、固体废物处理处置工程)专项甲级,可从事资质证书范围内的相应工程总承包、工程项目管理和相关的技术与管理服务,案涉工程为大气污染防治工程,属于上海环境公司资质证书规定的业务范围,原审法院认定上海环境公司"可以从事资质证书许可范围内的建设工程总承包业务以及项目管理和相关的技术与管理服务"正确。

**启示2**:在发包人因贷款等需求,直接与设计单位、施工单位或供货商分别签订合同时,工程总承包企业应提高风险管理意识,及时保留证据,证明由工程总承包单位实际履行了《EPC总承包合同》。

本案中,达华公司和鸿宇安公司是案涉《EPC总承包合同》《设备成套采购合同》《补充协议》等协议的签订主体和履行主体,是合同的相对方,双方之间存在建设工程合同法律关系。在项目实施过程中,达华公司以工程总承包单位的身份参与了设计、采购等,并将施工业务依法分包给具有相应施工资质的企业,结合相应的往来函件、请款单等证据,可见达华公司已经实际履行《EPC总承包合同》。施工过程中,鸿宇安公司因项目贷款需求,分别与中机电力公司、西北电建四公司等签订了设计合同、施工合同等。后在2014年10月14日,鸿宇安公司作为建设方、达华公司作为EPC总包方、西北电建四公司作为施工总承包方签订了一份《补充协议》明确约定:作为鸿宇安公司贷款的《陇川生物质发电工程施工总承包合同》废止;由达华公司与西北电建四公司签订的《生物质发电2×15MW工程全厂建筑安装工程施工合同》是西北电建四公司履约本项目唯一的合同范本,对项目施工范围、进度目标、节点付款、质量及安全具有约束力。2014年10月14日签订的《补充协议》,明确了实际履约依据。

EPC总承包模式要求从事工程总承包的企业按照与建设单位签订的合同,对工程项目的设计、采购、施工等实行全过程的承包,并对工程的质量、安全、工期和造价等全面负责。因此,我们建议:

第一,工程总承包企业应当加强对分包的管理,在依法选择分包企业之前应当对分包企业的资质、资信、履约能力等进行全面尽职调查,防范分包工程的质量、安全问题。

第二,工程总承包企业应当加强对工程的全流程管理,应对全部工程进行实质性管理,防止设计、施工、采购部分分别可能产生的问题。同时工程总承包企业应当协调好建设单位、设计单位、施工单位、采购单位之间的关系,防止由于各方的信息不对称、未能有效衔接等原因而导致的风险及纠纷。

第三,因业主贷款等需要,同时由业主与设计单位、施工单位、供货商等直接签订相关合同时,工程总承包企业应提高风险管理意识,及时保留证据,通过补充协议、会议纪要等书面证据,证明工程的设计、施工、采购均由工程总承包单位负责实施,工程总承包单位已实际履行了《EPC 总承包合同》。

**启示 3:**当事人就同一项目签订数份建设工程 EPC 合同的,参照《施工合同司法解释(二)》最新的规定,如果实际履行的合同难以确定,按照最后签订的合同结算建设工程价款,故工程总承包单位在项目管理过程中应重视签约和履约管理。

《施工合同司法解释(二)》第 11 条规定:"当事人就同一建设工程订立的数份建设工程施工合同均无效,但建设工程质量合格,一方当事人请求参照实际履行的合同结算建设工程价款的,人民法院应予支持。实际履行的合同难以确定,当事人请求参照最后签订的合同结算建设工程价款的,人民法院应予支持。"本条明确了有数份无效合同时的结算方式:能确定实际履行的合同的,以该份合同为准;难以确定的,以当事人签订的最后一份合同为结算依据。

参照最高人民法院的上述规定,对于工程总承包企业在项目风险管理阶段,我们建议,当双方存在多份合同时,承包人需要重点关注合同的签约时间,确保签订在后的合同应为双方真实履行的合同。同时,需要注意签署的多份合同在具体内容上的衔接问题,避免存在前后不一致的约定。

鉴于 EPC 总承包合同内容复杂,工程总承包企业需对整个项目承担责任,笔者建议,工程总承包企业在合同签订前聘请专业的工程全流程法律服务团队,协助企业提前防范法律风险、技术风险、管理风险等,提前为 EPC 总承包合同的履行保驾护航,提供相应的风险应对措施及建议。

# 第三节　其他类别项目的争议解决

## 案例 16

### EPC 项目中,工程总承包单位的优先受偿权范围包括设计和施工价款,但不包括逾期违约金

——中冶赛迪工程技术股份有限公司与成渝钒钛科技有限公司、四川省川威集团有限公司建设工程施工合同纠纷一审案

审理法院:重庆市高级人民法院

案　　号:(2015)渝高法民初字第 00005 号

案例来源:中国裁判文书网

裁判日期:2016 年 4 月 22 日

关 键 词:建设工程优先受偿权　设计施工价款

## 一、裁判要旨

EPC 工程总承包项目中,工程总承包单位的建设工程优先受偿权的范围包括承包人所支出的设计施工费用,但不包括逾期违约金。

## 二、审判概览

### (一)案情简介

1. 本案相关主体

原告:中冶赛迪工程技术股份有限公司(以下简称“中冶赛迪公司”)

被告:成渝钒钛科技有限公司(以下简称“成渝钒钛公司”)

被告:四川省川威集团有限公司(以下简称“川威集团公司”)

本案相关主体之间的法律关系如图 2 - 24 所示:

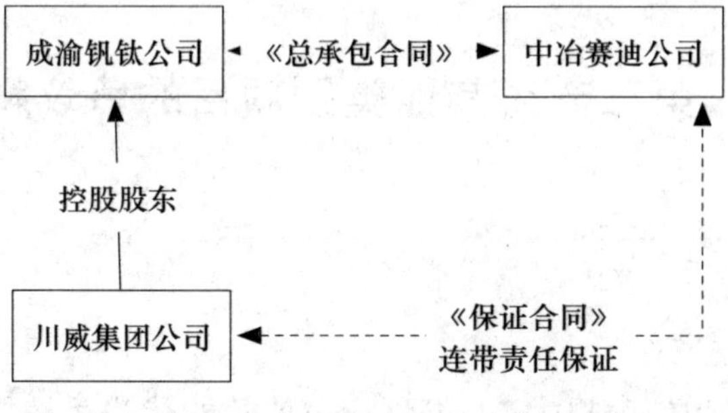


图 2－24　本案相关主体之间的法律关系

2. 涉诉经过

经法院审理查明的主要事实如图 2－25 所示：

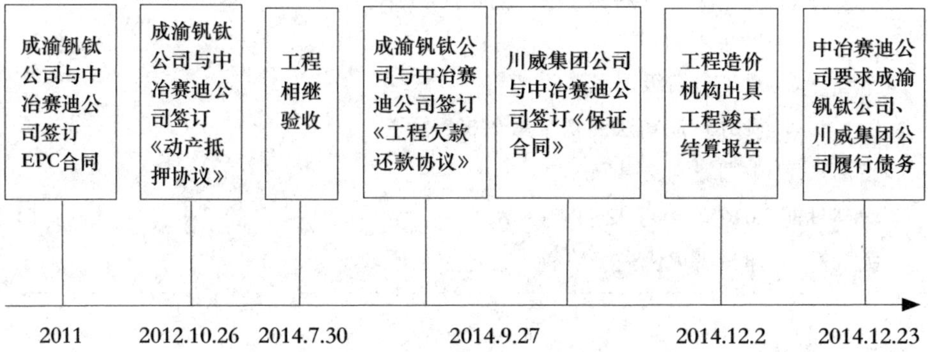


图 2－25　经法院审理查明的主要事实

2011 年，成渝钒钛公司与中冶赛迪公司达成项目总承包合意，由中冶赛迪公司承建成渝钒钛公司开发的威钢新区钢厂 EPC 工程项目，故双方签订了《冶炼主体工程合同》等多份工程总承包合同和补充合同。双方约定由中冶赛迪公司承担威钢新区钢厂冶炼主体及其配套高炉、转炉、棒材、煤气柜、变电站及其配套供电网络等工程的设计、采购、施工工作。

2012 年 10 月 26 日，成渝钒钛公司与中冶赛迪公司签订了两份《动产抵押协议》，约定成渝钒钛公司用现有以及将有的位于连界生产工厂仓库的与担保主债权“投产后工程款”等值的半成品、产品（包括但不限于棒材和线材等各类钢材产品）等动产以浮动抵押的方式，为成渝钒钛公司根据《冶炼配套工程合同》等四份合同所负担的支付工程款进行担保，并办理了动产抵押登记。

110KV 变电站及配套供电网络工程于 2014 年 4 月 2 日完成验收；含钒材料压

力加工工程于2014年7月25日完成验收;煤气柜工程于2014年7月26日完成验收;3*120转炉炼钢、连铸工程于2014年7月30日完成验收;炼铁工程于2014年7月30日完成验收。

工程施工完毕后,成渝钒钛公司与中冶赛迪公司于2014年9月27日,就前述合同项下的工程款结算金额、已付款金额、未付款金额及工程欠款的偿还等情况签订了《工程欠款还款协议》,确认合计结算后合同额2875813118元,中冶赛迪公司已收款1883224966.2元,未收款992588151.8元;并约定成渝钒钛公司共分17次偿还所欠工程款。同日,双方签订的《对账说明》载明:中冶赛迪公司因未采购而退还成渝钒钛公司钢结构采购款2亿元;成渝钒钛公司因未供货返还中冶赛迪公司5.42亿元钢材预付款;上述两笔应返还预付款分别与两公司其他应退还或已支付的其他款项冲抵;中冶赛迪公司于2012年10月向成渝钒钛公司支付的工程款保证金7000万元在成渝钒钛公司于2012年8月支付给中冶赛迪公司的款项中冲抵。

2014年9月27日,川威集团公司(甲方)与中冶赛迪公司(乙方)签订了《保证合同》,约定川威集团公司对成渝钒钛公司在《工程欠款还款协议》中的还款义务和《解除保理合同的补充协议》中的融资利息支付义务,包括工程合同欠款、融资利息及因成渝钒钛公司未能按期返还欠款产生的违约金、损害赔偿及可能发生的诉讼费用等承担连带保证责任。

2014年10月,成渝钒钛公司、中冶赛迪公司、中国五冶集团有限公司、中国一冶威钢工程项目经理部、中国十九冶集团有限公司、中国十九冶集团有限公司威钢炼钢工程项目经理部、中国十九冶集团有限公司煤气柜工程分公司、四川省劲诚建筑安装工程有限公司分别签订共5份《债权转让协议》及《债务转让及抹账协议》,最终达成的法律效果是,合计18236962.5元债务从成渝钒钛公司应付给中冶赛迪公司的工程款中抵抹。

2014年12月2日,四川正信建设工程造价事务所有限公司(以下简称"正信造价公司")出具5份工程竣工结算审核报告,审定工程价款合计282293.85万元。

2014年12月23日,中冶赛迪公司向成渝钒钛公司和川威集团公司邮寄送达了履行付款义务及履行担保义务的函。

因成渝钒钛公司未在约定期限内向中冶赛迪公司支付所欠工程价款产生争议,双方涉入诉讼。在庭审过程中,中冶赛迪公司认可在审定的结算金额中尚有5万元考核款没有扣除,并且同意在本案的工程欠款中予以扣减。对于未提供的设备,中冶赛迪公司和成渝钒钛公司均同意中冶赛迪公司不再按照合同约定提供设备,相应的设备价款840万元在结算款中扣除。

### (二)主要诉请

中冶赛迪公司向重庆市高级人民法院(以下简称"重庆高院")提起诉讼,请求法院判令成渝钒钛公司立即向中冶赛迪公司支付工程款977773889.3元及逾期支付利息,并确认中冶赛迪公司在主张的工程款范围内对承建工程拍卖或折价价款享有优先受偿权等。

### (三)判决结果

2016年4月,重庆高院作出(2015)渝高法民初字第00005号民事判决书,判决:成渝钒钛科技有限公司于本判决生效后10日内向中冶赛迪工程技术股份有限公司支付工程欠款969323889.3元及逾期付款违约金,并确认中冶赛迪工程技术股份有限公司在969323889.3元工程欠款范围内对威钢新区钢厂EPC工程项目冶炼主体工程,冶炼配套工程,3*120吨转炉炼钢、连铸工程,含钒材料压力加工工程,转炉、焦炉煤气柜工程,高炉煤气柜工程,110KV变电站及配套供电网络工程,110KV钢轧变电站及配套供电网络工程及110KV线路总包工程折价或者拍卖的价款享有优先受偿权。

## 三、争议焦点及各方观点

争议焦点:中冶赛迪公司是否享有工程价款优先受偿权的范围。

### (一)当事人观点

中冶赛迪公司主张,成渝钒钛公司于2011年为开发钒资源综合利用项目,与中冶赛迪公司达成项目总承包合意,由中冶赛迪公司承建成渝钒钛公司开发的威钢新区钢厂EPC工程项目,并就该工程项下子工程分别签订了12份承包合同。合同签订后,中冶赛迪公司作为工程总承包单位,按约履行了建设义务。涉案工程均已竣工验收合格,但成渝钒钛公司迟迟未能按约支付工程款。

2014年9月27日,中冶赛迪公司与成渝钒钛公司就上述工程结算事宜达成一致,并形成了《工程欠款还款协议》,该协议明确了双方工程结算的初步金额、最终结算办法、付款时间、违约责任和纠纷管辖约定等。根据《工程欠款还款协议》第2条之约定,成渝钒钛公司应于2014年12月19日前向中冶赛迪公司支付2500万元,但至今未支付。根据《工程欠款还款协议》约定,若成渝钒钛公司到期未偿还欠款,中冶赛迪公司有权要求其立即清偿协议项下全部工程欠款,并承担违约责任。中冶赛迪公司在成渝钒钛公司所欠的工程款 969323889.3 元范围内对承建工程及成渝钒钛公司所抵押财产拍卖或折价价款享有优先受偿权。

成渝钒钛公司与川威集团主张,《工程欠款还款协议》中载明的该公司已付款中有一部分款项性质并非工程款。成渝钒钛公司现尚欠中冶赛迪公司的 969323889.3 元款项中,仅有 536981389.36 元的性质属于工程款,中冶赛迪公司只能在 536981389.36 元范围内享有工程价款优先受偿权。成渝钒钛公司通过与中冶赛迪公司互相抵账的方式,向中冶赛迪公司支付的 5.42 亿元款项的性质为钢材款,而非工程款,不能享有工程价款优先受偿权。《工程欠款还款协议》扩大了中冶赛迪公司工程价款优先受偿权的范围,侵犯了其他债权人的利益,应予以调整。

### (二)法院观点

重庆高院认为,第一,成渝钒钛公司与中冶赛迪公司之间存在多个合同关系,亦存在较为复杂的资金往来。双方在签订《工程欠款还款协议》时对《冶炼主体工程合同》等 12 个合同的预结算金额、成渝钒钛公司已付款金额等情况作出约定的行为,属于双方对《工程欠款还款协议》签订前的往来资金性质的明确,合法有效,对双方具有约束力。成渝钒钛公司认为以《工程欠款还款协议》为依据计算的欠款 969323889.3 元中有部分款项的性质不是工程款的主张缺乏事实和合同依据。第二,根据 2013 年 11 月 30 日《对账协议》和 2014 年 9 月 26 日《对账说明》,成渝钒钛公司欠中冶赛迪公司的 5.42 亿元钢材款已经与成渝钒钛公司应退还的钢结构采购款和成渝钒钛公司在 2011 年 9 月支付的其他款项冲抵,此 5.42 亿元并未包含在成渝钒钛公司尚欠的工程款 969323889.3 元之中。成渝钒钛公司关于中冶赛迪公司不应对该 5.42 亿元钢材款享有优先受偿权的主张缺乏事实依据。第三,《最高人民法院关于建设工程价款优先受偿权问题的批复》第 3 条规定,建筑工程价款包括承包人为建设工程应当支付的工作人员报酬、材料款等实际支出的费用,不包括承包人因发包人违约所造成的损失。根据《工程欠款还款协议》、结算审核报告,成渝钒钛公司尚欠中冶赛迪公司的 969323889.3 元款项的性质系《冶炼主体工程合同》等 9 份工程合同的工程款,并不包含违约损失。成渝钒钛公司也未举示证据证明中冶赛迪公司行使工程价款优先受偿权的行为损害了第三人的合法权益,故中冶赛迪公司在 969323889.3 元范围内对案涉工程享有工程价款优先受偿权。

## 四、本案启示

**启示:**EPC项目中,工程总承包单位可以就设计和施工费用总额主张优先受偿权。

本案中,法院并未将工程总承包价款的优先受偿范围以设计费和施工费加以区分,即工程总承包单位的优先受偿权为欠付工程款的总额,既有设计费,也有施工费。传统的施工模式下,建设工程的勘察、设计、施工、采购分阶段分别进行发包,此时,根据现行法律及地方法院的指导意见,仅施工单位享有建设工程价款优先受偿权,设计单位无优先受偿权。

目前,就工程总承包项目而言,尚无法律及相关司法解释明确规定该类项目的工程价款优先权范围是否包含设计费用。故对于工程总承包项目价款的优先范围是否包括设计费的问题,实践中存在两种观点:

一种观点认为,包含勘察、设计、施工工作的工程总承包合同本质上与分别签订勘察合同、设计合同及施工合同并无区别,工程总承包项目价款的优先受偿权范围仅限于施工部分的价款。在目前尚无法律及相关司法解释对工程总承包项目价款优先权的优先范围作出明确规定的情况下,基于现行法律规定,我们倾向于认为,勘察费及设计费的优先受偿权不应受合同形式的影响,即单独签订勘察合同、设计合同的当事人不享有工程价款优先受偿权,则以工程总承包形式签订合同的勘察与设计部分费用同样不应享有工程价款优先受偿权。具体理由在本书第一章专题三《价款结算》中已作详细阐述,此处不再累述。

另一种观点认为,工程总承包合同中约定设计费甚至勘察费应属于工程款的范围,而且一般与施工款同时结算、同时支付,因而承包人可以就相关费用主张优先受偿权。该观点以最高人民法院为代表。其在《最高人民法院建设工程施工合同司法解释(二)理解与适用》一书中指出,在设计采购施工总承包(EPC)模式、设计采购与施工管理总承包(EPCM)模式及设计+施工总承包(D+B)模式中,合同中约定设计费甚至勘察费应属于工程款的范围,而且一般与施工款同时结算、同时支付。因而承包人可以就相关费有主张优先权。

确实,EPC工程总承包模式的精髓在于将传统工程建设所涉及的设计、采购、施工环节的高度融合及统一,通过工程总承包单位对EPC项目的统一策划、组织、协调,以及全过程全方位的管理和控制,去除原本独立隔绝的各个环节,促使项目更好地满足发包人要求,也让工程总承包单位尽可能获得最大利益。因此,设计和施工之间在一定程度上可以说是“你中有我、我中有你”,密不可分,故在确认EPC工程总承包项目的优先受偿权范围时,主张设计费亦包含在优先范围内,具有一定的现实意义。

综上所述,工程总承包单位在主张建设工程价款优先权的时候,可以将工程设计施工费用包含在内一并主张,并建议立法机关通过立法统一司法裁判尺度。

## 附:相关法律条文

**1.《中华人民共和国合同法》**

**第六十条**　当事人应当按照约定全面履行自己的义务。

当事人应当遵循诚实信用原则,根据合同的性质、目的和交易习惯履行通知、协助、保密等义务。

**第二百八十六条**　发包人未按照约定支付价款的,承包人可以催告发包人在合理期限内支付价款。发包人逾期不支付的,除按照建设工程的性质不宜折价、拍卖的以外,承包人可以与发包人协议将该工程折价,也可以申请人民法院将该工程依法拍卖。建设工程的价款就该工程折价或者拍卖的价款优先受偿。

**2.《中华人民共和国担保法》**

**第十八条**　当事人在保证合同中约定保证人与债务人对债务承担连带责任的,为连带责任保证。

连带责任保证的债务人在主合同规定的债务履行期届满没有履行债务的,债权人可以要求债务人履行债务,也可以要求保证人在其保证范围内承担保证责任。

**第二十六条**　连带责任保证的保证人与债权人未约定保证期间的,债权人有权自主债务履行期届满之日起六个月内要求保证人承担保证责任。

在合同约定的保证期间和前款规定的保证期间,债权人未要求保证人承担保证责任的,保证人免除保证责任。

**3.《中华人民共和国物权法》**

**第一百八十一条**　经当事人书面协议,企业、个体工商户、农业生产经营者可以将现有的以及将有的生产设备、原材料、半成品、产品抵押,债务人不履行到期债务或者发生当事人约定的实现抵押权的情形,债权人有权就实现抵押权时的动产优先受偿。

**第一百八十九条**　企业、个体工商户、农业生产经营者以本法第一百八十一条规定的动产抵押的,应当向抵押人住所地的工商行政管理部门办理登记。抵押权自抵押合同生效时设立;未经登记,不得对抗善意第三人。

依照本法第一百八十一条规定抵押的,不得对抗正常经营活动中已支付合理价款并取得抵押财产的买受人。

**4.《中华人民共和国民事诉讼法》**

**第一百三十四条** 人民法院审理民事案件,除涉及国家秘密、个人隐私或者法律另有规定的以外,应当公开进行。

离婚案件,涉及商业秘密的案件,当事人申请不公开审理的,可以不公开审理。

**第一百四十二条** 法庭辩论终结,应当依法作出判决。判决前能够调解的,还可以进行调解,调解不成的,应当及时判决。

## 案例 17

### EPC合同无效,当事人已对工程结算达成一致,双方另行签订的还款协议并不因此当然无效

——上海宝冶集团有限公司与泰州振昌工业废渣综合利用有限责任公司、上海振昌金属资源集团有限公司建设工程合同纠纷二审案

审理法院:江苏省高级人民法院

案　　号:(2017)苏民终371号

案例来源:中国裁判文书网

裁判日期:2018年4月11日

关 键 词:规划许可证　合同效力

## 一、裁判要旨

**要旨1** 现行法律并无有关EPC总承包合同效力认定的特别规定,对EPC总承包合同效力的认定,应当以《合同法》《城乡规划法》作为依据。一审法庭辩论终结前未取得建设工程规划许可审批手续的,发包人与承包人签订的EPC合同无效。

**要旨2** 工程已竣工且建设单位和施工单位已就工程价款进行确认的,双方就拖欠工程款事宜另行签订的还款协议书是否具有独立性,需根据形成背景、合同目的、条款内容等综合判断,并不因EPC合同无效而当然无效。

## 二、审判概览

### (一)案情简介

1. 本案相关主体

上诉人(原审原告):上海宝冶集团有限公司(以下简称“上海宝冶公司”)

被上诉人(原审被告):泰州振昌工业废渣综合利用有限责任公司(以下简称“泰州振昌公司”)

被上诉人(原审被告):上海振昌金属资源集团有限公司(以下简称“上海振昌公司”)

本案相关主体之间的法律关系如图2-26所示:

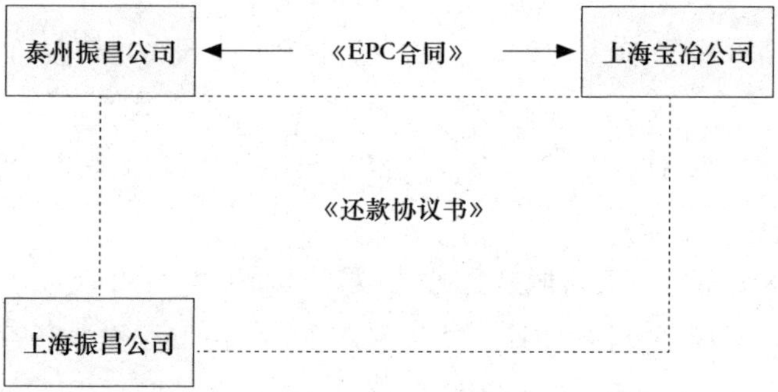


**图2-26　本案相关主体之间的法律关系**

2. 涉诉经过

经法院审理查明的主要事实如图2-27所示:

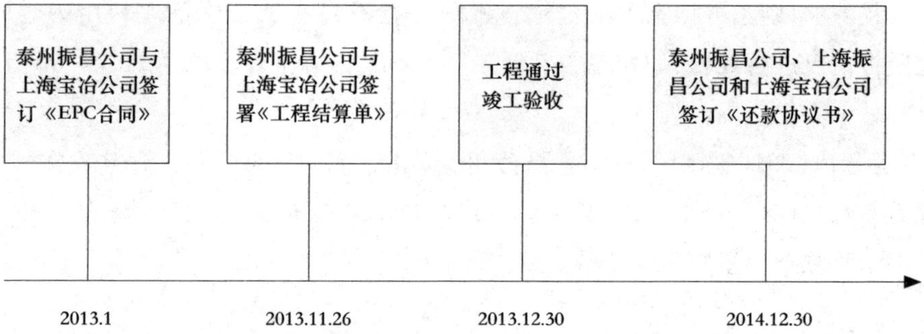


**图2-27　经法院审理查明的主要事实**

2010年6月,业主泰州振昌公司与工程总承包单位上海宝冶公司签订《65万吨金属铁深加工生产线工程EPC总承包合同》,该合同因故未能履行。

2013年1月,双方再次签订《泰州振昌65万吨金属铁深加工生产线工程EPC总承包合同》(以下简称"《EPC合同》"),约定:泰州振昌公司将65万吨金属铁深加工生产线工程交由上海宝冶公司组织实施;合同价格采取总价包干形式,EPC工程合同总造价为人民币31000万元(其中设备费15663万元,建安费15337万元),扣除业主费用勘察费和监理费;泰州振昌公司负责60%即18600万元,另40%即12400万元由上海宝冶公司垫付。泰州振昌公司在本合同签订同时,须提供给上海宝冶公司垫资金额对等的股权质押,偿还完毕上海宝冶公司垫资款及利息,质押期结束。

2013年3月16日,上海宝冶公司开始组织施工。

2013年11月26日,上海宝冶公司与泰州振昌公司签署工程结算单一份,确认涉案工程主体最终结算价为31000万元,垫资款利息及设备增值税退税按合同条款执行。

2013年12月30日,涉案工程竣工并经泰州振昌公司、上海宝冶公司和监理公司验收。

2014年12月30日,泰州振昌公司(甲方)、上海振昌公司(乙方)和上海宝冶公司(丙方)三方签订《还款协议书》,约定:甲方确认已付工程款为19276.00万元、欠付工程款为11724.00万元;2014年12月31日前,乙方将股权质押协议中乙方持有的中冶宝钢技术服务有限公司7.02%股权的2014年分红全额全部支付给丙方;2015年6月30日前,甲方应支付丙方工程款(含前述股权分红)人民币9000万元;2015年12月30日前,甲方应支付丙方工程款人民币2724万元。如甲、乙方未按约支付工程款的,则乙方持有中冶宝钢技术服务有限公司7.02%的股权由丙方按照股权质押协议进行处置,如处置金额低于甲方拖欠丙方工程款总额11724.00万元,不足部分甲方仍应支付丙方。

《还款协议书》签订后,泰州振昌公司于2015年2月28日向上海宝冶公司支付工程款546.950766万元,尚欠工程款11177.049234万元。

因工程款支付事宜产生争议,三方涉入诉讼。

### (二)主要诉请

上海宝冶公司向江苏省泰州市中级人民法院(以下简称"泰州中院")提起诉讼,请求法院判令:泰州振昌公司给付工程款11177.049234万元及延期付款违约金983.5

万元等。

（三）判决结果

泰州中院作出(2015)泰中民初字第00066号一审民事判决书,判决:(1)上海宝冶公司与泰州振昌公司签订的《EPC合同》,及上海宝冶公司、泰州振昌公司和上海振昌公司签订的《还款协议书》无效;(2)泰州振昌公司于判决生效后30日内一次性给付上海宝冶公司工程款11007.049234万元及利息等。上海宝冶公司不服一审判决,向江苏省高级人民法院(以下简称"江苏高院")提出上诉。

2018年4月11日,江苏高院作出(2017)苏民终371号民事判决书,判决:(1)《EPC合同》无效;(2)泰州振昌公司于本判决发生法律效力之日起15日内给付上海宝冶公司工程款110070492.34元及利息等。

## 三、争议焦点及各方观点

（一）未取得建设用地规划许可证、建设工程规划许可证,是否会导致EPC合同无效

1. 当事人观点

上海宝冶公司主张,《EPC合同》是建设工程合同,不是建设工程施工合同,两者适用的法律不一样。《EPC合同》效力不受是否取得建设用地规划许可、建设工程规划许可的影响,涉案《EPC合同》合法有效。

泰州振昌公司、上海振昌公司主张,该工程项目至今未取得建设用地规划许可、建设工程规划许可,违反了《城乡规划法》第38条、第40条等法律的强制性规定,涉案《EPC合同》应认定为无效。

2. 法院观点

泰州中院认为,泰州振昌公司与上海宝冶公司经协商约定,由上海宝冶公司按照要求向泰州振昌公司提供构成深加工生产线工程所需的所有工作及服务,包括建设1座50t顶吹脱碳炉、1台R8m四机四流150mm×150mm方坯连铸机、1套7500$Nm^3/h$制氧机、建设所有辅助配套设施和建筑安装工程,最终形成65万吨金属铁深加工产品钢坯的生产能力。经审查,该工程未取得建设用地规划许可或建设工程规划许可,且在一审辩论终结前未补办手续,故泰州振昌公司与上海宝冶公司于2013年1月签订的《EPC合同》因违反法律的强制性规定,应属无效。

江苏高院认为,该合同系泰州振昌公司将65万吨金属铁深加工生产线工程设

计、采购、施工整体发包给上海宝冶公司的总承包合同,性质上属于建设工程合同。EPC总承包合同与建设工程施工合同相比,增加了设计、采购等内容,有其特点,但现行法律并无有关EPC总承包合同效力认定的特别规定,对EPC总承包合同效力的认定,应当以《合同法》《城乡规划法》作为依据。《城乡规划法》第40条规定:"在城市、镇规划区内进行建筑物、构筑物、道路、管线和其他工程建设的,建设单位或者个人应当向城市、县人民政府城乡规划主管部门申请办理建设工程规划许可证……"就尚未取得建设工程规划许可审批手续的工程,发包人与承包人签订的建设工程施工合同应属无效。涉案工程未取得用地规划许可、建设工程规划许可,且在一审法庭辩论终结前[①]也未取得相应审批手续或者经主管部门批准,涉案EPC总承包合同应认定为无效。

### (二)《还款协议书》是否因EPC合同无效而无效

1. 当事人观点

上海宝冶公司主张,涉案《还款协议书》合法有效。《还款协议书》并非对《EPC合同》的补充,而是工程竣工验收结算后就工程款支付及质押担保达成的新协议,具有独立性,不受总承包合同效力的影响。

泰州振昌公司、上海振昌公司主张,《还款协议书》是对《EPC合同》的补充,并非工程款清算协议,不具有独立性,《EPC合同》无效,还款协议书也无效。

2. 法院观点

泰州中院认为,《物权法》第226条第2款规定,"基金份额、股权出质后,不得转让,但经出质人与质权人协商同意的除外。出质人转让基金份额、股权所得的价款,应当向质权人提前清偿债务或者提存"。本案中,原告与两被告所签订的《还款协议书》第3条有关处置质押股权的约定,是处置质权人上海宝冶公司对出质人即被告上海振昌公司的质权,虽然原告与上海宝冶公司是子公司与母公司的关系,但依照《公司法》的规定,两者都是独立法人,该质权的处置,并未征得上海宝冶公司的同意,违反了上述法律规定,不能产生相应的法律效力。该《还款协议书》无效。

江苏高院认为,对《还款协议书》效力的认定,应当以还款协议书形成背景、合同目的、条款内容为依据。从查明事实看,2013年11月26日,上海宝冶公司与泰

① 参照《施工合同司法解释(二)》第2条的精神,合同效力补正的时间节点由"一审法庭辩论终结前"改为"起诉前"。

州振昌公司形成工程结算单,确认工程最终结算值为31000万元,建设单位、监理单位、总承包单位共同盖章确认的工程竣工证明书载明工程已竣工验收合格。2014年12月,上海宝冶公司、泰州振昌公司与上海振昌公司签订涉案工程《还款协议书》,确认了欠付工程款数额,约定了欠付款还款时间、支付方式,上海宝冶公司并承诺在质保期内承担保修、技术支持任务,否则维修费用在质保金内扣除。

因此,从形成背景看,《还款协议书》系在工程已竣工、工程价款已结算完毕的情况下订立。从条款内容看,尽管还款协议书中有工程保修方面的约定,但上海宝冶公司作为工程总承包单位本就负有在质保期内的保修义务,《还款协议书》仅是对此予以重申、确认。协议的主要内容是对欠付款偿还时间、支付方式的约定。从合同目的看,《还款协议书》是在工程已竣工且工程价款一致确认的基础上对工程款支付问题作出的具体约定。综上,《还款协议书》具有独立性,而非从属于涉案《EPC合同》,其效力不因《EPC合同》无效而无效,《还款协议书》内容不违背法律、行政法规强制性规定,应认定为合法有效。

## 四、本案启示

**启示1**:未取得建设用地规划许可证和建设工程规划许可证,将直接导致EPC合同无效。建议项目业主及时办妥两个规划许可证,工程总承包单位承接工程时也要审核项目的规划许可证等,必要时启动项目尽职调查。

江苏高院的观点值得我们关注。在审判实践中,不少法院直接适用《施工合同司法解释(一)》来认定EPC合同有效与否。但江苏高院在本案中明确,尽管与建设工程施工合同相比,EPC合同增加了设计、采购等内容,有其特点,但在现行法律没有关于EPC合同效力认定的特别规定的情况下,仍应当适用《合同法》《城乡规划法》等对其效力进行认定。根据规定,未取得建设用地规划许可证和建设工程规划许可证,将直接导致EPC合同无效。实践中还需要注意:根据《建筑法》第7条[①]、《城乡规划法》第40条的规定,办理建设用地使用权证和建设工程规划许可证的法定义务主体是发包方,故因未取得建设用地使用权证和建设工程规划许可证而导致合同无效的主要过错在发包方[②],由此造成承包方损失的,发包方需要承担

---

① 《建筑法》第7条规定:"建筑工程开工前,建设单位应当按照国家有关规定向工程所在地县级以上人民政府建设行政主管部门申请领取施工许可证;但是,国务院建设行政主管部门确定的限额以下的小型工程除外。"

② 林文学:《建设工程合同纠纷司法实务研究》,法律出版社2014年版,第137页。

主要过错责任。

此外,值得关注的是,本案判决日期为 2018 年 4 月 11 日,当时《施工合同司法解释(二)》尚未出台,因此二审法院根据《城乡规划法》第 40 条的规定,将合同效力补正的时间节点确定为"一审法庭辩论终结前"①。因此,本案中的工程未取得用地规划许可、建设工程规划许可,且在一审法庭辩论终结前也未取得相应审批手续或者经主管部门批准,法院将该《EPC 合同》认定为无效是正确合理的。另,参照 2019 年 2 月 1 日起施行的《施工合同司法解释(二)》第 2 条②精神,未取得建设工程规划许可证等规划审批手续的,施工合同无效;合同效力补正的时间节点由"一审庭审辩论终结前"提前到"起诉前"。

**启示 2:**竣工结算后,承发包双方可就付款事宜另行签订补充协议。签订补充协议时,可咨询专业律师意见。

本案中,在工程经竣工验收合格且结算完成后,建设单位和工程总承包单位就结算款支付另行签订了相关的付款协议,但却由此引发了纠纷。二者的争执点在于,EPC 合同无效是否导致付款协议无效。

我们认为,付款协议的独立性是解决该问题的关键,而付款协议是否具有独立性则需综合该协议的背景、目的、条款内容等进行具体判断。结合本案来看,该付款协议签订时工程已经竣工验收合格且完成结算,签订该协议的目的是在对工程价款一致确认的前提下就支付问题进行具体约定,因此,该付款协议具有独立性,并不从属于 EPC 合同,其效力不因 EPC 总承包合同无效而无效,且该协议并不违背法律、行政法规强制性规定,应认定为合法有效。

需要重点注意的是,一审法院与二审法院在该问题上持有截然相反的观点,可见在 EPC 项目实施过程中的风险管控极其重要,就 EPC 合同的变更、结算、付款等事项所需签署的重要文件应当安排专业把关。为了确保付款等相关协议的有效性,建议请专业的律师团队参与协议的草拟、修改和谈判等,以保障各方当事人的合法权益。

---

① 《江苏省高级人民法院关于审理建设工程施工合同纠纷案件若干问题的解答》第 3 条规定:"发包人未取得建设工程规划许可证,与承包人签订的建设工程施工合同,应认定为无效。但在一审法庭辩论终结前取得建设工程规划许可证或者经规划部门认可的,可以认定有效。"

② 《施工合同司法解释(二)》第 2 条第 1 款规定:"当事人以发包人未取得建设工程规划许可证等规划审批手续为由,请求确认建设工程施工合同无效的,人民法院应予支持,但发包人在起诉前取得建设工程规划许可证等规划审批手续的除外。"

## 附:相关法律条文

**1.《中华人民共和国合同法》**

**第五十二条** 有下列情形之一的,合同无效:

……

(五)违反法律、行政法规的强制性规定。

**第二百七十二条** 发包人可以与总承包人订立建设工程合同,也可以分别与勘察人、设计人、施工人订立勘察、设计、施工承包合同。发包人不得将应当由一个承包人完成的建设工程肢解成若干部分发包给几个承包人。

**2.《中华人民共和国城乡规划法》**

**第四十条** 在城市、镇规划区内进行建筑物、构筑物、道路、管线和其他工程建设的,建设单位或者个人应当向城市、县人民政府城乡规划主管部门或者省、自治区、直辖市人民政府确定的镇人民政府申请办理建设工程规划许可证。

**3.《中华人民共和国物权法》**

**第二百二十六条** 以基金份额、股权出质的,当事人应当订立书面合同。以基金份额、证券登记结算机构登记的股权出质的,质权自证券登记结算机构办理出质登记时设立;以其他股权出质的,质权自工商行政管理部门办理出质登记时设立。基金份额、股权出质后,不得转让,但经出质人与质权人协商同意的除外。出质人转让基金份额、股权所得的价款,应当向质权人提前清偿债务或者提存。

**4.《最高人民法院关于审理建设工程施工合同纠纷案件适用法律问题的解释》**

**第十七条** 当事人对欠付工程价款利息计付标准有约定的,按照约定处理;没有约定的,按照中国人民银行发布的同期同类贷款利率计息。

**第十八条** 利息从应付工程价款之日计付。当事人对付款时间没有约定或者约定不明的,下列时间视为应付款时间:

(一)建设工程已实际交付的,为交付之日;

(二)建设工程没有交付的,为提交竣工结算文件之日;

(三)建设工程未交付,工程价款也未结算的,为当事人起诉之日。

**5.《中华人民共和国民事诉讼法》**

**第一百七十条** 第二审人民法院对上诉案件,经过审理,按照下列情形,分别处理:

……

(二)原判决、裁定认定事实错误或者适用法律错误的,以判决、裁定方式依法改判、撤销或者变更;

……

## 案例 18

### EPC 合同约定的延期付款违约金可视为企业间正常经营中的借贷行为,违约金标准未超过年利率 24%的,约定有效

——唐山瑞丰钢铁(集团)金友钢铁有限公司、刘奎友承揽合同纠纷二审案

审理法院:最高人民法院
案　　号:(2016)最高法民终 357 号
案例来源:中国裁判文书网
裁判日期:2016 年 9 月 29 日
关 键 词:EPC 模式　延期付款违约金

## 一、裁判要旨

EPC 模式下,双方当事人在合同中约定“如发包人未按期支付工程款的,则应向工程总承包单位承担延期付款违约金”,可视为企业间正常经营中的借贷行为,应参照《最高人民法院关于审理民间借贷案件适用法律若干问题的规定》第 26 条关于“借贷双方约定的利率未超过年利率 24%,出借人请求借款人按照约定的利率支付利息的,人民法院应予支持”的规定,如约定的延期付款违约金标准未超过年利率 24%,且为双方真实意思表示,不违反法律、行政法规强制性规定,该约定有效。

## 二、审判概览

### (一)案情简介

1. 本案相关主体

上诉人(原审被告):唐山瑞丰钢铁(集团)金友钢铁有限公司(以下简称“唐山瑞丰公司”)

上诉人(原审被告):刘奎友

被上诉人(原审原告):中冶京诚工程技术有限公司(以下简称“中冶京诚公司”)

本案相关主体之间的法律关系如图 2 - 28 所示:

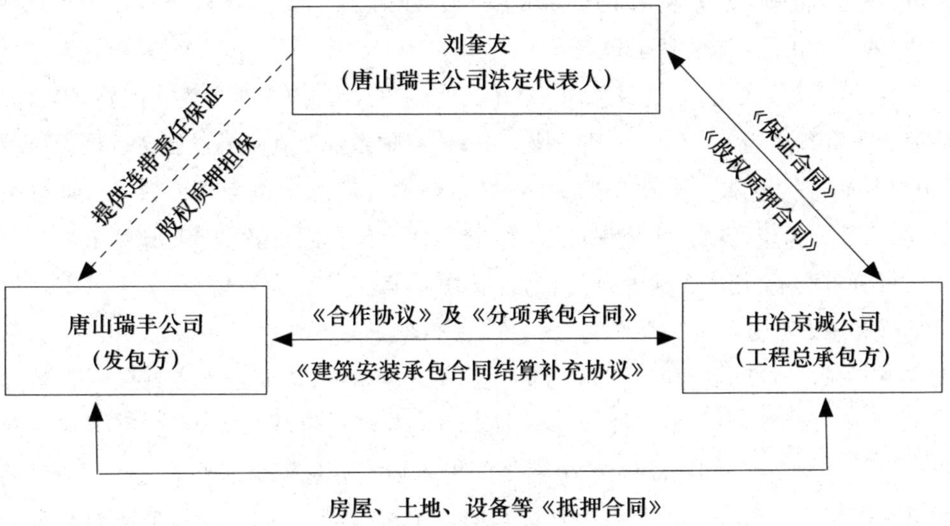


**图 2－28 本案相关主体之间的法律关系**

2. 涉诉经过

经法院审理查明的主要事实如图 2－29 所示：

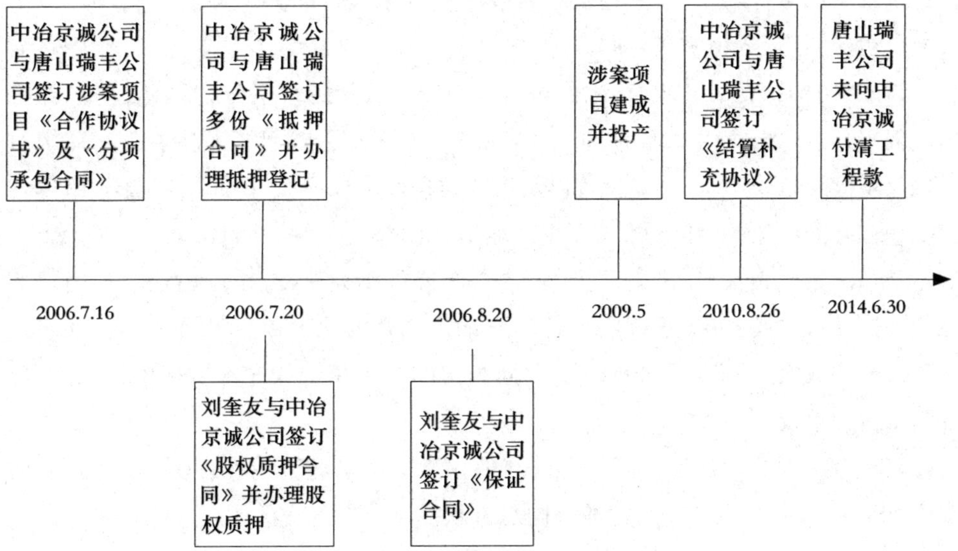


**图 2－29 经法院审理查明的主要事实**

2006 年 7 月 16 日，中冶京诚公司与唐山瑞丰公司签订《唐山金友 120 万吨钢技术改造工程项目合作协议书》(以下简称“《合作协议》”)，唐山瑞丰公司作为发包方(甲方)将其120万吨钢生产系统工程项目(以下简称“本项目”)交由工程总承包方(乙方)中冶京诚公司承包建设。

《合作协议》约定,本项目采用EPC(设计、采购、施工)总承包模式实施,项目总体静态投资额约为10亿元,包括一座1350$m^3$高炉系统及其附属设施工程建设以及100吨转炉连铸系统及其附属设施工程建设。本合同总承包合同价款由三部分组成:第一部分为应付项目实施保证金,相当于总承包合同价款的39.8%;第二部分为应付分包资金,相当于建安合同价款的40%;第三部分为应付总包资金,即除第一部分和第二部分以外的总承包合同价款,相当于总承包合同价款的40.2%。另约定,在项目建设期内,如甲方迟延支付工程进度款的,应向乙方支付延期付款违约金;其中,应付项目实施保证金部分的违约金为延期付款金额年化15%,应付总包资金部分的违约金为延期付款金额年化8%,应付分包资金部分的违约金为延期付款金额年化6.03%。项目启用日后若甲方仍未付清工程款,应按照应付款金额和迟延付款时间向乙方支付违约金,延期付款违约金标准与项目建设期内的违约金标准相同。同时,为具体实施《合作协议》约定的承揽项目,双方就本项目又分别签订了《设计合同》和《工程设计合同》、《高炉项目设备供货承包合同》和《高炉项目建筑安装承包合同》、《炼钢连铸项目设备供货承包合同》和《炼钢连铸项目建筑安装承包合同》等分项承包合同。

2006年7月20日,中冶京诚公司与唐山瑞丰公司签订多份《抵押合同》,约定唐山瑞丰公司以唐衡信评报字(2006)第035号《评估报告》评估范围内的房屋建筑物以及集体土地使用权、运输设备以及机器设备设定抵押,以担保按期偿还EPC各分项承包合同约定的合同总价款,并办理了抵押登记手续。同日,刘奎友(系唐山瑞丰公司法定代表人)作为出质人,中冶京诚公司作为质权人,唐山瑞丰公司作为主合同债务人共同签订《股权质押合同》,约定刘奎友愿意以自己合法持有的唐山瑞丰公司的股权为EPC各分项承包合同约定的合同总价款设置质押担保,并办理了股权质押手续。

2006年8月20日,保证人刘奎友与债权人中冶京诚公司签订《保证合同》,约定为EPC各分项承包合同约定的合同总价款提供连带责任保证。

2009年5月,本项目由中冶京诚公司建设完成并经唐山瑞丰公司热试成功并顺利投产。

2010年8月26日,唐山瑞丰公司与中冶京诚公司签订《建筑安装承包合同结算补充协议》,双方分别于2014年7月31日、2014年8月5日对唐山瑞丰公司120

万吨钢项目对账表(合同价款)、唐山瑞丰公司120万吨钢项目对账表(违约金)进行了盖章、签字确认,最终审定合同额为1330969405.80元。

但截至2014年6月30日,唐山瑞丰公司累计向中冶京诚公司支付承包合同价款610252202.59元,尚有720717203.21元的承包合同价款未付清。因工程款及延期付款违约金的计算标准事宜产生争议,三方涉入诉讼。

### (二)主要诉请

2014年9月17日,中冶京诚公司向北京市高级人民法院(以下简称"北京高院")提起诉讼,请求法院判令:(1)唐山瑞丰公司给付中冶京诚公司承包合同价款720717203.21元;(2)唐山瑞丰公司给付中冶京诚公司截至实际付清承包价款之日止的延期付款违约金(截至2014年6月30日,暂计为392888700元);(3)确认在唐山瑞丰公司不履行上述第一、二项付款义务时,中冶京诚公司对刘奎友持有的唐山瑞丰公司股权的变现价款享有优先受偿权;(4)确认在唐山瑞丰公司不履行上述第一、二项付款义务时,中冶京诚公司对唐山瑞丰公司抵押财产的变现价款享有优先受偿权;(5)判令刘奎友对唐山瑞丰公司不履行上述第一、二项付款义务的部分,向中冶京诚公司承担连带清偿责任。

### (三)判决结果

2015年12月17日,北京高院作出(2014)高民(商)初字第4069号民事判决书,判决:(1)唐山瑞丰公司应向中冶京诚公司支付承包合同价款720717203.21元以及按照合同约定的利率计算延付利息及违约金等;(2)刘奎友就唐山瑞丰公司未能偿付部分承担连带保证责任。唐山瑞丰公司、刘奎友不服一审判决,向最高人民法院提出上诉。

2016年9月29日,最高人民法院作出(2016)最高法民终357号民事判决书,判决:(1)唐山瑞丰公司、刘奎友上诉请求不能成立,应予驳回;(2)一审判决认定事实清楚,适用法律基本正确,应予维持。

## 三、争议焦点及各方观点

本案的争议焦点为延期付款违约金的计算标准问题。当事人及法院观点分别如下:

### (一)当事人观点

唐山瑞丰公司认为,中冶京诚公司是用延期付款违约金的名义掩盖垫资施工的情况。按照《施工合同司法解释(一)》第6条第1款的规定,约定的利息计算标准高于中国人民银行发布的同期同类贷款利率的部分不应予以支持。

中冶京诚公司认为,唐山瑞丰公司与中冶京诚公司签订的《合作协议》中已对延期付款违约金标准进行明确约定,故唐山瑞丰公司应按照合同约定的计算标准支付延期付款违约金。

### (二)法院观点

北京高院认为,关于违约金的约定,原告中冶京诚公司在起诉书中表述为:“为减轻唐山瑞丰公司的资金压力,中冶京诚公司与唐山瑞丰公司商定,在唐山瑞丰公司确保于项目建设期内按期支付占项目总投资40%的项目实施保证金的情况下,中冶京诚公司同意唐山瑞丰公司在约定期限内可以延期支付其余部分建设资金,唐山瑞丰公司则同意就其延期支付的款项向中冶京诚公司支付延期付款违约金。”由此可见,中冶京诚公司自愿先行垫付工程款,同意唐山瑞丰公司在约定期限内延期支付,双方在《合作协议》中约定的除项目实施保证金外的约定期限内的延期付款违约金实质是对垫资利息的约定。但鉴于该约定是企业间正常经营中的借贷行为,依据《最高人民法院关于审理民间借贷案件适用法律若干问题的规定》第26条关于“借贷双方约定的利率未超过年利率24%,出借人请求借款人按照约定的利率支付利息的,人民法院应予支持”的规定,不高于年利率24%的约定应予支持。本案所涉《合作协议书》对违约金标准的相关约定均未超过年利率24%,故应认定为有效约定。唐山瑞丰公司关于违约金高于中国人民银行同期贷款利率部分不予支持的抗辩理由,一审法院不予采信。中冶京诚公司关于唐山瑞丰公司给付截至实际付清承包价款之日止的延期付款违约金的诉讼请求,虽包含部分垫资利息,但于法有据,一审法院予以支持。

二审中,上诉人唐山瑞丰公司及刘奎友均未对延期付款违约金的计算标准提出异议。

## 四、本案启示

**启示1**:双方当事人可在EPC合同中约定,如发包人未按期支付工程款的,则应向工程总承包单位承担延期付款的违约责任,该约定有效。

《合同法》第107条规定:"当事人一方不履行合同义务或者履行合同义务不符合约定的,应当承担继续履行、采取补救措施或者赔偿损失等违约责任。"因此,对于当事人一方出现不履行合同义务或者履行合同义务不符合约定的情形,双方当事人可在合同中自行约定违约责任。在EPC模式下,双方当事人也可在合同中约定,如发包人未按期支付工程款的,则应向工程总承包单位承担延期付款的违约责任,该约定为双方真实意思表示,不违反法律、行政法规强制性规定,应属有效。在EPC合同实际履行过程中,一旦发包人出现未按期付款的情形,则应按照合同约定向工程总承包单位承担延期付款的违约责任,包括以罚息方式向工程总承包单位支付相应的延期付款违约金。

**启示2**:在EPC模式下,建议双方约定的延期付款违约金计算标准不应超过年利率24%,否则,可能存在超过24%部分不被法院支持的风险。

为了维护交易的稳定性,根据公平原则,如EPC合同双方当事人约定由工程总承包单位垫付资金用于工程建设的,发包人同意就其延期支付的款项向工程总承包单位支付延期付款违约金的,法院倾向于认定该约定属于企业间正常经营中的借贷行为,可参照适用《最高人民法院关于审理民间借贷案件适用法律若干问题的规定》关于借贷年利率标准的规定。比如,最高人民法院在另案【案号:(2017)最高法民申3354号】①一案的再审民事裁定书中认为,在确定是否对迟延付款违约金进行调整以及如何调整时,应充分尊重当事人意思自治,保护合同自由,维护交易秩序稳定,倡导诚实守信的价值,公平合理地进行衡量。确定违约金是否过高的基本依据应当是违约造成的损失,包括依约履行的可得利益。虽然发包人主张迟延付款违约金应按银行同期贷款基准利率来计算,但是,在现实经济活动中,借款成本或贷款收益常常要高于该利率。故银行同期贷款基准利率并非计算损失的唯一标准,甚至可以说该基准利率未必是在各种情形下最合理的标准。《最高人民法院关于审理民间借贷案件适用法律若干问题的规定》第26条第1款就规定:"借贷双方约定的利率未超过年利率24%,出借人请求借款人按照约定的利率支付利息的,人民法院应予支持。"可见,年利率24%以内的民间借贷收益是合法的、受保护的。据此可以认定,除经金融监管部门批准设立的从事贷款业务的金融机构及其分支机

① 详见《中晟东泰(南宁)纳米基、林卫东建设工程施工合同纠纷再审审查与审判监督民事裁定书》,案号:(2017)最高法民申3354号,载中国裁判文书网。

构,因发放贷款等相关金融业务产生的法律关系外,自然人、法人、其他组织之间及其相互之间约定迟延付款违约金未超过年利率24%的,可以不认定为“过高”。

因此,在EPC模式下,如双方约定的延期付款违约金计算标准高于中国人民银行同期贷款利率但不超过年利率24%的,该约定有效。此外,建议双方当事人在EPC合同中约定延期付款违约金计算标准不应超过年利率24%,否则,可能存在超过24%的部分无法被法院支持的风险。

### 附:相关法律条文

**1.《中华人民共和国合同法》**

**第八条** 依法成立的合同,对当事人具有法律约束力。当事人应当按照约定履行自己的义务,不得擅自变更或者解除合同。

依法成立的合同,受法律保护。

**第八十条** 债权人转让权利的,应当通知债务人。未经通知,该转让对债务人不发生效力……

**第九十三条** 当事人协商一致,可以解除合同……

**第一百零七条** 当事人一方不履行合同义务或者履行合同义务不符合约定的,应当承担继续履行、采取补救措施或者赔偿损失等违约责任。

**第一百一十四条** 当事人可以约定一方违约时应当根据违约情况向对方支付一定数额的违约金,也可以约定因违约产生的损失赔偿额的计算方法……

**2.《中华人民共和国公司法》**

**第十三条** 公司法定代表人依照公司章程的规定,由董事长、执行董事或者经理担任,并依法登记。公司法定代表人变更,应当办理变更登记。

**3.《中华人民共和国担保法》**

**第十八条** 当事人在保证合同中约定保证人与债务人对债务承担连带责任的,为连带责任保证。

连带责任保证的债务人在主合同规定的债务履行期届满没有履行债务的,债权人可以要求债务人履行债务,也可以要求保证人在其保证范围内承担保证责任。

**第二十八条** 同一债权既有保证又有物的担保的,保证人对物的担保以外的债权承担保证责任……

**第三十一条** 保证人承担保证责任后,有权向债务人追偿。

**第三十三条** 本法所称抵押,是指债务人或者第三人不转移对本法第三十四条所列财产的占有,将该财产作为债权的担保。债务人不履行债务时,债权人有权依照本法规定以该财产折价或者以拍卖、变卖该财产的价款优先受偿。

前款规定的债务人或者第三人为抵押人,债权人为抵押权人,提供担保的财产为抵押物。

**第六十三条**　本法所称动产质押,是指债务人或者第三人将其动产移交债权人占有,将该动产作为债权的担保。债务人不履行债务时,债权人有权依照本法规定以该动产折价或者以拍卖、变卖该动产的价款优先受偿。

前款规定的债务人或者第三人为出质人,债权人为质权人,移交的动产为质物。

**4.《中华人民共和国物权法》**

**第二百二十六条**　以基金份额、股权出质的,当事人应当订立书面合同。以基金份额、证券登记结算机构登记的股权出质的,质权自证券登记结算机构办理出质登记时设立;以其他股权出质的,质权自工商行政管理部门办理出质登记时设立……

**5.《最高人民法院关于适用〈中华人民共和国担保法〉若干问题的解释》**

**第三十八条**　同一债权既有保证又有第三人提供物的担保的,债权人可以请求保证人或者物的担保人承担担保责任。当事人对保证担保的范围或者物的担保的范围没有约定或者约定不明的,承担了担保责任的担保人,可以向债务人追偿,也可以要求其他担保人清偿其应当分担的份额……

**6.《最高人民法院关于审理民间借贷案件适用法律若干问题的规定》**

**第十一条**　法人之间、其他组织之间以及它们相互之间为生产、经营需要订立的民间借贷合同,除存在合同法第五十二条、本规定第十四条规定的情形外,当事人主张民间借贷合同有效的,人民法院应予支持。

**第二十六条**　借贷双方约定的利率未超过年利率24%,出借人请求借款人按照约定的利率支付利息的,人民法院应予支持……

**7.《中华人民共和国民事诉讼法》**

**第四十八条**　公民、法人和其他组织可以作为民事诉讼的当事人。

法人由其法定代表人进行诉讼。其他组织由其主要负责人进行诉讼。

**第一百七十条**　第二审人民法院对上诉案件,经过审理,按照下列情形,分别处理:

(一)原判决、裁定认定事实清楚,适用法律正确的,以判决、裁定方式驳回上诉,维持原判决、裁定;

……

**8.《最高人民法院关于适用〈中华人民共和国民事诉讼法〉的解释》**

**第五十条**　法人的法定代表人以依法登记的为准,但法律另有规定的除外。依法不需要办理登记的法人,以其正职负责人为法定代表人;没有正职负责人的,以其主持工作的副职负责人为法定代表人……

## 案例 19

### EPC 项目业主欠付工程款,未足额出资的股东应承担补充清偿责任

——贵州正业工程技术投资有限公司与贵州首黔资源开发有限公司、贵州首钢产业投资有限公司等建设工程施工合同纠纷一审案

审理法院:贵州省高级人民法院
案　　号:(2015)黔高民初字第 14 号
案例来源:中国裁判文书网
裁判日期:2016 年 7 月 6 日
关 键 词:EPC 工程合同　债权转让　拖欠工程款

## 一、裁判要旨

在业主拖欠工程总承包单位工程款及其他未清偿债务的情况下,如业主可以执行的动产和其他方便执行的财产执行完毕后,工程款及其他债务仍未得到清偿,则未全面履行出资义务的股东在其未足额出资的本息范围内,应对业主方不能清偿的部分承担补充清偿责任。

## 二、审判概览

### (一)案情简介

1. 本案相关主体

原告:贵州正业工程技术投资有限公司(以下简称"正业公司")
被告 1:贵州首黔资源开发有限公司(以下简称"首黔公司")
被告 2:贵州首钢产业投资有限公司(以下简称"首钢投资公司")
被告 3:贵州盘江精煤股份有限公司(以下简称"盘江精煤公司")
被告 4:贵州黔桂发电有限责任公司(以下简称"黔桂公司")
被告 5:首钢水城钢铁(集团)有限责任公司(以下简称"首钢集团")
本案相关主体之间的法律关系如图 2 - 30 所示:

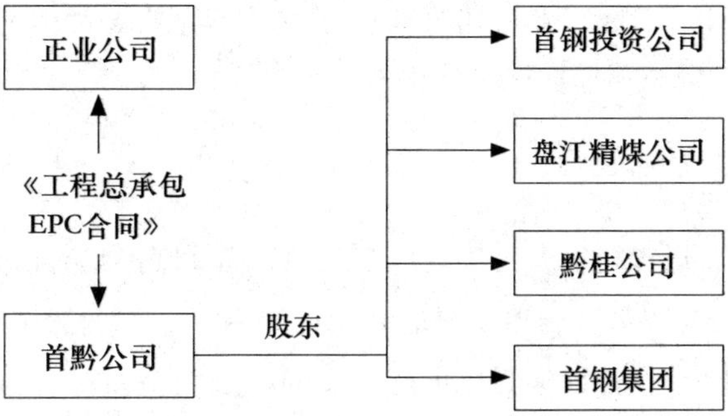


**图 2-30　本案相关主体之间的法律关系**

2. 涉诉经过

经法院审理查明的主要事实如图 2-31 所示:

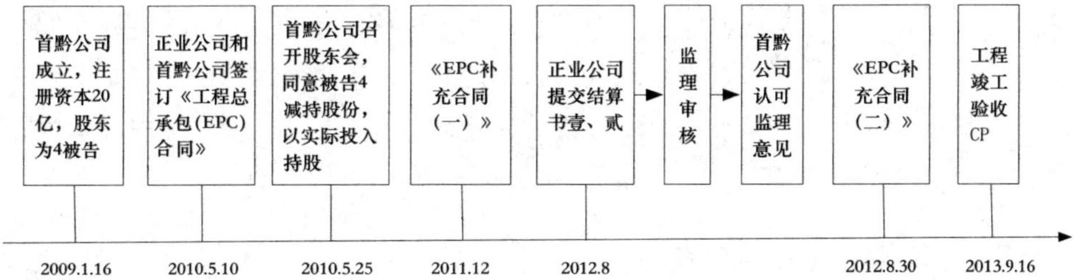


**图 2-31　经法院审理查明的主要事实**

2010 年 5 月 10 日,正业公司作为总承包方与首黔公司签署《工程总承包(EPC)合同》,约定并依约支付保证金。施工过程中因工程内容变更,合同双方还签署了两份补充合同。2012 年 7 月 25 日,首黔公司向正业公司退还 800 万元保证金。项目陆续完成后,正业公司与首黔公司、项目监理进行了结算,各方并签字确认。2013 年 9 月,项目验收合格。项目施工过程中,首黔公司存在拖欠工程进度款的现象,在竣工结算后,经正业公司多次催告,仍未支付工程余款。同时,首黔公司的股东存在出资不到位的现象。

另查明,首黔公司注册资本为 20 亿元,四个股东实缴出资为 4 亿元,尚有 16 亿元未缴足;首黔公司 2010 年 5 月 25 日股东会决议同意被告 4 黔桂公司减持股份,持股比例以黔桂公司实际投入的资金为准。

因工程款结算及支付事宜产生争议,六方涉入诉讼。庭审中,首黔公司向法院提交《工程造价鉴定申请书》,请求法院指定专业机构对案涉工程进行造价鉴定,同时提交《审计申请书》请求法院依法委托具备资格的审计机构对涉案工程的工程款支付情况进行审计。后因正业公司与首黔公司对工程款支付情况进行对账并形成《对账情况表》,首黔公司撤回了审计申请。

### (二)主要诉请

正业公司向贵州省高级人民法院(以下简称"贵州高院")起诉,请求法院判令:(1)首黔公司支付工程款及延迟支付的利息;(2)首黔公司的股东首钢投资公司、盘江精煤公司、黔桂公司、首钢集团在出资不实的范围内,对首黔公司欠付的工程款、履约保证金及相应的逾期付款利息承担连带清偿责任。

### (三)判决结果

2016年7月6日,贵州高院作出(2015)黔高民初字第14号民事判决书,判决:(1)首黔公司向正业公司支付欠付的工程款5360.319704万元及逾期付款利息;(2)首黔公司的三家股东(首钢投资公司、盘江精煤公司、首钢集团)在首黔公司可以执行的动产和其他方便执行的财产执行完毕后,在正业公司仍未得到清偿的情况下,在其未出资本息范围内对不能清偿的部分承担补充赔偿责任。

## 三、争议焦点及各方观点

未全面履行出资义务的股东,应对首黔公司欠付的款项承担补充清偿责任。

### (一)当事人观点

正业公司主张,2009年1月16日,首钢投资公司、盘江精煤公司、黔桂公司、首钢集团共同出资设立首黔公司,约定首黔公司注册资本金为20亿元人民币,所有出资人在2年内缴足出资,但至今四股东均未出资到位,首黔公司实际只有4亿元的注册资本金,这客观上导致了首黔公司无法正常运转、不能支付本案诉争工程款。公司是否有还款能力不但和资产有关,还和负债有关,资产的多少并不能代表还款能力。公司有无偿债能力与股东是否需要承担补充赔偿责任无关。根据《最高人民法院关于适用〈中华人民共和国公司法〉若干问题的规定(三)》[以下简称"《公司法司法解释(三)》"]第13条第2款的规定,公司股东对公司债务承担补充责任的,只有一个前提"未全面履行出资义务",没有其他任何附加条件。至于公司是否有能力自行清偿债务,只是股东承担补充责任的具体执行过程中的操作问题,并不影响人民法院判决股东对公司的债务承担补充赔偿责任。

首黔公司主张,正业公司将答辩人股东作为被告提起诉讼不符合法律、司法解释规定,应予驳回。《公司法司法解释(三)》第13条明确“公司债权人请求未履行或者未全面履行出资义务的股东在未出资本息范围内对公司债务不能清偿的部分承担补充赔偿责任的,人民法院应予支持”,该司法解释要求股东承担责任的前提是公司债务不能清偿,首黔公司拥有的土地使用权和采矿权分别价值35183.1172万元和37689.55万元,有足够的财产偿还本案债务,有偿还能力,不应将股东列为被告。另外,司法解释规定的是补充赔偿责任,正业公司要求股东承担连带清偿责任,明显不符合司法解释的规定。

首钢投资公司、盘江精煤公司、黔桂公司、首钢集团主张,均不是本案合同纠纷的合同相对人,与正业公司不存在合同权利义务关系,不是本案适格被告。正业公司要求股东承担连带清偿责任也不符合法律规定。公司的发起人与股东承担连带责任必须具备两个条件:一是公司自有财产不能清偿自身债务;二是公司股东在未出资本息范围内对公司债务不能清偿的部分承担补充赔偿责任。首黔公司各股东已累计实缴出资7.22亿元,同时根据首黔公司提供的2014年资产负债表所载内容看,截至2014年年末,首黔公司资产总额达到1211524244.06元,足以清偿本案款项。

黔桂公司还主张,2010年5月25日,首黔公司召开股东会并审议通过《关于贵州黔桂发电有限责任公司减持贵州首黔资源开发有限公司股比的议案》,同意黔桂公司减持首黔公司的股权比例,其持股比例以实际完成的出资额为限。黔桂公司已出资完毕的事实,本案其他当事人在另案中也予认可,并且另案最终也未判决黔桂公司承担责任。

### (二)法院观点

贵州高院认为,首钢投资公司、盘江精煤公司、首钢集团在首黔公司可以执行的动产和其他方便执行的财产执行完毕后,本案债务仍未得到清偿的情况下,应在其未出资范围内对首黔公司不能清偿的部分承担补充赔偿责任。

第一,首黔公司的工商登记信息显示,首黔公司注册资本为20亿元,四个股东实缴出资为4亿元,尚有16亿元未缴足。根据《公司法司法解释(三)》第13条第2款之规定,首黔公司未全面履行出资义务的股东,应对首黔公司的债务承担补充赔偿责任。

第二,根据上述司法解释以及《最高人民法院关于适用〈中华人民共和国担保法〉若干问题的解释》第131条的规定,“不能清偿”是指对债务人的存款、现金、有价证券、成品、半成品、原材料、交通工具等可以执行的动产和其他方便执行的财产执行完毕后,债务仍未能得到清偿的状态,故首黔公司未全面履行出资义务的股东在首黔公司可以执行的动产和其他方便执行的财产执行完毕后,如本案债务仍未得到清偿,应在其未出资本息范围内对不能清偿的部分承担责任。

第三,根据首黔公司2010年5月25日的股东会决议,同意被告4黔桂公司减持股份,持股比例以黔桂公司实际投入的资金为准,黔桂公司已全面履行其出资义务,对首黔公司欠付正业公司的款项不承担责任。

## 四、本案启示

**启示1:**通常情况下,未全面履行出资义务的股东对公司的债务承担补充赔偿责任的前提是股东的出资期限届满。

股东未履行出资或者抽逃出资、须对公司未清偿债务承担补充赔偿责任的前提是公司没有清偿能力。如果公司有能力清偿债务的,债权人不能直接向股东追偿。在实务中,债权人为了节省成本、提高效率,往往把公司及其股东一起起诉至法院。但股东承担责任并非没有限制,按照法律规定,只有在对债务人可以执行的动产和其他方便执行的财产执行完毕后,债务仍未能得到清偿的情况下,债权人才能要求公司股东在未出资本息范围内对不能清偿的部分承担补充清偿责任,这也是对债权人利益的保障,避免该条在司法实践中被滥用。

本条应在股东应缴注册资本的期限已届满的情况下适用。实践中,如果不管公司是否有可供执行的财产、不管股东出资期限是否届满,直接要求未全面履行出资义务的股东承担责任,实则是对注册资本认缴制下股东出资责任的加速到期,有违注册资本认缴制的初衷。

在最高人民法院审理的绿能高科集团有限公司(原河南绿能控股集团有限公司)、孙思科等企业借贷纠纷案[最高人民法院(2016)最高法民再301号]中,涉及原股东在出资期限未届满前将股权转让,是否应在未出资范围内对公司债权人承担补充赔偿责任的问题。最高人民法院认为,涉案公司的原股东将其持有的99%的股权转让给其他人,并将股东的权利义务一并转让,在该股东出资义务尚未到期的情况下转让股权,不属于出资期限届满而不履行出资义务的情形,该股东不应再对公司承担出资责任。在股东出资未到期情况下,加速到期无疑是对认缴制的突破,且这种突破实质上加重了股东的责任,在法无明确规定的情况下,不宜对相关条款做扩大解释。另外,在股东出资期限未届满的情况下,债权人并不只有通过诉讼直接判定股东加速到期才能对实现权利救济,还可以通过适用《企业破产法》来启动破产程序,实现股东出资义务加速到期。

**启示2:**在执行阶段,通过实际执行确定债务人是否有能力“清偿债务”是追加未足额出资的股东作为被执行人的前提。

通常,股东认缴的金额、期限等信息都明确载于公司章程,作为一种公示文件,债权人在公开渠道都可以查询到,并预见到相应可能存在的风险。而对于债务人公司是否存在“不能清偿债务”的事实,往往需要通过实际执行才能来解决,不宜在诉讼中直接判定。2016 年 12 月 1 日起施行的《最高人民法院关于民事执行中变更、追加当事人若干问题的规定》第 17 条规定:“作为被执行人的企业法人,财产不足以清偿生效法律文书确定的债务,申请执行人申请变更、追加未缴纳或未足额缴纳出资的股东、出资人或依公司法规定对该出资承担连带责任的发起人为被执行人,在尚未缴纳出资的范围内依法承担责任的,人民法院应予支持。”也就是说,即便没有生效文书判决股东承担补充清偿责任,只要章程规定的出资期限届满、股东没有出资到位或存在出资不实情况的,债权人也可以在执行程序中直接追加该股东为被执行人,要求其依法承担责任,无须另行启动诉讼程序。

在最高人民法院审理的“重庆海晶石油化工有限公司与云南中石油昆仑天然气利用有限公司、云南中油华气天然气有限公司等合同纠纷[最高人民法院执行裁定书(2015)执复字第 49 号]”中,股东被要求在出资不实的范围内承担清偿责任,股东在向高院提出异议并被驳回后,又向最高人民法院申请复议,最终最高人民法院也驳回了该股东的复议请求。虽然该案中股东系出资不实,与本案中股东未足额缴纳出资的情形不完全相同,但无论是股东出资不足、抽逃出资,还是未足额缴纳出资,依据现行有效的法律规定,当作为债务人的被执行人资不抵债、财产不足,无法清偿生效法律文书确定的债务,债权人都可以追加上述债务人的股东为被执行人,以最大限度地保证债权人债权的清偿。

### 附:相关法律条文

**1.《中华人民共和国合同法》**

**第六十条第一款** 当事人应当按照约定全面履行自己的义务。

**第一百零九条** 当事人一方未支付价款或者报酬的,对方可以要求其支付价款或者报酬。

**2.《最高人民法院关于适用〈中华人民共和国公司法〉若干问题的规定(三)》**

**第十三条第二款** 公司债权人请求未履行或者未全面履行出资义务的股东在未出资本息范围内对公司债务不能清偿的部分承担补充赔偿责任的,人民法院应予支持;未履行或者未全面履行出资义务的股东已经承担上述责任,其他债权人提出相同请求的,人民法院不予支持。

**3.《最高人民法院关于适用〈中华人民共和国担保法〉若干问题的解释》**

**第一百三十一条** 本解释所称"不能清偿"指对债务人的存款、现金、有价证券、成品、半成品、原材料、交通工具等可以执行的动产和其他方便执行的财产执行完毕后,债务仍未能得到清偿的状态。

**4.《中华人民共和国民事诉讼法》**

**第六十四条第一款** 当事人对自己提出的主张,有责任提供证据。

**5.《最高人民法院关于审理建设工程施工合同纠纷案件适用法律问题的解释》**

**第十七条** 当事人对欠付工程价款利息计付标准有约定的,按照约定处理;没有约定的,按照中国人民银行发布的同期同类贷款利率计息。

## 案例 20

### 建设单位和工程总承包单位以"垫资"为名行资金拆借之实的,即使合同约定为"垫资款",但性质仍为借款,不得优先受偿

——中国轻工业武汉设计工程有限责任公司与武汉升阳置业发展有限公司民间借贷纠纷二审案

审理法院:湖北省高级人民法院

案　　号:(2018)鄂民终 824 号

案例来源:中国裁判文书网

裁判日期:2018 年 10 月 26 日

关 键 词:民事纠纷　建设工程承包　垫资　民间借贷纠纷

## 一、裁判要旨

**要旨 1** 垫资是指承包方在合同签订后,不要求发包方先支付工程款或者支付部分工程款,而是利用自有资金先进场进行施工,待工程施工到一定阶段或者工程全部完成后,由发包方再支付垫付的工程款。如果承包方没有履行工程总承包单位应尽的对涉案工程设计、采购、施工监理等方面的管理职责,那么即使将该款项约定为"垫资款",也很可能会被法院认定为借款。

**要旨2** 建设工程价款优先受偿权的行使范围为发包人欠承包人的建设工程价款,借款不在建设工程价款优先受偿权的行使范围之内。

## 二、审判概览

### (一)案情简介

1. 本案相关主体

上诉人(原审原告):中国轻工业武汉设计工程有限责任公司(以下简称“轻工公司”)

被上诉人(原审被告):武汉升阳置业发展有限公司(以下简称“升阳公司”)

被上诉人(原审被告):湖北茂隆凯德科技集团股份有限公司(以下简称“茂隆公司”)

被上诉人(原审被告):湖北奥特莱斯投资发展有限公司(以下简称“奥特莱斯公司”)

被上诉人(原审被告):王金桥

原审第三人:新八建设集团有限公司(以下简称“新八公司”)

本案相关主体之间的法律关系如图2-32所示:

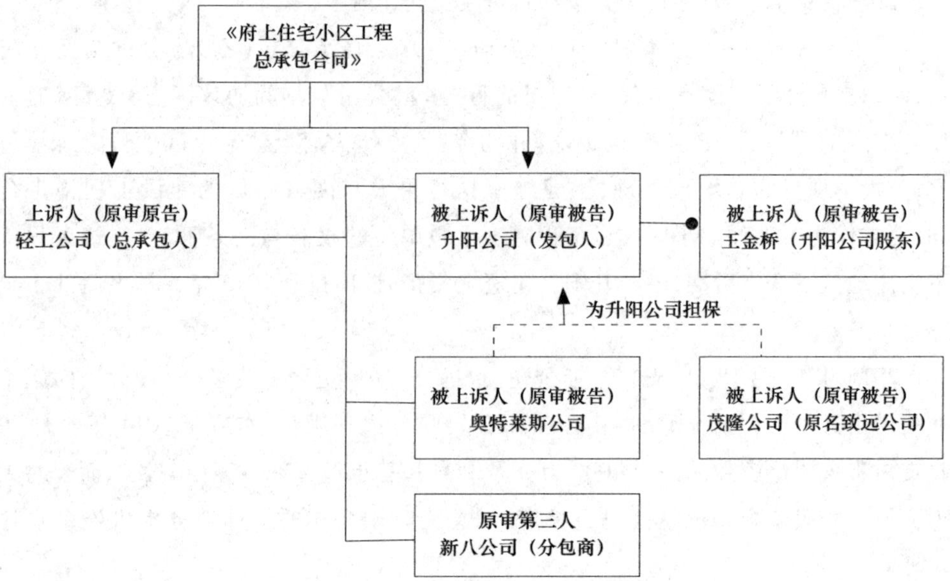


**图2-32 本案相关主体之间的法律关系**

2. 涉诉经过

经法院审理查明的主要事实如图 2－33 所示：

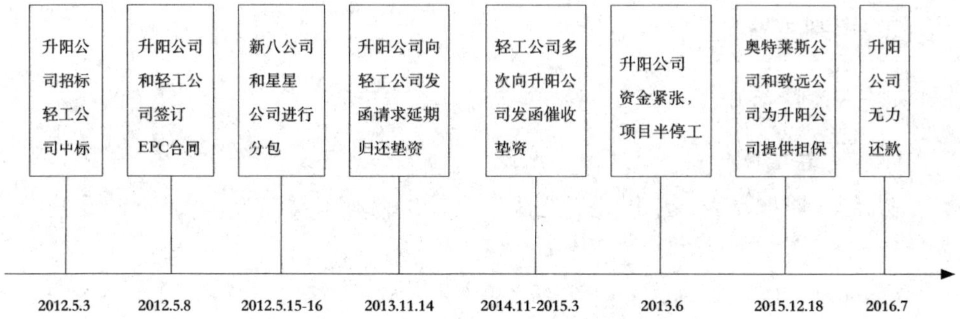


**图 2－33　经法院审理查明的主要事实**

2012 年 5 月 3 日，升阳公司出具一份《中标通知书》称，“府上住宅小区”的工程总承包中标单位为轻工公司。同年 5 月 8 日，升阳公司（甲方）与轻工公司（乙方）签订一份《府上住宅小区工程总承包合同》并约定：承包方式采用建设成本加管理费总承包方式；乙方负责项目施工管理，甲方拥有工程分包、工程价格与采购价格的最终审定权；乙方为推动工程顺利进行，为甲方垫资人民币 4000 万元；乙方以成本加管理费总承包该项目，甲方按项目进度支付工程款。

同年 5 月 15 日、5 月 16 日，升阳公司（甲方）、轻工公司（乙方）分别与新八公司、四川星星建设集团有限公司（以下简称“星星公司”，均为协议丙方）签订《府上住宅小区工程总承包施工分包协议》并约定：乙方作为府上住宅小区项目的总承包方，负责本项目的总承包管理，土建施工执行甲方与丙方签订的建设工程施工合同，丙方作为府上住宅小区项目工程施工承包单位的权利与义务不变，建筑工程备案主体地位不变。后期，由于升阳公司资金紧张，该项目于 2013 年 6 月之后处于半停工状态。

2015 年 12 月 18 日，奥特莱斯公司、致远公司（后更名为茂隆公司）分别向轻工业公司出具一份《担保函》称：由于升阳公司财务出现困难，本应于 2014 年 9 月 30 日支付贵公司垫资款人民币 4000 万元及利息和总承包管理费等相关款项而暂时无力支付。经股东会和董事会研究决定，同意为升阳公司的上述债务提供连带责任保证。

后经升阳公司催收后，升阳公司一直没有按时还款。因款项性质等事宜产生争议，六方涉入诉讼。

### (二)主要诉请

轻工公司向湖北省武汉市中级人民法院(以下简称"武汉中院")提起诉讼,请求法院判令:(1)升阳公司应立即返还垫付工程款4000万元,并承担该款自2012年5月21日起至轻工公司起诉之日止因违约而应承担的违约金2600万元;(2)确认轻工公司在工程欠款4000万元的范围内就升阳公司开发的府上小区住宅工程的折价或拍卖的价款享有优先受偿权;(3)茂隆公司、奥特莱斯公司对升阳公司6600万元的债务承担连带清偿责任;(4)王金桥在虚假出资656万元的范围内对升阳公司的上述债务承担连带清偿责任;(5)本案的诉讼费、保全费、律师费由升阳公司、茂隆公司、奥特莱斯公司、王金桥共同承担。

### (三)判决结果

2017年10月12日,武汉中院作出(2016)鄂01民初3455号民事判决书,判决:(1)升阳公司于本判决生效后15日内向轻工公司偿还借款本金4000万元及利息23278530.58元;(2)茂隆公司、奥特莱斯公司对升阳公司上述债务承担连带清偿责任;保证人茂隆公司、奥特莱斯公司清偿债务后,有权依据《担保法》第31条的规定向债务人升阳公司追偿;(3)驳回轻工公司的其他诉讼请求。轻工公司不服一审判决,向湖北省高级人民法院(以下简称"湖北高院")提出上诉。

2018年10月26日,湖北高院作出(2018)鄂民终824号民事判决书,判决:(1)驳回上诉,维持原判;(2)二审案件受理费372200元,由轻工公司负担。

## 三、争议焦点及各方观点

争议焦点:《府上住宅小区工程总承包合同》及相关补充协议中约定的4000万元款项的性质应当如何认定;轻工公司对上述款项是否享有建设工程价款优先受偿权。

### (一)当事人观点

轻工公司主张,一审法院所认定的轻工公司与升阳公司签订的《府上住宅小区工程总承包合同》因缺乏建设工程施工合同构成的基本要素,不符合建设工程施工合同的认定标准,实则是混淆了工程总承包合同与施工总承包合同的概念。轻工公司主张自己履行了实际施工过程中的义务,无论是基于合同约定还是合同履行情况及国家有关鼓励工程总承包的政策来看,轻工公司与升阳公司之间的合同关系为工程总承包合同关系,而非借贷合同关系。

基于工程总承包合同法律关系,《府上住宅小区工程总承包合同》中4000万元款项性质为工程垫资款而非借款。根据合同的约定,升阳公司开发的府上小区住宅工程由轻工公司工程总承包,并提供垫资4000万元用于工程施工建设。承包人垫资是建筑行业普遍存在行业交易惯例,实际用于工程施工的垫资款已经转化为工程价款。既然是工程价款,就有优先受偿权。

升阳公司主张,升阳公司与轻工公司之间建立的是民间借贷法律关系,而非建设工程法律关系。从承包合同来看,合同约定了本金和资金流通方式,并且还设立了公共账户保证资金用途,约定了利息和还款期限,并利用商品房买卖形式对借款进行了担保,以上种种均符合借款合同的特点。

双方建立的是民间借贷法律关系,并且结合工程款性质来看,工程施工前或者施工中的借款,与工程垫资款不是一个法律概念,案涉款项是借款,故轻工公司不享有优先受偿权。

(二)法院观点

武汉中院认为,升阳公司与轻工公司间所签订的《府上住宅小区工程总承包合同》及相关补充协议,从其内容上看,承建双方就府上小区建设工程的施工范围、工程质量的审定标准、工程造价的核算依据、工程结算及竣工验收的方式和程序,以及技术资料的交付时间、材料和设备的供应责任、质量保修范围和质量保证期限均未作出明确的约定,而仅对轻工公司通过资金共管方式完成一定数额货币的交付,并在规定期限内收回该部分资金,且按一定标准获取相应利息,以及为减少资金转移的风险,要求资金返还方作出担保承诺之内容进行了详尽的阐述。故,该合同因缺乏建设工程施工合同构成的基本要素,不符合建设工程施工合同的认定标准。

轻工公司将工程总承包方应承担建设工程的责任和义务全权交由发包方升阳公司完成的行为,与其嗣后就资金回笼的时间、利息标准的确定等事项,与升阳公司再次达成补充协议,并多次以催收方式主张该笔资金及相应孳息,却丝毫未对工程建设之权责作出任何承诺或合意之事实,已足以说明轻工公司签订《府上住宅小区工程总承包合同》的目的并不在于承接涉案工程的建设,而仅以建设工程施工合同之名,行企业间拆借资金之实,应认定为民间借贷关系。

因轻工公司并非系涉案建设工程的实际承包人,且支出的款项具有借款性质,不属于工程价款的支付,因此,不具有优先受偿权。

湖北高院认为,根据《招标投标法》第3条第1款“在中华人民共和国境内进行大型基础设施、公用事业等关系社会公共利益、公共安全的工程建设项目,包括项目的勘察、设计、施工、监理以及与工程建设有关的重要设备、材料等的采购,必须进行招投标”之规定,本案工程系商品房住宅小区,属于必须进行招投标的工程,升阳公司未经招投标与轻工公司签订《府上住宅小区工程总承包合同》及相关补充协议,违反法律强制性规定,前述合同中关于建设工程部分的约定属无效约定。升阳公司与轻工公司签订的《府上住宅小区工程总承包合同》及相关补充协议中还对轻工公司为升阳公司“垫资”4000万元交付方式、利息计算及到期不能偿还转化为购房款等内容进行了约定,该约定内容不违反法律法规的强制性规定,应为有效。

关于《府上住宅小区工程总承包合同》及相关补充协议中约定的4000万元款项的性质应当如何认定的问题。垫资是指承包方在合同签订后,不要求发包方先支付工程款或者支付部分工程款,而是利用自有资金先进场进行施工,待工程施工到一定阶段或者工程全部完成后,由发包方再支付垫付的工程款。本案中,虽然升阳公司与轻工公司签订的《府上住宅小区工程总承包合同》中将4000万元约定为“垫资款”,但双方并未约定轻工公司利用自有资金先进场组织施工企业进行施工,待工程施工到一定阶段或全部完成后,再由升阳公司支付垫付工程款;而是约定轻工公司事先将4000万元款项交付给升阳公司使用,升阳公司每年向其支付利息和管理费。并且,根据审理查明的事实,轻工公司虽参与了一定的工程管理,但其并未履行工程总承包单位应尽的对涉案工程设计、采购、施工监理等方面的管理职责,而是将涉案工程分包、工程价格与采购价格的最终审定权交由发包人升阳公司。故,从《府上住宅小区工程总承包合同》及相关补充协议的约定和实际履行情况来看,双方以“垫资”为名,行资金拆借之实,4000万元不属于工程垫资款,而是借款。

关于轻工公司是否享有建设工程价款优先受偿权的问题。根据《合同法》第286条之规定,建设工程价款优先受偿权的行使范围为发包人欠承包人的建设工程价款,本案中的4000万元属于借款,不在建设工程价款优先受偿权的行使范围之内,故轻工公司关于其享有建设工程价款优先受偿权的上诉理由,缺乏事实和法律依据,不予支持。

## 四、本案启示

**启示1:**在工程总承包合同中,如果仅仅约定承包方事先将款项交付给发包方使用,发包方每年向其支付利息和管理费,承包方参与了一定的工程管理,但承包方并未履行工程总承包单位应尽的对涉案工程设计、采购、施工监理等方面的管理职责,那么,即使将该款项约定为“垫资款”,也极有可能会被法院认定为借款,双方是以“垫资”为名,行资金拆借之实,属于民间借贷关系。

**启示2**:真正的承包人必须履行工程总承包单位应尽的对涉案工程设计、采购、施工监理等方面的管理职责,如果只是提供前期款项,则不是真正的工程承包人,而是借款人。

**启示3**:建设工程价款优先受偿权的行使范围为发包人欠付承包人的建设工程价款,借款不在建设工程价款优先受偿权的行使范围之内。

## 附:相关法律条文

**1.《中华人民共和国招标投标法》**

**第三条** 在中华人民共和国境内进行下列工程建设项目包括项目的勘察、设计、施工、监理以及与工程建设有关的重要设备、材料等的采购,必须进行招标:

(一)大型基础设施、公用事业等关系社会公共利益、公众安全的项目;

(二)全部或者部分使用国有资金投资或者国家融资的项目;

(三)使用国际组织或者外国政府贷款、援助资金的项目。

……

**2.《中华人民共和国合同法》**

**第二百八十六条** 发包人未按照约定支付价款的,承包人可以催告发包人在合理期限内支付价款。发包人逾期不支付的,除按照建设工程的性质不宜折价、拍卖的以外,承包人可以与发包人协议将该工程折价,也可以申请人民法院将该工程依法拍卖。建设工程的价款就该工程折价或者拍卖的价款优先受偿。

**3.《中华人民共和国民事诉讼法》**

**第一百七十条** 第二审人民法院对上诉案件,经过审理,按照下列情形,分别处理:

(一)原判决、裁定认定事实清楚,适用法律正确的,以判决、裁定方式驳回上诉,维持原判决、裁定;

……

**案例 21**

## 涉外EPC项目中,施工分包单位享有建设工程价款优先受偿权

——福建省土木建设实业有限公司、福建省土木建设实业有限公司深圳分公司、SAMSUNG ENGINEERING CO. 与沙伯基础创新塑料(中国)有限公司建设工程施工合同纠纷再审案

审理法院:最高人民法院
案　　号:(2013)民申字第39号
案例来源:中国裁判文书网
裁判日期:2013年3月28日
关 键 词:工程总承包　施工分包　优先受偿权

## 一、裁判要旨

工程总承包单位未向分包人足额支付工程款,且在分包人不知情的情况下放弃对发包人的部分债权,可能影响分包人获得足额工程款权利的实现,加之工程总承包单位自始至终未向发包人主张过工程价款优先受偿权。因此,应允许合法分包人在其应收工程款及其利息的范围内行使建设工程价款优先受偿权。

## 二、审判概览

### (一)案情简介

1. 本案相关主体

申请人(一审被告、二审被上诉人):沙伯基础创新塑料(中国)有限公司(原名美国通用电器塑料中国有限公司)(以下简称"美通公司")

被申请人(一审原告、二审上诉人):福建省土木建设实业有限公司(原名福建鑫源建设发展有限公司)(以下简称"福建鑫源公司")

被申请人(一审原告、二审上诉人):福建省土木建设实业有限公司深圳分公司(原名福建鑫源建设发展有限公司深圳分公司)(以下简称"福建鑫源深圳分公司")

一审被告、二审上诉人:SAMSUNG ENGINEERING CO. ,LTD. (以下简称"三

星工程公司")

本案相关主体之间的法律关系如图2－34所示：

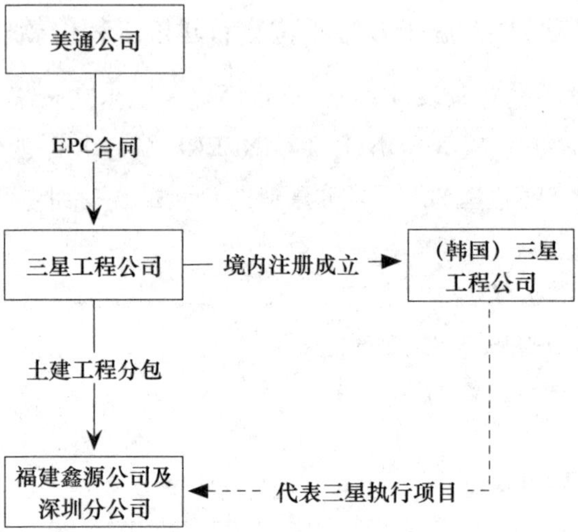


**图2－34　本案相关主体之间的法律关系**

2. 涉诉经过

经法院审理查明的主要事实：

2003年6月20日，在美通公司就"南沙二期扩建工程"(以下简称"涉案项目")对外招标后，三星工程公司与福建鑫源公司签订《排他性合作协议》约定：三星工程公司同意在排他的基础上，指定福建鑫源公司作为项目的建筑分包商，三星工程公司担任案涉项目的工程、采购及建筑的主要承包商；双方的最终合同价应根据与业主最终协商并经业主同意的价格进行调整。

2003年11月18日，美通公司作为建设单位、发包单位，三星工程公司作为管理单位、福建鑫源公司作为承包单位签订了《打桩工程施工合同》，约定美通公司将涉案工程——打桩工程发包给福建鑫源公司。

2003年12月6日，三星工程公司与福建鑫源公司就建设工程施工合同的核心内容进行会议磋商，并形成《会议纪要》，主要内容包括在土建工程中需要测量的项目报价、施工所需的辅助材料及相应的人工费报价、单价以及报价范围等。

2003年12月8日，三星工程公司就涉案项目以自己的名义独立向美通公司投标，美通公司经评标后接受三星工程公司的投标，并与三星工程公司签订《境内EPC协议》、《境外ES协议》及《协调协议》(以下统称"EPC合同")，约定由三星工程公司以“交钥匙”方式对项目进行总承包,承担项目的全部设计、建造、采购、测试及交付;三星工程公司有权自行聘请各专业分包单位进行项目的设计、施工、安装等工作,但应就各分包方的行为对美通公司负责。

2003 年 12 月 19 日,美通公司作为发包单位(甲方)、三星工程公司作为管理单位(乙方)、福建鑫源公司作为承包单位(丙方)就扩建工程之打桩工程施工合同事宜发表《共同声明》:为加快涉案项目之打桩工程的报建及施工,甲、乙、丙三方于 2003 年 11 月 18 日共同签订《打桩工程施工合同》。该合同文本仅作为甲方把该工程发包给丙方的依据和报建用。丙方同意先行签章,该合同的内容均由乙方与丙方共同另行协商后确定。工程款支付方式按本共同声明执行,即丙方将工程款申请书提交给乙方,乙方经过审核确认后交于甲方,甲方将该工程款直接支付给丙方。2003 年 11 月 18 日,乙方与丙方签订的用于报建的合同及协议书从本共同声明签订之日起废止。

2004 年 1 月 14 日,三星工程公司与福建鑫源公司形成《会议纪要》,主要内容包括合同价格、工作量、支付工程款、价格调整、进度计划等内容。

2004 年 3 月 28 日,桩基工程正式竣工验收。

2004 年 4 月 1 日,美通公司向三星工程公司结清全部打桩工程款。而三星工程公司也相应于 2004 年 8 月 2 日与福建鑫源公司结清扣除保修金及三星工程公司代付的测试费、营业税及其他税金的剩余桩基工程款。

2004 年 5 月 26 日,福建鑫源公司与三星工程公司形成《会议纪要》,美通公司为见证方。主要内容包括福建鑫源公司对于整个施工工作的最终施工总包价格、价格调差、完成工期及价款支付等。

2004 年 11 月 11 日,三星工程公司通知福建鑫源公司终止施工合同关系①。同年 11 月 15 日,(韩国)三星工程公司向广州市中级人民法院起诉,请求解除与福建鑫源公司之间的土建工程分包合同关系。同日,福建鑫源公司按三星工程公司通知正式停工。

2004 年 12 月 24 日,美通公司与福建鑫源公司形成《会议纪要》,主要内容包括土建工程的全部造价、设计变更、安装工程、付款时间、预扣款、支付方式、土建工程工期、复工等。该纪要落款签章为福建鑫源深圳分公司以及见证人美通公司。

---

① 注:从法院查明事实来看,双方并未签订名为“施工合同”或“土建工程分包合同”的类似文件,但结合双方多次在《会议纪要》中对涉案项目施工内容的洽商,双方之间存在施工合同关系。

2004 年 12 月 31 日,福建鑫源公司与(韩国)三星工程公司签订《和解协议》(即"12 · 31 和解协议"),美通公司作为本协议的见证人。

2005 年 1 月 4 日,福建鑫源公司按(韩国)三星工程公司的通知正式复工。

2005 年 1 月 26 日,广州市中级人民法院裁定准许(韩国)三星工程公司撤回起诉。

2005 年 2 月 2 日,美通公司与三星工程公司达成《和解协议》(即"2 · 2《和解协议》",就 EPC 协议合同价格、完工时间、付款进度表、工作进度表等内容进行了调整。

2005 年 6 月 6 日,福建鑫源公司经工商部门核准更名为福建省土木建设实业有限公司(以下简称"福建土木公司")。福建鑫源深圳分公司则于 2005 年 8 月 3 日经工商部门核准变更为福建省土木建设实业有限公司深圳分公司(以下简称"福建土木深圳分公司")。

2005 年 12 月 16 日,因三星工程公司未能按照"2 · 2《和解协议》"中约定的完工日期即 2005 年 6 月 30 日完工,美通公司致函三星工程公司解除双方之间的合同关系并附表列明要求移交的资料。

2005 年 12 月 19 日,三星工程公司通知福建土木公司解除双方的施工合同关系,福建鑫源公司必须立即退出项目场地,并且递交所有与项目相关的建筑文件及其他文件。

2005 年 12 月 31 日,美通公司向福建土木公司发出《关于要求福建鑫源限期离场的函》,要求福建土木公司限期离场。

2006 年 2 月 27 日,美通公司向广州市南沙区人民法院起诉,请求法院依法强制福建土木公司立即撤离涉案项目场地。

2006 年 3 月 9 日,福建土木公司及其深圳公司与(韩国)三星工程公司因履行"12 · 31《和解协议》"产生争议,双方涉入诉讼。

2006 年 9 月 28 日,广州市南沙区人民法院作出先予执行的裁定,裁定福建土木公司及其深圳分公司于该裁定书发出之日起 15 日内撤离南沙扩建工程项目场地。2007 年 2 月,福建土木公司退出了项目场地。

2008 年 4 月 10 日,美通公司经工商部门核准更名为沙伯基础创新塑料(中国)有限公司(以下简称"沙伯公司")。

2008 年 12 月 1 日,沙伯公司与三星工程公司签订"12 · 1《和解协议》",主要内容为:缘于项目工作的开展和项目迟延完工的责任问题,沙伯公司和三星工程公司之间产生了争议,双方同意根据本协议下的条款全面且最终地解决以上争议。三星工程公司撤回就 2006 年 5 月 23 日调解期间三星工程公司向沙伯公司提出的有关1903560美元和296天延期的主张,并且不得向沙伯公司提出缘于或关于项目合同的其他任何主张。上述“12·1《和解协议》”签订后,三星工程公司以银行转账的方式于2009年2月26日向沙伯公司支付了“12·1《和解协议》”中约定的和解款项3706769美元。

### (二)主要诉请

福建土木公司及其深圳公司向广州市中级人民法院(以下简称“广州中院”)提起诉讼,请求法院判令解除与沙伯公司、(韩国)三星工程公司签订的“12·31《和解协议》”;三星工程公司、(韩国)三星工程公司、沙伯公司给付工程款及利息、赔偿损失;确认福建土木公司对上述款项在本案所涉工程折价或拍卖的价款优先受偿等其他相关诉讼请求。

### (三)判决结果

2010年8月25日,广州中院作出(2006)穗中法民五初字第26号民事判决书,判决:(1)解除“12·31《和解协议》”;(2)三星工程公司、(韩国)三星工程公司向福建土木公司及其深圳分公司支付工程款及利息,并赔偿相应损失等;但并未支持福建土木公司及其深圳分公司的工程价款优先受偿权。

福建土木公司及其深圳分公司不服一审判决,向广东省高级人民法院(以下简称“广东高院”)提出上诉。

2011年12月20日,广东高院作出(2011)粤高法民一终字第1号民事判决书,判决:(1)维持解除“12·31《和解协议》”;(2)福建省土木建设实业有限公司或其深圳分公司在判决的工程款其利息范围内对其施工的涉案工程享有建设工程价款优先受偿权等。沙伯公司不服二审判决,向最高人民法院申请再审。

2013年3月28日,最高人民法院作出(2013)民申字第39号民事裁定书,裁定:驳回沙伯公司的再审申请。

## 三、争议焦点及各方观点

### (一)沙伯公司与福建土木公司及其深圳分公司之间是否存在建设工程承包合同关系

1. 当事人观点

福建土木公司及其深圳分公司主张,沙伯公司与福建土木公司之间为直接的工程承发包关系,三星工程公司在涉案工程中为管理人。

沙伯公司主张,沙伯公司与福建土木公司及其深圳分公司之间不存在任何合同关系,基于合同相对性原理,福建土木公司及其深圳分公司在本案中提出的与沙伯公司有关的各项主张均无事实及法律依据。

2. 法院观点

广州中院认为,因《打桩工程施工合同》已经履行完毕,且《排他性合作协议》已经中国国际贸易仲裁委员会仲裁,故本案应审查的是南沙二期扩建工程的土建工程部分各方的权利义务关系。至于沙伯公司与福建土木公司之间是否建立了事实上的合同关系,因南沙法院在审的(2006)南沙民二初字第16号侵权纠纷案先于本案立案且对此尚在审理中,故原审法院对此不予调处。

广东高院认为,三星工程公司与福建鑫源公司于2003年6月20日签订的《排他性合作协议》,双方分别于2003年12月6日、2004年1月14日形成的《会议纪要》,双方于2004年5月26日形成的、列明美通公司为见证方的《会议纪要》,2004年12月24日美通公司作为见证人与福建鑫源公司形成的《会议纪要》,以及(韩国)三星工程公司与福建鑫源公司于2004年12月31日签订的、美通公司作为见证方的"12·31《和解协议》",均是各方当事人真实意思的表示,内容未违反我国法律、行政法规的强制性规定,合法有效。

根据美通公司与三星工程公司于2003年1月8日签订的EPC合同,沙伯公司与三星工程公司之间存在包括设计、采购、施工在内的工程总承包合同关系。而三星工程公司与福建鑫源公司则以2003年6月20日签订的《排他性合作协议》,2003年12月6日、2004年1月14日形成的《会议纪要》,以及(韩国)三星工程公司与福建鑫源公司2004年12月31日签订的、美通公司作为见证方的《和解协议》等书面协议,确立了三星工程公司作为发包方,将涉案工程中的土建工程发包给福建鑫源公司承包施工的建设工程施工合同关系。

另外,在三星工程公司与福建土木公司确认的已付工程款中,除"12·31《和解协议》"签订前的2004年2月12日开出的一笔金额为3000000元的发票注明付款人名称为美通公司外,其余均显示付款人为三星工程公司。其中,福建土木公司深圳分公司要求支付二、三、四、五月的工程进度款的函均注明抄送美通公司。可见,由福建土木公司实际施工的涉案工程属于沙伯公司与三星工程公司协议项下的总承包工程中的一部分,且沙伯公司以见证合同签署、参与施工协调等方式对三星工程公司将涉案工程分包给福建土木公司承建予以认可。

沙伯公司、三星工程公司和福建土木公司最终实际形成的是建设工程“发包—总包—分包”的关系。

(二)分包人福建土木公司及其深圳分公司是否享有涉案工程价款优先受偿权

1. 当事人观点

福建土木公司及其深圳分公司主张,沙伯公司没有证据证明其工程款已经支付完毕,原审判决对此亦无认定。沙伯公司明知三星工程公司与福建土木公司没有结算,沙伯公司与三星工程公司签订“12·1《和解协议》”并由三星工程公司放弃部分债权,属于恶意串通。《合同法》第286条的规定并未明确承包人不包括分包人,福建土木公司作为实际施工人,依法享有工程价款的优先受偿权。

沙伯公司主张,根据《合同法》第286条的规定,适用工程价款优先受偿权的前提必须是“发包人未按照约定支付价款”。沙伯公司作为发包人,并不拖欠三星公司工程款。

2. 法院观点

广州中院认为,参照《广东省高级人民法院关于在审判工作中如何适用〈合同法〉第286条的指导意见》(粤高法发〔2004〕2号)中“分包人对自己承建部分主张享有优先权的,人民法院不予支持”的规定,对福建土木公司要求确认对涉案工程价款优先受偿的诉讼请求不予支持。

广东高院认为,根据我国《合同法》第286条的规定,发包人逾期不支付工程款,承包人可申请人民法院将建设工程依法拍卖,并可就该拍卖的价款优先受偿。本案中,根据2008年12月1日三星工程公司与沙伯公司签订的《和解协议》显示,三星工程公司在与沙伯公司结算项目的同时放弃了1903560美元及293天期限延长索赔的款项。三星工程公司一方面未向福建土木公司足额支付工程款,另一方面在福建土木公司不知情的情况下放弃对沙伯公司的部分债权,可能影响福建土木公司获得足额工程款权利的实现,加之三星工程公司自始至终未向沙伯公司主张过工程价款优先受偿权。因此,本案应允许作为分包人的福建土木公司在其应收工程款及其利息的范围内,对其施工的涉案工程享有工程价款优先受偿权。至于《广东省高级人民法院关于在审判工作中如何适用〈合同法〉第286条的指导意见》,是为了指引法官正确适用法律和司法解释的指导性文件,原审法院将其直接作为裁判依据不妥。且该指导性文件的本意是在总包人已就建设工程价款主张优先权的情况下,分包人再主张承建部分工程价款优先权的,人民法院不予支持。若总包人未行使建设工程价款优先受偿权导致分包人的工程款可能难以受偿的,分包人可依法行使建设工程价款优先受偿权。

最高人民法院认为,根据《合同法》第286条并参照《施工合同司法解释(一)》第26条、《最高人民法院关于建设工程价款优先受偿权问题的批复》的规定,实际施工人以发包人为被告主张权利的,发包人在欠付工程价款范围内对实际施工人承担责任。二审法院认定被申请人福建土木公司对涉案工程享有工程价款优先受偿权,有事实和法律依据。

## 四、本案启示

**启示1:**工程总承包单位一方面未向施工分包单位足额支付工程款,另一方面在工程总承包单位不知情的情况下放弃部分债权,可能影响施工分包单位的债权实现,且其从未向建设单位主张工程价款优先受偿权的,应允许施工分包单位在其应收工程款及利息范围内享有优先受偿权。

本案中,最高人民法院对工程总承包单位怠于行使对发包人的优先受偿权且损害分包人利益之时,合法分包人有权向发包人主张优先受偿权的做法持予肯定的态度。《民事审判指导与参考》2016年第1辑(总第65辑)一书在该问题上持有相似观点:"建设工程施工合同纠纷司法解释第二十六条[①]规定了分包人和实际施工人完成了其与总包人或转包人之间合同约定的施工义务且工程质量合格的,在总包人或者转包人不主张或者怠于主张工程价款优先受偿权的情况下,应允许分包人或者实际施工人就其承建的工程部分在发包人欠付的工程款范围内向发包人主张工程价款优先受偿权。"[②]即在总包人怠于向发包人主张工程价款优先受偿权的情况下,分包人有权就其承建的工程部分在发包人欠付的工程款范围内享有优先受偿权。

**启示2:**在最高人民法院《施工合同司法解释(二)》于2019年2月1日施行后,参照该解释第17条规定,与发包人没有直接合同关系的承包人,其优先受偿权面临不被保护的风险,故拟承接工程总承包(EPC)项目中施工分包的承包人,应当加强

---

① 《施工合同司法解释(一)》第26条规定,实际施工人以转包人、违法分包人为被告起诉的,人民法院应当依法受理。实际施工人以发包人为被告主张权利的,人民法院应当追加转包人或者违法分包人为本案第三人。发包人只在欠付工程价款范围内对实际施工人承担责任。

② 杜万华主编,最高人民法院民事审判第一庭编:《民事审判指导与参考》2016年第1辑(总第65辑),人民法院出版社2016年版,第252页。

对项目本身以及工程总承包单位履约能力的尽职调查,综合研判工程款的可回收性。

《施工合同司法解释(二)》第17条规定,“与发包人订立建设工程施工合同的承包人,根据合同法第二百八十六条规定①请求其承建工程的价款就工程折价或者拍卖的价款优先受偿的,人民法院应予支持”。按照最高人民法院王毓莹、陈亚法官在《〈关于审理建设工程施工合同纠纷案件适用法律问题的解释(二)〉逐条解读》一文对该条款的解读:“本条规定了承包人享有建设工程价款优先受偿权,同时也排除了其他主体能够请求建设工程价款优先受偿权。本条严格遵循《合同法》第286条和合同相对性原则,规定承包人就工程价款享有优先受偿权。实际施工人和发包人没有直接的合同关系,对发包人并不当然享有工程价款请求权,也就没有理由赋予其以工程价款为权利基础的优先受偿权。此外,转包、违法分包均被法律明确禁止,如果再赋予实际施工人以建设工程价款优先受偿权,有可能对建设工程市场秩序产生负面导向作用。故享有建设工程价款优先受偿权的主体只有与发包人订立建设工程施工合同的承包人,不包括勘察人、设计人、实际施工人以及次承包人②和合法的分包人。”

按照上述解读可知:第一,除与发包人订立施工合同的承包人之外,其他主体均不再享有优先受偿权,包括合法的分包人;第二,本条的制定依据是《合同法》第286条以及合同相对性原则,因为合法的分包人和发包人无直接合同关系,所以分包人对发包人不当然享有工程价款请求权,也就丧失了以享有工程价款请求权为基础的优先受偿权。

参照《施工合同司法解释(二)》第17条规定,仅与发包人订立施工合同的承包人享有优先受偿权。则,在EPC项目中,基于施工分包单位与业主之间无直接合同关系,仅与工程总承包单位存在施工合同关系,故施工分包单位直接向与其没有合同关系的建设单位主张优先受偿权,面临不被司法机关支持的重大风险。鉴于此,我们建议:

第一,拟承接工程总承包(EPC)项目中施工分包的承包人,应当加强对项目本

---

① 《合同法》第286条规定:“发包人未按照约定支付价款的,承包人可以催告发包人在合理期限内支付价款。发包人逾期不支付的,除按照建设工程的性质不宜折价、拍卖的以外,承包人可以与发包人协议将该工程折价,也可以申请人民法院将该工程依法拍卖。建设工程的价款就该工程折价或者拍卖的价款优先受偿。”

② 注:尚无法律明文对“次承包人”的定义作出明确规定。

身以及工程总承包单位履约能力的尽职调查,综合研判工程款的可回收性。如何开展尽职调查,可详细参阅本书第一章专题六《尽职调查》。

第二,尽管《施工合同司法解释(二)》第17条作了上述规定,但合法分包人是否必然被排除在优先受偿权权利主体范围外?理论界与实务界对此存在较大争议。EPC项目中的施工分包单位是否享有优先受偿权,与农民工合法权益的保护紧密相关。因此,在具体的个案中,我们仍然建议施工分包单位积极争取优先受偿权,同时也有待最高人民法院进一步明确相关指导意见,以统一司法裁判尺度。

## 附:相关法律条文

**1.《中华人民共和国合同法》**

**第二百八十六条** 发包人未按照约定支付价款的,承包人可以催告发包人在合理期限内支付价款。发包人逾期不支付的,除按照建设工程的性质不宜折价、拍卖的以外,承包人可以与发包人协议将该工程折价,也可以申请人民法院将该工程依法拍卖。建设工程的价款就该工程折价或者拍卖的价款优先受偿。

**2.《最高人民法院关于审理建设工程施工合同纠纷案件适用法律问题的解释》**

**第二十六条** 实际施工人以转包人、违法分包人为被告起诉的,人民法院应当依法受理。

实际施工人以发包人为被告主张权利的,人民法院可以追加转包人或者违法分包人为本案当事人。发包人只在欠付工程价款范围内对实际施工人承担责任。

**3.《最高人民法院关于建设工程价款优先受偿权问题的批复》**

三、建筑工程价款包括承包人为建设工程应当支付的工作人员报酬、材料款等实际支出的费用,不包括承包人因发包人违约所造成的损失。

四、建设工程承包人行使优先权的期限为六个月,自建设工程竣工之日或者建设工程合同约定的竣工之日起计算。

**4.《中华人民共和国民事诉讼法》**

**第二百条** 当事人的申请符合下列情形之一的,人民法院应当再审:

(一)有新的证据,足以推翻原判决、裁定的;

(二)原判决、裁定认定的基本事实缺乏证据证明的;

(三)原判决、裁定认定事实的主要证据是伪造的;

(四)原判决、裁定认定事实的主要证据未经质证的;

(五)对审理案件需要的主要证据,当事人因客观原因不能自行收集,书面申请人民法院调查收集,人民法院未调查收集的;

(六)原判决、裁定适用法律确有错误的;

(七)审判组织的组成不合法或者依法应当回避的审判人员没有回避的；

(八)无诉讼行为能力人未经法定代理人代为诉讼或者应当参加诉讼的当事人,因不能归责于本人或者其诉讼代理人的事由,未参加诉讼的；

(九)违反法律规定,剥夺当事人辩论权利的；

(十)未经传票传唤,缺席判决的；

(十一)原判决、裁定遗漏或者超出诉讼请求的；

(十二)据以作出原判决、裁定的法律文书被撤销或者变更的；

(十三)审判人员审理该案件时有贪污受贿,徇私舞弊,枉法裁判行为的。

**第二百零四条**　人民法院应当自收到再审申请书之日起三个月内审查,符合本法规定的,裁定再审;不符合本法规定的,裁定驳回申请。有特殊情况需要延长的,由本院院长批准……

# 第三章　海外 EPC 项目合同风险管理

近年来，随着国家“一带一路”倡议的持续推进和不断深入，以及国内供给侧结构调整和过剩产能转移带来的行业压力，越来越多的我国工程承包企业开始选择走向海外市场，当前对外工程总承包业务量呈现出不断递增的趋势。

据商务部统计，2019 年 1 月至 5 月，我国企业对“一带一路”沿线的 51 个国家有新增投资，合计 56.3 亿美元，占同期对外投资总额的 12.6%。“一带一路”沿线国家新签对外承包工程合同额 469.3 亿美元，占同期总额的 60.3%。此外，对外承包工程大项目较多，2019 年 1 月至 5 月，对外承包工程新签合同额在 5000 万美元以上的项目 287 个，比去年同期增加 13 个，带动当地发展，实现互利共赢。

但是，对工程总承包企业来说，海外工程因项目所处环境不同，远比国内工程更为复杂，机遇和风险并存，尤其对刚刚走出去的企业而言，每一步都充满挑战。在海外工程项目的承揽和参与过程中，国内工程总承包企业也暴露了自身所存在的问题和短板，主要集中于对 EPC 合同的风险识别能力不足以及项目风险防范机制建立的欠缺。

因此，在本章中，我们主要以海外 EPC 项目风险管理为核心，从合同风险管理角度，对 EPC 项目的合同风险识别及防范作出了详细阐述；从项目实践角度，对具有代表性的海外 EPC 项目进行分析，以助力工程总承包单位提高海外工程项目风险管理水平。

# 第一节　海外 EPC 项目的合同风险管理

**引　言**

在国内，工程总承包主要是指承包商通过投标或议标形式，接受业主委托，按照合同的约定，对项目的设计、采购、施工、试运行全过程实施承包，并对工程质量、安全、工期与及费用全面负责的一种项目建设的组织模式①。国际实践中，对应常用的概念还包括“设计—采购—施工（EPC）”以及“交钥匙”等。EPC 模式的采用，实现了项目在工期、费用和质量上的效益提高，但同时对工程总承包单位的管理水平提出了更高的要求。如果缺少对项目合同风险的准确识别以及相应防范机制的建立，容易造成工程总承包单位与业主之间的纠纷。因此，在海外工程总承包项目合同风险识别基础上，通过比较分析选择和适用合适的合同文本，并建立起健全的合同管理风险防范机制将是本节重点讨论的内容。

## 一、海外 EPC 项目合同风险识别和应对策略

海外 EPC 项目通常具有投资规模大、技术复杂程度高以及产出要求严苛等特点，虽然工程总承包单位对于项目整体的管控权利较传统模式更大，但是需要承担的风险也相应更多。一方面，EPC 项目合同通常对工期、质量和合同价款具有明确的要求，而且在 EPC 模式下单一责任制的安排使得项目各项责任明确，业主容易向总承包商追责。另一方面，在合同谈判阶段，业主方会通过删除有利于承包商的条款而将风险转嫁给总承包商，再加上合同履行过程中内部和外部条件的不断变化，导致总承包商对项目整体的不可控性加剧。因此，总承包商有必要对合同风险因素进行认真分析和准确识别。

### （一）EPC 项目合同风险分类

根据分类的目的不同，对于 EPC 项目合同的风险划分也有一定差异。例如，按照 EPC 项目合同全生命周期划分，可根据合同机会、合同洽谈、合同签约、合同履行

---

①　原建设部《关于培育发展工程总承包和工程项目管理企业的指导意见》（建市〔2003〕30 号）。

和合同终止列明各阶段内的相关风险①;按照总承包商所承担的风险因素考量,可将合同风险划分为政治经济类、施工条件类、参考基准类和履约能力类风险因素等②。本书主要参照张水波、陈勇强教授的观点认为,基于业主和总承包商间的风险分担角度综合地将风险分为 EPC 合同环境风险、EPC 项目本身风险和 EPC 合同参与方行为关系风险三类③。具体如表 3-1 所示:

**表 3-1 EPC 合同环境风险、EPC 项目本身风险、EPC 合同参与方行为关系风险**

| 一级分类 | 二级分类 | 三级分类 |
| --- | --- | --- |
| EPC 合同环境风险 | 政治环境风险 | 1)项目所在国政局是否稳定<br>2)是否存在资产征收或国有化情况<br>3)政府的办事效率是否低下等 |
| | 经济环境风险 | 1)当地金融市场及利率是否稳定<br>2)是否对外币有限制<br>3)当地通货膨胀情况如何等 |
| | 法律和社会环境风险 | 1)当地法律体系是否完备和稳定<br>2)法律对工程承包是否有特别要求<br>3)项目合同约定是否存在违法情形<br>4)当地的宗教文化传统、诚信度等 |
| | 自然环境风险 | 1)当地地质地貌条件<br>2)当地水文气象条件<br>3)当地天灾发生的频率 |
| EPC 项目本身风险 | 项目可行性风险 | 1)业主立项时的项目可行性<br>2)项目征地困难程度<br>3)项目生产的产品市场变化 |
| | 项目财务风险 | 1)项目现金流预测是否准确<br>2)是否有项目实施需求的资金<br>3)项目财务费用是否太高<br>4)项目支付涉及的货币和汇率问题 |
| | 项目设计风险 | 1)对于技术标准的熟悉程度<br>2)对于设计方案的合理性判断<br>3)设计方案的审批延误程度等 |

① 张成绩:《海外 EPC 项目合同风险管理研究》,山东大学 2013 年硕士学位论文。

② 徐慧声:《基于工程总承包商视角下的 EPC 项目合同风险分析与防范研究》,天津理工大学 2016 年硕士学位论文。

③ 张水波、陈勇强编著:《国际工程总承包 EPC 交钥匙合同与管理》,中国电力出版社 2015 年版,第 127~130 页。

续表

<table>
<tr><th>一级分类</th><th>二级分类</th><th>三级分类</th></tr>
<tr><td rowspan="3">EPC 项目本身风险</td><td>项目采购风险</td><td>1)所需材料设备的市场缺乏程度<br>2)所需材料设备的价格因素<br>3)业主指定的供货商名单范围等</td></tr>
<tr><td>项目施工风险</td><td>1)现场施工条件是否恶劣<br>2)劳动力是否缺乏<br>3)设计和工程变更的影响程度<br>4)施工组织的设计合理性<br>5)工伤事故和劳资争端的产生等</td></tr>
<tr><td>项目试运行<br>与验收风险</td><td>1)试运行所需外部条件缺乏<br>2)试运营程序不清<br>3)验收标准不明确等</td></tr>
<tr><td rowspan="4">EPC 合同参与方<br>行为关系风险</td><td>业主的行为风险</td><td rowspan="4">1)合同责任与风险分担约定不清<br>2)各方的抗风险能力<br>3)各方的违约行为<br>4)各方破产或出现财务危机<br>5)各方之间协调不力<br>6)各方关系有敌对情绪<br>7)各方的项目组织内部问题等</td></tr>
<tr><td>供货商的行为风险</td></tr>
<tr><td>施工分包商的<br>行为风险</td></tr>
<tr><td>政府部门等其他<br>主体的行为风险</td></tr>
</table>

### (二)EPC 合同风险的分担原则

针对上述 EPC 项目中所存在的各类风险,如何在项目参与各方中合理分摊已在国际实践中逐渐形成了基本原则:风险分担应能够激励合同双方努力使己方收益最大化的同时也能有利于完成项目总体目标,即“激励兼容原则”,并由此派生出若干具体原则①,包括:

1. 过错责任原则。若风险是由一方的不当行为或缺乏合理的谨慎或精心引起,则由该方承担。

2. 保险原则。若该风险可以以合理的商业条件进行保险,而且由该方保险是最经济的方式,则由该方承担。

① 张水波、陈勇强编著:《国际工程总承包 EPC 交钥匙合同与管理》,中国电力出版社 2015 年版,第 130 页。

3. 最大收益原则。谁是管理好风险的最大收益方和直接收益方或者直接受害方,谁应该承担该风险。

4. 成本原则。哪一方最有能力以低成本控制该风险,风险应由该方承担。

5. 风险偏好原则。在无法运用上述原则时,财务能力强的一方应当承担相应的风险,无法确定时,则只能让偏好风险的一方承担。

### (三)EPC合同风险的应对策略

在海外EPC项目实践中,根据EPC招标文件/合同对潜在风险进行识别后,应当根据项目实际情况和总承包商自身的抗风险能力,合理判断各项风险的严重程度,并及时研究制定风险的应对策略。常见的应对策略包括风险回避、风险转移和风险自留等。

1. 风险回避

该应对策略主要针对总承包商不具备承担能力的风险,包括无法达到项目招标文件要求的产出要求、技术标准或者招标人在设计、采购和施工阶段的相关硬性指标要求。在该种情形下,只能通过改变业主要求或者直接放弃投标排除可能产生的风险,否则对于总承包商发生重大损失的可能性将很会很大。

2. 风险转移

风险转移是通过将一方不可控的风险在相关利益主体之间进行重新分配的方式实现风险的规避,如工程总承包单位将法律变更、政府风险等转移至业主,将部分设计和施工风险转移至分包商承担等。通常情况下,通过项目相关合同的条款安排是实现风险转移最为常见的方式。

3. 风险自留

当风险无法通过合同安排进行转移时,则应通过风险承担者自身的资源和能力,采用不同的风险减轻措施减低风险的影响程度。具体可包括对风险进行预测并制定预防措施,或者加强自身风险管理能力和控制力度来降低风险的发生。同时,为项目进行投保,当风险发生通过保险来最大化的减轻可能对业主或总承包商带来的损失,也是减轻风险的一种有效途径。另外,在风险自留的情形下,总承包商可以在投标报价阶段就考虑相应的风险费用,要求业主作为合同价格的组成部分一并支付,这也是当前海外EPC项目招投标的一个惯例,体现了风险与利润并存的理念。

综上,受制于项目内部和外部条件的变化,海外EPC项目合同的风险程度更大且影响因素更多,因此需要借助自身经验和专业咨询单位的建议提前对项目可能存在的潜在风险进行识别和分类。同时,在此基础上为实现风险的规避和管控,需要结合总承包商自身抗风险能力,通过投标报价方案设计、合同条款谈判和投保等手段提前作出相应的风险应对方案。

## 二、海外 EPC 项目合同范本的选择和适用

为了实现业主与承包商之间在职责与权益上的平衡,有效地预防项目风险发生,世界范围内多个组织都先后发布了权威性的合同范本规范交易过程。这些合同范本的发布,节约了各利益相关主体的交易成本,同时也规范了市场行为的公平合理性。针对 EPC 项目,可供选择的合同范本也不在少数,但是如何合理地选择和适用该合同范本以达到利益和风险的平衡,或是实现合同各方的合理诉求是实践中值得重点研究的一大课题。

### (一)海外 EPC 项目常用合同范本

随着工程总承包模式在国际范围内的应用,众多工程管理学会和机构编制了合同范本,例如,英国土木工程师学会(ICE)在其原合同条件基础上出版的 NEC 合同条件(New Engineering Contract),已在全球范围内不同类型工程中得到了广泛使用,尤其是在英国及英联邦成员国,而其中用于工程总承包项目的合同标准条件被称为“设计—建造合同”(Engineering and Construction Contract, ECC)。

国际实践中运用最为广泛的当属国际咨询工程师联合会(FIDIC)组织编写的合同系列,又称为“彩虹系列”。FIDIC 合同体系总结了一个世纪以来在工程、法律和工程管理方面的经验成果,并在结合国际实践经验的基础上,不断总结对合同体系进行更新和调整。2017 年 12 月 FIDIC 正式发布了三本合同条件(第二版),其中 EPC 交钥匙项目合同条件(Conditions of Contract for EPC/Turnkey Projects),即银皮书,为全球范围内采用 EPC 模式的工程总承包项目提供了蓝本。

除此之外,其他工程总承包项目常用合同范本还包括美国建筑师学会(AIA)编制的 A 系列发包人与承包人之间的合约文件(A Series),英国联合合同审理委员会(JCT)编制的设计—建造合同(Design and Build Contract),以及世界银行出版的装置设置供货与安装交钥匙合同(Supply and Installation of Plant and Equipment under Turnkey Contract)等都具有一定影响力并被普遍适用。

## (二)关于合同范本的风险承担原则

目前国际通用的工程合同范本,虽然基本上都依据国际工程的相关惯例围绕业主与承包商之间的合理风险分担原则进行编制,但是具体的分担方法却并不相同。对于工程总承包合同而言,无论是FIDIC银皮书还是NEC合同或AIA合同,都存在让业主或承包商承担特定风险的差异性,以施工过程中"现场条件的变化风险"为例。

由于工程项目的特殊性,现场的自然地理条件对于工程项目能否按照计划的成本和进度计划顺利实施非常重要。现场条件既包括工程现场的地质条件,也包括在工程实施过程中可能遇到的其他自然条件。如果实际的现场条件和业主提供的资料不符,而投标人在有限的投标准备期间内又缺少对现场条件的勘测,则双方极容易引发争议。然而,FIDIC银皮书(2017年版)、NEC和AIA合同文本中关于现场条件的风险分担原则存在巨大差异。

根据FIDIC银皮书第4.12款"不可预见的困难"(Unforeseeable Difficulties)的规定,承包商应被视为已经获得所有关于风险、意外事件以及其他情况的必要资料,合同价格不能因任何不可预见的困难进行调整(除非专用条件另有规定)。同时,银皮书第8.5款"竣工时间的延长"专用条件编写指南中也特别强调,该条款不能用于承包商因异常不利的气候条件申请工期延长。可见,除非存在特别约定,在FIDIC银皮书项下承包商需要承担不利现场条件导致的绝大部分风险。

相较而言,AIA的规定对承包商更加有利。AIA范本第A.2.2.2款规定,现场勘查是业主应该提供的服务,且其出具的勘察报告是具备法律效力的。同时,第A.4.1.4款也专门规定,如果现场条件与合同文件中的不同,那么承包商可以就此要求业主进行勘察,如果的确与合同文件有实质性的不同,应该对合同金额和工期进行调整。即使业主不认为有实质性不同,承包商还可以以索赔的形式再次提出①。可见,AIA合同文本明确了业主方的勘察责任,同时通过赋予承包商在现场条件变化时对合同价款变更、工期调整以及索赔的权利,缓解了总承包商在应对现场条件变化风险时时间和资金上的压力。

相较于FIDIC和AIA合同,NEC在对风险范围的定义以及风险的补偿机制设置方面显得更加准确。如NEC合同文本第60.1款(12)规定承包商遇到的下列情

---

① 仉乐:《国际工程总承包合同范本比较研究》,天津大学2007年硕士学位论文。

况属于补偿事件:在工地现场内的,非气象条件引起的,以及有经验的承包商可能在合同生效日判断为出现概率极小,因而有理由不予考虑的实际条件[①]。第 60.2 款规定了判断实际条件的准则,即在判断实际条件时,认为承包商已考虑到:(1)场地资料;(2)涉及场地资料的有关公开的资料;(3)有经验的承包商预计应有的或可获得的其他资料。同时,进一步规定如果在一个日历月内,整个合同工程竣工日前,以及合同资料中指明的场所,所记录的气象实测数据与气象资料相比表明,该值平均出现频率低于十年一遇的气象条件,即属于雇主应承担风险的补偿事件[②]。可见,NEC 合同文本针对现场条件变化导致的风险,制定了更加客观与量化的补偿机制,给予合同双方充分的合意空间,以及提高了实践过程中的可操作性。

### (三)关于合同范本的选择和适用

目前,在我国一些涉外工程项目使用较多的是 FIDIC 合同条件,但由于 FIDIC 合同条件对于承包商有着严格的要求,同时也意味着需要承担更大的风险,因此对其适用范围应当有着明确的认识。对此,FIDIC 银皮书的说明中给出了三种不适用于银皮书的情况,包括:

1. 投标人没有足够的时间或充足的信息及资料以仔细审查和核查业主要求,或开展设计、风险评估以及费用估算工作;

2. 工程施工涉及相当数量的地下工程,或投标人无法对工程所在区域开展调查,除非在特殊条款中对不可预见的各类条件予以说明;

3. 业主想要密切监督或控制承包商的工作,或审核大部分施工图纸。

可见,各种国际通用的合同范本都会存在适用范围上的局限性,如果错误地评估项目的实际情况和管理需求,进而采用不合适的合同条件,必然将导致一方风险的加剧。因此,为实现工程总承包单位对于合同风险的有效管控,首先应当根据项目情况和管理需求适用最有利于风险把控的合同范本。

但在通常情况下,由于工程总承包单位缺少对于合同范本适用的决策权利,因此更多地只能从业主所提供的合同条件本身进行风险的识别和判断。从上述例子可知,不同合同文本对于业主和承包商之间的风险分配原则可能存在巨大的差异,且不仅仅存在于“现场条件的变化”,在“不可抗力”、“法律变更”、“基准参考”以及

---

① NEC 合同文本中的现场条件通常译为“实际条件”。

② 何通胜:《FIDIC 合同条件风险负担条款之比较研究》,武汉大学 2013 年博士学位论文。

“履约能力”等各种风险方面都会因为分配原则的差异化导致业主或者承包商中任一方责任和成本的加剧。

因此,为加强合同风险的管控力度,承包商还必须了解各合同范本关于风险分担原则的差异性,并依据自身风险规避能力通过投标阶段的沟通谈判提出对于合同条件的修改,或者通过对于专用条款的补充约定减少自身需要承担的风险,以争取最大的合同优势。另外,如果承包商本身处于谈判的弱势或招标阶段业主已要求不得对合同条件进行变更的情况下,则承包商应在充分考虑可能承担的风险后通过投标价格作出相应的对策,即需要在投标价格中考虑风险所对应的成本。

## 三、海外 EPC 项目合同管理的风险防范机制

尽管针对海外 EPC 项目中可能发生的风险因素可以进行提前预见和识别,并通过投标报价的计算以及合同条件的安排实现风险回避或转移。但是对于合同风险的防范不仅仅发生在前期投标阶段,更多的是需要依赖于承包商自身在项目实施过程中的风险管理水平,特别是对于无法提前预见的风险的管控。总体而言,合同风险防范机制的建立离不开在组织机构管理、人员团队管理以及合同全生命周期管理三个维度上的互相配合与协作。

### (一)建立合同风险管理的组织机构

顾名思义,建立合同风险管理的组织机构建立是通过承包商内部的组织机构设计,以及对组织中相应岗位人员的权利和职责的规定,实现合同风险的管理。实践中,正是因为合同风险管理部门的缺失而导致很多海外工程企业发生风险管理的职责错位、合同管理程序混乱等问题,无法实现对合同风险的有效识别和控制。

通常情况下,建立专门的合同风险管理部门是海外 EPC 项目实施过程中存在必要性。该部门的主要职责在于项目实施过程中风险数据资料的整理和记录,并在数据收集基础上进行风险的评估和分析,根据风险发生的概率和重要性设置风险控制方案,并通过日常例会制度及时将相关问题和方案反馈决策层。

同时,由于海外 EPC 项目的总承包管理的大部分工作量都集中于分包商的协调管理,因此组织结构的设计还应考虑整个项目分包控制管理的需要,建立总分包合同风险防控的联动机制①。具体而言,可以根据承包商内部组成结构以及项目管

① 张成绩:《海外 EPC 项目合同风险管理研究》,山东大学 2013 年硕士学位论文。

理需求,针对设计分包、采购分包和施工分包等板块将合同风险管理部门细分各子部门进行管理,通过专业分工实现整体风险的有效控制。总之,专业一体化的合同风险组织管理体系,是完善合同风险体系的一个重要组成部分。

### (二)建立合同风险管理的人员团队

承接海外EPC项目的承包商拥有具有国际前瞻性的复合型和开拓型的合同风险管理人才是其有效地进行合同风险管理的重要保障①。在组织机构体系的支持下,面对潜在和已经出现的各种复杂风险情况,专业人员可以运用合同的订立和履行过程中的风险应对措施保护承包商的合理权益和利益,控制和减少承包商面临的合同风险。

专业人员的选择可以重点在人才市场挑选业务素养高、协调沟通能力强的具有专业法律和工程知识背景的复合型人才专职从事合同管理工作,也可以通过定期进行合同条款、法律文件以及施工知识的相关培训,从内部培养知识文化高水平的合同风险管理人员。同时,应当根据项目实践及时进行经验的总结,通过不断的积累提升合同风险管理专业水平,为进一步达到有效的合同风险管理打下基础。

### (三)建立合同的全周期风险管理流程

从海外EPC项目实践情况来看,合同内控和审查流程的缺失已经成为诱发风险发生的主要因素。而从在合同的立项、签订和执行的各个阶段,承包商都需要运用合理方式方法做好合同签订、审查、授权、公证、履行等全生命周期的合同管理工作,严格按规定操作,提高风险管理水平。

如前所述,在合同立项阶段需要对整个合同周期内所有可能发生的风险进行准确的识别和分析,并相应制订初步的风险应对方案。在合同签订阶段,要充分注意合同条款订立的合法性(是否违反所在国强制性法律规定而导致合同无效的情形)、完备性(是否考虑了履约过程中可能发生的变化和突发状况)以及准确性(是否存在文字语言上的错误或歧义)等方面。在合同执行阶段,则应针对合同未明确的细节做好合同的再谈判工作,减少合同履行过程中不确定因素的发生。同时,在无法通过谈判和沟通方式解决合同风险情形下,应当严格遵守合同约定程序,行使合同所赋予的索赔和反索赔权利以减少损失。

---

① 陈思:《承包商视角下国际工程EPC合同风险管理研究》,北京交通大学2014年硕士学位论文。

另外,借鉴成熟EPC市场所在国的经验,合同风险管理体系的建立过程中离不开专业律师的全过程参与。律师的职能不仅仅体现在合同条款的审定与谈判上,而是从项目立项、可行性论证、招投标(标书起草修订、审查、资格审查等),到修改、审查、订立(谈判)EPC合同协议书,再到处理合同履行中的合同变更、修改,参与争端裁决委员会(DAB)人员的推荐与争端调解等[①]项目全生命周期中都应当有律师的深度参与。选择专业的律师作为项目合同管理体系的必要一环,能够有效防范合同风险的发生,并为项目的顺利实施保驾护航。

### 结　语

海外EPC项目合同风险具有动态性和复杂性的特征,项目实施过程中会因为项目所属行业、所在地点以及实施条件的差异导致相应风险发生的概率也不尽相同。因此,对于项目合同风险防范机制的建立不能照搬其他承包商的做法,也不能依赖于自身的常规经验。分工明确的合同管理组织结构的建立,专业化合同管理人员的选择和培养,全周期合同风险防控体系的完善以及外部专业律师的深入参与将是防范和控制一切可能发生的合同风险,实现项目成功交付的关键所在。

## 第二节　海外EPC项目的典型案例精解

### 引　言

在经济全球化的大背景下,我国工程企业很早就开始加入海外工程项目的大潮之中,并在国际舞台上为"中国制造"赢得了一定口碑。随着"一带一路"倡议的落实,国内企业参与海外工程项目的步伐也在明显加快,特别是采用EPC模式的工程总承包项目。然而,在此过程中虽有成功案例可圈可点,但是因项目风险意识淡薄和风险管理水平不足导致的失败案例也比比皆是。因此,通过对国内企业参与的典型海外EPC项目的分析,及时总结项目风险管理的成功经验和失败教训,并为建立完善的海外EPC项目风险识别和管理以及防范机制提供有益建议将是本节讨论的重点。

① 周献军:《EPC合同模式下国际电信工程项目风险管理研究》,天津大学2007年硕士学位论文。

## 一、海外EPC项目前期风险防范的识别和应对——以中铁建沙特麦加轻轨项目为例

中国铁建股份有限公司(以下简称“中铁建”)作为最早一批从国内“走出去”的大型央企,经过多年市场耕耘,其业务范围已遍布欧、美、亚、非各大洲,对国内轨道交通工程的技术输出起到了关键作用。但是,2010年10月25日中铁建发布公告称该公司承建的沙特麦加轻轨项目预计将发生巨额亏损,亏损总额约为41.5亿元人民币。消息一经发布即引起了业内的巨大振荡,并引发人们对国内工程企业海外项目风险状况的担忧,也为国内工程企业海外EPC项目的风险管理拉响了警钟。

### (一)项目概况

麦加轻轨是沙特国内50年来第一个轻轨铁路项目,用于缓解每年数百万穆斯林在麦加朝觐期间交通压力的轨道交通工程,在阿拉伯乃至世界范围内都具有重大意义。线路全长18.25公里,共设9座车站,往返于3个朝觐地区,是迄今世界上设计运能最大、运营模式最复杂、追踪间隔时间最短、系统集成化程度最高的轻轨项目[①]。

中铁建于2009年2月10日与沙特阿拉伯王国城乡事务部签署《沙特麦加萨法至穆戈达莎轻轨合同》,约定采用EPC + O & M总承包模式(即设计、采购、施工加运营、维护总承包模式)。工期要求为:计划施工时间约22个月,2010年11月13日开通运营,达到35%运能;2011年5月完成所有调试,达到100%运能。合同总金额为66.50亿沙特里亚尔(约合17.7亿美元),按2010年9月30日的汇率,折合人民币120.70亿元。但是,该项目在实施过程中,因实际工程数量比签约时预计工程量大幅增加等原因,预计将发生大额亏损,按2010年9月30日的汇率折算,总的亏损额预计约为人民币41.53亿元[②]。

### (二)案例分析

在该项目中,中铁建投入了大量人力、物力和财力,确保了项目主体工程按期

---

① 《沙特麦加轻轨朝觐运营任务圆满完成》,载中国铁建股份有限公司官网:http://www.crcc.cn/art/2018/8/27/art_205_2554960.html,最后访问日期:2018年8月27日。

② 《中国铁建股份有限公司沙特麦加轻轨项目情况公告》,载http://news.163.com/10/1026/06/6JTBUR3900014AED.html,最后访问日期:2010年10月26日。

完工,满足了业主有关2010年11月开通运营的要求,充分体现出我国企业的责任意识和履约精神。但是,巨大的亏损也不得不让我们重新审视国内企业在项目风险管理上所暴露的重大问题。整体来看,造成此次亏损的原因包括政治、汇率、文化等风险因素,但是最重要的还是由于前期风险管理的意识不足以及缺少对于风险的准确识别和应对机制。具体体现在:

1. 对市场环境和实施惯例的陌生

不同于国内EPC项目中由承包商主导设计分包、材料采购等的惯常做法,中东地区的工程项目中由于合同及规范都是由欧美国际咨询公司编制,因此合同中包含了非常详细的技术规范,技术规范对设备、材料参数、施工工艺也都作出了很详尽的要求,有的还在合同和规范中指定采购供应厂家、品牌,甚至是设计或施工的分包商。但是,中铁建在决策阶段并没有进行详尽的现场考察和市场调研,对于中东地区市场情况、实施惯例、运行机制的陌生为项目后来的巨额亏损埋下了隐患。

2. 前期风险评估工作的缺失

本项目中,投标时业主只有概念设计,中铁建并没有针对性的结合自身设计技术对该项目的概念设计作出评估,从而较为准确地估计总体工程量;也没有与设计要求结合起来认真分析业主提供的有关工程资料,以便预先发现设计与施工中可能出现的不利情况,从而采取相应的措施并反映在报价中①。最终该项目在实施过程中,由于业主提出新的功能需求及工程量的增加,且设计主导权也通过指定分包方式落入业主手中,因此导致合同预计总成本逐步增加。

3. 合同风险防范意识的不足

根据中铁建关于本项目的公告所示:项目全面进入大规模施工阶段,实际工程数量比签约时预计工程数量大幅度增加,再加上业主对该项目的2010年运能需求较合同规定大幅提升、业主负责的地下管网和征地拆迁严重滞后、业主为增加新的功能大量指令性变更使部分已完工工程重新调整等因素影响,导致项目工作量和成本投入大幅增加,计划工期出现阶段性延误。而在FIDIC合同条件下,只有在业主提出的变更需求达到实质性变更标准时,承包商才有权提出索赔或补偿的要求。可见,苛刻的合同条件导致了中铁建在施工过程中面对业主变更要求时的被动。

---

① 向鹏成、万珍珍:《我国建筑企业海外EPC项目风险管理——以中铁沙特麦加轻轨项目为例》,《国际经济合作》2011年第6期。

### (三)经验总结

由上可知,中铁建在麦加轻轨项目上的折戟完全是由于自身前期对项目风险评估不足,盲目投标所造成的后果。同时也在提醒其他的“走出去”企业需要增强风险防范意识,提高海外项目风险识别和判断能力。

首先,对于初次进入的市场,出于风险控制的考虑必须要对市场进行认真调研和考察。特别是在合同已对技术规范、指定分包等作出明确约定的情形下,应当按照业主提前设定的规范标准准确估计成本,并在投标时就要对材料和分包商进行逐项的询价。

其次,在投标阶段,结合项目历史资料中类似的项目的信息对投标项目情况和业主提供的资料信息进行全方位的分析研究,充分了解招标文件和业主方的产出和功能需求。此外,报价应充分考虑:项目前期资料的不确切、不可预见情况、工程变更、物价上涨,以及原材料和设备的质量、数量和工期过短等因素,避免报价失误①。

最后,在合同谈判和签约接单,应聘请相关法律专家对合同条款进行详细审度,避免合同中的陷阱。一方面,避免因业主过度使用对于设计分包和材料厂商或品牌的指定权利,实现 EPC 模式下承包商设计、采购和施工一体化的管理模式,利用综合优势保障其基本权益。另一方面,还应当就项目实施过程中业主方的变更权利和程序进行明确的限制性约定和可量化的变更标准,同时对承包商的变更索赔权利创造条件,通过优化的合同条件减轻项目实施过程中可能产生的风险。

## 二、海外 EPC 项目融资风险的防范——以中土尼日利亚铁路现代化项目为例

EPC + F(融资)是当前海外 EPC 项目实施模式的一种主流趋势,特别是在投资数额巨大、技术和管理难度较大的领域,如大型发电工程、长距离水运工程以及铁路工程等。在该模式下,业主在工程建设中往往只承担建设管理和部分融资担保工作,而总承包单位需要承担除此以外的所有项目融资、设计、建造和试运营等风险。以中土尼日利亚铁路 EPC 项目为例,在海外为项目业主提供 EPC 总承包及融资过程中,需要特别关注融资过程中的风险识别、评估和防范工作。

---

① 向鹏成、万珍珍:《我国建筑企业海外 EPC 项目风险管理——以中铁沙特麦加轻轨项目为例》,载《国际经济合作》2011 年第 6 期。

### (一)项目概况

尼日利亚铁路现代化项目为新建一条从尼日利亚南部城市拉各斯至北部城市卡诺的双线标准轨铁路,全长1315公里,设计时速150公里。2006年10月30日,中非合作论坛北京峰会召开前夕,中国土木工程集团公司(以下简称“中土集团”)以合同额83亿美元(约合582.36亿元人民币)中标该项目,打破了当时中国海外工程项目单体合同额最高纪录①。

但是,由于项目签约时,尼日利亚政府和中土集团并未谈妥贷款条件。2007年3月,中土集团收到尼方项目勘察设计前期工作预付款2.5亿美元(约合15.91亿元人民币),到2008年11月完成项目可行性研究、初步设计文件、合编及部分通用图、标准图的设计之后再无款项进账,双方协商项目暂时停工90天并重新界定合同范围。

随后中土集团与尼日利亚政府多次沟通,2009年2月,中尼双方迫于资金压力,确认了尼铁现代化项目采取分段融资、分段建设的方案,并将暂时停工期继续延长。直至2009年10月28日,本项目才有了实质性进展,双方签署了项目一期工程阿布贾至卡杜纳段(以下简称“阿卡铁路”)补充协议。但是,分段实施协议虽然签署,阿卡铁路的建设仍备受资金短缺困扰,因为资金投入断断续续,正式通车运营时已是2016年7月②。

### (二)案例分析

显而易见,在该项目中,由于采用了EPC+F模式导致项目融资成为双方分歧最大的关键问题,也给项目工期带来了无法想象的影响。虽然业主方在该项目中存在不可推脱的责任,但是仍能发现国内企业在融资风险识别和防范意识上的不足,以及缺少相应的风险应对措施,具体来说包括:

1.在项目融资条件未谈妥的情况下急于中标

本项目合同标的高达83亿美元,但是在项目签约时双方并未就项目融资条件协商一致就发出了中标公告,导致中土集团在开工阶段就面临极为被动的局面。

---

① 《拿下83亿美元大单:中国承建非洲最长现代化铁路》,载搜狐财经:http://business.sohu.com/20061101/n246131152.shtml,最后访问日期:2019年4月21日。

② 《中国铁建尼日利亚83亿美元超级工程12年终落地》,载新浪网:http://k.sina.com.cn/article_1650111241_625ab3090200075u1.html,最后访问日期:2019年4月21日。

从公开资料来看，在招标阶段尼日利亚政府仅具备前期勘察设计工作所需资金的支付能力，在并未对政府支付能力进行提前调研和识别的情形下盲目投标，也为最终项目因为资金短缺被迫中断埋下了伏笔。

2. 未开展项目融资风险的全面识别评估

在本项目融资方式上，通过双方的协商和妥协，主要是由中国进出口银行提供优惠贷款和尼日利亚方面的配套资金支持，其中中方贷款是主要部分。不过，由于缺少对项目融资风险的提前识别和评估，又因为本项目总金额高、地区局势动荡、地方关系难以协调等因素，中国进出口银行对贷款评估非常谨慎，导致资金常常不能按时到账，极大地影响了项目工期的有序推进。

3. 缺少融资风险发生后的应对方案

本项目融资方式采用了传统国内政策银行对外贷款的模式，由于缺少其他更为灵活创新，能满足短期资金缺口的融资渠道也导致了当本项目贷款银行不能按时放贷，无法有效解决资金缺口问题的困境，进而合同双方只能陷入长时间的重新谈判，最终被迫采取“分段融资、分段建设”的非常规建设方式。

### （三）经验总结

当前，EPC + F 模式已在海外工程项目中被广泛引用，特别是对于经济实力不发达的非洲、南美国家，而这也在促使国内工程企业更加重视项目实施过程中的融资风险。中土集团在尼日利亚铁路项目上的教训也在告诉我们项目融资成败也会成为项目成败的关键。

1. 投标阶段提前做好融资风险的识别评估工作

比起传统投资类项目，海外项目 EPC 的融资风险更多地会受到项目所在国政治、经济和技术三类风险因素的影响。政治风险中的局部战争、限制汇兑、宗教冲突、法律变更甚至征收风险等；经济风险中的外汇波动、物价上涨、本币贬值、业主延期支付风险等；技术风险中的技术标准不一致、国内传统的施工技术失灵等①都是判断项目可融资性的关键要素。因此，从获取项目信息开始，总承包单位就应当对项目的内外部因素进行尽职调查和分析，充分识别和评估影响项目融资的风险因素，并针对性地采取措施降低风险发生概率。

---

① 张小平：《海外 EPC 项目融资风险防范——以某公司非洲项目为例》，浙江大学 2017 年硕士学位论文。

2. 通过谈判等方式优化项目融资条件

虽然在 EPC + F 模式下，项目融资风险主要由总承包单位承担，但是仍然能够通过与业主方、融资方进行协商、谈判等方式优化项目融资条件。例如，融资方作为项目债务资金的提供者，对融资项目本身的安全性尤为关注，因此如针对政局不稳定的国家，事前就要策划好应对政治风险的举措，如主权担保、实物抵押等。又如，为应对可能发生的外汇风险，最好的办法就是将风险转嫁给项目业主方或按合同约定由双方共同分担。

3. 扩大项目融资渠道积极做好风险应急方案

除了传统的银行贷款融资方式，海外项目融资路径已呈现出多样化、灵活化的趋势。例如，出口信贷通过利息贴补并提供信贷担保的方法能够提供利息较低的贷款，已在海外项目融资中发挥着重大作用。同时，针对短期的资金缺口问题，也有越来越多可使用的融资工具，例如，融资租赁、企业债券以及短期过桥贷款都是常用的补充流动性的融资方式。因此，当短期融资风险产生，总承包单位可灵活运用多样化的融资渠道提前设计风险应急方案，避免因暂时性的资金紧缺问题造成不必要的停工。

## 三、海外 EPC 项目全生命周期风险管理体系的建立——以中亚天然气管道项目为例

2013 年 9 月 7 日，习近平主席在哈萨克斯坦纳扎尔巴耶夫大学发表演讲，提出了共同建设“丝绸之路经济带”的畅想，得到了中亚地区国家领导人的认同和响应，而中亚天然气管道项目作为我国第一条天然气陆路进口通道，也成为“一带一路”倡议之下联结我国与中亚地区的重要纽带。面对途经国家多、建设时间紧、规范标准不一致等一系列问题，本项目通过创设性地采用“分段分国建设和运营”模式，建立国际化项目风险管理体系和跨国协调机制等措施保障了项目的顺利实施，为今后跨国油气管道建设项目提供了优良模板。

### (一) 项目概况

中亚天然气管道起于阿姆河右岸的土库曼斯坦和乌兹别克斯坦边境，经乌兹别克斯坦中部和哈萨克斯坦南部，从霍尔果斯进入中国。管道全长约 1 万公里，其中土库曼斯坦境内长 188 公里，乌兹别克斯坦境内长 530 公里，哈萨克斯坦境内长 1300 公里，其余约 8000 公里位于中国境内。管道分 AB 双线敷设，单线长 1833 公

里,是世界上最长的天然气管道①。

2007 年 7 月 17 日,中国石油天然气集团公司分别与土库曼斯坦油气资源管理利用署和土库曼斯坦国家天然气康采恩签署《中土天然气购销协议》和《土库曼阿姆河右岸天然气产品分成合同》。根据协议,在未来 30 年内,土库曼斯坦将通过规划实施的中亚天然气管道向中国每年出口 300 亿立方米的天然气②。管道自 2009 年 12 月投产以来,截至 2018 年 12 月 31 日,中亚天然气管道 A/B/C 三线已累计进口天然气 2476.25 亿标方③,在我国调整能源消费结构、促进节能减排、保障国计民生方面发挥着重要作用。

### (二)案例分析

作为具有代表性意义的跨国管道典型案例,中亚天然气管道项目在建设初期同样面临着项目建设工期紧张、工程规范标准不统一、建设管理协调难度大等问题,但是通过创造性的项目建设和管理模式设计成功化险为夷,为海外工程特别是跨国工程的风险管理提供了标杆。

1. 采用"分段分国建设和运营"模式保障项目工期如期实现

中亚天然气管道从 2007 年 7 月项目启动,至 2009 年 12 月建成投产,项目建设周期只有 28 个月,其间要完成合资公司的成立、项目可行性研究报告的编制与报批、管道线路踏勘与地质勘查以及管道的施工建设等大量工作,工期异常紧张。为提高项目前期工作效率,本项目开创性地采用了"分段分国建设和运营"模式,中方分别与过境国进行谈判,由中国石油中亚天然气管道有限公司分别与乌兹别克斯坦国家石油控股公司以及与哈萨克斯坦国家石油天然气股份公司的下属公司联合成立的合资公司,分别负责乌国段和哈国段天然气管道的建设和运营。在该模式下,仅用了短短 6 个月就完成了国际同类项目需要 2 ~ 3 年甚至更长时间才能完成的谈判工作,为项目的顺利实施赢得了宝贵的时间④。

---

① 中国—中亚天然气管道,载百度百科:https://baike.baidu.com/item/%E4%B8%AD%E5%9B%BD-%E4%B8%AD%E4%BA%9A%E5%A4%A9%E7%84%B6%E6%B0%94%E7%AE%A1%E9%81%93/5206252,最后访问日期:2019 年 4 月 16 日。

② 《中石油与土库曼有关部门签署天然气合作协议》,载中国日报网站:http://www.chinadaily.com.cn/hqzg/2007-07/18/content_5438586.htm,最后访问日期:2019 年 4 月 16 日。

③ 《2018 年中亚天然气管道向中国输气逾 474 亿标方》,载中国新闻网:https://baijiahao.baidu.com/s?id=1622371142536498614&wfr=spider&for=pc,最后访问日期:2019 年 4 月 16 日。

④ 李鑫:《海外 EPC 项目的风险管理研究》,北京建筑大学 2017 年硕士学位论文。

2. 引入国内成熟技术突破当地技术标准门槛

对于天然气管道管材方面的使用,按照中国标准和国际标准均规定使用螺旋管作为管材,而根据中亚地区的技术标准和操作惯例,则需要使用直缝管技术,因此在管道对接时便产生了技术冲突。另外,我国直缝管技术尚不成熟、成本较高、生产能力有限,绝大部分管材只能从俄罗斯、乌克兰等国家购买,供应渠道无法控制,工期无法保证。为将直缝管技改为螺旋管,中亚天然气管道公司通过多轮技术交流,借助俄罗斯专家在中亚地区的权威性,说服了乌哈两国专家接受螺旋管选型方案。将国内成熟技术标准引入中亚地区,突破当地技术标准传统惯例①。

3. 创新 EPC 管理模式提升项目管理效率

在国际 EPC 项目中,通常采用“PMT(业主)+PMC(咨询公司)+EPC”的传统项目管理模式,由业主通过聘请咨询公司履行对承包商的管理职能。但是本项目中,借鉴中国石油在中亚地区投资的经验,中亚天然气管道公司在项目启动之初就通过组织深入分析中亚地区的政治、法律、文化环境,实现了项目管理模式上的创新。一方面,转变了咨询公司对承包商的管理职能,并引入了第三方监理直接进入施工现场进行管理,保证项目的快速优质完工。另一方面,通过充分利用国际知名咨询公司和监理公司的技术优势和权威性以及先进的管理理念和体制,在提高项目管理水平的同时消除了各方之间可能产生的利益冲突。

4. 建立跨国争议协调机制打破国家壁垒

为解决管道跨多国建设和运营过程中的多重障碍,中亚天然气管道公司主动寻求与各国有关部门和实施主体进行磋商,并成功在中、土、乌、哈四国之间创建了跨国运行的项目争议协调机制,以专门协调工程建设和运营过程中的技术和操作问题,对项目运作中产生的争端进行集中统一管理,实现了项目争议解决机制上的国家壁垒,以及各方利益的内在统一。

### (三)经验总结

海外天然气管道项目的特点包括项目建设工期紧张,资金需求规模较大,各国之间的建设标准规范不统一等,在跨国管道项目中还存在项目管理的交流沟通障碍,因此总承包商所面临的风险是多方面的。因此,结合中亚天然气管道项目的实

---

① 王保群、林燕红、韩坤:《浅谈中亚天然气管道项目特点及管理经验》,载《国际石油经济》2014 年第 Z1 期。

践,存在以下关于项目风险管控的成功经验值得学习。

1. 根据项目所在国技术标准规范提前制定应对方案

技术标准规范是项目实现顺利实施的根本基础之一,特别是对于跨国管道的建设,在项目前期就应充分调研项目所在国的技术标准和规范,尽可能通过谈判就选择国内的成熟技术标准达成统一,避免因技术不成熟、生产能力有限导致工程质量和材料采购环节发生风险。如项目所在国坚持采用当地技术标准的,则应在前期调研基础上联合设计院的专业意见,确定工程前期工作原则和主要技术方案,同时提前打通相关材料的供应渠道,避免陷入被动。

2. 借鉴国际先进经验因地制宜完善项目管理体系

项目全周期管理模式的引入是实现项目实施过程中的风险规避和减少各方利益冲突的有效途径。当前,国内在国际化项目管理水平仍有待提高,可通过聘请国际知名咨询公司和监理公司,一方面能够充分借鉴其国际先进的项目管理体制建设和管理理念,另一方面可借助该等公司的国际影响力消除不必要的顾虑和争议。同时,项目全周期管理模式的选择还应综合考虑项目所在国的政治、法律、文化、宗教和环境等因素,最大化地做到因地制宜方能实现项目管理模式的可操作性和灵活性,以增强其对项目的实际应用性。

3. 借助国家力量创设行而有效的项目争议解决机制

在项目建设过程中,针对可识别的项目风险,需要成立专门的工作组和指定专人负责制订应急预案,提前锁定并将风险带来的损失和影响控制在最低程度,进而减少争议发生的概率。同时,组建由项目所在国主管部门、业主、承包人、工程师等共同组建的项目争议协调小组是解决各方利益冲突,避免产生工程诉讼或仲裁的有效手段。特别是对于参与国家和实施主体众多的跨国管道项目,更加应该借助国家力量建立全线的联络制度,保障沟通协调的畅通。另外,第三方专业咨询公司或专家的聘请也同样有利于提前化解争议。

# 第四章　工程事故调查危机与应对

安全和质量是一切项目的生命线，从政府主管部门到施工单位，我们似乎在竭尽全力保质量、抓安全，但是，工程质量安全事故数量却不降反升。连年上升的事故数量和死亡人数，让人感到工程质量安全生产形势依然严峻。而每一起事故的发生都意味着质量安全管理存在漏洞，我们期望通过事故调查，尽可能真实地还原事实，全面、科学地分析事故原因，总结事故发生的教训和规律，提出有针对性的防范和整改措施，并积极促进相关法律法规、技术标准和规范的修改和完善，防止类似事故再度发生。

但是，在我们参与过的事故调查中，有相当一部分事故调查存在调查未充分展开、事故原因调查不全面、因果关系分析不准确、主体过错与责任分配不对等情形，导致事故调查对社会而言，未能起到揭示原因、吸取教训、启示后来者的作用；对各方当事人而言，未能实现罪责相匹配、公平正义的目标。

就 EPC 项目而言，安全管理更是工程总承包单位不可忽视的、重中之重的责任。因此，在本章中，我们将根据国内事故调查相关法律法规，结合自身参与多起事故调查的经验，对国内工程事故调查的现状进行阐述，对其中存在的问题进行剖析，指出“法律 + 技术”力量深度参与工程事故调查的必要性和重要性，并总结应对事故调查的相关建议，希望通过对事故调查现状的阐述，能够使广大企业和从业人员对现阶段国内事故调查有客观、理性的认知。如果不幸发生事故，被列为调查对象时，能够保持冷静，借助专业律师和技术专家的复合力量，积极参与到事故调查中，以充分保障和维护自身合法权益。

## 第一节　工程事故调查制度的缺陷

### 一、调查程序缺乏具体指引，无评价标准

针对生产安全事故（以下简称“事故”）调查的规定，主要以《生产安全事故报告

和调查处理条例》(国务院令第493号,以下简称“《条例》”)为代表,此外,在特种设备、电力安全等方面也有相应的事故调查处理规定,但是,内容与《条例》总体一致,我们在此谨以《条例》规定为基础进行论述。

### (一)事故调查的定义

根据《条例》第三章“事故调查”的规定,事故调查可以概括为:政府(可授权或委托有关部门)组织事故调查组,依法依规查明事故发生的经过、原因、人员伤亡情况及直接经济损失,认定事故的性质和事故责任,提出对事故责任者的处理建议,总结事故教训,提出防范和整改措施,并提交事故调查报告的过程。

### (二)事故调查组的组成

《条例》第22、23条规定,根据事故的具体情况,事故调查组由有关人民政府、安全生产监督管理部门、负有安全生产监督管理职责的有关部门、监察机关、公安机关以及工会派人组成,并应当邀请人民检察院派人参加。事故调查组可以聘请有关专家参与调查。事故调查组成员应当具有事故调查所需要的知识和专长,并与所调查的事故没有直接利害关系。事故调查组组长由负责事故调查的人民政府指定。事故调查组组长主持事故调查组的工作。

从上述规定可以看出,调查组主要以行政力量为主导,专业力量为非必需的辅助。

### (三)事故调查过程的规定

《条例》对于调查过程的规定十分粗略,仅规定了事故调查组有权向有关单位和个人了解与事故有关的情况,并要求其提供相关文件、资料,有关单位和个人不得拒绝。事故发生单位的负责人和有关人员在事故调查期间不得擅离职守,并应当随时接受事故调查组的询问,如实提供有关情况。但是调查组如何向被调查对象(以下简称“当事人”)开展调查、相关程序要求、当事人的申辩权利保障等均无具体规定。

### (四)调查报告的要求

《条例》第30条明确了对事故调查报告的要求,事故调查报告应当包括下列内容:

1. 事故发生单位概况;

2. 事故发生经过和事故救援情况;

3. 事故造成的人员伤亡和直接经济损失;

4. 事故发生的原因和事故性质;

5. 事故责任的认定以及对事故责任者的处理建议;

6. 事故防范和整改措施。

事故调查报告应当附具有关证据材料。事故调查组成员应当在事故调查报告上签名。

综上可见,《条例》仅对事故调查作了原则性规定,调查组具体应当如何开展调查、调查程序要求尤其是当事人的权利保障,并无具体规定,这导致事故调查的深度、精度、全面程度均无标准可循,全凭调查组的自身水平决定,进而致使事故调查质量实际上参差不齐,但又无可供参考的判断标准,既无从质疑,也无从提高。

## 二、事故调查中专业力量参与不到位

虽然《条例》规定,事故调查组成员应当具有事故调查所需要的知识和专长,但是事故调查组仍然是以行政主管部门为主力,关于专业力量的表述仅仅是"可以聘请有关专家参与调查"。

工程建设本身是一项复杂的系统性工作,参与主体众多、工作面纵横交错、法律关系复杂交叉,一个工程往往同时涉及多家单位、数十份主要合同、数十甚至数百个技术专业领域,工程事故调查需从法律、管理、技术等方面同时展开,虽然行政主管部门对于建设工程行业十分熟悉,但是出于其监管职能,行政主管部门更多关注的是各建设主体行为的合规性,而非专业性问题。这就导致,在大部分工程事故调查过程中,调查组不是以事故发生的基础因果关系为核心展开调查,而是以审视各建设主体行为的合规性为调查切入点。

例如,某商业综合体大厅在一个下大雨的夜晚,发生钢结构屋架坍塌事故,事故调查结论为:钢结构承载力不足导致坍塌,钢结构施工单位承担事故主要责任,其表述的事故的原因包括:(1)施工图未经审查;(2)施工单位在高强螺栓代用过程中未经设计单位同意;(3)施工质量在一些瑕疵,如钢缝高度不足、端板开孔偏大、檀条厚度负偏差大等。可以看出,施工单位的上述行为均属于违规操作,但是,这些行为充分且必然导致钢结构屋架承载力不足吗?只要稍加分析就能发现,这些违规行为并不一定充分且必然导致钢结构屋架承载力不足,钢结构屋架发生坍塌的基础因果关系应当是“承载力 < 荷载”，但是调查组仅指出施工单位存在以上违规行为，却没有进行严谨的力学计算和试验，就贸然得出施工单位承担主要责任的结论，显然不具有充分的说服力。本案例将在后续章节中加以展开，感兴趣的读者可以继续阅读。

### 三、当事人的陈述、申辩权未得到充分保障

一项工程通常有建设单位、施工单位、监理单位、勘察单位、设计单位这五方核心责任主体，除了建设单位外的其他四方责任主体都可以由多家单位构成，尤其是工程体量大、专业难度高的项目，可能施工单位就有数十家，由总承包单位、独立承包单位、专业分包单位、劳务分包单位等构成一个庞大、复杂的现场管理结构。因此，一旦发生事故，与事故相关的多家单位将作为被调查对象，接受询问。调查组将根据各方陈述的内容，结合其他证据，进行因果关系归纳，并进行过错认定、责任分配。

《条例》只规定了当事人有接受调查的义务，但是没有明确规定其有为自己陈述、申辩的权利。部分地区出台的细化规定中对当事人的陈述、申辩权进行了明确，如《浙江省生产安全事故报告和调查处理规定》第 15 条规定，“事故调查中，事故发生单位、相关单位和人员享有陈述权和申辩权，事故调查组应当充分听取其意见”，但更多的地区没有明文保障当事人的陈述、申辩权，而是在实际调查过程中，对当事人的陈述、申辩，采取既不鼓励也不反对的态度。部分地区在事故调查报告初稿形成后，会征询各方当事人意见，给当事人最后一次申辩的机会，这是十分值得鼓励的做法，但是很可惜，由于《条例》中并无此项规定，绝大部分地区并无此项做法，导致当事人只能在事故调查报告经过批复后才获知，失去了最重要的申辩机会。

工程事故调查面对如此复杂的现场管理结构以及背后更加复杂的合同、法律关系，当事人接受询问的往往不只是简单的诸如“事发当时你在什么地方、做什么事情”等事实问题，而是涉及关系判断的诸如“某位操作员是不是你们公司的人员”等看似简单实际上却十分复杂的问题。后一问题放在其他行业领域可能不是很复杂的问题，但是在建设工程领域，由于其行业特殊现状，可能涉及总分包关系、转包、挂靠等，往往成为一个复杂的法律问题，一个没有相关专业法律知识和实践的人难以准确回答的问题——可能该名操作员日常戴着公司的工牌、穿着公司的工服、在该公司承包的工程范围内工作，但是此人可能不是该公司的员工，而是其下属劳务公司的员工，或者是挂靠在该公司名下的实际施工人找来的人员。

在调查过程中,大多数当事人仍然处于受到事故影响的震惊情绪中,只能被动地回答调查组询问的问题,既不知晓其享有陈述、申辩的权利,也不知道应当如何为自己申辩;同时,由于当事人缺乏相关法律知识,并不确切知道自己的回答是否准确,会造成怎样的法律后果,导致当事人直至最后在调查报告中才发现自己当时不甚准确的表述成为事故调查中被认定己方责任的关键。

综上所述,当事人在具有接受调查义务的同时,还应当享有陈述、申辩的权利。应当允许当事人借助专业律师和技术专家的力量,厘清问题的本质,更准确地回答问题、陈述观点,并提供相应的证据证明其观点,真正参与调查,而非仅被动接受调查。

事故调查制度上存在的上述缺陷,是当前事故调查质量不如人意的重要原因,导致事故调查现状存在种种"怪相"。

## 第二节　工程事故调查现状存在的问题

### 一、调查组背负过多包袱,调查目的易偏离

以行政力量为主导决定了调查组将背负很多包袱,如在调查结果出来前已经发表的事故定调、社会维稳的压力、舆论压力等。

#### (一)个别观点易对事故调查产生影响

几年前发生的一起特大爆炸事故经调查,事故主要原因是业主将原设计为消防丁(戊)类厂房当成消防乙类厂房使用,事故根本原因系生产者对生产资料使用方法错误。但是在详细调查开展之前,调查组长就贸然宣布事故的主要原因是厂房规划设计问题。尽管技术专家事后努力对事故调查方向纠偏,但事前定调仍然对事故的调查结论和归责结果产生了重要影响。

同样,在上述商业综合体大厅坍塌事故案例中,当地行政长官在事故发生后第一时间通过电视讲话明确表态,要严罚工程施工方(即钢结构施工单位),导致事故调查在一开始就把施工单位视为最大的责任方。

#### (二)维护社会稳定成为事故调查的额外任务

事故的发生往往会造成较大的社会不良影响,而理性的调查结果可能与已经

被煽动起来的感性群体预期有较大差距，甚至可能引起社会不稳定，因此，当照顾群体情绪、消除不良影响成为事故调查的额外任务时，事故调查的方向就容易发生偏差。

例如，由于国内建筑市场长期乱象丛生，“豆腐渣”工程令人印象深刻，一旦发生工程事故，群众的第一反应不是“施工单位有问题，偷工减料了”，就是“建设单位为了省钱，赶工期，降低标准了”。这一刻板印象使得一旦发生事故，无论是主管部门、调查组，还是社会各方，都会把建设单位、施工单位视为必然的责任方进行高强度的周密调查，寻找各种理由进行定责。而一份认定建设单位或者施工单位没有责任的事故调查报告极有可能会遭受来自四面八方的质疑。

## 二、专业力量参与不足导致因果关系或归纳不准确

### （一）调查范围判定不准确，致果因素清单存在疏漏

由于当前事故调查组特别是其中的技术调查小组具有临时性，使事故调查这样的技术密集型工作在一种分散的机制、组织中进行，缺乏相应的技术培训、技术程序引导、技术手段支撑，很容易出现事故调查组对事故调查范围判定不准确、致果因素清单存在疏漏的情况。

### （二）未能从事故发生的基本原因出发展开全面调查，导致调查结论说服力弱

事故调查最重要的目的是揭示事故发生的真相，那么调查就要回归到事故发生的基础原因，再层层推导出行为与结果之间的因果关系。例如，压力管道发生爆裂，其基础原因是管道内的压力超过了管道的承压能力，通过简单的力学推导就能够发现，导致管道爆裂的情形可能有以下三种：

1. 管道内压力 > 管道承压能力 ≥ 设计承压能力

2. 管道承压能力 < 管道内压力 ≤ 设计承压能力

3. 管道内压力 > 设计承压能力 > 管道承压能力

无论是哪一种可能，管道内压力、管道承压能力和设计承压能力都是必须展开调查的关键因素，再由此一层层展开调查。但是，在某起管道爆裂事故中，调查组发现了管道材料与设计材料不同之后，就直接认定这是导致管道承压能力不足的原因，而没有对管道当时的压力状况进行调查，在调查报告中也没有提到当时的管道内压力数据和管道承压能力数据，仅仅是以管道材料不符合设计材料要求作为事

故直接原因。我们认为,管道材料不符合设计要求可能是导致事故的直接原因,但最多只能说明管道承压能力可能小于设计承压能力,而当时管道内的压力情况与管道承压能力的关系却没有进行论证和验证,这未免让人觉得说服力不足,禁不起推敲。

### (三)对于事故发展的规律理解不到位,忽略了关键因素,导致因果关系认定错误

在一起基坑透水事故中,巡防员发现坑底明显积水,立即采取了增加应急泵抽水的措施,但积水仍然猛增,积水在最深处达1.4米后则不再上涨。建设、安监等行政主管部门组织技术调查后认为,事故原因为止水帷幕存在施工质量问题导致止水失败。但是,施工单位经过自身复查后认为止水帷幕施工质量没有问题。施工单位委托的技术专家介入调查后,发现之前的调查没有对一个关键问题进行解释——突然上涨又突然停止的情形,并不符合地下水的特征,那么水从何而来?经过调查,专家发现,在基坑发生积水前不久,距离事发基坑约780米处曾发生一起沉井施工造成大管径自来水管爆管事故,但是自来水管爆管后没有引发路面大面积积水情况,水很快就消失了。因此,可以合理推测,基坑的积水可能来源于自来水管爆管的水,由此最终推翻了原有的调查结论。

在该事故中,行政主管部门组织的调查没有认识到水位变化的规律,从而没有发现事故的关键因素,导致因果关系认定错误。但最终在"法律+技术"专业力量的介入后,推翻了原有的错误结论。

### (四)因果关系推论过程中,逻辑链条不严密,出现以间接原因代替直接原因的情形

通常而言,绝大多数合规性问题都是间接原因,而不是直接原因,最典型的当属"无证上岗":操作员是否有上岗证跟他当时采取的措施是否得当,完全是两个问题,但是在一些事故调查报告中,将操作员没有取得某一项资质视为事故直接原因,而没有调查具体是操作员的何种行为导致事故发生。

清晰地描述事故发生的因果关系路径是事故调查报告的基本要求。但是一些事故调查报告存在事实陈述不清、因果关系不实、逻辑模式不严的情形,未能完成事故调查最根本的任务,这就导致后期无法有效制定事故防范措施对责任人的处理也是"眉毛胡子一把抓"。

### 三、当事人未充分自我申辩和质证，调查结论中的漏洞未能尽早修正，有损事故调查的公信力

我们总是习惯性认为，调查应当是调查组的工作，其他人只要接受调查即可，最后呈现的调查结果一定是全面、深入、公正的。但是，工程项目本身的复杂性决定了工程事故调查困难的必然性，我们必须理性看待事故调查，建立起“调查组即便是由行政主管部门和专家组成，尽职尽责地调查，也有可能存在调查漏洞”的意识。想要尽可能修补漏洞，完善调查结论，就必须调动各方力量共同参与。

如果在调查过程中，能够给各方当事人充分的陈述、申辩、质证的机会，当事人借助专业律师、技术专家的力量在调查过程中就对所有支撑调查结论的依据、证据一一进行论证和质证，那么上述的原因调查不全面、因果关系认定错误、以间接原因代替直接原因等问题，便可以在调查过程中及时发现和修正，能够最大限度地补充完善调查结论。

现阶段，由于调查过程中，调查组仅仅是对当事人进行询问和调查，并未给予当事人充分的自我申辩和对调查结论提出质疑、进行质证的机会，当事人往往是在调查报告经政府批复后才知晓对己方过错和责任的认定。然而，此时调查程序已经结束，调查组也已经解散，调查报告亦已经通过政府批复变成一份具备公信力的政府文件。一种情况是，当事人如果对过错、责任认定有异议，也无法直接向调查组提出，只能通过行政复议、行政诉讼对政府批复调查报告的行政行为提出异议，而由于行政复议、行政诉讼程序本身的特点，决定了调查结论很难通过这些程序进行灵活地修正，审查结果只能是维持批复或撤销批复，对行政主管部门、调查组和当事人而言，都承受着很大的压力。另一种情况则是，当事人向行政主管部门就调查结论提出异议后，行政主管部门经过审查，认同当事人的观点和证据，但是由于调查组已经解散，行政主管部门也不愿重启调查程序，最后只能在行政处罚阶段予以调整，这就导致调查报告明确的责任与最终各方认可和落实的责任并不一致，使事故调查的意义大打折扣，也在较大程度上损害了事故调查的公信力。

## 第三节　以案见证：专业律师和技术专家助力工程事故调查

前述两节提到的诸多问题，随着社会、经济的发展和法律制度的完善，相信能

够逐步改进。对广大企业和从业人员而言,我们希望通过对事故调查现状的阐述,能够使广大企业和从业人员对现阶段国内事故调查有一个客观、理性的认知,如果不幸发生事故,被列为调查对象时,能够保持自身冷静,借助专业律师和技术专家的力量,积极参与到事故调查中,尽可能维护自身合法权益。

事故调查是为了通过调查尽可能还原事故发展过程,找出事故发生的因果关系,厘清各方当事人在其中的过错,并以此确定相应的责任。在调查过程中,还原事故发展过程、找出事故因果关系必须依赖技术专家,厘清各方过错和定责则是专业律师发挥作用的重要环节,通过两者的前后配合、反复沟通、共同协作,才能为当事人制订出应对事故调查的有效方案,最终实现最大限度地维护当事人合法权益的目的。

下面,我们将通过四个案例介绍“专业律师 + 技术专家”在事故调查中发挥的重要作用。

## 一、案例 1:商场屋顶坍塌,施工单位如何力挽狂澜

2015 年 7 月 31 日傍晚,风雨交加,某市一商业综合体的中厅突然发生钢结构屋顶坍塌事件,所幸的是,现场并无人员伤亡。但事发时该商业综合体竣工验收刚满一年,引来舆论一片哗然。

不出意外地,施工单位迅速成为众矢之的,不仅遭到政府部门的追责,还面临建设单位的巨额索赔。不容置喙的局面几乎将施工单位逼入死角,让其有苦难言,在此严峻的情形下,若施工单位并无过错,该如何自证清白,洗脱冤屈?

### (一)调查报告接踵而至,矛头直指施工单位

坍塌事故发生后,受区住房和城乡建设局委托,当地建筑工程检测中心有限公司按照专家组意见要求,进行现场实体检测,出具了一份《工程质量安全检测报告》并指出,检测人员于坍塌屋面构件节点部位及坍塌的建筑垃圾中收集了 16 枚螺栓(9 枚基本完好且位于相应节点部位,7 枚基本呈剪短破坏)及 4 枚锚栓(三枚呈剪短破坏,一枚呈拔出破坏)。

翌日,专家组也出具了《专家鉴定意见》,该意见显示,锚栓施工质量存在严重问题是本次质量事故的主要原因;而建设单位在未得到设计单位书面认可的情况下擅自出具屋面施工构造《建设单位工作联系单》并附加吊顶,导致屋面超载。因此,建设单位将未经审查的施工图设计文件交付施工单位直接使用,施工单位未能

按照钢结构工程设计图纸和施工技术标准进行施工，二者对该事故应负主要责任。

在这样按部就班的审查中，政府完全没有探究以上原因导致事故的直接因果关系，便根据其发现的多处不合规操作认定本次事故源于结构质量不达标，与建设单位和施工单位有直接责任关系。随即，安监部门便拟根据事故调查报告对建设单位和施工单位进行追责，而建设单位拟根据事故调查报告的责任认定结论对施工单位进行巨额索赔。

### （二）按迹循踪，层层剖析政府调查报告漏洞

政府调查报告中表述的事故原因——施工图未经审查、施工单位在高强螺栓代用过程中未经设计同意、施工质量存在瑕疵……就一定导致屋顶坍塌吗？

因此时政府已经批复了事故调查报告，事故调查阶段已经结束，我们决定先通过资料审核寻找政府调查报告的漏洞，并迅速找到了突破口。

首先，经复查，施工单位在钢结构施工过程中严格按照图纸施工，所有材料均经检测合格，不存在偷工减料情况，且本项目已于 2013 年 11 月通过验收，各项手续完善，资料齐备。后经现场勘查证实，虽然钢梁等发生垮塌，但钢梁自身并没有塑性变形，从变形的部位能够看出，该变形系钢梁摔落后撞击地面导致。

其次，专家组出具的《专家鉴定意见》中指出“螺栓质量存在严重质量问题，是本次事故的主因”，但我们经调查后发现螺栓经复检质量合格，更不能够在没有依据结构可靠度设计规范及相应的标准的情况下直接将其定性为事故主因，这一结论完全为主观臆测。

最后，《专家鉴定意见》完全忽略了对事发当日的特定暴雨天气条件进行取证和技术分析。而我们经调查分析后发现，建设单位未经设计单位书面认可，在钢结构工程完工后的后续施工中，擅自增加屋面厚度及吊顶，屋面渗水导致发泡混凝土吸水增重，而事故当天的暴雨导致屋面大量积水，成为屋面荷载远远超过设计荷载的“最后一根稻草”。

此外，《专家鉴定意见》还指出：“钢结构施工方在施工中，增大了该工程事故处的锚栓直径，与事故的发生存在联系。”然而，经核查，我们却发现，虽然施工单位鉴于市场供货情况，在施工中对端锚栓的规格进行了变更（且该变更事先与设计单位进行沟通并得到认可，施工单位于事后又补充了书面说明），但新更换的锚材抗剪能力完全满足设计要求，甚至在螺栓变更后，其抗剪能力反而提高，客观上也提高了整个结构承载力，且螺栓在现场已经甲方和监理验收，并经检测站检验合格后方

才使用。因此,判定锚栓更换也属事故发生因素亦为无稽之谈。

除以上问题外,这份《专家鉴定意见》还犯了诸多力学错误,草率认定了钢缝高度不足、端板开孔偏大、檩条厚度负偏差大等“瑕疵”是事故原因,但对不少关键数据都只进行了定性分析,而没有定量分析,甚至部分关键数据在整份报告中都未有提及,我们认为,这表明调查组所进行的事故调查是十分粗糙而缺乏技术说服力的。

事实上,这起事故发生的根本逻辑是结构的实际承载力与结构事实上负载之间的比对关系——只要负载大于承载力,就会发生事故。因此,事故调查的根本任务就是厘清二者的关系。

我们采集了事故现场相关样本,复原了事故发生的当值结构所处的荷载实际情况,然后对结构实际承载能力、结构设计承载力、结构设计负载、未发生事故时结构实际负载、发生事故的结构实际负载进行了多重交叉计算,得出下列结论:

1. 钢结构实际承载能力大于结构设计承载能力,说明结构承载力这一主要指标是合格的。

2. 钢结构实际负载大于结构设计负载,说明存在使用不当的情况。

3. 钢结构实际承载能力大于未发生事故时结构实际负载,说明在使用不当的情况下,结构具备了一定的超载承载能力。

4. 发生事故时结构实际负载远大于未发生事故时结构实际负载,而同时也大于结构实际承载能力,说明大额超载才是结构发生破坏的根本原因。

那么,是什么导致了大额超载呢?

我们发现,发生坍塌的屋顶分为两个部分:一是承重结构,即施工单位承建的钢结构;二是施加荷载的附建层,包据砼层、防水、吊顶、附装设备等,均系之后建成,与钢结构施工单位无关。通过现场勘察,我们得知,屋面附建层增加了层次和厚度:根据图纸设计,屋面采用的材料应是厚度为 8.8cm 的轻质混凝土,而现场并未按图纸施工,采用的是厚度为 15cm 的轻质混凝土,进行防水工作后,又增加了厚度为 10cm 的实心混凝土,并进行二次防水工作,但防水措施仍旧不到位,渗漏的水将厚达 25cm 的混凝土浸湿,导致屋顶增加荷载 350kg。此外,建筑物内吊顶、风管、落水管等均吊挂在钢结构钢梁或楼层板上,亦产生了额外荷载。经过计算,我们最终得出结论:上述荷载超过原设计工况下的荷载水平 30%。至于屋顶为何在竣工一年多里都未坍塌,原因是承载结构的富余承载力与附建层的超载部分大体平衡并相互抵消。

如果说超载是坍塌的根本原因，那么当日暴雨积水则是坍塌的直接原因，即事故发生的“最后一根稻草”。我们经计算得知，在暴雨积水条件下，锚栓抗剪能力不能满足要求，设计每个螺栓抗剪抗力水平为25.69KN，而在实际加载条件下每个螺栓的荷载剪力为36KN。短时间内快速积雨活载加上原本超设计的恒荷载，超过了承载结构的承载力，从而引发了坍塌事故。

通过以上层层深入的全面调查和严谨科学的数据分析，我们认定，超载才是本次工程事故的主要原因。当地政府组织的事故技术调查方法不科学，调查程序缺失，证据逻辑混乱，调查手段简单，对事故发生的客观过程没有进行实事求是的描述，更没有找出事故与原因之间的因果关系，单纯凭借主观臆测断定了所谓“真相”，让施工单位背负了不白之冤。

(三)结果、经验及教训

本次坍塌事故发生后，为找出真正的事故原因，还原事实真相，我们除了对现场进行仔细勘察外，还进行了周密的调查论证，对相关资料数据进行了严格的力学计算和分析。最终，我们向区安全生产监督管理局递交了我方调查报告，从多个方面证明了超载才是本次工程事故的主要原因，且先行完成钢结构施工的施工单位对超载并不知情，施工单位不应为本次事故承担任何责任。

最终，政府主管部门及建设单位都对该份调查报告的结论表示认可，政府主管部门未对施工单位追究责任，建设单位也放弃了索赔。

通过对本次事故的处理，我们也吸取了以下经验教训：发生本次工程建设事故后，施工单位未能及时寻求“法律+技术”专业力量的支持，失去了第一时间与事故调查组进行互动的机会，专业力量是在调查已经基本定论后才介入，导致与事故调查组摩擦严重，工作推进困难重重。因此，建议广大企业，在发生事故后第一时间应当积极寻求“法律+技术”的专业力量支持，尽早介入，以免贻误时机。

## 二、案例2：真相扑朔迷离，基坑透水事故究竟“坑”了谁

直接经济损失250万元，工期增加25天。

总包单位承担事故全部责任。

一个深8.3米，占地4800平方米的基坑发生事故后，调查组得出以上结论。

事发当夜，巡防员发现坑底明显积水，立即采取了增加应急泵抽水的措施，但积水仍然猛增，积水在最深处达1.4米后则不再上涨。随后，南侧支护结构发生滑

动破坏,长度约65米。东南侧排桩受滑动体影响,共计15根重力桩明显倾斜。

当这样的情形出现时,民众通常都会受到感性认识的左右,从而下意识地判断,施工单位就是肇事的“不二人选”,而在本案中,政府也得出了同样的结论。建设、安监等行政主管部门组织技术调查后认为,事故原因为支护体和止水帷幕施工质量问题导致止水失败,总包单位承担事故全部责任。

### (一)施工单位的法律责任与诉求

在工程建设事故中,施工单位可能会面临承担刑事责任、行政责任、民事责任的风险。一般来说,就刑事责任而言,通常会触犯重大责任事故罪、重大劳动安全事故罪、工程重大安全事故罪等罪名。就行政责任而言,行政处罚的种类包括警告;罚款;没收违法所得、没收非法开采的煤炭产品、采掘设备;责令停产停业整顿、责令停产停业、责令停止建设、责令停止施工;暂扣或者吊销有关许可证,暂停或者撤销有关执业资格、岗位证书;关闭;拘留等。就民事责任而言,通常表现形式为赔偿工程直接经济损失和对第三方造成的损失等。因此,若无法妥善应对工程事故带来的风险,施工单位遭受的打击甚至会是毁灭性的、致命的。

本案中,总包单位虽然不至于承担刑事责任,但是行政责任和民事责任给企业带来的创伤也是巨大的——除了承担经济和工期的双重损失外,主管部门要求总包单位进行整顿,整顿完成之前不允许再承接新的项目。这给总包单位造成了巨大冲击,因为其跟踪了大半年的一个重要项目,马上就要开始投标了。

### (二)行政处罚难以突破,推翻调查结论势在必行

对总包单位而言,损失赔偿、工期延误尚可承受,但能否取消承接新项目的限制生死攸关。

那么,在已有调查结论基础上,要求总包单位整顿并限制其承接新项目的行政处罚合理吗?

根据《建筑法》第71条的规定,“建筑施工企业违反本法规定,对建筑安全事故隐患不采取措施予以消除的,责令改正,可以处以罚款;情节严重的,责令停业整顿,降低资质等级或者吊销资质证书;构成犯罪的,依法追究刑事责任”,可见,基于总包单位对事故负有全部责任的结论,行政主管部门完全有权责令总包单位进行整改并限制其在整改完成前承接新项目。

事实上,在多数工程事故的调查处理中,有调查报告为依据的情况下,政府行

政处罚的程度通常都是比较合理的，要想从行政处罚措施本身的合理性着手质疑其结论，可以发挥的空间很小。

因此，本案中，在不推翻已有调查结论的情况下，要求行政主管部门取消承接新项目的限制并无充分理由；要想取消承接新项目的限制，必须推翻已有调查结论。

我们协助总包单位对自身主要施工设计进行质量排查。首先，对基坑支护及帷幕施工过程资料以及监理资料、验收资料进行核查，未发现有明显施工质量问题；其次，对设计方案进行审查，未发现明显设计质量问题；最后，对勘察报告上特定点位进行了原位复勘，表明勘察报告也没有明显问题。至此，我们基本可以确认，工程质量本身并无问题，施工单位也已经尽到了应尽的安全管理责任。

那么，问题到底出在哪里呢？我们查阅事故调查报告后发现，报告并未对积水水源进行解释，水到底从何而来？这成为揭开事故谜底的关键。

### （三）提升思考维度，扩大调查范围，真相浮出水面

我们调查发现，在基坑发生积水前不久，距离事发基坑约 780 米处曾发生一起沉井施工造成大管径自来水管爆管的事故，造成沉井工程报废，但是自来水管爆管后没有引发路面大面积积水情况，水很快就消失了。假设该情况与本基坑透水事故有关，则在自来水管爆管处必然存在一个与基坑相通的地下贮水结构，但恰好处在基坑工程地勘规定范围之外而没有被发现。如果从地质理论的角度假设，这个地下贮水结构很可能是一条暗河。

因此，我们组织了相关技术团队在基坑帷幕破坏点与自来水管爆管点间沿线进行轻便触探试验，发现有以砾石为主的线状夹层，高程在地表下 10 米至 7 米，透水性极强，其高程相对基坑较高，基坑处于自来水管爆管点的下游。据此，我们初步推理：水管爆裂后短时间内大量水挤进了透水层，并形成承压的临时水体，向基坑方向流动，而基坑帷幕阻断了水体流动，承压水体开始累积，形成“水墙”，当“水墙”达到一定“高度”后，压力过大，压爆了帷幕间薄弱环节，造成基坑透水，最终形成基坑积水。

经过进一步论证和验证后，我们运用 BIM 技术，具象地重现了事故过程，并形成了事故技术分析报告，呈报相关行政主管部门。最终，行政主管部门召开专家会议对事故重新认定，认可了我们的调查结论，免除了总包单位的责任，总包单位得以顺利参与新项目的投标。

当事故发生时,施工方由于与工程质量联系最为直接、紧密,往往首当其冲,成为第一个被“坑”的人。若想为自己一雪冤屈,必须沉着冷静,借助法律、技术等专业力量,拨开迷雾,消除偏见,回归事故本质,在错综复杂的事实中找到正确的逻辑起点,一点点探寻事故发生的轨迹,逐步复原事故因果关系,最终揭示事故真相,一举推翻错误的调查结论!

## 三、案例3:竣工后维修,谁是维修工作的组织者?

某个已竣工验收,即将交付业主的高层小区,因外墙发生少量损坏,建设单位工程部经理请求未撤离的总包单位班组工人进行维修,维修期间发生高空坠落事故,两名工人坠亡。

很快,总包单位项目经理因涉嫌重大责任事故罪被公安机关控制。在政府开展事故调查前,我们第一时间介入并进行了应急处理:查询了竣工验收手续,确认工程已进入保修期;按合同约定,总包单位进行保修应当由建设单位进行呼叫,并由总包单位派工,然而,质量保修呼叫记录和公司派工记录均无。因此,我们主张,建设单位并没有通过总包单位来组织维修,而是自行组织维修工作,总包单位并未组织维修活动,事故发生时并非在进行“工程质量保修施工生产”,因此,总包单位项目经理不存在过错。

我们向公安机关提交了书面报告并获得认可,公安机关解除了对项目经理的控制措施。事后政府部门公布的事故调查报告认定,该事故系建设单位在组织零星维修过程中存在安全管理过错导致,建设单位应对事故承担主要责任。

## 四、案例4:总包与分包,安全生产责任范围如何厘清?

一综合体项目,主体已建至第18层。某日,两名安装工人正在12层核心筒附近执行安装作业,可身旁的防护结构却给他们添了不少“麻烦”,为了将手头的工作尽快做完,两人未经深思,便将碍事的防护装置拆除了。随后,一名工人由于操作不慎,突然脚下一空,慌乱之中不小心拉扯到另一名同伴,二人一同从高空快速坠入核心筒,不幸身亡。

事发后,政府安监部门组织调查组展开了事故调查,并很快下了结论——现场防护措施不到位,管理混乱,总包单位对本次事故负主要责任。行政主管部门拟对总包单位进行行政处罚。

经查询相关合同,我们发现,总包单位与建设单位签订的总包合同中包含事发的暖通专业安装内容,总包单位又将该暖通专业安装工程分包给了一家专业分包单位,签订了分包合同。坠亡的两名工人所属的单位正是该专业分包单位。

那么,总包单位和该专业分包单位,哪一方需要对事故负主要责任呢?

在本案事故调查中,政府安监部门给总包单位定责的主要依据为《建筑法》第45条的规定,即"施工现场安全由建筑施工企业负责。实行施工总承包的,由总承包单位负责。分包单位向总承包单位负责,服从总承包单位对施工现场的安全生产管理"。可以看出,《建筑法》在这一问题上的规定比较宽泛粗糙,若单纯根据其字面意思将施工现场的安全事故责任统统归责于总包单位,这显然不符合实际情况,也不利于督促除了总包单位之外的其他单位履行安全管理职责。

相较《建筑法》而言,《安全生产法》的规定则更为合理。根据《安全生产法》的相关规定,"生产经营单位"应对本单位安全生产工作负责。那么,应如何认定生产经营单位?我们认为,在工程建设的复杂体系中,生产经营单位并非特指某一单位,而应是与具体的生产内容相应对的单位。总包单位固然应当对整个总承包范围的生产安全负总体责任,但是,其下各专业分包单位、劳务分包单位也应当对其各自工程范围内的生产安全负直接责任。具体到这个案例中,总包单位应当负责的安全生产内容主要为提供安全防护措施、进行安全巡查等,而对于具体工人的安全教育则应当属于工人所属的专业分包单位所应当负责的范围。

我们经过对总包单位进行询问和现场勘察发现,总包单位在现场的防护设施符合规范要求,相关搭设、验收、试验资料亦齐全,在类似部位的护防也全部到位;安全员按巡查计划进行检查,检察记录显示该部位防护正常;总包单位项目负责人所呈现的分包单位的管理交底资料齐全,总包单位项目经理带班检查记录表明各级检查、各类检查亦到位。以上事实可以表明,在事发现场,防护措施是符合规范和标准的,总包单位已经尽到了安全巡查的职责,且该事故发生的持续时间短,总包单位无法及时阻止,若因此认定总包单位失职亦是不合理的。

在本案例中,防护装置上并未因事故遭到破坏,而是在事故前已被拆除放在一边。坠亡的两名工人因认为防护装置碍事而擅自拆除,系违反了安全生产规章制度和操作规程的行为,其二人所属的专业分包单位未对其进行全面的安全教育,应对此承担责任。

通过以上的调查分析,我们对本次事故的原委进行全面梳理,并形成事故分析报告呈报行政主管部门。行政主管部门经过审查后,对我们的分析表示认可,最终认定,分包单位为事故第一责任主体,承担事故主要责任。

我们都知道,建筑施工为危险性较高的工作,高处坠落、物体打击、机械伤害、坍塌、触电等安全事故时有发生,其中高处坠落事故所占比例最高。据住建部网站统计,2018 年,全国共发生房屋市政工程生产安全事故 734 起、死亡 840 人,其中高处坠落事故 383 起,占总数的 52.2%。而在工地高空坠亡事故中,谁是"生产经营者"成为归责关键。施工单位尤其是总包单位常常成为众矢之的,被视为对坠落工人的伤亡承担责任的第一责任主体,这让很多已经尽到了安全管理职责的总包单位有口难辩。但是,总包单位就一定是事故的第一责任主体吗?

从上述两个案例可以看出,总包单位并不必然就是事故的第一责任主体。由于主体众多、法律关系复杂,到底哪个单位为事故责任主体成为一个十分复杂的问题。我们参与的多起工程事故调查案例已充分说明,事故调查应当从各主体之间法律关系和工程现场管理组织架构着手,对各方的角色进行准确定位,才能够确定真正的责任方。

# 第五章　工程总承包项目实务问答

古人云："学而不思则罔，思而不学则殆。"我们团队专注于建设工程与基础设施领域二十余年，其间接受过诸多 EPC 项目的相关咨询，这些疑难问题源于对 EPC 理论和实践的深入思考，涉及工程总承包（EPC）项目的全过程以及方方面面，包括实践层面上的发展历程、近况和未来趋势，也包括法律层面上的立法背景、现状和面临的问题。本章中，我们将实践中最为常见及广受关注的问题进行了系统整理，结合现有法律法规和实践经验进行严谨分析，并参考 2019 年住建部和发改委联合发布的《关于征求房屋建筑和市政基础设施项目工程总承包管理办法（征求意见稿）意见的函》（建办市函〔2019〕308 号），总结归纳出 25 条核心问答，力争涵盖 EPC 项目的主要实施要点，旨在"对症下药"，对工程总承包（EPC）企业在实务中最为常见的问题进行答疑解惑。

### 1. 施工总承包与工程总承包，两种模式主要有哪些区别？

施工总承包与工程总承包的区别主要体现在以下三个方面：

从定义上看，根据《住房城乡建设部关于进一步推进工程总承包发展的若干意见》（建市〔2016〕93 号）第 1 条的规定，"工程总承包是指从事工程总承包的企业按照与建设单位签订的合同，对工程项目的设计、采购、施工等实行全过程的承包，并对工程的质量、安全、工期和造价等全面负责的承包方式"。施工总承包，通常是指建筑工程发包方将全部施工任务发包给具有相应资质条件的施工总承包单位。

从承包范围上看，工程总承包单位的承包范围更广，包括了工程的勘察、设计、采购、施工（包括各专业）、竣工验收、试运行等全流程；而施工总承包单位的承包范围仅包括施工，其负责整个工程所有分项、各专业的全部施工任务，即施工总承包在工程总承包的范围内。

从工程总承包模式的优势上来看，工程总承包在勘察、设计、采购、施工等各个阶段的内部联系方面更加突出，在项目前期勘察、设计阶段，工程总承包单位即开始考虑施工的合理性和科学性，并对工程的工期、造价进行有效控制，有利于促进设计与施工深度融合,提升工程建设质量和效益。此外,工程总承包模式具有统一的管理目标、统一的组织体系、统一的管理规则、统一的信息化处理,有效避免了勘察、设计、施工、采购各个阶段的重叠、误解以及争执,在保证质量、安全和工期的前提下实现项目全生命周期管理,商业利润的空间更大。而施工总承包模式下,勘察、设计通常是由建设单位另行委托的第三方完成的,与施工单位相对独立,相互之间难以产生有效的联动效应。基于中央大力开展深化我国工程建设项目组织实施方式改革的指导思想,工程总承包模式是当前国内建筑领域大力倡导的一种发包模式。

### 2. 哪些项目类型应优先采用工程总承包模式实施?

按照现行的法律法规及政策规定,政府投资项目、装配式建筑等属于当前政策鼓励应优先或积极采用工程总承包方式的项目范围。

《住房城乡建设部关于进一步推进工程总承包发展的若干意见》(建市〔2016〕93号)、《国务院办公厅关于促进建筑业持续健康发展的意见》(国办发〔2017〕19号)、《住房和城乡建设部办公厅　国家发展改革委办公厅关于征求房屋建筑和市政基础设施项目工程总承包管理办法(征求意见稿)意见的函》(建办市函〔2019〕308号)以及《上海市建设交通委、上海市住房保障房屋管理局、上海市规划国土资源局、上海市发改委、上海市财政局〈关于本市进一步推荐装配式建筑发展的若干意见〉实施细则》(沪建交联〔2013〕1243号)等文件均明确规定了工程总承包方式的适用项目范围,要求政府投资项目和装配式建筑应当积极采用工程总承包模式。

### 3. 企业承接工程总承包项目需要具备什么资质?

按照现行的法律法规及政策规定,从国家层面来看,工程总承包单位不需要同时具有相应的设计资质和施工资质,仅规定具备任意一项相应资质即可作为承接主体,但各地方的规定还存在较大差异。

《住房城乡建设部关于进一步推进工程总承包发展的若干意见》(建市〔2016〕93号)第2条规定:"工程总承包企业应当具有与工程规模相适应的工程设计资质或者施工资质。"《住房和城乡建设部办公厅　国家发展改革委办公厅关于征求房屋建筑和市政基础设施项目工程总承包管理办法(征求意见稿)意见的函》(建办市函〔2019〕308号)第10条也有类似规定。可见,从国家层面来看,工程总承包企业不需要同时具有相应的设计资质和施工资质,仅规定具备任意一项相应资质即可作为工程总承包项目的承接主体。

但是,各个地方对此问题的规定还存在较大差异。如天津、北京、浙江三地对工程总承包企业的资质要求作出了明确限制:工程总承包企业必须同时具备与工程相适应的工程设计资质和施工资质,或具有与工程相适应资质的设计企业与施工企业组成的联合体作为承接主体①。

## 4. 工程总承包模式下是否允许工程总承包单位组成联合体方式承包?

按照现行的法律法规及政策规定,国家层面对于工程总承包模式下工程总承包单位组成联合体方式承包均持有开放态度,但各地方层面上,对于是否允许联合体承包的规定不一致。

从国家层面规定来看,对联合体承揽工程总承包均持开放态度。《建设部关于培育发展工程总承包和工程项目管理企业的指导意见》(建市〔2003〕30 号)第 4 条规定:"工程勘察、设计、施工企业也可以组成联合体对工程项目进行联合总承包。"《住建部"十三五"装配式建筑行动方案》(2017 年 3 月 23 日施行)第 2 条也规定:"设计、施工、开发、生产企业可单独或组成联合体承接装配式建筑工程总承包项目。"

从地方规定来看,包括北京、上海、湖北、天津等绝大多数地方也允许联合体承揽工程总承包项目。② 但也有地方规定明确禁止采用联合体方式,如吉林省住房和城乡建设厅在《关于进一步明确工程总承包管理有关事项的通知》(建办〔2017〕50 号)中规定:"我省工程总承包项目应由符合条件的设计或施工总承包企业中的一家承揽,不得采用联合体方式承揽";再如,广西壮族自治区住房城乡建设厅在《关于征求进一步完善房屋建筑和市政基础设施工程总承包管理的通知(第二次征求

---

① 详见《天津市城乡建设委员会关于天津市建设项目推行工程总承包试点工作有关事项的通知》(津建筑〔2017〕477 号)、《北京市住房和城乡建设委员会 北京市规划和国土资源管理委员会印发〈关于在本市装配式建筑工程中实行工程总承包招投标的若干规定(试行)〉的通知》(京建法〔2017〕29 号)、《浙江省住房和城乡建设厅关于工程总承包试点工作情况的通报》(建建发〔2018〕195 号)。

② 详见《北京市住房和城乡建设委员会〈关于在本市装配式建筑工程中实行工程总承包招投标的若干规定(试行)〉的通知》(京建法〔2017〕29 号)、《上海市建设交通委、上海市住房保障房屋管理局、上海市规划国土资源局、上海市发改委、上海市财政局〈关于本市进一步推荐装配式建筑发展的若干意见〉实施细则》(沪建交联〔2013〕1243 号)、《湖北省住房和城乡建设厅关于推进房屋建筑和市政公用工程总承包发展的实施意见(试行)》(鄂建〔2016〕9 号)、《天津市城乡建设委员会关于天津市建设项目推行工程总承包试点工作有关事项的通知》(津建筑〔2017〕477 号)。

意见稿)意见的函》(桂建便函〔2017〕747 号)中规定:"工程总承包项目应由符合条件的设计或施工总承包企业中的一家承揽,不得采用联合体方式承揽。"

### 5. 工程总承包模式主要包含哪些具体模式?

根据《建设部关于培育发展工程总承包和工程项目管理企业的指导意见》(建市〔2003〕30 号)第 2 条规定,工程总承包的具体模式主要包括以下四类:设计采购施工(EPC)/交钥匙总承包、设计施工总承包(D-B)、设计—采购总承包(E-P)、采购—施工总承包(P-C)等方式。而根据《住房城乡建设部关于进一步推进工程总承包发展的若干意见》(建市〔2016〕93 号)第 1 条规定:"工程总承包一般采用设计—采购—施工总承包或者设计—施工总承包模式。建设单位也可以根据项目特点和实际需要,按照风险合理分担原则和承包工作内容采用其他工程总承包模式。"可见,目前国内力推的工程总承包主要包括设计采购施工总承包(EPC)/交钥匙总承包、设计—施工总承包(D-B)两种模式。

通常而言,设计采购施工总承包(EPC)是指工程总承包单位按照合同约定,承担工程项目的设计、采购、施工、试运行服务等工作,并对承包工程的质量、安全、工期、造价全面负责的承包方式,而交钥匙总承包则是在此基础上对设计采购施工总承包业务和责任的延伸,更加强调最终向建设单位提交一个满足使用功能、具备使用条件的工程项目。设计—施工总承包(D-B)则是指工程总承包企业按照合同约定,承担工程项目设计和施工,并对承包工程的质量、安全、工期、造价全面负责的承包方式。

### 6. 工程总承包项目在哪一阶段可以发包?

现行不同的法律法规及政策对于该问题的具体规定存在一定差异,但均明确允许建设单位在初步设计完成后进行工程总承包项目的发包,且通常要求工程总承包项目发包前提是建设范围、建设规模、建设标准、功能要求等前期条件明确。

《公路工程设计施工总承包管理办法》(交通运输部令 2015 年第 10 号)第 5 条规定:"公路工程总承包招标应当在初步设计文件获得批准并落实建设资金后进行。"《住房和城乡建设部办公厅　国家发展改革委办公厅关于征求房屋建筑和市政基础设施项目工程总承包管理办法(征求意见稿)意见的函》(建办市函〔2019〕308 号)第 7 条规定:"建设范围、建设规模、建设标准、功能要求等前期条件明确的项目,适宜采用工程总承包方式。建设单位应当在发包前完成项目审批、核准或备案程序。企业投资项目应当在核准或备案后,进行工程总承包项目发包。政府投资项目原则上应当在初步设计审批完成后进行工程总承包项目发包;按照国家有关规定简化报批文件和审批程序的政府投资项目,应当在完成投资决策审批后进行工程总承包项目发包。"

此外,还存在部分省份有比较具体而特殊的规定,如《上海市关于促进本市建筑业持续健康发展的实施意见》(沪府办〔2017〕57 号)第 2 条指出,"建设单位可在完成工程可行性研究报告或初步设计文件后进行工程总承包发包"。其他个别地区如湖南、浙江两省并不接受项目立项可研批复阶段的工程总承包发包。① 而《福建省政府投资的房屋建筑和市政基础设施工程开展工程总承包试点工作方案》(闽建筑〔2016〕41 号)第 4 条进一步规定:"建设单位可以根据项目特点,自行决定在可研批复或者初步设计审批后采用工程总承包模式发包……对于政府投资的工程项目,在可研批复后进行工程总承包发包的,宜采用预算后审方式并在招标文件或者发包合同中约定。在初步设计审批后进行工程总承包发包的,宜采用固定总价合同方式。"

### 7. 前期设计服务企业是否可以参加工程总承包的投标?

关于前期设计服务企业是否可以参加本项目的工程总承包投标的问题,目前在国家各部委之间以及各省市工程总承包政策文件的规定还尚未达成一致。为确保项目的合规性,从有利于实现招标人采用工程总承包模式的角度,建议企业根据当地具体政策明确承担前期设计的企业是否参加该工程的工程总承包投标。

国家九部委发布的《标准设计施工总承包招标文件》(2012 版)第二章第 1.4.3 条规定:"投标人不得存在下列情形之一:……(2)为招标项目前期工作提供咨询服务。"《公路工程设计施工总承包管理办法》第二章第 6 条也规定:"总承包单位(包括总承包联合体成员单位)不得是总承包项目的初步设计单位、代建单位、监理单

---

① 《湖南省房屋建筑和市政基础设施工程总承包招标投标活动管理暂行规定》(2017 年 7 月 1 日实施)第 6 条规定:"房屋建筑和市政基础设施工程实行总承包方式招标的,应当先取得初步设计或方案设计批复文件。"

《浙江省关于深化建设工程实施方式改革积极推进工程总承包发展的指导意见》(2016 年 3 月 23 日发布)第 2 条规定,"建设单位可以依据经审批同意的方案设计(或初步设计),以工程估算(或工程概算)为经济控制指标,以限额设计为控制手段,以相关技术规范、标准和确定的建设规模、建设标准、功能需求及工程质量、工期进度要求为标的,开展工程总承包的招标工作"。

位或以上单位的附属单位。”另外,《住房和城乡建设部办公厅　国家发展改革委办公厅关于征求房屋建筑和市政基础设施项目工程总承包管理办法(征求意见稿)意见的函》(建办市函〔2019〕308号)第10条也规定:“工程总承包单位不得是工程总承包项目的代建单位、项目管理单位、监理单位、造价咨询单位、招标代理单位。政府投资项目的项目建议书、可行性研究报告、初步设计文件编制单位及其评估单位,不得成为该项目的工程总承包单位。”

从地方层面规定来看,各地对此问题的规定还存在一定差异。比如,北京、上海、湖南、广西均明确规定承担前期设计的单位不得参加该建设工程的工程总承包投标。① 但与之相反的是,浙江、湖北、福建则允许该类企业参与投标。②

---

① 《北京市住房和城乡建设委员会　北京市规划和国土资源管理委员会印发〈关于在本市装配式建筑工程中实行工程总承包招投标的若干规定(试行)〉的通知》(京建法〔2017〕29号)第6条规定:“工程总承包项目的承包人不得是工程总承包项目的代建单位、项目管理单位、工程监理单位、招标代理单位以及其他为招标项目的前期准备提供设计、咨询服务的单位。”

《上海市建设工程招标投标管理办法》第22条规定:“承担建设工程前期设计、造价咨询、监理业务的单位,不得参加该建设工程包含施工的工程总承包投标。施工单位拖欠工人工资,情节严重且被市建设行政管理部门向社会公布的,在公布的期限内不得参加本市建设工程的投标报名。招标人应当将前款规定纳入资格预审文件或者招标文件中。”

《湖南省公路工程设计施工总承包管理办法(试行)》(湘交基建〔2014〕336号)第二章第8条规定:“总承包单位的资格条件:(一)具备符合要求的勘察设计和施工资质的独立法人;或分别具有符合要求的勘察设计、施工资质的单位组成的联合体;(二)具有与招标工程相适应的业绩、人员、财务能力及信誉;(三)总承包单位(含联合体各成员)不得与建设单位、初步设计单位、监理单位存在可能影响招标公正性的利害关系。”

《广西住房城乡建设厅、财政厅关于印发推进广西房屋建筑和市政基础设施工程总承包试点发展指导意见的通知》(桂建管〔2016〕117号)第2条规定:“工程总承包投标人宜同时具备设计和施工资质,且投标人(包括联合体成员单位)不得是项目的前期咨询单位(包括项目方案设计及初步设计单位)、代建单位、监理单位、第三方项目管理单位。”

② 《浙江省住建厅关于深化建设工程实施方式改革积极推进工程总承包发展的指导意见》(浙建〔2016〕5号)第2.3条规定:“承担工程项目方案设计(或初步设计)的企业,可以依法参与该项目的工程总承包投标。”

《湖北省关于推进房屋建筑和市政公用工程总承包发展的实施意见(试行)》(鄂建〔2016〕9号)第2条规定:“项目管理单位可以是本项目的可行性研究、方案设计或者初步设计单位,也可以是其他工程设计、监理或者施工单位,但项目管理单位不得与工程总承包单位具有利害关系,也不得是本项目的投标落选单位。”

《福建省政府投资的房屋建筑和市政基础设施工程开展工程总承包试点工作方案》(闽建筑〔2016〕41号)第4条规定:“承担工程项目前期咨询工作的试点企业,可以参与本试点项目的工程总承包投标。”

## 8. 工程总承包模式下的施工分包和设计分包如何进行?

《住房城乡建设部关于进一步推进工程总承包发展的若干意见》(建市〔2016〕93 号)第 2 条规定:"工程总承包企业可以在其资质证书许可的工程项目范围内自行实施设计和施工,也可以根据合同约定或者经建设单位同意,直接将工程项目的设计或者施工业务择优分包给具有相应资质的企业。仅具有设计资质的企业承接工程总承包项目时,应当将工程总承包项目中的施工业务依法分包给具有相应施工资质的企业。仅具有施工资质的企业承接工程总承包项目时,应当将工程总承包项目中的设计业务依法分包给具有相应设计资质的企业。"

同时,《住房和城乡建设部办公厅　国家发展改革委办公厅关于征求房屋建筑和市政基础设施项目工程总承包管理办法(征求意见稿)意见的函》(建办市函〔2019〕308 号)第 20 条进一步规定:"工程总承包单位根据合同约定或者经建设单位同意,可以将工程总承包项目中的设计或者施工业务分包给具有相应资质的单位,但不得将工程总承包项目中设计和施工全部业务一并或者分别分包给其他单位";第 21 条规定:"工程总承包单位仅具有相应设计资质的,应当将工程总承包项目中的施工业务分包给具有相应施工资质的单位;仅具有相应施工资质的,应当将工程总承包项目中的设计业务分包给具有相应设计资质的单位。工程总承包单位自行实施设计的,不得将工程主体部分的设计分包给其他单位;自行实施施工的,不得将工程主体结构的施工分包给其他单位。建设单位和工程总承包单位可以在合同中约定不得分包的内容。"

## 9. 工程总承包项目通常采用哪些计价方式?

按照现行的法律法规及政策规定,就工程总承包项目采用的计价方式问题,目前从国家层面及绝大多数省份均规定宜采取或主要采取固定总价合同,但同时也有部分省份存在个别特殊规定。

《住房城乡建设部办公厅关于征求房屋建筑和市政基础设施项目工程总承包计价计量规范(征求意见稿)意见的函》(建办标函〔2018〕726 号)第 3.1.5 条规定:"建设项目工程总承包应采用总价合同,除合同另有约定外,合同价款不予调整。"《住房和城乡建设部办公厅　国家发展改革委办公厅关于征求房屋建筑和市政基础设施项目工程总承包管理办法(征求意见稿)意见的函》(建办市函〔2019〕308 号)第 14 条规定:"企业投资项目的工程总承包项目宜采用总价合同,政府投资项目的工程总承包应合理确定合同价格形式。采用总价合同的,除合同约定可以调整的情形外,合同总价一般不予调整。建设单位和工程总承包单位依据住房和城乡建设主管部门制定的工程总承包项目计价规则,在合同中约定工程总承包计量规则和计价方法。”同时,《浙江省住建厅关于深化建设工程实施方式改革积极推进工程总承包发展的指导意见》(浙建〔2016〕5 号)第 2.4 条规定:“工程总承包合同宜采用总价包干的固定总价合同形式,除招标文件或工程总承包合同中约定的调价原则外,一般不予调整。”此外,《江苏省房屋建筑和市政基础设施项目工程总承包招标投标导则》(苏建招办〔2018〕3 号)第 11 条还规定,“工程总承包项目应当采用固定总价合同。除发生本导则第十条规定的应当由招标人承担的风险,以及地下工程(水下工程)等可以另行约定调价原则和方法外,在招标人需求不变的情况下,工程总承包合同价格不予调整”。

相比之下,福建和陕西则出台了更为细化的规定。比如,《福建省政府投资的房屋建筑和市政基础设施工程开展工程总承包试点工作方案》(闽建筑〔2016〕41 号)第 4 条规定,“对于政府投资的工程项目,在可研批复后进行工程总承包发包的,宜采用预算后审方式并在招标文件或者发包合同中约定。在初步设计审批后进行工程总承包发包的,宜采用固定总价合同方式”。另外,《陕西省政府投资的房屋建筑和市政基础设施工程开展工程总承包试点实施方案》(陕建发〔2018〕332 号)第 5 条规定:“对于政府投资的工程项目,在可研批复后进行工程总承包发包的,宜采用预算后审方式并在招标文件或者发包合同中约定。在初步设计审批后进行工程总承包发包的,宜采用固定总价合同方式。”

### 10. 工程总承包项目的费用由哪些部分组成?

《住房城乡建设部办公厅关于征求房屋建筑和市政基础设施项目工程总承包计价计量规范(征求意见稿)意见的函》[建办标函〔2018〕726 号,以下简称“《工程总承包计价计量规范(征求意见稿)》”]第 3.1.3 条规定:“建设项目工程总承包费用项目由勘察费、设计费、建筑安装工程费、设备购置费、总承包其他费组成。”第 3.1.4条规定:“工程总承包中所有项目均应包括成本、利润和税金。”

同时,《工程总承包计价计量规范(征求意见稿)》第 2.0.2 条规定:“勘察费是指发包人按照合同约定支付给承包人用于完成建设项目进行工程水文地质勘查所发生的费用。”第 2.0.3 条规定:“设计费是指发包人按照合同约定支付给承包人用于完成建设项目进行工程设计所发生的费用。包括方案设计、初步设计、施工图设计费和竣工图编制费；该费用应根据可行性研究方案设计后、初步设计后的发包范围确定。”第2.0.4条规定：“建筑安装工程费是指发包人按照合同约定支付给承包人用于完成建设项目发生的建筑工程和安装工程所需的费用，不包括应列入设备购置费的设备价值。”第2.0.5条规定：“设备购置费是指发包人按照合同约定支付给承包人用于完成建设项目，需要采购设备和为生产准备的没有达到固定资产标准的工具、器具的费用，不包括应列入安装工程费的工程设备（建筑设备）的价值。”第2.0.6条还规定：“总承包其他费是指发包人按照合同约定支付给承包人应当分摊计入相关项目的各项费用。主要包括：研究试验费、土地租用占道及补偿费、总承包管理费、临时设施费、招标投标费、咨询和审计费、检验检测费、系统集成费、财务费、专利及专有技术使用费、工程保险费、法律服务费等其他专项费。”

### 11. 工程总承包项目的费用在合同中是否需要价税分离？

按照现行的法律法规及政策规定，国家层面和各省市政策文件已基本明确工程总承包项目计算工程造价时，应当按照价税分离原则，以税前工程造价为基础，再乘以增值税税率作为税费，最终工程造价为税前工程造价与增值税之和。因此，从节税角度以及避免双方就合同价格是否为含税价产生争议的角度考虑，建议承发包双方在工程总承包合同中对于合同价款按照价税分离进行约定。

《住房城乡建设部办公厅关于做好建筑业营改增建设工程计价依据调整准备工作的通知》（建办标〔2016〕4号）第2条规定：“工程造价可按以下公式计算：工程造价＝税前工程造价×（1＋11%）。其中，11%为建筑业拟征增值税税率，税前工程造价为人工费、材料费、施工机具使用费、企业管理费、利润和规费之和，各费用项目均以不包含增值税可抵扣进项税额的价格计算，相应计价依据按上述方法调整。”另外，关于建筑业的增值税税率调整，根据2018年4月9日发布的《住房城乡建设部办公厅关于调整建设工程计价依据增值税税率的通知》（建办标〔2018〕20号）规定：“将《住房城乡建设部办公厅关于做好建筑业营改增建设工程计价依据调整准备工作的通知》（建办标〔2016〕4号）规定的工程造价计价依据中增值增税税率由11%调整为10%。”又根据2019年4月1日起施行的《财政部、税务总局、海关总署关于深化增值税改革有关政策的公告》（财政部、税务总局、海关部署公告2019年第39号）明确，原适用10%税率的，税率调整为9%。

此外，《海南省住房和城乡建设厅关于建筑业营业税改征增值税调整海南省建设工程计价依据的实施意见》（琼建定〔2016〕112号）第4条规定：“建筑业营改增后,工程造价按‘价税分离’计价规则计算,各要素价格适用的增值税税率执行财税部门的相关规定。税前工程造价为实体项目费(人工费、材料费、机械费、管理费、利润)、措施项目费、措施其他项目费、规费和价差之和,各费用项目均以不包含增值税(可抵扣进项税额)的价格计算。”

## 12. 工程总承包项目中哪些情形构成转包?

《住房和城乡建设部关于印发建筑工程施工发包与承包违法行为认定查处管理办法的通知》(建市规〔2019〕1号,以下简称“《违法行为认定查处管理办法》”)第7条规定:“转包,是指承包单位承包工程后,不履行合同约定的责任和义务,将其承包的全部工程或者将其承包的全部工程肢解后以分包的名义分别转给其他单位或个人施工的行为。”因此,在工程总承包项目中,工程总承包单位或其专业承包单位承包工程后,不履行合同约定的责任和义务,将其承包的全部工程或者将全部工程肢解后以分包的名义分别转给其他单位或个人施工的行为即视为转包。

《违法行为认定查处管理办法》第8条规定:“存在下列情形之一的,应当认定为转包,但有证据证明属于挂靠或者其他违法行为的除外:(一)承包单位将其承包的全部工程转给其他单位(包括母公司承接建筑工程后将所承接工程交由具有独立法人资格的子公司施工的情形)或个人施工的;(二)承包单位将其承包的全部工程肢解以后,以分包的名义分别转给其他单位或个人施工的;(三)施工总承包单位或专业承包单位未派驻项目负责人、技术负责人、质量管理负责人、安全管理负责人等主要管理人员,或派驻的项目负责人、技术负责人、质量管理负责人、安全管理负责人中一人及以上与施工单位没有订立劳动合同且没有建立劳动工资和社会养老保险关系,或派驻的项目负责人未对该工程的施工活动进行组织管理,又不能进行合理解释并提供相应证明的;(四)合同约定由承包单位负责采购的主要建筑材料、构配件及工程设备或租赁的施工机械设备,由其他单位或个人采购、租赁,或施工单位不能提供有关采购、租赁合同及发票等证明,又不能进行合理解释并提供相应证明的;(五)专业作业承包人承包的范围是承包单位承包的全部工程,专业作业承包人计取的是除上缴给承包单位‘管理费’之外的全部工程价款的;(六)承包单位通过采取合作、联营、个人承包等形式或名义,直接或变相将其承包的全部工程转给其他单位或个人施工的;(七)专业工程的发包单位不是该工程的施工总承包或专业承包单位的,但建设单位依约作为发包单位的除外;(八)专业作业的发包单位不是该工程承包单位的;(九)施工合同主体之间没有工程款收付关系,或者承包单位收到款项后又将款项转拨给其他单位和个人,又不能进行合理解释并提供材料证明的。两个以上的单位组成联合体承包工程,在联合体分工协议中约定或者在项目实际实施过程中,联合体一方不进行施工也未对施工活动进行组织管理的,并且向联合体其他方收取管理费或者其他类似费用的,视为联合体一方将承包的工程转包给联合体其他方。"

综上所述,在工程总承包项目中,除非有证据证明属于挂靠或者其他违法行为,否则,当工程总承包单位或其专业承包单位存在上述情形之一的,则应当认定为转包。

### 13. 工程总承包项目中哪些情形构成违法分包?

《违法行为认定查处管理办法》第 11 条规定:"违法分包,是指承包单位承包工程后违反法律法规规定,把单位工程或分部分项工程分包给其他单位或个人施工的行为。"

《违法行为认定查处管理办法》第 12 条规定:"存在下列情形之一的,属于违法分包:(一)承包单位将其承包的工程分包给个人的;(二)施工总承包单位或专业承包单位将工程分包给不具备相应资质单位的;(三)施工总承包单位将施工总承包合同范围内工程主体结构的施工分包给其他单位的,钢结构工程除外;(四)专业分包单位将其承包的专业工程中非劳务作业部分再分包的;(五)专业作业承包人将其承包的劳务再分包的;(六)专业作业承包人除计取劳务作业费用外,还计取主要建筑材料款和大中型施工机械设备、主要周转材料费用的。"

综上所述,在工程总承包项目中,当工程总承包单位或其专业承包单位存在上述情形之一的,则属于违法分包。

### 14. 工程总承包项目通常需要购买哪些保险?

在工程总承包模式下,工程总承包单位的工作内容往往包含勘察设计、采购、施工,且需对整个工程的工期、质量、安全、造价负责。《住房和城乡建设部办公厅 国家发展改革委办公厅关于征求房屋建筑和市政基础设施项目工程总承包管理办法(征求意见稿)意见的函》(建办市函〔2019〕308 号)第 13 条规定:"鼓励建设单位和工程总承包单位运用保险手段增强防范风险能力。"因此,为有效防范风险,在工程实施过程中,建议工程总承包单位应区分项目的不同阶段,并结合项目实际需求办理保险。通常,工程总承包单位可购买的保险包括强制型保险和非强制型保险

两类,主要险种包括:

(1)强制型保险:根据现有法律及法规规定,社会保险、工伤保险、人身意外伤害保险、安全生产责任保险等属于必须办理的保险。

(2)非强制型保险:工程总承包合同的发包方和承包方可根据项目需要、项目所处的行业等实际情况进行购买,主要险种包括建筑安装工程一切险、工程质量保险、人身意外伤害险、第三者责任险、设计责任险、施工责任险、建筑工程险、安装工程险、安全生产责任险、环境污染责任保险、工程质量潜在缺陷保险、设备材料质量保险、雇主责任保险等。

### 15. 工程总承包单位组成的联合体,对内和对外分别承担何种责任?

工程总承包项目中的联合体存在两种法律关系:一是对外的法律关系,即建设工程总承包合同关系,其相对人是建设单位;二是对内的法律关系,即联合体成员之间以联合体协议为基础的内部关系。对联合体承包的性质,主流观点认为属于合伙型联营,联合体是一种联营组织,但不具备法人资格,其民事主体仍然是参加联营的各个成员。因此,联合体对外所负债务和责任,由联营各方承担连带责任。

对内而言,各个成员的具体分工及责任由联合体协议进行约定。通常,联合体成员会在协议中明确约定各自承担的责任比例以及追偿原则。如各方未对责任比例作出约定的,出资比例也作为责任划分的参考因素。但是,在联合体一方对外分包的情况下,对于联合体内部其他未同意该分包行为的主体,是否应该承担连带责任,目前尚无明确规定,司法审判实践也出现不同判例,比如湖北省孝感市中级人民法院在(2016)鄂09民终1114号一案二审民事判决书中认定:"2013年8月20日,深圳安芯公司、合肥未来公司、中国移动大悟公司按照大悟天网工程项目招标要求,自愿组成联合体参与项目投标,深圳安芯公司、合肥未来公司、中国移动大悟公司自愿订立《联合体协议书》,约定由中国移动大悟公司作为牵头方,其在招标文件中的所有承诺均代表了联合体各成员。联合体成员共同与大悟县公安局签订合同书,并就中标项目向大悟县公安局负连带责任和各自的法律责任。深圳安芯公司将大悟县天网工程中心机房改造项目发包给振源公司施工,与深圳安芯公司、合肥未来公司、中国移动大悟公司根据《联合体协议书》约定与大悟县政府签订的天网工程总包合同无关。"因此,按照湖北省孝感市中级人民法院的观点,联合体一方以自己名义签订分包合同的,联合体另一方不需要对分包合同履行承担连带责任。而四川省高级人民法院在(2015)川民终字第664号一案二审民事判决书中作出了完全相反的判决:"基于《联合体协议书》的约定,华硅公司与唐勇、王善池签订案涉工程施工合同,其代表的仍然是由华硅公司、川冶设计院、贵冶公司所组成的'联合体',其法律后果理应由'联合体'承担。"由此可见,按照四川省高级人民法院的观点,联合体一方以自己名义签订分包合同的,联合体各方均应对联合体一方的分包合同履行承担连带责任。

## 16. 在工程总承包项目中,建设单位需要承担的风险通常包括哪些?

在工程总承包项目中,基于公平、合理的风险分担原则,如果项目全部风险均由承包人承担,则并不利于工程建设及工程总承包模式的市场推广。因此,国家层面和部分省份均已出台的政策文件列举了一些通常应由建设单位承担的风险,主要包括如下文件:

《公路工程设计施工总承包管理办法》(交通运输部令 2015 年第 10 号)第 13 条[①]、《住房和城乡建设部办公厅　国家发展改革委办公厅关于征求房屋建筑和市政基础设施项目工程总承包管理办法(征求意见稿)意见的函》(建办市函〔2019〕

---

① 《公路工程设计施工总承包管理办法》(交通运输部令 2015 年第 10 号)第 13 条规定:"项目法人承担的风险一般包括:

(一)项目法人提出的工期调整、重大或者较大设计变更、建设标准或者工程规模的调整;

(二)因国家税收等政策调整引起的税费变化;

(三)钢材、水泥、沥青、燃油等主要工程材料价格与招标时基价相比,波动幅度超过合同约定幅度的部分;

(四)施工图勘察设计时发现的在初步设计阶段难以预见的滑坡、泥石流、突泥、涌水、溶洞、采空区、有毒气体等重大地质变化,其损失与处治费用可以约定由项目法人承担,或者约定项目法人和总承包单位的分担比例。工程实施中出现重大地质变化的,其损失与处治费用除保险公司赔付外,可以约定由总承包单位承担,或者约定项目法人与总承包单位的分担比例。因总承包单位施工组织、措施不当造成的上述问题,其损失与处治费用由总承包单位承担;

(五)其他不可抗力所造成的工程费用的增加。

除项目法人承担的风险外,其他风险可以约定由总承包单位承担。"

308号)第13条[①]以及《江苏省房屋建筑和市政基础设施项目工程总承包招标投标导则》(苏建招办〔2018〕3号)第10条[②]等关于工程总承包模式的相关管理规定,工程总承包项目中建设单位需要承担的风险通常有:(1)因建设单位原因产生的工程费用和工期的变化;(2)主要工程材料、设备、人工费价格和招标时基价相比,波动幅度超过合同约定幅度的部分;(3)因国家法律法规政策变化引起的合同价格的变化;(4)不可预见的地质条件造成的工程费用和工期的变化;(5)不可抗力所造成的工程费用和工期的变化。除上述建设单位承担的风险外,其他风险可以在合同中约定由工程总承包单位承担。

《湖南省房屋建筑和市政基础设施工程总承包招标投标活动管理暂行规定》(湘建监督〔2017〕76号)第11条进一步规定:"招标文件合同条款应当按照权利义务对等的原则,约定招标人和承包人双方承担的风险以及风险费用的计算方法。招标人承担的风险至少包括:(一)招标人提供的文件,包括环境保护、气象水文、地质条件,初步设计、方案设计等前期工作的相关文件不准确、不及时,造成费用增加和工期延误的风险;(二)在经批复的初步设计或方案设计之外,提出增加建设内

---

① 《住房和城乡建设部办公厅　国家发展改革委办公厅关于征求房屋建筑和市政基础设施项目工程总承包管理办法(征求意见稿)意见的函》(建办市函〔2019〕308号)第13条规定:"建设单位和工程总承包单位应当加强风险管理,合理分担风险。

建设单位承担的主要风险一般包括:

(一)主要工程材料、设备、人工费价格与招标时基期价相比,波动幅度超过合同约定幅度的部分;

(二)因国家法律法规政策变化引起的合同价格的变化;

(三)不可预见的地质条件造成的工程费用和工期的变化;

(四)因建设单位原因产生的工程费用和工期的变化;

(五)不可抗力造成的工程费用和工期的变化。

具体风险分担内容由双方在合同中约定。"

② 《江苏省房屋建筑和市政基础设施项目工程总承包招标投标导则》(苏建招办〔2018〕3号)第10条规定:"招标人承担的主要风险一般包括:

(一)招标人提出的建设范围、建设规模、建设标准、功能需求、工期或者质量要求的调整;

(二)主要工程材料价格和招标时基价相比,波动幅度超过合同约定幅度的部分;

(三)因国家法律法规政策变化引起的合同价格的变化;

(四)难以预见的地质自然灾害、不可预知的地下溶洞、采空区或者障碍物、有毒气体等重大地质变化,其损失和处置费用(因工程总承包单位施工组织、措施不当等造成的上述问题,其损失和处置费应由工程总承包单位承担);

(五)其他不可抗力所造成的工程费用的增加。

除上述招标人承担的风险外,其他风险可以在合同中约定由工程总承包单位承担。"

容;在初步设计或方案设计之内提出调整或改变工程功能,以及提高建设标准等要求,造成设备材料和人工费用增加的风险;(三)招标人提出的工期调整要求,或其前期工作进度而影响的工程实施进度的风险;(四)主要设备、材料市场价格波动超过合同约定幅度的风险。"

## 17. 在工程总承包项目中,工程总承包单位需要承担的风险通常包括哪些?

在工程总承包项目中,工程承包单位往往承担着较大的管理责任和相应风险。根据《公路工程设计施工总承包管理办法》(交通运输部令 2015 年第 10 号)第 13 条、《住房和城乡建设部办公厅　国家发展改革委办公厅关于征求房屋建筑和市政基础设施项目工程总承包管理办法(征求意见稿)意见的函》(建办市函〔2019〕308 号)第 13 条的规定,一般而言,对于工程总承包项目中的工程总承包单位应承担的风险范围,除法律法规及政策规定应由建设单位承担的风险之外,其他风险可以由工程总承包单位承担,但具体风险分担内容仍应以双方在合同中作出的约定为准。

此外,目前部分省份已出台政策文件列举了一些通常应由工程总承包单位承担的风险。《湖南省房屋建筑和市政基础设施工程总承包招标投标活动管理暂行规定》(湘建监督〔2017〕76 号)第 11 条规定:"招标文件合同条款应当按照权利义务对等的原则,约定招标人和承包人双方承担的风险以及风险费用的计算方法……承包人承担的风险至少包括:(一)未充分理解招标文件要求而产生的人员、设备、费用和工期变化的风险;(二)未充分认识和理解通过查勘现场及周边环境(除招标人提供文件和资料之外)取得的可能对项目实施产生不利影响或作用的风险;(三)投标文件的遗漏和错误,以及含混不清等,引起的成本及工期增加的风险。"

## 18. 如何理解工程总承包模式下对项目结余分成的奖励机制?

项目结余分成作为一项奖励制度,对于推进工程总承包项目模式起到了关键的作用。根据《住房城乡建设部关于进一步推进工程总承包发展的若干意见》(建市〔2016〕93 号)中明确提出要大力推进工程总承包,提升工程建设质量和效益。之后部分省份为鼓励工程总承包企业对工程总承包项目进行优化设计和创新管理,专门出台相关政策文件设置了工程总承包项目的效益激励措施,比如:

《广西壮族自治区住房城乡建设厅关于进一步完善房屋建筑和市政基础设施工程总承包管理的通知(第二次征求意见稿)》(桂建便函〔2017〕747 号)第 3 条规

定:“项目结余分成具体办法为:工程总承包单位通过优化设计及科技创新管理后,工程竣工结算总价(不包括减少原施工图纸的规模、内容和降低装修标准)低于实际合同总价时,竣工结算总价与实际合同总价的差额为该工程总承包项目的结余资金。工程总承包单位可按分级累进法参与结余资金的分成:

(1)项目结余资金为实际合同价10%以内部分,项目结余资金的40%为工程总承包单位所得,其余60%为建设单位所得(若为政府投资项目应返还财政);

(2)项目结余资金为实际合同价10% ~20%部分,项目结余资金的50%为工程总承包单位所得,其余50%为建设单位所得(若为政府投资项目应返还财政);

(3)项目结余资金为实际合同价20%以上部分,项目结余资金的60%为工程总承包单位所得,其余40%为建设单位所得(若为政府投资项目应返还财政)。”

《湖南省人民政府办公厅关于推进工程总承包发展的指导意见》(湘政办发〔2017〕58号)第2条规定:“对优化方案有效提高工程质量、缩短工期、节省投资、降低运维费用及延长设计寿命的,建设单位可根据所产生效益给予奖励。各级各相关部门及行业协会应鼓励工程总承包企业开展工程技术创新。”

《安徽省住房和城乡建设厅 安徽省发展和改革委员会 安徽省公安厅 安徽省财政厅 安徽省交通运输厅 安徽省水利厅 安徽省通信管理局关于推进工程总承包发展的指导意见》(建市〔2018〕139号)第2条规定:“对优化方案有效提高工程质量、缩短工期、节省投资、降低运维费用以及延长设计寿命的,建设单位可根据所产生效益给予相应的奖励。”

### 19. 工程总承包模式下是否可以分阶段进行施工图审查和施工许可证申领?

《住房和城乡建设部办公厅 国家发展改革委办公厅关于征求房屋建筑和市政基础设施项目工程总承包管理办法(征求意见稿)意见的函》(建办市函〔2019〕308号)第33条规定:“工程总承包项目按照法律法规规定应当进行施工图设计文件审查的,可以根据项目实际情况,按规定分阶段审查施工图设计文件。”第34条规定:“工程总承包项目申请领取施工许可证时,可以提交以下文件确认相对应的办理条件:(一)工程总承包单位具有相应施工资质且自行实施施工的,以工程总承包合同作为已确定施工单位的文件;工程总承包单位不具有相应施工资质或者将施工分包的,以工程总承包合同、施工分包合同作为已确定施工单位的文件。(二)按规定分阶段经审查合格的施工图设计文件,可作为申请领取施工许可证所需的施工图纸。(三)以工程总承包单位组织编制的施工组织设计文件,认定保证工程质量和安全的具体措施。"由此可见,在国家层面上已明确工程总承包模式下,可以分阶段进行施工图设计文件审查和施工许可证申领。

从地方层面规定来看,各省工程总承包政策文件对此问题的规定还尚未统一。目前,已明确允许分阶段进行施工图审查和申领施工许可证的省份包括广西、浙江等。《广西壮族自治区住房城乡建设厅关于进一步完善房屋建筑和市政基础设施工程总承包管理的通知(第二次征求意见稿)》(桂建便函〔2017〕747 号)第 2 条规定:"按照法规规定进行施工图设计审查的工程总承包项目,施工图审查机构可以根据实际情况按照基坑支护、主体结构地下部分与主体结构地上部分分阶段进行施工图设计文件审查。符合施工许可条件的,建设主管部门依法允许分阶段办理施工许可证。"《浙江省关于深化建设工程实施方式改革积极推进工程总承包发展的指导意见》(2016 年 3 月 23 日发布)第 15 条规定,"对实施工程总承包的建设项目,建设单位可根据项目实施情况,将施工图分阶段报施工图审查机构审查";第 22 条规定,"建设单位可以一次性申请领取工程总承包项目的施工许可证,也可依法分阶段申请领取施工许可证"。

此外,仍有部分省份如吉林仅对分阶段审查施工图进行了规定。《吉林省住房和城乡建设厅关于加快推进工程总承包发展的实施意见》(吉建管〔2016〕50 号)第 5 条规定:"按照法规规定进行施工图设计文件审查的工程总承包项目,可以根据实际情况,按照单体工程进行施工图设计文件审查。"还有部分省份如陕西仅对分阶段申领施工许可证进行了规定。《陕西省政府投资的房屋建筑和市政基础设施工程开展工程总承包试点实施方案》(陕建发〔2018〕332 号)第 5 条规定:"对于工程总承包项目的桩基工程先行施工的,符合施工许可条件的,住房城乡建设主管部门允许先行办理施工许可证。"

### 20. 采用固定总价合同的工程总承包项目在结算时有何特殊规定?

工程总承包的结算与审计与工程总承包合同所采用的价格形式有关。《住房和城乡建设部办公厅　国家发展改革委办公厅关于征求房屋建筑和市政基础设施项目工程总承包管理办法(征求意见稿)意见的函》(建办市函〔2019〕308 号)第 14 条规定:"企业投资项目的工程总承包项目宜采用总价合同,政府投资项目的工程总承包应合理确定合同价格形式。采用总价合同的,除合同约定可以调整的情形外,合同总价一般不予调整。建设单位和工程总承包单位依据住房和城乡建设主管部门制定的工程总承包项目计价规则,在合同中约定工程总承包计量规则和计价方法。依法必须进行招标的项目,合同价格应当在充分竞争的基础上合理确定。"《上海市工程总承包试点项目管理办法》(沪建建管〔2016〕1151 号)第 21 条规定:"采用固定总价合同的工程总承包项目在计价结算和审计时,仅对符合工程总承包合同约定的变更调整部分进行审核,对工程总承包合同中的固定总价包干部分不再另行审核,审计部门可以对工程总承包合同中的固定总价的依据进行调查。"由此可见,目前对于采用固定总价合同的工程总承包项目,在进行计价结算和审计时,通常规定为仅对符合工程总承包合同约定的变更调整部分进行调整,除此之外,对工程总承包合同中的固定总价包干部分一般不予调整。如项目结算涉及审计的,审计部门还可以对工程总承包合同中的固定总价的依据进行调查。

此外,部分省份包括江苏、广西等对此问题还进行了特殊规定。《江苏省政府关于促进建筑业改革发展的意见》(苏政发〔2017〕151 号)第 8 条规定:"采用固定总价合同的工程总承包项目,在计价结算和审计时,重点对约定的变更调整部分和暂估价部分进行审核。"《广西壮族自治区住房城乡建设厅关于进一步完善房屋建筑和市政基础设施工总承包管理的通知(第二次征求意见稿)》(桂建便函〔2017〕747 号)第 3 条进一步规定:"在合同约定的范围内,工程结算价未超过财政部门审定的实际合同总价 10%(含 10%)的建设项目,财政部门不再进行工程竣工结算评审……工程结算价格超过实际合同总价、但未超过 10%(含 10%)的建设项目,建设单位按实际合同总价予以工程结算,超出实际合同总价部分由工程总承包单位自行承担(除招标文件或工程总承包合同中约定的调价原则外)。在合同约定的范围内,工程结算价超过实际合同总价 10% 以上的建设项目,需送财政部门进行工程竣工结算评审。经审定的工程结算金额超出实际合同总价 10%(含 10%)以内的建设项目,建设单位按实际合同总价予以工程结算,超出部分由工程总承包单位自行承担(除招标文件或工程总承包合同中约定的调价原则外)。经审定的工程结算金额超出实际合同总价 10% 以上的建设项目,超出实际合同总价 10%(含 10%)以内部分由工程总承包单位承担(除招标文件或工程总承包合同中约定的调价原则外),超出实际合同总价 10% 以上部分由建设单位承担。"

### 21. 在工程总承包项目中,工程总承包单位的主要责任范围有哪些?

根据《住房和城乡建设部办公厅　国家发展改革委办公厅关于征求房屋建筑和市政基础设施项目工程总承包管理办法(征求意见稿)意见的函》(建办市函〔2019〕308 号)第三章的相关规定,工程总承包单位的主要责任范围包括如下内容:

(1)质量责任。工程总承包单位应当对其承包的全部建设工程质量负责,分包单位对其分包工程的质量负责,分包不免除工程总承包单位对全部建设工程所负的质量责任。工程总承包单位、工程总承包项目经理依法承担质量终身责任。

(2)安全责任。工程总承包单位对承包范围内工程的安全生产负总责。分包单位应当服从工程总承包单位的安全生产管理,分包单位不服从管理导致生产安全事故的,由分包单位承担主要责任,分包不免除工程总承包单位的安全责任。

(3)工期责任。工程总承包单位应当依据合同对工期全面负责,对项目总进度和各阶段的进度进行控制管理,确保工程按期竣工。

(4)竣工验收、备案。工程符合竣工验收条件的,工程总承包单位应当向建设单位提交工程竣工报告,申请工程竣工验收。工程总承包单位负责组织分包单位配合建设单位完成工程竣工验收。

(5)项目资料移交。工程总承包单位负责总承包范围内工程实施过程中的工程资料的审核、签署、整理等工作,并向建设单位移交相应工程档案资料。

(6)保修责任。工程保修责任书由建设单位与工程总承包单位签署,保修期内工程总承包单位应当根据法律法规规定以及合同约定承担保修责任,工程总承包单位不得以其与分包单位之间保修责任划分而拒绝履行保修责任。

### 22.在工程总承包项目中,建设单位的主要责任范围包括哪些?

根据《住房和城乡建设部办公厅　国家发展改革委办公厅关于征求房屋建筑和市政基础设施项目工程总承包管理办法(征求意见稿)意见的函》(建办市函〔2019〕308 号)第三章的相关规定,建设单位的主要责任范围包括如下内容:

(1)建设单位的项目管理。建设单位根据自身资源和能力,可以自行对工程总承包项目进行管理,也可以委托项目管理单位,赋予相应权利,依照合同对工程总承包项目进行管理。

(2)质量责任。建设单位不得迫使工程总承包单位以低于成本的价格竞标,不得明示或暗示工程总承包单位违反工程建设强制性标准、降低建设工程质量,不得明示或暗示工程总承包单位使用不合格的建筑材料、建筑构配件和设备。

(3)安全责任。建设单位不得对工程总承包单位提出不符合建设工程安全生产法律、法规和强制性标准规定的要求,不得明示或者暗示工程总承包单位购买、租赁、使用不符合安全施工要求的安全防护用具、机械设备、施工机具及配件、消防设施和器材。

(4)工期责任。建设单位不得设置不合理工期,不得任意压缩合理工期。

(5)竣工验收、备案。建设单位应当依法组织各参建单位进行工程竣工验收,并自工程竣工验收合格之日起15日内向工程所在地县级以上地方人民政府住房和城乡建设主管部门备案。

(6)项目资料移交。建设单位应当及时收集、整理建设项目各环节的文件资料,以及工程总承包单位、监理单位等移交的工程资料,建立项目档案,并在工程竣工验收后,及时向城建档案管理部门移交。

## 23. 工程总承包项目中,施工许可证的办理程序及条件分别有哪些?

根据《住房和城乡建设部办公厅　国家发展改革委办公厅关于征求房屋建筑和市政基础设施项目工程总承包管理办法(征求意见稿)意见的函》(建办市函〔2019〕308号)第34条的规定,工程总承包项目施工许可证的办理程序及条件如下:

(1)办理程序:建设单位在项目开工前,可分阶段向主管部门申请领取施工许可证。

(2)办理条件:

①工程总承包单位具有相应施工资质且自行实施施工的,可以提交工程总承包合同作为已确定施工单位的文件;工程总承包单位不具有相应施工资质或者将施工分包的,可以提交工程总承包合同、施工分包合同作为已确定施工单位的文件。

②可以提交按规定分阶段经审查合格的施工图设计文件,作为申请领取施工许可证所需的施工图纸。

③可以提交以工程总承包单位组织编制的施工组织设计文件,作为认定保证工程质量和安全的具体措施。

除上述规定之外,县级以上地方人民政府住房和城乡建设主管部门不得违反法律、行政法规规定,增设办理工程总承包项目施工许可证的条件。

## 24. 工程总承包单位及工程总承包项目经理需要承担质量终身责任制吗?

工程总承包单位及工程总承包项目经理依法应承担质量终身责任。《住房和城乡建设部办公厅　国家发展改革委办公厅关于征求房屋建筑和市政基础设施项目工程总承包管理办法(征求意见稿)意见的函》(建办市函〔2019〕308号)第24条规定:“工程总承包单位、工程总承包项目经理依法承担质量终身责任。”第 36 条规定:“工程总承包项目的工程质量安全监督手续、施工许可证、竣工验收备案登记表、建筑物永久性标牌、质量终身责任信息表等相关许可和备案表格,以及需要工程总承包单位签署意见的相关工程管理技术文件,应当增加‘工程总承包单位’和‘工程总承包项目经理’等栏目。”因此,工程总承包单位和工程总承包项目经理对工程总承包项目质量均应承担终身责任。

**25. 开展工程总承包活动应遵守哪些法律法规?**

建设单位和工程总承包单位在开展工程总承包活动过程中应遵守的法律法规主要包括:《建筑法》《招标投标法》《建设工程勘察设计管理条例》《建设工程质量管理条例》《建设工程安全生产管理条例》等法律法规。

《住房和城乡建设部办公厅 国家发展改革委办公厅关于征求房屋建筑和市政基础设施项目工程总承包管理办法(征求意见稿)意见的函》(建办市函〔2019〕308 号)第 37 条进一步规定:“工程总承包单位和工程总承包项目经理在设计、施工活动中有违法违规行为的,按照法律法规对设计、施工单位及其项目负责人相同违法违规行为的规定追究责任。”因此,如工程总承包单位和工程总承包项目经理违反了相关法律法规的,应按照法律法规对设计、施工单位及其项目负责人相同违法违规行为的规定追究相应的法律责任。

# 附录1　一起历经14年的工程纠纷案件引发的启示

2014年,我们团队代理了这样一起案件:被执行人股东为逃避债务,采用先合并、后申请公司破产的方式终止公司,导致公司违法越过清算环节,侵害公司债权人合法债权,导致该案从判决到执行完毕历时长达14年。作为申请执行人的代理人,我们通过周密的分析和有力的论证,终于使得图穷匕见,为当事人争取到了全款本息清偿的好结果。

施工单位与建设单位因建设工程施工合同产生争议,从而起诉索取工程款的案例在实践中屡见不鲜,但"僵尸企业"的存在却让判决后的执行面临重重困难,无法真正实现债权人的诉求。在"执行难"的障碍下,各地方法院通过实务审判、司法探索,逐步摸索出"执转破"("执行+破产")联动机制,成功处置多起"僵尸企业"债务问题,为市场出清探索出一条行之有效的路径。然而,在实践中,仍不乏试图寻找"漏洞",逃避承担应有之债务的被执行人。正如前述案件,被申请执行人利用"公司合并""执转破"等程序恶意规避债务,但最终被申请执行人慧眼识破。

该案中关于保障债权、推进执行等措施对于包括工程总承包单位在内的建筑施工单位都具有较强的借鉴意义和警示作用。因此,在本章中,我们将专门就该案件的背景、审判过程、争议焦点进行梳理,并提炼裁判要旨,总结启示建议,以期为遭遇执行困境的建筑施工单位提供有所裨益的思路。

## 一、裁判要旨

独资公司股东采用先合并、后申请公司破产的方式终止公司,导致公司违法越过清算环节,构成对公司债权人的侵权,作出合并决定的独资公司股东应为实际侵权人,由其承担侵权后果,赔偿债权人损失。

## 二、审判概览

### (一)审理程序

前案:一审、二审、执行、破产

本案:一审、二审、执行、再审

### (二)案情简介

前案:中国某冶金建设有限公司(以下简称"冶金公司")因与江苏X纸业有限公司(以下简称"X纸业")建设工程施工合同产生争议,后冶金公司于2006年12月提起诉讼。案件由徐州市中级人民法院(以下简称"徐州中院")作出一审判决,判决X纸业公司向冶金公司支付工程款1894万元及利息。X纸业不服判决提出上诉,江苏省高级人民法院(以下简称"江苏高院")于2008年年底二审维持原判。因X纸业未履行生效判决义务,冶金公司向徐州中院申请强制执行。在案件执行过程中,江苏W纸业有限公司(以下简称"W纸业")作为X纸业的担保人,于2009年年底与冶金公司、X纸业共同达成和解协议,各方确认扣除已付款后,X纸业还应向冶金公司支付14274625.29元本金及相应利息,W纸业对该欠款承担连带保证责任。

2012年5月,X纸业及W纸业仍未按和解协议履行义务,冶金公司申请恢复执行,并追加W纸业为被执行人,同时于2012年7月查封了W纸业名下土地作为执行财产,进行评估拍卖。拍卖过程中,2013年4月案外人就该土地提出执行异议,称该土地已由案外人取得所有权。此时冶金公司方才知晓,W纸业已于2011年11月将该土地交当地政府收回,且政府已再次将土地出让给案外人,故徐州中院裁定执行异议成立,终止对该地块的评估拍卖。

2013年8月,X纸业与W纸业合并。

2013年9月12日,X纸业申请破产,法院于2013年10月受理破产申请。

2013年9月16日,W纸业注销。

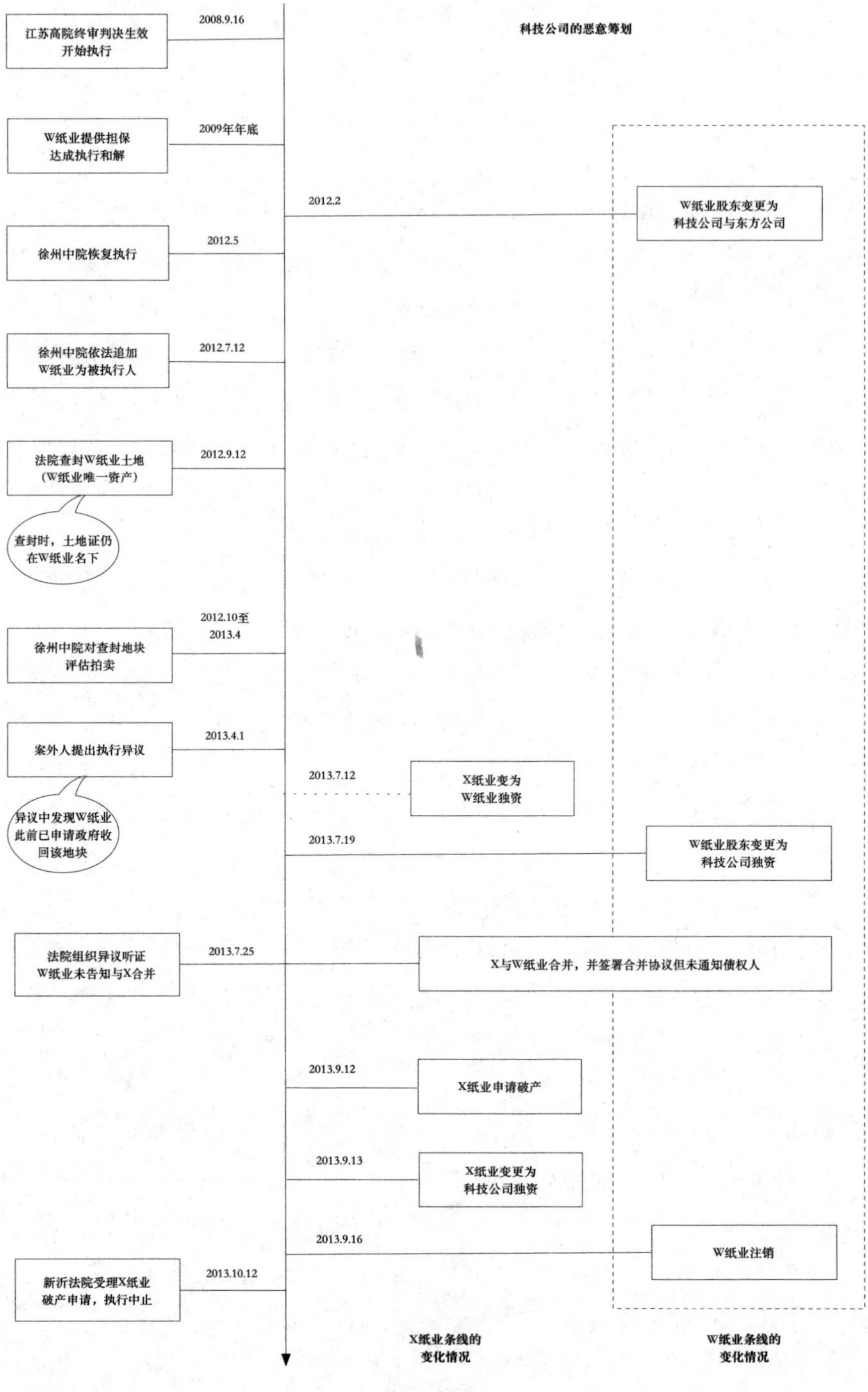

科技公司的恶意筹划
2008.9.16
江苏高院终审判决生效开始执行
2009年年底
W纸业提供担保达成执行和解
2012.2
W纸业股东变更为科技公司与东方公司
2012.5
徐州中院恢复执行
2012.7.12
徐州中院依法追加W纸业为被执行人
2012.9.12
法院查封W纸业土地(W纸业唯一资产)
查封时，土地证仍在W纸业名下
2012.10至2013.4
徐州中院对查封地块评估拍卖
2013.4.1
案外人提出执行异议
异议中发现W纸业此前已申请政府收回该地块
2013.7.12
X纸业变为W纸业独资
2013.7.19
W纸业股东变更为科技公司独资
2013.7.25
法院组织异议听证W纸业未告知与X合并
X与W纸业合并，并签署合并协议但未通知债权人
2013.9.12
X纸业申请破产
2013.9.13
X纸业变更为科技公司独资
2013.9.16
W纸业注销
2013.10.12
新沂法院受理X纸业破产申请，执行中止
X纸业条线的变化情况
W纸业条线的变化情况


前案案件事实图

由于W纸业唯一的土地资产终止拍卖，其并入X纸业后，X纸业又申请了破产，加之冶金公司并非优先顺序的受偿人，如继续走破产债权人申报之路，冶金公司的债权将面临无法获得清偿的巨大风险。

本案：在案件执行受阻、W纸业并入X纸业，且X纸业进入破产程序后，代理律师结合公司法的角度对整个程序再次进行了复盘和审视。通过对案件进行全面深入的研究，发现W纸业与X纸业的合并、破产、注销程序过于突然：

1. 短短一周内，X纸业由合资公司变为W纸业的独资公司，而W纸业也由合资公司，变更为由上海某科技集团（以下简称“科技公司”）独资。相当于科技公司通过控制W纸业，实际掌控了W纸业及X纸业两家公司的决策权，握住了两家公司的生死命脉。

2. 股权变更完成一周后，X纸业即与W纸业以整合资源、增强竞争力为由签署了合并协议，且协议内容异常简略。

3. W纸业在2012年审计时尚有93880876.3元资产，但在与X纸业合并过程中，接受合并的X纸业实际自2012年4月即全面停产，合并时其对外债务高达3.1亿元，负债较少的W纸业并入了负债巨大的X纸业，无疑极大地加大了冶金公司的受偿风险。

4. 合并完成后仅一个半月，X纸业即申请破产，同时X纸业的股东也变更为科技公司；三天后，徐州中院受理了X纸业的破产申请；同日，W纸业申请注销。

纵观全局，X纸业与W纸业的整个合并以及后续破产注销程序的启动、结构调整之大、完成之速均极为不正常，极有可能是股东为逃避债务而故意进行的操作。且合并过程中，两家公司均未依法编制资产负债表和财产清单，也未书面通知债权人冶金公司；导致冶金公司未能及时得知相关消息，丧失了相应的债权人权利。代理律师认为，科技公司作为两家纸业公司的实际控制人，操纵了整个合并和破产程序，进而导致债权人利益受损。

为此，冶金公司于2014年5月向徐州中院提起诉讼，要求W纸业及X纸业的股东科技公司赔偿冶金公司损失14274625.29元，并通过诉前保全，查封了科技公司约1200万元的现金资产。

徐州中院于2015年10月作出一审判决，支持冶金公司全部诉讼请求。其后，科技公司不服一审判决，提出上诉。江苏高院于2017年5月作出二审判决，驳回上诉，维持原判。

2017年7月，因科技公司未按判决履行义务，冶金公司申请强制执行，并全额执行到所有款项。至此,冶金公司共计收回本息22984130元(包括在前案执行程序中已收回的款项8709505元)。

## 三、争议焦点及法院观点

### (一)科技公司作为W纸业的唯一股东,将W纸业并入资产状况不佳的X纸业,并在合并后不久即申请X纸业破产,是否构成对W纸业债权人的侵权

徐州中院认为,在W纸业并入X纸业的过程中,科技公司存在损害债权人的行为。依据《公司法》第173条的规定,公司合并需要编制资产负债表和财产清单。公司应自作出合并决议之日起10日内通知债权人,并于30日内在报纸上公告。债权人接到通知之日起30日、未接到的自公告之日起45日内可以要求公司清偿债务或者提供担保。

两家公司合并没有履行法定程序,也未通知冶金公司,导致冶金公司无法及时得知相关情况并要求清偿债务或提供担保,合并程序上的瑕疵损害了债权人冶金公司的合法权益。

江苏高院认为,两家公司的合并行为构成对债权人冶金公司的侵权。理由有三:

第一,W纸业与X纸业所谓的"合并",系以终止所有参与合并的公司为目的,违背公司合并制度的立法宗旨。公司合并制度意在促进合并后的整体得到更好的发展,无论新设合并还是吸收合并,合并各方主观上均希望其继续存在、正常经营、发展壮大。因此,合并前公司债权人的权益虽在实现时间或方式上可能受到一定影响,但同时也会增强实现预期。而本案中,合并后的X纸业并无实际经营的意愿,而是为终止法人资格而特意安排的路径。虽然具备了公司法的合并形式,但实质上采用了先合并再直接破产的方式,终止所有参与合并的公司,与合并制度的立法目的相悖。

第二,这一合并直接导致W纸业违法越过清算环节而终止。公司终止制度对债权人保护异议重大,《公司法》《企业破产法》均对此进行了规制,要求公司进行资产清点、债权债务整理、完成剩余财产分配。如缺乏清算程序,公司原则上不能终止。但合并情形中,基于合并而消灭的公司无须经过清算程序。之所以存在这一特殊规定,其法理依据是合并后的公司对原公司的债权债务进行了承继。而本案中,科技公司合并目的明确为终止所有参与公司的法人资格,其将W纸业在不编制资产负债表、财产清单的情况下,无偿并入X纸业,然后直接申请X纸业破产,违背了

这一法理,此情形属于违法越过清算环节。

第三,先合并、然后直接破产的方式侵害了W纸业债权人冶金公司的利益。W纸业与X纸业这种先合并再直接破产的公司终止方式,打破了原本各自独立的公司法人财产的界限,将本应分别清算的法人财产融合,一并作为合并后公司的破产财产,将W纸业和X纸业各自债权人一律作为合并后公司的债权人参与分配。判断这一方式是否会损害合并前公司债权人的利益,取决于合并前公司各自的财产状况,比如是否均已符合破产条件,如符合破产条件的,各自的破产清偿率是否一致等等。本案中,科技公司未能举证证明W纸业在合并时符合破产条件;相反,W纸业在合并前一年度的工商年检报告中的资产负债表显示,W纸业在2012年年末所有者权益约9388万元;而X纸业在进入破产程序后,破产管理人梳理的2013年11月W纸业资产负债表显示所有者权益为7638万元。据此,在无证据证明各方均已符合破产条件且清偿率相同的情况下,应认定先合并、然后直接破产的公司终止方式损害了债权人冶金公司的利益。

### (二)侵权人应当如何认定,是W纸业还是W纸业的股东科技公司

徐州中院认为,鉴于公司合并系股东会决议的结果,W纸业的合并及合并程序如何进行完全取决于其唯一股东科技公司的意志,因此科技公司对该合并主观上存在过错。

W纸业与X纸业合并时未编制资产负债表及财产清单,导致现已无法查明合并时W纸业的实际财产状况。但根据W纸业合并前最近一次年检报告,2012年W纸业期末所有者权益合计9388万元,数额大于其欠付冶金公司的债务1427万元,且科技公司未提供证据证明W纸业在合并时不具备偿债能力,应推定合并时W纸业具有偿还冶金公司债务的能力。

因科技公司的过错导致冶金公司债务无法受偿,损害了其合法权益,故应由科技公司赔偿债权人冶金公司的损失。

江苏高院认为:

第一,侵权人应当认定为科技公司而非W纸业。《公司法》第37条、第46条规定,合并方案应由董事会制定,并由股东会作出合并决议。前述程序完成后,公司才以自己的名义签订合并协议。内部程序是启动外部程序的前提,合并与否的决策权属于股东会,签订协议等仅是对股东会决议的执行。本案合并决定系由W纸业当时唯一的股东科技公司作出,且其再作出决定是清楚案涉合并的模式与最终目

的,并主动追求该结果。因此,侵权行为的核心是该合并决定的作出,相应的侵权人应当认定为科技公司。

并且,科技公司这一合并模式造成W纸业违法越过清算环节而终止,由此导致W纸业债权人的损失,亦应由侵权人即W纸业的清算义务人科技公司承担。对于具体损失,应由冶金公司承担举证责任。冶金公司因科技公司侵权行为所产生的损失赔偿额,应为合并前可以受偿的金额与合并后破产程序中可以受偿金额的差额部分。合并前可以受偿的金额,应参考W纸业2013年7月合并时的资产状况。冶金公司作为外部债权人,对于W纸业的资产状况通常只能通过公示信息进行了解,冶金公司提供W纸业2012年度年检报告,证明其所有者权益为9388万元。该报告实际出具日期为2013年4月22日,由W纸业于2013年7月8日提交给工商部门,早于合并协议签署17天。W纸业在合并注销过程中,没有其他可以反映该公司资产状况的资料在工商部门备案,该年检报告系与合并时间最接近的资料,因此作为主要证据具备合理性。关于合并后破产程序中的实际受偿金额,破产管理人已明确表示根据合并后X纸业的资产负债情况,普通债权人的清偿率为零。据此冶金公司因科技公司侵权行为所产生的损失赔偿额应为案涉债权总额1427万元(剩余本金及利息)。

第二,W纸业在合并过程中未履行法定通知义务,亦属于侵权行为。根据《公司法》第173条的规定,公司在合并中履行通知义务时必须采用两种方式:一是通知已知债权人,二是公告,二者缺一不可。W纸业在2013年7月签订合并协议时没有通知已知债权人冶金公司;此外,在冶金公司住所地为山西省太原市的情况下,住所地江苏省新沂市的W纸业选择在《江苏经济报》发表合并公告。W纸业在合并中未履行法定通知义务,造成债权人冶金公司丧失要求清偿债务或提供担保的机会,构成对债权人的侵权。至于科技公司是否因W纸业未履行法定通知义务而成为侵权责任主体的问题,因整个合并行为整体构成侵权,故科技公司是否存在未履行法定通知义务的侵权行为,不影响本案处理。

## 四、启示

### (一)通过追加担保人或担保财产,推进执行程序

根据《民事诉讼法》第231条的规定,在执行中,被执行人向人民法院提供担保,并经申请执行人同意的,人民法院可以决定暂缓执行及暂缓执行的期限。被执行人逾期仍不履行的,人民法院有权执行被执行人的财产或者担保人的财产。如

被告不履行生效法律文书，在执行程序中，如果能够追加担保人为被执行人或者担保财产，对于申请人而言是一种较好的保障权利的方式。

实践中，追加担保人为被执行人或担保财产后，法院有几种不同的操作方式，所引起的法律后果也不同：

1. 在征得申请执行人同意后，作出暂缓执行决定。一般而言，暂缓执行的期限应当与担保期限一致，最长不超过1年。如暂缓执行期间，被执行人对其财产或担保人对担保财产有转移、隐藏、变卖、毁损等行为的，人民法院可以强制执行。如果暂缓执行期限届满后，被执行人仍不履行义务的，人民法院可以直接执行担保财产，或者裁定执行担保人的财产。[①]

2. 申请执行人、担保人与被执行人达成执行和解协议，约定履行期限及方式，并以达成执行和解为由，向法院申请延期或中止执行的，法院可以裁定中止执行。如被执行人或担保人未履行或者未完全履行执行和解协议的，申请人有权申请执行原生效法律文书，人民法院应当恢复执行[②]。需要注意的是，达成执行和解后申请恢复执行的期限为2年，从和解协议约定的履行期限最后一日起重新计算。如果当事人不履行执行和解协议的，申请执行人应当及时申请恢复执行。

另外，如果执行和解协议已经履行完毕但存在瑕疵的，法院不予恢复执行[③]。比如，和解协议约定应当每月底还款，而被执行人实际在次月中旬才完成还款的，当被执行人已经全部履行完毕义务后，申请人可能无法针对其延期履行的瑕疵而要求恢复执行。因此，如被执行人履行义务的期限不合理延长时，申请执行人应注意综合判断其资信情况，及时申请恢复执行。

3. 各方达成执行和解协议后，申请人撤回或撤销执行申请的，法院可以裁定终结执行[④]，一经送达，裁定立即发生法律效力，执行程序就此结束。但依据法律规定，双方基于达成执行和解而撤销执行的，如当事人不履行和解协议，申请人仍可申请恢复执行。

### （二）通过诉前保全及诉讼保全增加实现债权的保障

要实现追加担保人或加快执行进度的目的，一般在保全到被执行人的重要财

---

① 《最高人民法院关于适用〈中华人民共和国民事诉讼法〉的解释》第471条。

② 《最高人民法院关于适用〈中华人民共和国民事诉讼法〉的解释》第467条。

③ 《最高人民法院关于云南江川龙翔实业有限责任公司申请执行四川省烟草公司资阳分公司简阳卷烟营销管理中心债务纠纷一案请示的答复》（〔2005〕执监字第24－1号）。

④ 《最高人民法院关于适用〈中华人民共和国民事诉讼法〉的解释》第466条。

产(如贷款账号、基本户、土地等)或者限制高消费的情况下会更加容易。在此情况下,虽然保全的账户不一定有太多现金,但被执行人仍依赖这些重要账户进行日常经营,因此,对该类账户的保全仍然会对付款和执行程序起到很好的推进作用。

如果执行和保全程序中缺乏有效地限制被执行人的砝码,很多企业在执行尚未影响企业经营的前提下,很有可能以各种理由进行拖延。目前,从最高人民法院到地方各级法院均开展各种措施力图破解"执行难"的问题,积极与金融机构及工商行政管理、证券监管、土地房产管理等协助执行单位建立网络执行查控机制,可通过网络查控系统对被执行人存款、股权、股票、证券账户资金、房地产等其他财产采取查控措施。有的法院还开设了专利司法查封网络系统,执行法官只需登录系统即可查看被执行人专利注册情况,并生成查封专利的协助执行通知。尽管如此,基于网络查控系统的尚未全面普及、重大财产线索的隐蔽性且执行法官人员紧缺等多种复杂的客观条件,法院仍然很难全方位地对被执行的财产线索进行调查。

根据《民事诉讼法》的规定,如被执行人系企业法人,且其符合《企业破产法》第2条规定,法院应当及时询问申请人、被执行人是否同意移送破产。如均不同意移送或无人申请破产的,则就执行所得财产,在扣除执行费用及优先受偿债权后,对普通债权按照财产保全和执行中查封、冻结、扣押的先后顺序清偿①。其他已经取得执行依据的债权人申请参与分配的,法院不予支持。也就是说,现行的《民事诉讼法》对普通债权的清偿顺序进行了变更,如果不存在担保物权或法定优先的债权(如工程款优先权)的,普通债权不再是以前的按比例清偿,而是谁保全在先、谁就受偿在先。《民事诉讼法》之所以对这一规定进行了调整,系因此前的实践中,大多是保全在先的申请人花费更多的物力、精力查找被执行人的财产线索,在后的普通债权人往往不费吹灰之力就能获得与首封债权人同样的清偿率,而在分配方案无法达成一致的时候,执行程序很有可能无法继续推进。而规则调整后,首封债权人可以获得更多的保障,也是对债权人及时采取措施的一种肯定。而在资产不足以清偿的情况下,轮候债权人如拟获得更多的清偿,就必须主动启动破产申请,进而促使程序进一步推进。

从实践操作来看,被执行人资信情况较好的,对实现债权的风险较小;但如被执行人资信状况较差,筹划诉前或诉中保全则会给予申请人更多有利的筹码。

---

① 《最高人民法院关于执行案件移送破产审查若干问题的指导意见》第3条。

### (三)诉讼或执转破程序中寻求突破、追溯股东责任问题

根据《公司法》的相关规定及实践操作,股东损害债权人利益大致可以分为以下四种情形:(1)股东未履行出资义务损害公司债权人利益;(2)股东抽逃出资损害公司债权人利益;(3)股东滥用公司法人独立地位和股东有限责任逃避债务;(4)股东怠于履行清算义务或虚假清算导致公司财产减损。

一般来说,如股东未履行出资义务,债权人可以在起诉时直接将未足额出资的股东作为共同被告,要求其在未足额出资的本息范围内,对债务承担补充赔偿责任。不过,随着公司法由实缴制向认缴制的转变,实践中也存在起诉前股东出资期限尚未届满、进入执行后才届满的情形。在此情况下,根据《最高人民法院关于民事执行中变更、追加当事人若干问题的规定》,申请人可以直接在执行程序中,申请追加未缴纳或未足额缴纳出资的股东、出资人或发起人为被执行人,要求其在尚未缴纳出资的范围内承担责任;此外,如原股东未依法履行出资义务即转让股权的,申请人也可以直接要求变更、追加该原股东为被执行人。追加未履行出资义务的股东举证责任较为简单,执行局的审查程序也相对明确,仅需对章程规定的出资义务与实际履行情况进行比对即可。

除了股东未足额履行出资义务损害公司债权人利益的情形外,实践中还存在股东抽逃出资、滥用公司法人独立地位和股东有限责任逃避债务,以及怠于履行清算义务或虚假清算的情形。虽然《最高人民法院关于民事执行中变更、追加当事人若干问题的规定》中也同时明确,发生这三类情形时,申请人可以直接追加股东、出资人等作为被执行人;然而,这些情况发生的背景和故事往往更加复杂,对申请人的举证责任要求较高,尤其是本案中所涉及的滥用股东有限责任和法人独立地位的情形,仅仅通过申请人的书面申请和执行听证程序,执行局很难简单作出是与否的判断,无法在短时间内进行追加。即便法院同意追加,被追加的股东等责任方也可能提出执行复议、执行异议之诉等,维权之路极为艰辛。

以本案为例,科技公司安排先合并、然后申请合并后公司破产的终止途径,形式上符合法人终止的合法路径。但抽丝剥茧、仔细审视科技公司的一系列路径,就会发现所谓的“合并”,与公司法以及其合并协议所提出的增强竞争力的目的完全相悖,而合并时的不清算、“无偿”接收,以及合并后直接申请破产,更是在实质上打破了参与合并的两家公司之间的独立财产界限,导致公司独立人格丧失。科技公司的这一系列行为构成对X纸业债权人冶金公司的侵权,属于《公司法》第20条规

制的公司股东滥用公司法人独立地位和股东有限责任,逃避债务,严重损害公司债权人利益的行为,应当对公司债务承担连带责任。本案代理人通过对全案的整体研究及精心策划,有效结合诉讼和保全手段,极大地保障了债权人冶金公司的合法权益。

## 附:相关法律条文

**1.《中华人民共和国民事诉讼法》**

**第二百三十一条** 在执行中,被执行人向人民法院提供担保,并经申请执行人同意的,人民法院可以决定暂缓执行及暂缓执行的期限。被执行人逾期仍不履行的,人民法院有权执行被执行人的担保财产或者担保人的财产。

**2.《最高人民法院关于适用〈中华人民共和国民事诉讼法〉的解释》**

**第四百六十六条** 申请执行人与被执行人达成和解协议后请求中止执行或者撤回执行申请的,人民法院可以裁定中止执行或者终结执行。

**第四百六十七条** 一方当事人不履行或者不完全履行在执行中双方自愿达成的和解协议,对方当事人申请执行原生效法律文书的,人民法院应当恢复执行,但和解协议已履行的部分应当扣除。和解协议已经履行完毕的,人民法院不予恢复执行。

**第四百七十一条** 被执行人在人民法院决定暂缓执行的期限届满后仍不履行义务的,人民法院可以直接执行担保财产,或者裁定执行担保人的财产,但执行担保人的财产以担保人应当履行义务部分的财产为限。

**3.《中华人民共和国企业破产法》**

**第二条** 企业法人不能清偿到期债务,并且资产不足以清偿全部债务或者明显缺乏清偿能力的,依照本法规定清理债务。企业法人有前款规定情形,或者有明显丧失清偿能力可能的,可以依照本法规定进行重整。

**4.《最高人民法院关于执行案件移送破产审查若干问题的指导意见》**

**第三条** 执行案件移送破产审查,由被执行人住所地人民法院管辖。在级别管辖上,为适应破产审判专业化建设的要求,合理分配审判任务,实行以中级人民法院管辖为原则、基层人民法院管辖为例外的管辖制度。中级人民法院经高级人民法院批准,也可以将案件交由具备审理条件的基层人民法院审理。

**5.《最高人民法院关于民事执行中变更、追加当事人若干问题的规定》**

**第十六条** 个人独资企业、合伙企业、法人分支机构以外的其他组织作为被执行人,不能清偿生效法律文书确定的债务,申请执行人申请变更、追加依法对该其他组织的债务承担责任的主体为被执行人的,人民法院应予支持。

**第十七条** 作为被执行人的企业法人,财产不足以清偿生效法律文书确定的债务,申请执行人申请变更、追加未缴纳或未足额缴纳出资的股东、出资人或依公司法规定对该出资承担连带责任的发起人为被执行人,在尚未缴纳出资的范围内依法承担责任的,人民法院应予支持。

**第十八条**　作为被执行人的企业法人,财产不足以清偿生效法律文书确定的债务,申请执行人申请变更、追加抽逃出资的股东、出资人为被执行人,在抽逃出资的范围内承担责任的,人民法院应予支持。

**第十九条**　作为被执行人的公司,财产不足以清偿生效法律文书确定的债务,其股东未依法履行出资义务即转让股权,申请执行人申请变更、追加该原股东或依公司法规定对该出资承担连带责任的发起人为被执行人,在未依法出资的范围内承担责任的,人民法院应予支持。

**第二十条**　作为被执行人的一人有限责任公司,财产不足以清偿生效法律文书确定的债务,股东不能证明公司财产独立于自己的财产,申请执行人申请变更、追加该股东为被执行人,对公司债务承担连带责任的,人民法院应予支持。

# 附录 2　相关规定

## 1. 住房城乡建设部关于进一步推进工程总承包发展的若干意见

（建市〔2016〕93 号）

各省、自治区住房城乡建设厅，直辖市建委，北京市规委，新疆生产建设兵团建设局，国务院有关部门建设司（局）：

为落实《中共中央国务院关于进一步加强城市规划建设管理工作的若干意见》，深化建设项目组织实施方式改革，推广工程总承包制，提升工程建设质量和效益，现提出以下意见。

**一、大力推进工程总承包**

（一）充分认识推进工程总承包的意义。工程总承包是国际通行的建设项目组织实施方式。大力推进工程总承包，有利于提升项目可行性研究和初步设计深度，实现设计、采购、施工等各阶段工作的深度融合，提高工程建设水平；有利于发挥工程总承包企业的技术和管理优势，促进企业做优做强，推动产业转型升级，服务于"一带一路"战略实施。

（二）工程总承包的主要模式。工程总承包是指从事工程总承包的企业按照与建设单位签订的合同，对工程项目的设计、采购、施工等实行全过程的承包，并对工程的质量、安全、工期和造价等全面负责的承包方式。工程总承包一般采用设计—采购—施工总承包或者设计—施工总承包模式。建设单位也可以根据项目特点和实际需要，按照风险合理分担原则和承包工作内容采用其他工程总承包模式。

（三）优先采用工程总承包模式。建设单位在选择建设项目组织实施方式时，应当本着质量可靠、效率优先的原则，优先采用工程总承包模式。政府投资项目和装配式建筑应当积极采用工程总承包模式。

## 二、完善工程总承包管理制度

(四)工程总承包项目的发包阶段。建设单位可以根据项目特点,在可行性研究、方案设计或者初步设计完成后,按照确定的建设规模、建设标准、投资限额、工程质量和进度要求等进行工程总承包项目发包。

(五)建设单位的项目管理。建设单位应当加强工程总承包项目全过程管理,督促工程总承包企业履行合同义务。建设单位根据自身资源和能力,可以自行对工程总承包项目进行管理,也可以委托项目管理单位,依照合同对工程总承包项目进行管理。项目管理单位可以是本项目的可行性研究、方案设计或者初步设计单位,也可以是其他工程设计、施工或者监理等单位,但项目管理单位不得与工程总承包企业具有利害关系。

(六)工程总承包企业的选择。建设单位可以依法采用招标或者直接发包的方式选择工程总承包企业。工程总承包评标可以采用综合评估法,评审的主要因素包括工程总承包报价、项目管理组织方案、设计方案、设备采购方案、施工计划、工程业绩等。工程总承包项目可以采用总价合同或者成本加酬金合同,合同价格应当在充分竞争的基础上合理确定,合同的制订可以参照住房城乡建设部、工商总局联合印发的建设项目工程总承包合同示范文本。

(七)工程总承包企业的基本条件。工程总承包企业应当具有与工程规模相适应的工程设计资质或者施工资质,相应的财务、风险承担能力,同时具有相应的组织机构、项目管理体系、项目管理专业人员和工程业绩。

(八)工程总承包项目经理的基本要求。工程总承包项目经理应当取得工程建设类注册执业资格或者高级专业技术职称,担任过工程总承包项目经理、设计项目负责人或者施工项目经理,熟悉工程建设相关法律法规和标准,同时具有相应工程业绩。

(九)工程总承包项目的分包。工程总承包企业可以在其资质证书许可的工程项目范围内自行实施设计和施工,也可以根据合同约定或者经建设单位同意,直接将工程项目的设计或者施工业务择优分包给具有相应资质的企业。仅具有设计资质的企业承接工程总承包项目时,应当将工程总承包项目中的施工业务依法分包给具有相应施工资质的企业。仅具有施工资质的企业承接工程总承包项目时,应当将工程总承包项目中的设计业务依法分包给具有相应设计资质的企业。

(十)工程总承包项目严禁转包和违法分包。工程总承包企业应当加强对分包的管理,不得将工程总承包项目转包,也不得将工程总承包项目中设计和施工业务一并或者分别分包给其他单位。工程总承包企业自行实施设计的,不得将工程总承包项目工程主体部分的设计业务分包给其他单位。工程总承包企业自行实施施工的,不得将工程总承包项目工程主体结构的施工业务分包给其他单位。

(十一)工程总承包企业的义务和责任。工程总承包企业应当加强对工程总承包项目的管理,根据合同约定和项目特点,制定项目管理计划和项目实施计划,建立工程管理与协调制度,加强设计、采购与施工的协调,完善和优化设计,改进施工方案,合理调配设计、采购和施工力量,实现对工程总承包项目的有效控制。工程总承包企业对工程总承包项目的质量和安全全面负责。工程总承包企业按照合同约定对建设单位负责,分包企业按照分包合同的约定对工程总承包企业负责。工程分包不能免除工程总承包企业的合同义务和法律责任,工程总承包企业和分包企业就分包工程对建设单位承担连带责任。

(十二)工程总承包项目的风险管理。工程总承包企业和建设单位应当加强风险管理,公平合理分担风险。工程总承包企业按照合同约定向建设单位出具履约担保,建设单位向工程总承包企业出具支付担保。

(十三)工程总承包项目的监管手续。按照法规规定进行施工图设计文件审查的工程总承包项目,可以根据实际情况按照单体工程进行施工图设计文件审查。住房城乡建设主管部门可以根据工程总承包合同及分包合同确定的设计、施工企业,依法办理建设工程质量、安全监督和施工许可等相关手续。相关许可和备案表格,以及需要工程总承包企业签署意见的相关工程管理技术文件,应当增加工程总承包企业、工程总承包项目经理等栏目。

(十四)安全生产许可证和质量保修。工程总承包企业自行实施工程总承包项目施工的,应当依法取得安全生产许可证;将工程总承包项目中的施工业务依法分包给具有相应资质的施工企业完成的,施工企业应当依法取得安全生产许可证。工程总承包企业应当组织分包企业配合建设单位完成工程竣工验收,签署工程质量保修书。

## 三、提升企业工程总承包能力和水平

(十五)完善工程总承包企业组织机构。工程总承包企业要根据开展工程总承包业务的实际需要,及时调整和完善企业组织机构、专业设置和人员结构,形成集设计、采购和施工各阶段项目管理于一体,技术与管理密切结合,具有工程总承包能力的组织体系。

（十六）加强工程总承包人才队伍建设。工程总承包企业要高度重视工程总承包的项目经理及从事项目控制、设计管理、采购管理、施工管理、合同管理、质量安全管理和风险管理等方面的人才培养。加强项目管理业务培训，并在工程总承包项目实践中锻炼人才、培育人才，培养一批符合工程总承包业务需求的专业人才，为开展工程总承包业务提供人才支撑。

（十七）加强工程总承包项目管理体系建设。工程总承包企业要不断建立完善包括技术标准、管理标准、质量管理体系、职业健康安全和环境管理体系在内的工程总承包项目管理标准体系。加强对分包企业的跟踪、评估和管理，充分利用市场优质资源，保证项目的有效实施。积极推广应用先进实用的项目管理软件，建立与工程总承包管理相适应的信息网络平台，完善相关数据库，提高数据统计、分析和管控水平。

**四、加强推进工程总承包发展的组织和实施**

（十八）加强组织领导。各级住房城乡建设主管部门要高度重视推进工程总承包发展工作，创新建设工程管理机制，完善相关配套政策；加强领导，推进各项制度措施落实，明确管理部门，依据职责加强对房屋建筑和市政工程的工程总承包活动的监督管理；加强与发展改革、财政、税务、审计等有关部门的沟通协调，积极解决制约工程总承包项目实施的有关问题。

（十九）加强示范引导。各级住房城乡建设主管部门要引导工程建设项目采用工程总承包模式进行建设，从重点企业入手，培育一批工程总承包骨干企业，发挥示范引领带动作用，提高工程总承包的供给质量和能力。加大宣传力度，加强人员培训，及时总结和推广经验，扩大工程总承包的影响力。

（二十）发挥行业组织作用。充分发挥行业组织桥梁和纽带作用，在推进工程总承包发展过程中，行业组织要积极反映企业诉求，协助政府开展相关政策研究，组织开展工程总承包项目管理人才培训，开展工程总承包企业经验交流，促进工程总承包发展。

中华人民共和国住房和城乡建设部

2016年5月20日

## 2. 住房和城乡建设部办公厅　国家发展改革委办公厅关于征求房屋建筑和市政基础设施项目工程总承包管理办法(征求意见稿)意见的函

(建办市函〔2019〕308号)

各省、自治区住房和城乡建设厅、发展改革委,直辖市住房和城乡建设(管)委、发展改革委,北京市规划和自然资源委,新疆生产建设兵团住房和城乡建设局、发展改革委,计划单列市住房和城乡建设局、发展改革委:

为贯彻落实中央城市工作会议精神和《国务院办公厅关于促进建筑业持续健康发展的意见》(国办发〔2017〕19号)要求,加快推进工程总承包,完善工程总承包管理制度,提升工程建设质量和效益,我们组织起草了《房屋建筑和市政基础设施项目工程总承包管理办法(征求意见稿)》。现送你单位征求意见,请各省级住房和城乡建设主管部门、发展改革部门于2019年5月31日前,分别将意见函告住房和城乡建设部建筑市场监管司、国家发展改革委投资司,并请发送电子版。

联系人及联系方式:

住房和城乡建设部建筑市场监管司　王三星

010-58933759/4169(传真),wangsx@mohurd.gov.cn

国家发展改革委投资司　方　刚

010-68502767/1408(传真),fanggang@ndrc.gov.cn

中华人民共和国住房和城乡建设部办公厅

国家发展和改革委员会办公厅

2019年5月10日

# 房屋建筑和市政基础设施项目工程总承包管理办法(征求意见稿)

## 第一章 总 则

**第一条 (制定目的、依据)**为规范房屋建筑和市政基础设施项目工程总承包活动,提升工程建设质量和效益,根据相关法律法规,制定本办法。

**第二条 (适用范围)**从事房屋建筑和市政基础设施项目工程总承包活动,实施对房屋建筑和市政基础设施项目工程总承包(以下简称工程总承包)活动的监督管理,适用本办法。

**第三条 (工程总承包的内容)**本办法所称工程总承包,是指承包单位按照与建设单位签订的合同,对工程项目设计、采购、施工或者设计、施工等阶段实行总承包,并对工程的质量、安全、工期和造价等全面负责的工程建设组织实施方式。

**第四条 (基本原则)**工程总承包活动应当遵循合法、公平、诚实守信的原则,合理分担风险,保证工程质量和安全,节约能源,保护生态环境,不得损害社会公共利益和他人的合法权益。

**第五条 (监督管理部门)**国务院住房和城乡建设主管部门对全国房屋建筑和市政基础设施项目工程总承包活动实施指导和监督。国务院投资主管部门依据投资项目审批、核准、备案的相关法律法规履行相应监督管理职责。

县级以上地方人民政府住房和城乡建设主管部门负责本行政区域内房屋建筑和市政基础设施项目工程总承包活动的监督管理。县级以上地方人民政府投资主管部门依据投资项目审批、核准、备案的相关法律法规履行相应监督管理职责。

## 第二章 工程总承包项目的发包和承包

**第六条 (工程总承包方式的适用项目)**建设单位应当根据项目情况和自身管理能力等,合理选择建设项目组织实施方式。

装配式建筑原则上采用工程总承包方式。鼓励政府投资项目采用工程总承包方式。

**第七条 (发包阶段和条件)**建设范围、建设规模、建设标准、功能要求等前期条件明确的项目,适宜采用工程总承包方式。

建设单位应当在发包前完成项目审批、核准或备案程序。企业投资项目应当在核准或备案后,进行工程总承包项目发包。政府投资项目原则上应当在初步设计审批完成后进行工程总承包项目发包;按照国家有关规定简化报批文件和审批程序的政府投资项目,应当在完成投资决策审批后进行工程总承包项目发包。

**第八条 (发包方式)**建设单位依法采用招标或者直接发包等方式选择工程总承包单位。

工程总承包项目范围内的设计、采购或者施工中有任一项属于依法必须进行招标的项目范围且达到国家规模标准的,应当采用招标的方式选择工程总承包单位。

**第九条 (招标文件编制)**建设单位应当根据招标项目的特点和需要编制工程总承包项目招标文件,一般包括以下内容:

(一)投标人须知;

(二)评标办法和标准;

(三)拟签订合同的主要条款;

(四)发包人要求,列明项目的目标、范围、设计和其他技术标准,包括对项目的内容、范围、规模、标准、功能、质量、安全、节约能源、生态环境保护、工期、验收等的明确要求;

(五)建设单位提供的资料和条件,包括发包前完成的水文地质、工程地质、地形等勘察资料,以及工程可行性研究报告、方案设计文件或者初步设计文件等;

(六)投标文件格式;

(七)要求投标人提交的其他材料。

建设单位可以在招标文件中,提出对履约担保的要求,依法要求投标文件载明拟分包的内容;对于设有最高投标限价的,应当明确最高投标限价或者最高投标限价的计算方法。

推荐使用由住房和城乡建设部会同有关部门制定的工程总承包合同示范文本。

**第十条 (工程总承包单位条件)**工程总承包单位应当具有与工程规模相适应的工程设计资质或者施工资质,具有相应的项目管理体系和项目管理能力,财务、风险承担能力,以及与发包工程相类似的设计、施工或者工程总承包业绩。

工程总承包单位不得是工程总承包项目的代建单位、项目管理单位、监理单位、造价咨询单位、招标代理单位。

政府投资项目的项目建议书、可行性研究报告、初步设计文件编制单位及其评估单位，不得成为该项目的工程总承包单位。

**第十一条 （投标文件编制期限）**建设单位应当依法确定投标人编制工程总承包项目投标文件所需要的合理时间。

**第十二条 （评标委员会组成）**评标委员会应当依照法律规定和项目特点，由建设单位代表、具有工程总承包项目管理经验的专家，以及从事设计、施工、造价等方面的专家组成。

**第十三条 （发承包的风险分担）**建设单位和工程总承包单位应当加强风险管理，合理分担风险。

建设单位承担的主要风险一般包括：

（一）主要工程材料、设备、人工费价格与招标时基期价相比，波动幅度超过合同约定幅度的部分；

（二）因国家法律法规政策变化引起的合同价格的变化；

（三）不可预见的地质条件造成的工程费用和工期的变化；

（四）因建设单位原因产生的工程费用和工期的变化；

（五）不可抗力造成的工程费用和工期的变化。

具体风险分担内容由双方在合同中约定。

鼓励建设单位和工程总承包单位运用保险手段增强防范风险能力。

**第十四条 （合同价格形式）**企业投资项目的工程总承包项目宜采用总价合同，政府投资项目的工程总承包应合理确定合同价格形式。采用总价合同的，除合同约定可以调整的情形外，合同总价一般不予调整。

建设单位和工程总承包单位依据住房和城乡建设主管部门制定的工程总承包项目计价规则，在合同中约定工程总承包计量规则和计价方法。

依法必须进行招标的项目，合同价格应当在充分竞争的基础上合理确定。

## 第三章 工程总承包项目实施

**第十五条 （建设单位的项目管理）**建设单位根据自身资源和能力，可以自行对工程总承包项目进行管理，也可以委托项目管理单位，赋予相应权利，依照合同对工程总承包项目进行管理。

**第十六条 （工程总承包单位的组织机构）**工程总承包单位应当建立与工程总

承包相适应的组织机构和管理制度,形成项目设计管理、采购管理、施工管理、试运行管理以及质量、安全、工期、造价、节约能源和生态环境保护等工程总承包综合管理能力。

**第十七条 (工程总承包单位的管理)**工程总承包单位应当设立项目管理机构,设置项目经理,配备相应管理人员,加强设计、采购与施工的协调,完善和优化设计,改进施工方案,实现对工程总承包项目的有效管理控制。

鼓励采用先进工程技术进行优化设计,并依法应用于工程。

**第十八条 (工程总承包项目经理条件)**工程总承包项目经理宜具备下列条件:

(一)取得相应工程建设类注册执业资格,包括注册建筑师、勘察设计注册工程师、注册建造师或者注册监理工程师等;

(二)担任过与拟建项目相类似的工程总承包项目经理、设计项目负责人、施工总承包项目经理或者项目总监理工程师;

(三)熟悉工程技术和工程总承包项目管理知识以及相关法律法规、标准规范;

(四)具有较强的组织协调能力和良好的职业道德。

工程总承包项目经理一般不得同时在两个或者两个以上工程项目担任工程总承包项目经理、施工项目经理。

**第十九条 (鼓励自行实施设计和施工)**鼓励具有相应资质的工程总承包单位自行实施施工图设计和施工,促进设计与施工深度融合。

**第二十条 (工程总承包单位的分包一)**工程总承包单位根据合同约定或者经建设单位同意,可以将工程总承包项目中的设计或者施工业务分包给具有相应资质的单位,但不得将工程总承包项目中设计和施工全部业务一并或者分别分包给其他单位。

**第二十一条 (工程总承包单位的分包二)**工程总承包单位仅具有相应设计资质的,应当将工程总承包项目中的施工业务分包给具有相应施工资质的单位;仅具有相应施工资质的,应当将工程总承包项目中的设计业务分包给具有相应设计资质的单位。

工程总承包单位自行实施设计的,不得将工程主体部分的设计分包给其他单位;自行实施施工的,不得将工程主体结构的施工分包给其他单位。

建设单位和工程总承包单位可以在合同中约定不得分包的内容。

**第二十二条 (工程总承包单位的分包方式)**工程总承包单位可以采用直接发

包的方式进行分包。但以暂估价形式包括在总承包范围内的工程、货物、服务分包时，属于依法必须进行招标的项目范围且达到国家规定规模标准的，应当依法招标。

**第二十三条 （禁止工程总承包单位转包）**工程总承包单位应当按照合同约定履行义务，不得将工程总承包项目转包。

**第二十四条 （质量责任）**建设单位不得迫使工程总承包单位以低于成本的价格竞标，不得明示或暗示工程总承包单位违反工程建设强制性标准、降低建设工程质量，不得明示或暗示工程总承包单位使用不合格的建筑材料、建筑构配件和设备。

工程总承包单位应当对其承包的全部建设工程质量负责，分包单位对其分包工程的质量负责，分包不免除工程总承包单位对全部建设工程所负的质量责任。

工程总承包单位、工程总承包项目经理依法承担质量终身责任。

**第二十五条 （安全责任）**建设单位不得对工程总承包单位提出不符合建设工程安全生产法律、法规和强制性标准规定的要求，不得明示或者暗示工程总承包单位购买、租赁、使用不符合安全施工要求的安全防护用具、机械设备、施工机具及配件、消防设施和器材。

工程总承包单位对承包范围内工程的安全生产负总责。分包单位应当服从工程总承包单位的安全生产管理，分包单位不服从管理导致生产安全事故的，由分包单位承担主要责任，分包不免除工程总承包单位的安全责任。

**第二十六条 （工期责任）**建设单位不得设置不合理工期，不得任意压缩合理工期。

工程总承包单位应当依据合同对工期全面负责，对项目总进度和各阶段的进度进行控制管理，确保工程按期竣工。

**第二十七条 （竣工验收、备案）**工程符合竣工验收条件的，工程总承包单位应当向建设单位提交工程竣工报告，申请工程竣工验收。建设单位应当依法组织各参建单位进行工程竣工验收，并自工程竣工验收合格之日起15日内向工程所在地县级以上地方人民政府住房和城乡建设主管部门备案。

工程总承包单位负责组织分包单位配合建设单位完成工程竣工验收。

**第二十八条 （项目资料移交）**建设单位应当及时收集、整理建设项目各环节的文件资料，以及工程总承包单位、监理单位等移交的工程资料，建立项目档案，并在工程竣工验收后，及时向城建档案管理部门移交。

工程总承包单位负责总承包范围内工程实施过程中的工程资料的审核、签署、整理等工作,并向建设单位移交相应工程档案资料。

**第二十九条 (保修责任)**工程保修责任书由建设单位与工程总承包单位签署,保修期内工程总承包单位应当根据法律法规规定以及合同约定承担保修责任,工程总承包单位不得以其与分包单位之间保修责任划分而拒绝履行保修责任。

## 第四章 监督管理

**第三十条 (项目投资管理)**投资项目采取工程总承包的,建设单位和工程总承包单位应当加强设计、施工等环节管理,确保建设地点、建设规模、建设内容等符合项目审批、核准、备案要求。

政府投资项目建设投资原则上不得超过经核定的投资概算。

**第三十一条 (安全生产许可证管理)**工程总承包单位自行实施工程总承包项目施工的,应当依法取得安全生产许可证;将工程总承包项目中的施工业务依法分包给具有相应资质的施工单位的,施工单位应当依法取得安全生产许可证。

**第三十二条 (安全生产考核合格证)**工程总承包单位应当设立安全生产管理机构,配备专职安全生产管理人员。

工程总承包单位仅具有设计资质的,其主要负责人、项目负责人和专职安全生产管理人员应当依照《建筑施工企业主要负责人、项目负责人和专职安全生产管理人员安全生产管理规定》及其实施意见,向省级人民政府住房和城乡建设主管部门申请安全生产考核,并取得相应的安全生产考核合格证书。省级人民政府住房和城乡建设主管部门负责相应考核发证和监督管理工作。

**第三十三条 (施工图设计文件审查)**工程总承包项目按照法律法规规定应当进行施工图设计文件审查的,可以根据项目实际情况,按规定分阶段审查施工图设计文件。

**第三十四条 (施工许可证办理的条件)**工程总承包项目申请领取施工许可证时,可以提交以下文件确认相对应的办理条件:

(一)工程总承包单位具有相应施工资质且自行实施施工的,以工程总承包合同作为已确定施工单位的文件;工程总承包单位不具有相应施工资质或者将施工分包的,以工程总承包合同、施工分包合同作为已确定施工单位的文件。

(二)按规定分阶段经审查合格的施工图设计文件,可作为申请领取施工许可证所需的施工图纸。

(三)以工程总承包单位组织编制的施工组织设计文件,认定保证工程质量和安全的具体措施。

县级以上地方人民政府住房和城乡建设主管部门不得违反法律、行政法规规定,增设办理工程总承包项目施工许可证的条件。

**第三十五条　(信息管理)**县级以上地方人民政府住房和城乡建设主管部门应当加强工程总承包项目的信用管理工作,及时收集本行政区域内工程总承包项目、各参建单位、项目管理人员信用信息,按照相关规定记录并通过省级建筑市场监管一体化平台报送至全国建筑市场监管公共服务平台。

全国建筑市场监管公共服务平台、全国投资项目在线审批监管平台之间加强数据互联互通和信息对接共享。

**第三十六条　(监督管理表格添加工程总承包单位)**工程总承包项目的工程质量安全监督手续、施工许可证、竣工验收备案登记表、建筑物永久性标牌、质量终身责任信息表等相关许可和备案表格,以及需要工程总承包单位签署意见的相关工程管理技术文件,应当增加"工程总承包单位"和"工程总承包项目经理"等栏目。

**第三十七条　(法律责任)**工程总承包单位和工程总承包项目经理在设计、施工活动中有违法违规行为的,按照法律法规对设计、施工单位及其项目负责人相同违法违规行为的规定追究责任。

### 第五章　附　　则

**第三十八条　(实施日期)**本办法自　　年　月　日起施行。

## 3. 最高人民法院关于审理建设工程施工合同纠纷案件适用法律问题的解释

(2004年9月29日最高人民法院审判委员会第1327次会议通过
2004年10月25日公布　自2005年1月1日起施行　法释〔2004〕14号)

根据《中华人民共和国民法通则》、《中华人民共和国合同法》、《中华人民共和国招标投标法》、《中华人民共和国民事诉讼法》等法律规定,结合民事审判实际,就审理建设工程施工合同纠纷案件适用法律的问题,制定本解释。

**第一条** 建设工程施工合同具有下列情形之一的,应当根据合同法第五十二条第(五)项的规定,认定无效:

(一)承包人未取得建筑施工企业资质或者超越资质等级的;

(二)没有资质的实际施工人借用有资质的建筑施工企业名义的;

(三)建设工程必须进行招标而未招标或者中标无效的。

**第二条** 建设工程施工合同无效,但建设工程经竣工验收合格,承包人请求参照合同约定支付工程价款的,应予支持。

**第三条** 建设工程施工合同无效,且建设工程经竣工验收不合格的,按照以下情形分别处理:

(一)修复后的建设工程经竣工验收合格,发包人请求承包人承担修复费用的,应予支持;

(二)修复后的建设工程经竣工验收不合格,承包人请求支付工程价款的,不予支持。

因建设工程不合格造成的损失,发包人有过错的,也应承担相应的民事责任。

**第四条** 承包人非法转包、违法分包建设工程或者没有资质的实际施工人借用有资质的建筑施工企业名义与他人签订建设工程施工合同的行为无效。人民法院可以根据民法通则第一百三十四条规定,收缴当事人已经取得的非法所得。

**第五条** 承包人超越资质等级许可的业务范围签订建设工程施工合同,在建设工程竣工前取得相应资质等级,当事人请求按照无效合同处理的,不予支持。

**第六条** 当事人对垫资和垫资利息有约定,承包人请求按照约定返还垫资及其利息的,应予支持,但是约定的利息计算标准高于中国人民银行发布的同期同类贷款利率的部分除外。

当事人对垫资没有约定的,按照工程欠款处理。

当事人对垫资利息没有约定,承包人请求支付利息的,不予支持。

**第七条** 具有劳务作业法定资质的承包人与总承包人、分包人签订的劳务分包合同,当事人以转包建设工程违反法律规定为由请求确认无效的,不予支持。

**第八条** 承包人具有下列情形之一,发包人请求解除建设工程施工合同的,应予支持:

(一)明确表示或者以行为表明不履行合同主要义务的;

(二)合同约定的期限内没有完工,且在发包人催告的合理期限内仍未完工的;

(三)已经完成的建设工程质量不合格,并拒绝修复的;

(四)将承包的建设工程非法转包、违法分包的。

**第九条**　发包人具有下列情形之一,致使承包人无法施工,且在催告的合理期限内仍未履行相应义务,承包人请求解除建设工程施工合同的,应予支持:

(一)未按约定支付工程价款的;

(二)提供的主要建筑材料、建筑构配件和设备不符合强制性标准的;

(三)不履行合同约定的协助义务的。

**第十条**　建设工程施工合同解除后,已经完成的建设工程质量合格的,发包人应当按照约定支付相应的工程价款;已经完成的建设工程质量不合格的,参照本解释第三条规定处理。

因一方违约导致合同解除的,违约方应当赔偿因此而给对方造成的损失。

**第十一条**　因承包人的过错造成建设工程质量不符合约定,承包人拒绝修理、返工或者改建,发包人请求减少支付工程价款的,应予支持。

**第十二条**　发包人具有下列情形之一,造成建设工程质量缺陷,应当承担过错责任:

(一)提供的设计有缺陷;

(二)提供或者指定购买的建筑材料、建筑构配件、设备不符合强制性标准;

(三)直接指定分包人分包专业工程。

承包人有过错的,也应当承担相应的过错责任。

**第十三条**　建设工程未经竣工验收,发包人擅自使用后,又以使用部分质量不符合约定为由主张权利的,不予支持;但是承包人应当在建设工程的合理使用寿命内对地基基础工程和主体结构质量承担民事责任。

**第十四条**　当事人对建设工程实际竣工日期有争议的,按照以下情形分别处理:

(一)建设工程经竣工验收合格的,以竣工验收合格之日为竣工日期;

(二)承包人已经提交竣工验收报告,发包人拖延验收的,以承包人提交验收报告之日为竣工日期;

(三)建设工程未经竣工验收,发包人擅自使用的,以转移占有建设工程之日为竣工日期。

**第十五条**　建设工程竣工前,当事人对工程质量发生争议,工程质量经鉴定合格的,鉴定期间为顺延工期期间。

**第十六条**　当事人对建设工程的计价标准或者计价方法有约定的,按照约定结算工程价款。

因设计变更导致建设工程的工程量或者质量标准发生变化,当事人对该部分工程价款不能协商一致的,可以参照签订建设工程施工合同时当地建设行政主管部门发布的计价方法或者计价标准结算工程价款。

建设工程施工合同有效,但建设工程经竣工验收不合格的,工程价款结算参照本解释第三条规定处理。

**第十七条** 当事人对欠付工程价款利息计付标准有约定的,按照约定处理;没有约定的,按照中国人民银行发布的同期同类贷款利率计息。

**第十八条** 利息从应付工程价款之日计付。当事人对付款时间没有约定或者约定不明的,下列时间视为应付款时间:

(一)建设工程已实际交付的,为交付之日;

(二)建设工程没有交付的,为提交竣工结算文件之日;

(三)建设工程未交付,工程价款也未结算的,为当事人起诉之日。

**第十九条** 当事人对工程量有争议的,按照施工过程中形成的签证等书面文件确认。承包人能够证明发包人同意其施工,但未能提供签证文件证明工程量发生的,可以按照当事人提供的其他证据确认实际发生的工程量。

**第二十条** 当事人约定,发包人收到竣工结算文件后,在约定期限内不予答复,视为认可竣工结算文件的,按照约定处理。承包人请求按照竣工结算文件结算工程价款的,应予支持。

**第二十一条** 当事人就同一建设工程另行订立的建设工程施工合同与经过备案的中标合同实质性内容不一致的,应当以备案的中标合同作为结算工程价款的根据。

**第二十二条** 当事人约定按照固定价结算工程价款,一方当事人请求对建设工程造价进行鉴定的,不予支持。

**第二十三条** 当事人对部分案件事实有争议的,仅对有争议的事实进行鉴定,但争议事实范围不能确定,或者双方当事人请求对全部事实鉴定的除外。

**第二十四条** 建设工程施工合同纠纷以施工行为地为合同履行地。

**第二十五条** 因建设工程质量发生争议的,发包人可以以总承包人、分包人和实际施工人为共同被告提起诉讼。

**第二十六条** 实际施工人以转包人、违法分包人为被告起诉的,人民法院应当依法受理。

实际施工人以发包人为被告主张权利的,人民法院可以追加转包人或者违法分包人为本案当事人。发包人只在欠付工程价款范围内对实际施工人承担责任。

**第二十七条** 因保修人未及时履行保修义务,导致建筑物毁损或者造成人身、财产损害的,保修人应当承担赔偿责任。

保修人与建筑物所有人或者发包人对建筑物毁损均有过错的,各自承担相应的责任。

**第二十八条** 本解释自2005年1月1日起施行。

施行后受理的第一审案件适用本解释。

施行前最高人民法院发布的司法解释与本解释相抵触的,以本解释为准。

## 4. 最高人民法院关于审理建设工程施工合同纠纷案件适用法律问题的解释(二)

(2018年10月29日最高人民法院审判委员会第1751次会议通过 2018年12月29日公布 自2019年2月1日起施行 法释〔2018〕20号)

为正确审理建设工程施工合同纠纷案件,依法保护当事人合法权益,维护建筑市场秩序,促进建筑市场健康发展,根据《中华人民共和国民法总则》《中华人民共和国合同法》《中华人民共和国建筑法》《中华人民共和国招标投标法》《中华人民共和国民事诉讼法》等法律规定,结合审判实践,制定本解释。

**第一条** 招标人和中标人另行签订的建设工程施工合同约定的工程范围、建设工期、工程质量、工程价款等实质性内容,与中标合同不一致,一方当事人请求按照中标合同确定权利义务的,人民法院应予支持。

招标人和中标人在中标合同之外就明显高于市场价格购买承建房产、无偿建设住房配套设施、让利、向建设单位捐赠财物等另行签订合同,变相降低工程价款,一方当事人以该合同背离中标合同实质性内容为由请求确认无效的,人民法院应予支持。

**第二条** 当事人以发包人未取得建设工程规划许可证等规划审批手续为由,请求确认建设工程施工合同无效的,人民法院应予支持,但发包人在起诉前取得建设工程规划许可证等规划审批手续的除外。

发包人能够办理审批手续而未办理,并以未办理审批手续为由请求确认建设工程施工合同无效的,人民法院不予支持。

**第三条** 建设工程施工合同无效,一方当事人请求对方赔偿损失的,应当就对方过错、损失大小、过错与损失之间的因果关系承担举证责任。

损失大小无法确定,一方当事人请求参照合同约定的质量标准、建设工期、工程价款支付时间等内容确定损失大小的,人民法院可以结合双方过错程度、过错与损失之间的因果关系等因素作出裁判。

**第四条** 缺乏资质的单位或者个人借用有资质的建筑施工企业名义签订建设工程施工合同,发包人请求出借方与借用方对建设工程质量不合格等因出借资质造成的损失承担连带赔偿责任的,人民法院应予支持。

**第五条** 当事人对建设工程开工日期有争议的,人民法院应当分别按照以下情形予以认定:

(一)开工日期为发包人或者监理人发出的开工通知载明的开工日期;开工通知发出后,尚不具备开工条件的,以开工条件具备的时间为开工日期;因承包人原因导致开工时间推迟的,以开工通知载明的时间为开工日期。

(二)承包人经发包人同意已经实际进场施工的,以实际进场施工时间为开工日期。

(三)发包人或者监理人未发出开工通知,亦无相关证据证明实际开工日期的,应当综合考虑开工报告、合同、施工许可证、竣工验收报告或者竣工验收备案表等载明的时间,并结合是否具备开工条件的事实,认定开工日期。

**第六条** 当事人约定顺延工期应当经发包人或者监理人签证等方式确认,承包人虽未取得工期顺延的确认,但能够证明在合同约定的期限内向发包人或者监理人申请过工期顺延且顺延事由符合合同约定,承包人以此为由主张工期顺延的,人民法院应予支持。

当事人约定承包人未在约定期限内提出工期顺延申请视为工期不顺延的,按照约定处理,但发包人在约定期限后同意工期顺延或者承包人提出合理抗辩的除外。

**第七条** 发包人在承包人提起的建设工程施工合同纠纷案件中,以建设工程质量不符合合同约定或者法律规定为由,就承包人支付违约金或者赔偿修理、返工、改建的合理费用等损失提出反诉的,人民法院可以合并审理。

**第八条** 有下列情形之一,承包人请求发包人返还工程质量保证金的,人民法

院应予支持:

(一)当事人约定的工程质量保证金返还期限届满。

(二)当事人未约定工程质量保证金返还期限的,自建设工程通过竣工验收之日起满二年。

(三)因发包人原因建设工程未按约定期限进行竣工验收的,自承包人提交工程竣工验收报告九十日后起当事人约定的工程质量保证金返还期限届满;当事人未约定工程质量保证金返还期限的,自承包人提交工程竣工验收报告九十日后起满二年。

发包人返还工程质量保证金后,不影响承包人根据合同约定或者法律规定履行工程保修义务。

**第九条** 发包人将依法不属于必须招标的建设工程进行招标后,与承包人另行订立的建设工程施工合同背离中标合同的实质性内容,当事人请求以中标合同作为结算建设工程价款依据的,人民法院应予支持,但发包人与承包人因客观情况发生了在招标投标时难以预见的变化而另行订立建设工程施工合同的除外。

**第十条** 当事人签订的建设工程施工合同与招标文件、投标文件、中标通知书载明的工程范围、建设工期、工程质量、工程价款不一致,一方当事人请求将招标文件、投标文件、中标通知书作为结算工程价款的依据的,人民法院应予支持。

**第十一条** 当事人就同一建设工程订立的数份建设工程施工合同均无效,但建设工程质量合格,一方当事人请求参照实际履行的合同结算建设工程价款的,人民法院应予支持。

实际履行的合同难以确定,当事人请求参照最后签订的合同结算建设工程价款的,人民法院应予支持。

**第十二条** 当事人在诉讼前已经对建设工程价款结算达成协议,诉讼中一方当事人申请对工程造价进行鉴定的,人民法院不予准许。

**第十三条** 当事人在诉讼前共同委托有关机构、人员对建设工程造价出具咨询意见,诉讼中一方当事人不认可该咨询意见申请鉴定的,人民法院应予准许,但双方当事人明确表示受该咨询意见约束的除外。

**第十四条** 当事人对工程造价、质量、修复费用等专门性问题有争议,人民法院认为需要鉴定的,应当向负有举证责任的当事人释明。当事人经释明未申请鉴定,虽申请鉴定但未支付鉴定费用或者拒不提供相关材料的,应当承担举证不能的法律后果。

一审诉讼中负有举证责任的当事人未申请鉴定，虽申请鉴定但未支付鉴定费用或者拒不提供相关材料，二审诉讼中申请鉴定，人民法院认为确有必要的，应当依照民事诉讼法第一百七十条第一款第三项的规定处理。

**第十五条** 人民法院准许当事人的鉴定申请后，应当根据当事人申请及查明案件事实的需要，确定委托鉴定的事项、范围、鉴定期限等，并组织双方当事人对争议的鉴定材料进行质证。

**第十六条** 人民法院应当组织当事人对鉴定意见进行质证。鉴定人将当事人有争议且未经质证的材料作为鉴定依据的，人民法院应当组织当事人就该部分材料进行质证。经质证认为不能作为鉴定依据的，根据该材料作出的鉴定意见不得作为认定案件事实的依据。

**第十七条** 与发包人订立建设工程施工合同的承包人，根据合同法第二百八十六条规定请求其承建工程的价款就工程折价或者拍卖的价款优先受偿的，人民法院应予支持。

**第十八条** 装饰装修工程的承包人，请求装饰装修工程价款就该装饰装修工程折价或者拍卖的价款优先受偿的，人民法院应予支持，但装饰装修工程的发包人不是该建筑物的所有权人的除外。

**第十九条** 建设工程质量合格，承包人请求其承建工程的价款就工程折价或者拍卖的价款优先受偿的，人民法院应予支持。

**第二十条** 未竣工的建设工程质量合格，承包人请求其承建工程的价款就其承建工程部分折价或者拍卖的价款优先受偿的，人民法院应予支持。

**第二十一条** 承包人建设工程价款优先受偿的范围依照国务院有关行政主管部门关于建设工程价款范围的规定确定。

承包人就逾期支付建设工程价款的利息、违约金、损害赔偿金等主张优先受偿的，人民法院不予支持。

**第二十二条** 承包人行使建设工程价款优先受偿权的期限为六个月，自发包人应当给付建设工程价款之日起算。

**第二十三条** 发包人与承包人约定放弃或者限制建设工程价款优先受偿权，损害建筑工人利益，发包人根据该约定主张承包人不享有建设工程价款优先受偿权的，人民法院不予支持。

**第二十四条** 实际施工人以发包人为被告主张权利的，人民法院应当追加转包人或者违法分包人为本案第三人，在查明发包人欠付转包人或者违法分包人建设工程价款的数额后，判决发包人在欠付建设工程价款范围内对实际施工人承担责任。

**第二十五条**　实际施工人根据合同法第七十三条规定，以转包人或者违法分包人怠于向发包人行使到期债权，对其造成损害为由，提起代位权诉讼的，人民法院应予支持。

**第二十六条**　本解释自2019年2月1日起施行。

本解释施行后尚未审结的一审、二审案件，适用本解释。

本解释施行前已经终审、施行后当事人申请再审或者按照审判监督程序决定再审的案件，不适用本解释。

最高人民法院以前发布的司法解释与本解释不一致的，不再适用。

# 后　记

当我们在写书时,我们在想什么?

2013 年年初,《BT 项目法律风险防范与实战方略》出版。那时我们想,地方债的风险逐渐加大,国资委对国企参与 BT 项目的监管越来越严,全国范围内政策监管趋紧对 BT 项目的影响明显,BT 项目亟须战略指引以防控法律风险。

2014 年 3 月,《建筑企业法律风险防范与化解——2013 版施工合同实务操作》出版。那时我们想,2013 版施工合同示范文本开始推行了,它究竟会给建筑企业带来惊喜的改变,还是新一轮的风险?我们希望能写出一本书,为企业朋友们厘清思路、把握要点、指引实践;在陌生的条文面前,不至于乱了阵脚。

2016 年 5 月,《PPP 项目运作实务》出版。那时我们想,PPP 在国内已历经不同时期的发展和历练,PPP 模式的制度化建设和顶层设计已正式提上议程,思考如何顺利地、平稳地开发和运作 PPP 项目是诸多企业的当务之急。这本书出版后,共 10 次加印,销量高达 4 万余册,创下 PPP 实务读物销量之最。

2019 年 1 月,《PPP 项目困境破解与再谈判》出版。那时我们想,PPP 的热度开始减退,市场开始变化,监管新政迫使各方开始回归理性、正视"初心"。针对 PPP 项目运行过程中涌现的诸多困境,如何破解?带着这样的思考,我们在这本书中为大家提供了针对 PPP 实务难点的对策和建议。

今天,《环境能源与基础设施工程总承包(EPC)法律实务》出版在即,我们的想法又是怎样的?我们的目光不仅聚焦在基础设施和建筑工程领域的法律风险,而且投向了该领域内更深远的地方——生态环境保护。这是我们在专业领域积累了二十多年工作经验之后的直觉,也是我们站在"不惑之年"的体悟,这本书的问世已经刻不容缓。

老子言:"人法地、地法天、天法道、道法自然。"人类行走在天地间,一手是青山绿水,一手是经济腾飞,而中间是望不尽的万丈深渊。在写这本书的大半年中,我们一边学习,一边传授,上至北京、甘肃,下至福建、云南等地,每到一处,都抱着强烈的愿望,亟待将生态环境保护与基础设施建设结合起来,谋求人与自然的和谐共生,创造美好未来。

本书从策划至交付出版，历时九月有余，所有的成果均在繁忙的工作之余加班加点完成。尽管成书仓促，尚有诸多不完美之处，但我们已经不惧挑战，迈出至关重要的一步。

感谢团队的小伙伴们！他们坚实勇敢、迎难而上，在最短的时间内将我们多年的智慧成果和最新理念进行充分的融合，并作出了卓有成效的提炼和升华。正是基于心往一处去、劲往一处使的共识，才让这本新书得以面世。

感谢多年来一直关爱我们、支持我们、指导我们的老师与朋友们！我们一直站在巨人的肩上看世界，才得以望向更远的地方。

最后，还要感谢我们的家人无微不至的照顾、关心以及无条件的支持。特别是聪明又可爱的孩子们！他们是如此的纯真与美好！让我们充满力量和希望做这件事，为我们的孩子带来更美好的大自然。

多年以来，我们在实践中磨炼自己的专业，同时笔耕不辍地进行反思和总结。这是我们的事业，也是我们的梦想。

**周月萍　周兰萍**

**于 2019 年中秋**

**图书在版编目(CIP)数据**

环境能源与基础设施工程总承包(EPC)法律实务 /
周月萍，周兰萍编著. -- 北京 : 法律出版社，2020
ISBN 978-7-5197-4047-4

Ⅰ. ①环… Ⅱ. ①周… ②周… Ⅲ. ①基本建设项目
-承包工程-法律-研究-中国 Ⅳ. ①D922.297.4

中国版本图书馆 CIP 数据核字(2019)第245909号

**环境能源与基础设施工程总承包(EPC)法律实务**
**HUANJING NENGYUAN YU JICHU SHESHI GONGCHENG ZONGCHENGBAO(EPC) FALÜ SHIWU**

周月萍　周兰萍 编著

策划编辑 慕雪丹　章　雯
责任编辑 慕雪丹　章　雯
装帧设计 汪奇峰

**出版** 法律出版社
**总发行** 中国法律图书有限公司
**经销** 新华书店
**印刷** 固安华明印业有限公司
**责任印制** 胡晓雅

**编辑统筹** 法商出版分社
**开本** 710毫米×1000毫米 1/16
**印张** 23
**字数** 415千
**版本** 2020年1月第1版
**印次** 2020年1月第1次印刷

法律出版社/北京市丰台区莲花池西里7号(100073)
网址/www.lawpress.com.cn
投稿邮箱/info@lawpress.com.cn
举报维权邮箱/jbwq@lawpress.com.cn
销售热线/400-660-8393
咨询电话/010-63939796

中国法律图书有限公司/北京市丰台区莲花池西里7号(100073)
全国各地中法图分、子公司销售电话：
统一销售客服/400-660-8393/6393
第一法律书店/010-83938432/8433　西安分公司/029-85330678　重庆分公司/023-67453036
上海分公司/021-62071639/1636　深圳分公司/0755-83072995

**书号:**ISBN 978-7-5197-4047-4　**定价:**96.00元
(如有缺页或倒装,中国法律图书有限公司负责退换)

疑难剖析　典型案例　实务指引

## 环境能源与基础设施工程总承包(EPC)法律实务

周月萍、周兰萍　编著

定价:96 元　出版时间:2020 年 1 月

本书对工程总承包(EPC)的传统模式和创新模式进行了阐述,精选了十余起国内和涉外工程总承包(EPC)项目争议案件进行了严谨剖析并提出启示建议,亦对海外工程总承包(EPC)项目的风险管理提出建设性观点,同时对实务中常见的典型问题进行了专门解答。

聚焦工程总承包疑难困惑　研析裁判文书网经典案例　深度解析工程总承包实践问题和诉讼争点

## 工程总承包(EPC/DB)诉讼实务:基于裁判文书网之大数据检索研析

上海市建纬律师事务所　编著　朱树英　主编

定价:99 元　出版时间:2020 年 1 月

上海市建纬律师事务所作为我国建设工程领域最早提供工程专业法律服务的律师机构之一,积累了丰富的专业经验,积极参与了当前我国工程总承包相关法规政策的制定活动。本书针对目前建设施工总承包领域可供参照的司法实践较少的现状,以工程总承包实践中具有代表性的问题为导向,通过对裁判文书网大数据检索,精选 27 个典型案例对建设工程总承包中的疑难问题进行深度讲解、剖析,提出可行性的解决思路和方案,并辅以司法判例,为建设工程从业者提供实用性应对指南。

畅销多年的 PPP 领域实务指南　综合、实务、专业

## PPP 项目运作实务

周兰萍　主编

定价:88 元　出版时间:2016 年 5 月

本书基于作者及其团队参与的数百个 PPP 项目评审及咨询经验精心提炼而成,分别从操作指南、典型领域实务、常见问答等角度为 PPP 项目参与方提供全方位的实务指引。重点着墨于 PPP 项目运作中最为关键的操作流程、采购方式、合同要点、项目融资及财税处理等方面,结合地下综合管廊、城市综合开发、轨道交通、海绵城市等新兴领域进行实务解读,并辅以流程图示、对比表格等可视化工具,具有综合性强、实务性强和专业度高等特点。

10 类 PPP 困境各个击破　50 种典型问题的破解方案　50 个疑难热点实务解答

## PPP 项目困境破解与再谈判

周月萍、周兰萍　编著

定价:98 元　出版时间:2019 年 1 月

本书将当下 PPP 项目面临的困境分为退库困境、融资困境、合规监管困境等十大类别,选取了近五十种困境典型进行深入剖析并逐一给出了破解对策建议,精选实务中热点、典型问题进行纯干货解答。困境问题典型客观,对策建议专业务实。